KB140048

고구려와 위만조선의 경계

위만조선, 졸본, 평양의 위치 연구

고구려와 위만조선의 경계

위만조선, 졸본, 평양의 위치 연구

임찬경 지음

헌사(獻詞)

2000년 5월 중국 연변대학 조선문제연구소 서재에서의
강맹산 교수
1939년 7월 26일 길림성 화룡현 출생,
2002년 8월 27일 향년 63세로 서거

이 책을 내가 고구려사(高句麗史)를 연구하도록 이끌고 지도해주신, 나의 연변대학(延邊大學) 역사학박사 과정 지도교수이신, 존경하는 고(故) 강맹산(姜孟山) 교수의 영전(靈前)에 바친다.

2019년 10월 10일 저자 임찬경(林燦慶)

✤ 일러두기 ✤

이 책의 내용, 서술방법에 대해 다음 몇 가지를 일러둔다.

첫째, 이 책에 실린 글들은 원래 전문적인 학술논문으로 작성되었는데, 역사에 관심이 많은 일반대중이 교양서적으로 더욱 쉽게 이해하며 읽을 수 있도록, 각 논문마다 간략한 해제(解題)를 덧붙였고, 또 본문에 처음 발표 때와 달리 사진과 도표 등을 일부 보충하였다.

둘째. 이 책에 인용된 각 사료(史料) 부분에 대해서는 원문(原文)을 가능한 덧붙여 놓았다. 그 이유는 필자 스스로 원문의 오독(誤讀)을 피하고, 동시에 독자들께서 반드시 알아야 할 역사 사실(史實)에 대한 사료를 나름대로 재해석하기를 기대하는 마음에서다.

셋째, 이 책은 본문 구성에 관련된 참고사항들에 대해 가능한 상세한 각주(脚註)를 붙이려 시도하였다. 각주를 다수 붙이는 이유는, 이 책이 논쟁의 여지가 많은 한국 고대사를 대상으로 하는 까닭이다. 또한 독자가 고대사의 어떤 문제에 대한 관련 자료를 직접 찾아서 검토해보기를 바라는 필자의 바람도 있다. 가능한 상세하게 붙인 각주를 통해, 독자들이 우리 고대사에 대해 보다 더 깊이 검토해보는 계기가 되기를 기대한다.

넷째, 이 책에 실린 논문들의 여러 군데에서 중복(重複)되는 부분이 보인다. 이 중복들은 각 논문들의 논지(論旨) 전개를 위해서 피할 수 없었다. 이 책에 실린 논문들 모두가 위만조선, 졸본, 평양의 위치를 바로 해석하는데 집중하면서 또 그 인용하는 사료는 물론 내용이 서로 연관되어 있어서 여러 군데에서 중복된 부분이 나타날 수밖에 없음을 미리 밝힌다.

서문

고구려의 첫 도읍이 과연 압록강 중류 일대에 있었는가? 427년 고구려 장수왕이 천도한 평양이 지금의 북한 평양인가? 사실 이러한 질문 자체가 무의미하다. 이 책에 실린 글들에서 분명하게 밝히겠지만, 고구려 첫 도읍이 압록강 중류 일대의 환인(桓仁) 지역에 있었다거나 혹은 427년에 천도한 평양이 지금의 대동강 일대에 있었다는 그러한 관점들은 사대주의(事大主義)와 식민사학(植民史學)의 산물 그 자체에 의해 형성되어 유포된 허구(虛構)일 뿐이다.

한국고대사 중 고구려사는 아직 체계적으로 정립(正立)되지 못했다. 고구려의 건국 연대는 물론 첫 도읍의 위치 등 그 어느 하나도 제대로 정립되지 못한 채, 다양한 견해로써 치열한 논쟁만 진행 중일뿐이다. 필자는 우리의 고구려사 중 고구려의 건국 연대와 첫 도읍 그리고 장수왕이 427년에 천도한 평양의 위치에 주목했다. 고구려의 건국 연대, 첫 도읍과 평양의 위치를 올바로 밝혀서 우리 고구려사를 체계화시키는 기초자료를 한국 역사학계에 내놓으려 시도했다.

이 책에 소개되는 7편 중 6편의 글들은 모두 고구려의 도읍에 관한 전문적 연구이다. 그중 3편은 고구려의 건국 연대와 첫 도읍의 위치를 밝힌 것이며, 3편은 427년에 천도한 평양의 위치에 관한 것이다. 기존 한국 역사학계의 소위 통설(通說)과는 다른 관점이지만, 고대사 관련 연구자들은 물론 일반 독자들도 꼼꼼히 읽어보면, 기존의 교과서에 나온 고구려사와는 다른 실체의 고구려사가 존재했음을 분명히 알게 될 것이다.

7편 중 맨 마지막 1편의 글은 조선 즉 위만조선(衛滿朝鮮)과 창해군(滄海郡)의 위치를 새롭게 밝혀낸 글이다. 위의 글들에서 고구려 첫 도읍의 위치를 요하(遼河) 서쪽의 의무려산(醫巫閭山)과 대릉하(大陵河) 일대로 설정했을 때, 그리고 고구려가 서기전 37년이 아닌 적어도 위만조선이 성립되던 그 시기 이전에 이미 건국되었다고 다시 해석했을 때, 위만조선의 위치는 절대로 한반도에 있을 수 없다. 마지막 1편의 글에서는 여러 문헌을 근거로 위만조선이 한반도가 아닌, 발해(渤海) 연안의 어느 지점에 위치했었다고 분명히 밝혀냈다. 고구려의 첫 도읍 위치를 압록강 중류 일대가 아닌 요하 서쪽의 대릉하 일대에서 올바로 찾아내면, 위만조선의 위치도 한반도가 아닌 발해 연안에서 올바로 찾아지는 것이다. 그렇게 한국고대사는 새롭고도 올바르게 재구성되어져 갈 수 있는 것이다.

이 책의 맨 마지막 1편의 글의 결론에서, 우리사회의 역사왜곡은 누구에 의해 이루어지고 또 누구에 의해 어떻게 그 역사왜곡이 유지되는지 설명했다. 아직도 우리사회에 고대사에 관한 역사왜곡이 존재한다면, 그 이유는 그 역사왜곡이 필요한 세력이 아직도 이 사회를 지배하고 있기 때문이라고 분명하게 말할 수 있다.

이 책에 실린 7편의 글들을 통해, 고구려의 첫 도읍과 평양의 위치에 대한 역사왜곡은 어떻게 형성되었고, 어떻게 유지되어 왔으며, 왜 아직도 유지되고 있는지 이해할 수 있게 될 것이다. 또한 고구려와 함께 위만조선의 위치에 대한 역사왜곡 역시 어떻게 이루어지고 또 유지되고 있는지도 이해하게 될 것이다. 그러므로 이 책에 실린 7편의 글들을 다 읽고나면, "위만조선은 물론 고구려 역사, 혹은 우리 역사 전체를 완전히 다시 써야 하겠구나!"하고 느끼게 될지도 모른다. 그런데 그러한 느낌은 매우 당연한 것이며, 역사는 원래 그렇게 항시 새로이 쓰여져야 하는 것이다. 역사는 계속 새롭게 쓰여져야 하는 것임을, 중국학자 풍우란(馮友蘭)은 그의 글에서 다음처럼 적어 놓았다.

> "(사실로 존재하는) 본래(本來)의 역사는 객관적 존재이며, (역사가에 의해) 서술된[寫的] 역사는 주관적 인식이다. 일체의 학문은 모두 객관에 대한 인류의 주관적 인식이다. 주관적 인식은 그가 인식하려는 객관적 대상과 반드시 완전하게 부합(符合)할 수는 없다. 그러므로 일반적으로 말하면, 인식은 기껏해야 단지 상대적인 진리에 불과하다. (역사가에 의해) 서술된 역사와 본래의 역사도 완전하게 부합할 수 없다. 그러한 즉 자연과학은 영원히 진보할 것이며, 자연과학자는 영원히 그 작업을 해야 한다. 서술된 역사도 영원히 다시 쓰여져야 하며, 역사가도 영원히 그런 작업을 해야 한다."
>
> - 馮友蘭의 『中國哲學史新編』(1982) 서론 중에서[1)]

---

1) 원문은 다음과 같다. "本来历史是客观存在, 写的历史是主观的认识。一切的学问都是人类主观对于客观的认识。主观的认识总不能和其所认识的客观对象完全符合。所以认识, 一般地说, 充其量也只是相对真理。写的历史同本来的历史也不能完全符合。所以自然科学永远要进步, 自然科学家永远有工作可作。写的历史也永远要重写, 历史家也永远有工作可作。"(冯友兰, 中国哲学史新编第一册, 人民出版社, 1982, 1～2쪽). 인용한 부분의 앞에서 이루어진 서술을 참고하여, 독자의 명확한 이해를 돕기 위해 "사실로 존재하는" 혹은 "역사가에 의해 "라는 설명을 괄호 안에 덧붙였을 뿐이다.

당연히, 우리가 현재 보고 있는 한국고대사도 계속 다시 쓰여져야 하며, 그 새로운 서술을 위해 무엇보다 먼저 기존의 한국고대사가 지닌 왜곡부터 파악해야 한다.

이 책에서는 한국고대사 왜곡의 출발점인 위만조선의 위치, 고구려의 건국연대 및 첫 도읍 졸본과 평양의 위치 등에 대해 새롭고도 올바른 관점을 제시하려 시도하였다. 그러나 위의 인용문처럼, 이 책에서 필자가 새롭게 제시한 관점도 또한 어느 연구자들의 연구를 통해 극복될 수 있음을 필자는 잘 알고 있다. 그러므로 언젠가 혹은 곧 누가 다시 이 책에 실린 글들을 비판하며, 위만조선 및 고구려사를 다시 쓰기 위한 새로운 관점을 담은 글을 사회에 내놓을 것이다. 그렇게 역사연구는 진행되며, 점점 더 사실(史實)에 가까워져 갈 것이다. 그런 연구과정의 연속(連續)과 진전(進展)을 희망하며, 이 글들은 작성된 것이다.

분명히 필자가 서문을 작성하는 이 시점에도, 한국의 역사학계는 사대사학자와 식민사학자 및 그 동류집단(同類集團)과 아류(亞流)들에 의해 지배 및 장악되어 있다. 그들은 위만조선이 현재의 북한 평양에서 성립되었다고 말하고, 고구려가 서기전 37년 현재의 요령성 환인 일대에서 건국되었다고 말하며, 427년 장수왕이 천도한 평양이 대동강 일대의 지금의 북한 평양이라고 말한다. 그렇게 역사는 계속 왜곡되고 있다. 필자는 이 책의 출판이 그런 역사왜곡을 깨는 하나의 계기가 되길 진심으로 기대한다.

2019년 10월 10일

저자 임찬경

목차

2부 … 고구려 평양의 위치에 대한 새로운 고증

고구려의 첫 도읍 졸본의 위치

『고려도경』·『삼국사기』의 고구려 건국 연대와 첫 도읍 졸본*

이 글은 2015년 12월 말에 발간된 『국학연구』 제19집에 발표한 논문이다. 이 논문을 발표하기 며칠 전인 2015년 12월 23일에 인하대학교에서는 <고대 평양 위치 탐색과 관련한 학술회의>가 열렸었다. 이 학술회의에서 필자는 「고구려 첫 도읍 비정에 관한 검토」를 발표했었다. 당시까지 한중일(韓中日) 3국에서 마치 통설(通說)처럼 유지되어 왔던, "고구려의 첫 도읍인 졸본은 중국 요녕성 환인(桓仁) 일대"라는 '허무맹랑한' 관점이 언제 어떻게 형성되었는지를 비판적으로 검토한 글이었다. 고구려 첫 도읍인 졸본을 환인 일대로 보는 관점이 지닌 사대주의 및 식민주의적 성격을 분명하게 지적한 글이었다.

그러나 「고구려 첫 도읍 비정에 관한 검토」에서는 고구려의 건국 연대에 대한 문제제기가 없었다. 사실 고구려 첫 도읍과 관련한 연구에서, 건국 연대는 먼저 연구가 진행되었어야 할 매우 중요한 문제였다. 이에 필자는 『고려도경』 등의 자료를 통해 고구려 건국 연대가 서기전 37년이 아니라 그 보다 훨씬 더 앞선, 늦어도 서기전 2세기 이전이라는 점을 밝혀냈다.

북송(北宋)에서 고려에 사신으로 왔던 서긍(徐兢)이 『고려도경』을 완성한 해는 1124년이다. 김부식(金富軾) 등이 지은 『삼국사기』는 1145년에 완성되었다. 단지 21년이란 짧은 시간 차이를 두고 서술되었는데, 두 책에서의 고구려 건국 연대는 완전히 다르게 서술되어 있

* 이 논문은 2015년 정부(교육부)의 재원으로 한국학진흥사업단의 지원을 받아 수행된 연구임 (AKS-2014-KFR-1230006).

다. 왜 다를까? 『삼국사기』는 왜 고구려 건국 연대를 서기전 37년으로 서술했을까? 『고려도경』에서는 왜 서기전 2세기 이전에 고구려가 이미 건국되었다고 서술했을까? 독자들은 이 글을 통해 어느 것이 옳은지 판단할 수 있을 것이다.

1. 서론

북송(北宋)의 서긍(徐兢, 1091～1153년)이 1124년에 완성한 『선화봉사고려도경(宣和奉使高麗圖經)』(이하 『고려도경』이라 약칭함)에는 고구려 역사에 대한 소중한 기록이 남아 있다. 1123년에 북송의 사신으로 고려에 와서 1개월 정도 머물며 살펴본 견문(見聞)은 물론 당대의 여러 문헌들을 참고로 작성된 『고려도경』은 고려 사회를 이해하는 귀중한 자료인데, 그 중에 고구려에 관련된 기록이 남아 있는 것이다.

『고려도경』 제1권의 「건국」편에 "이제 모든 역사를 살펴보고 역대의 왕을 차례대로 기록하여 건국기(建國記)를 짓는다"며,[2] 고려의 역사를 건국 이전부터 당대(當代)까지 서술하였다. 여기에서의 역사 서술은 물론 간략하다. 서긍은 처음에 고려의 선조인 기자(箕子)가 조선에 책봉되면서 국가로 성립되어, 위만조선을 거쳐서 한사군의 단계로 전해졌다고 서술했다. 또한 위만조선보다 이전의 시기에 고구려가 건국되어 이후 발해를 거쳐 고려의 건국으로 이어지는 것으로 서술하였다.

2) 『宣和奉使高麗圖經』卷第一 「建國」 建國 "今謹稽諸史, 敍敍其歷代之王, 作建國記云."

宣和奉使高麗圖經卷第一

建國

臣聞夷狄君長類以詐力自尊殊名詭號單于可汗無足稱者獨高麗自箕子之封以德取侯後世稍衰他姓亦用漢爵代居其位上有常尊下有等衰故襲國傳世頗可紀錄今謹稽諸史叙其歷代之王作建國記云

始封

高麗之先蓋周武王封箕子胥餘於朝鮮寔子姓也歷周秦至漢高祖十二年燕人衛滿亡命聚黨椎結服役蠻夷浸有朝鮮之地而王之自子姓有國八百餘年而為衛氏衛氏有國八十餘年先是夫餘王得河神之女為日所照感孕而卵生既長善射俗稱善射為朱蒙因以名之夫餘人以其生異謂之不祥請除之朱蒙懼逃焉遇大水無梁勢不能渡因持弓擊水而呪之魚鱉竝浮因乘以濟至紇升骨城而居自號曰高句驪因以高為氏

1124년에 작성된 『고려도경』에는 고구려가 위만조선의 성립 이전에 이미 건국되어 있었다고 기록했다. 서긍은 <부여-고구려-발해-고려>로 이어지는 고려의 역사를, 현토군을 통해 <기자조선-위만조선-한사군>으로 이어지는 중국의 역사와 연결시켜 서술하였다. 이러한 연결을 통해, 한국고대사를 중국고대사에 종속시키려 했다.

『고려도경』이 고려의 역사를 서술할 때 나타난 특징은, 고구려를 고려 역사의 중심에 세웠다는 것이다. 그러므로 고려의 역사를 서술하는 『고려도경』「건국」편의 대부분은 고구려에 관한 내용이다. 이 점에 주목하여, 『고려도경』에서의 고구려에 대한 특유한 서술을 『삼국사기』와 비교하며 검토하려 한다.

『고려도경』의 고구려 관련 기록에 대한 연구로 한영우(韓永愚)의 논문을 참고할 수 있다. 그의 논문에서는 『고려도경』의 고구려 관련 기록이 대체로 두우(杜佑, 735~812년)의 『통전(通典)』을 참고하여 작성된 것으로 보았는데, 그럼에도 『통전』과 다르게 서술된 몇몇 부분들을 찾아 비교검토하고 있다. 또한 그의 논문에서, 서긍이 고려의 정통성을 고구려에 연결시켰기 때문에 고려 이전의 역사체계 설정에서 고구려의 위치가 상대적으로 높게 설정되었으며, 고려 이전의 역사 서술에서 고구려를 부각시킨 것은 당시 만주(滿洲)와 고려를 연결시키려는 북송의 국제정치적 입장이 반영된 측면이 있다고 분석하였다. 즉 "서긍이 고려에 사신으로 왔던 1123년 당시의 만주에는 요(遼, 907~1125년)가 거의 멸망단계에 있고, 새로 성립된 금(金, 1115~1234년)이 강화되어, 북송(960~1127년)으로서는 만주에서의 요금(遼金) 교체에 비상한 관심을 기울이던 때였는데, 북송의 입장에서는 북송을 크게 압박하고 있던 요(遼)를 견제할 수 있는 제3세력의 성장을 고대했고, 그러한 측면에서 만주를 고려와 연결시켜 주는" 역사서술을 할 필요가 있었고, 이에 따라 고구려가 부각되었다고 분석한 것이다.[3)]

서긍 등의 사신 파견이 당시 북송의 만주와 관련된 국제정치적 목적 아래 이루어졌음은 틀림없다. 이들 사신은 고려와 연합하여 금(金)을 억제하려는 북송의 '연려제금책(聯麗制金策)'의 의도와 함께, 고려를 북송의 세력권에 확실하게 포섭하려는 의도 등도 지니고 파견되었다고 볼 수 있다.[4)] 『고려도경』의 저자인 서긍의 고려에 대한 역사 서술에도 이러한 시대적 및 국제정치적 상황이 반영되고 있음은 물론이며, 그 반영의 결과로 『고려도경』에 고구려에 대한 그러한 소중한 기록이 남겨졌던 것이다.

『고려도경』에 남겨진 고구려와 관련된 소중한 기록들은, 그보다 21년 뒤인 1145년에 김부식 등에 의해 편찬된 『삼국사기(三國史記)』와 비교하여 보면, 그 가치가 더욱 드러난다. 『삼국사기』에는 고구려의 첫 도읍인 졸본의 위치를 구체적으로 서술하고 있는데, 그에 따르면

---

3) 韓永愚, 「高麗圖經에 나타난 徐兢의 韓國史體系」 『奎章閣』7, 1983, 20~23쪽.

4) 김성규, 「'선화봉사고려사절단'의 일정과 활동에 대하여」 『한국중세사연구』40, 2014, 211~218쪽.

고구려의 첫 도읍은 요하(遼河) 서쪽 의무려산(醫巫閭山) 일대에 있었다는 것이다. 『삼국사기』「고구려본기」에는 고구려가 서기전 37년에 건국된 것으로 서술되었지만, 또한 『삼국사기』 본문에는 고구려가 900년 정도 존속하다가 멸망했다는 기록도 보이는데, 『고려도경』의 고구려 건국 연대 기록과 연관시켜 고구려가 서기전 2세기 이전에 건국되었다는 추정도 가능하게 해준다. 또한 『삼국사기』에는 고구려 역대의 왕들이 졸본(卒本)에 가서 시조에게 제사를 지냈다는 기록이 보이는데, 이를 보면 고구려는 건국 이후 멸망할 시점까지 졸본 지역을 줄곧 그 국가가 통제하고 있었다고 볼 수 있다.

서긍의 『고려도경』 중 고구려 관련 기록을 특히 주목한 이유는, 본문에서 검토하겠지만, 고구려의 건국 연대와 그 초기의 역사를 새롭게 해석하기 위한 연구에 매우 유용한 기록을 남겼다고 보여지기 때문이다. 이번 글에서는 『고려도경』·『삼국사기』의 고구려 관련 기록을 분석하여, 고구려의 건국 연대와 첫 도읍 그리고 고구려 초기의 위치 및 강역 등은 물론 고구려와 그를 계승한 고려의 정체성 등에 대해 검토하고자 한다.

2. 『고려도경』·『삼국사기』를 통한 고구려 건국 연대 비정

1145년에 김부식(金富軾) 등에 의해 완성된 『삼국사기』「고구려본기」에서 고구려의 건국 연대를 서기전 37년으로 추정하여 서술하였는데, 관련 부분은 다음과 같다.

> 나라 이름을 고구려라 하였는데 이로 인하여 고(高)로 씨(氏)를 삼았

> 다. 이때 주몽의 나이가 22세로, 한(漢) 효원제(孝元帝) 건소(建昭)2년(서기전 37년), 신라 시조 혁거세(赫居世) 21년 갑신년(甲申年)이었다.[5]

위의 기록처럼, 『삼국사기』는 그 본문 전체에서 고구려의 건국 연대를 모두 서기전 37년으로 통일시켜 서술하려고 노력하였다. 그러므로 아래의 인용문에서 보듯, 『삼국사기』 「연표(年表)」에서도 서기전 37년으로부터 시작하여 고구려가 당(唐)의 침략에 의해 정치적으로 해체된 668년까지 정확하게 계산하여 705년 동안 존재했던 국가로 서술하고 있다.

> 해동(海東)에 국가가 있은 지는 오래되어, 기자(箕子)가 주(周) 왕실로부터 책봉을 받고 한(漢) 초에 위만(衛滿)이 스스로 왕을 참칭할 때부터지만, 연대가 아득히 멀고 문자기록이 소략하여 상세하게 고찰할 수 없다. 삼국이 정립(鼎立)함에 이르러 대대로 이어진 해가 더욱 많아서 신라는 56왕의 992년, 고구려 28왕의 705년, 백제는 31왕의 678년이다. 그 처음과 끝을 가히 고찰할 수 있으므로 삼국의 연표를 만들었다.[6]

김부식 등은 그들의 국가적 기원이 매우 오래되었는데, 대략 주(周)의 무왕(武王)이 봉(封)한 기자로부터 그들의 국가가 시작되었으나, 위만조선에 이르기까지는 기록이 적어 그 연대를 기록하기조차 어렵다고 판단했다. 대신에 신라, 고구려, 백제 등 삼국의 역사는 그 건국과 멸망 시점을 정확히 알 수 있어서 연표를 만들어서 기록한다는 것이

5) 『三國史記』卷第十三 「高句麗本紀」第一 始祖 東明聖王 "國號高句麗, 因以高爲氏. 時朱蒙年二十二歲, 是漢孝元帝建昭二年, 新羅始祖赫居世二十一年, 甲申歲也."

6) 『三國史記』卷第二十九 「年表」上 "海東有國家久矣, 自箕子受封於周室, 衛滿僭號於漢初, 年代綿邈, 文字疎略, 固莫得而詳焉. 至於三國鼎峙, 則傳世尤多, 新羅五十六王九百九十二年, 高句麗二十八王七百五年, 百濟三十一王六百七十八年. 其始終可得而考焉, 作三國年表."

다. 그러나 위의 인용문처럼 삼국의 연표를 작성한 뒤에, 『삼국사기』의 저자들도 고구려의 국가 존속 연대를 705년으로 잡은 것에 대해 스스로 다른 말을 덧붙여 해명해야할 미진함이 남아 있었다. 그러므로 아래와 같은 주석을 덧붙였던 것이다.

> 당(唐)의 가언충(賈言忠)이 이르기를, "고구려는 한(漢) 때부터 나라가 있어 900년이 되었다."라고 하였는데, 이는 잘못이다.7)

『삼국사기』의 저자들은 고구려가 서기전 37년에 건국되었다는 자신들의 서술을 정당화시키기 위해, 『삼국사기』가 출간되기 이전에 이미 세간에 널리 알려진 가언충의 "(고구려가 건국한 지) 900년이 되었다."는 언급을 그저 오류라고 단정하였다. 물론 그 단정의 근거는 논리적으로 제시하지 않았다.

위의 인용문에 나오는 가언충의 언급은 『신당서(新唐書)』에 다음과 같이 기록되었다.

> 시어사(侍御史) 가언충이 군사작전 관계로 (요동에서) 돌아왔다. 고종이 군중(軍中)의 상황을 물으니, 이렇게 대답하였다. "… 『고려비기(高麗秘記)』에 '9백년이 못되어 나이 80의 대장이 나타나 그를 멸망시킨다(不及九百年, 當有八十大將滅之)'고 하였는데, 고씨(高氏)가 한(漢) 때부터 나라가 존속한지 지금 9백년이 되고, 이적(李勣)의 나이가 또 80입니다. 고구려는 기근이 거듭되어 사람들은 서로 약탈하여다 팔고, 지진으로 땅이 갈라지며, 이리와 여우가 성 안으로 들어오고 두더지가 성문에 굴을 뚫어, 인심이 불안에 떨고 있으므로, 이번 걸음으로 다시는 출전하지 않게 될 것입니다."8)

---

7) 『三國史記』卷第二十九 「年表」上 "唐賈言忠云, '高麗自漢有國, 今九百年.' 誤也."

8) 『新唐書』卷二百二十 「列傳」第一百四十五 東夷 高麗 "侍御史賈言忠計事還, 帝問軍中云何, 對曰:

668년 2월 요동의 전쟁터로부터 당(唐)의 수도인 장안(長安)으로 돌아간 가언충이 고종에게 고구려와의 전쟁에 대한 향후 전망을 설명하는 부분이다. 여기서 가언충은 『고려비기』를 인용하며 고구려가 "지금 즉 668년에 건국한 지 이미 9백년이 되어 멸망할 시점이 되었다."고 설명하였다. 이 기록에 의하면, 고구려는 서기전 2세기 이전에 건국한 것이 된다.

가언충이 인용한 『고려비기』의 '고구려 9백년 멸망설'은 『신당서』 이전의 『당회요(唐會要)』에 이미 나타나고 있다.[9] 단지 『당회요』에서는 『고려비기』를 인용하며 고구려가 "천년이 못되어(不及千年)" 멸망할 것이라고 서술했는데, 『신당서』에서는 "9백년이 못되어((不及九百年)"로 서술하고 있다. 『당회요』의 관련 기록은 아래와 같다.

> 신(臣)이 듣기에 『고려비기』에 "천년이 못되어 나이 80의 대장이 나타나 그를 멸망시킨다(不及千年, 當有八十大將滅之)"고 하였는데, 고려씨(高麗氏)가 전한(前漢) 때부터 나라가 존속한지 지금 9백년이 되고, 이적(李勣)의 나이가 80입니다. 역시 그 기록과 들어맞습니다.[10]

그러나 『당회요』 및 『신당서』의 『고려비기』를 인용한 고구려 멸망 관련 기록을 비교해보면, 두 사서의 저자 모두가 가언충이 그와 같은 발언을 할 668년 당시의 고구려가 국가를 건립한 지 "9백년에 이르렀다"는 같은 서술을 하고 있었던 것이다. 또한 역시 『신당서』에 앞서 1005

「…且高麗祕記曰: 『不及九百年, 當有八十大將滅之.』 高氏自漢有國, 今九百年, 勣年八十矣. 虜仍荐飢, 人相掠賣, 地震裂, 狼狐入城, 蚡穴於門, 人心危駭, 是行不再擧矣.」"

9) 『당회요』는 북송의 왕부(王溥, 922~982년)가 961년에 100권으로 완성하였으며, 당대(唐代)의 각 전장제도(典章制度)의 연혁 및 변천을 기록한 사서이다.

10) 『唐會要』卷九十五 高句麗 "臣聞高麗秘記云。不及千年。當有八十老將來滅之。自前漢之高麗氏。即有國土。及今九百年矣。李勣年登八十。亦與其記符同。"

년 무렵에 완성된 것으로 보이는 『책부원귀(冊府元龜)』에도 고구려가 668년 당시 건국된 지 9백년이 되었다고 다음과 같이 서술하였다.

> 신(臣)이 듣기에 『고려비기』에 "9백년이 못되어 나이 80의 대장이 와서 그를 멸망시킨다(不及千年, 當有八十將來滅之)"고 하였는데, 전한의 말기로부터 고씨(高氏)는 국사(國事)를 이어 지금 9백년이 되고, 이적(李勣)의 나이가 80입니다. 역시 그 기록과 들어맞습니다.[11)]

위에서 살펴본, 『당회요』 및 『책부원귀』와 『신당서』들은 모두 『고려비기』를 인용하면서 668년 당시 이미 건국한 지 9백년에 이른 고구려가 그 예언처럼 멸망할 시점이 되었다고 서술한 것이다. 『당회요』 및 『책부원귀』와 『신당서』의 저술에 참여한 학자들은 그 당시로서는 검토할 수 있는 많은 자료들을 섭렵한 상태에서 그와 같은 서술을 한 것으로 보이며, 따라서 그들이 저술을 남길 당시에는 고구려가 건국한 지 9백년이 되어 멸망했다는 인식이 보편적이었음을 알 수 있겠다. 이는 668년의 고구려 멸망을 일종의 도참(圖讖)에 의해 합리화시키는 당(唐)의 논리일 수도 있겠지만, 고구려가 9백년에 이르렀다는 그 기간은 고구려의 국가 존속 기간과 실제로 관련이 있을 것으로 보인다. 668년 당시에 고구려가 건국한 지 9백년 정도 되었다면, 서기전 232년을 전후한 시점에 고구려가 건국되었다고 볼 수 있는 것인데, 이것이 『당회요』와 『책부원귀』 및 『신당서』 등 사서 저자들의 고구려 건국 연대에 대한 보편적 인식이었다.

『고려비기』가 언제 누구에 의해 작성되어 전해졌는지, 그 기록의 '고구려 9백년 멸망설'이 과연 믿을 수 있는지에 대해서는 더욱 검토

---

11) 『冊府元龜』 卷六百五十五 「奉使部」 四 智識 "臣聞高麗秘記云。不及九百年。當有八十將來滅之。自前漢之末。高氏節有國事。及今九百年矣。李勣年登八十。亦與其記符同。"

가 필요한 부분이다. 다만 고구려가 정치적으로 해체된 668년을 전후한 시점에 세간에 고구려의 불안한 정세와 운명에 대한 그러한 유형의 구전(口傳)이 퍼졌던 상황은 짐작할 수 있는 것이다.12) 『고려비기』를 인용한 '고구려 9백년 멸망설'을 『삼국사기』의 저자들처럼 그저 단순하게 '오류'라고 단정해서는 안되는 것이다.

『삼국사기』에는 고구려가 8백년 정도 되었다는 기록도 있다. 670년에 고구려 부흥운동을 일으킨 검모잠(劒牟岑)에 의하여 추대되어 한성(漢城)에서 왕으로 즉위한 안승(安勝)을 신라의 문무왕이 고구려의 왕으로 봉하였다. 그때 문무왕은 고구려가 "8백년이 되려고 하였다."고 말한 것이다. 관련 기록은 아래와 같다.

> (문무왕 10년, 670년) 사찬(沙湌) 수미산(須彌山)을 보내어 안승(安勝)을 고구려의 왕으로 봉하였다. 그 책문(冊文)은 다음과 같다. "함형(咸亨) 원년 경오(庚午) 가을 8월 1일 신축일(辛丑日)에 신라의 왕은 고구려 상속자인 안승에게 명령을 내리노라. 공(公)의 태조 중모왕(中牟王)은 덕을 북산(北山)에 쌓고 공을 남해(南海)에 세워 위엄 있는 풍모가 청구(靑丘)에 떨쳤고 어진 가르침이 현토(玄菟)를 덮었다. 자손이 서로 잇고 뿌리와 줄기가 끊어지지 않았으며 땅은 천리를 개척하였고 햇수는 8백년이 되려고 하였다.13)

위에서 검토했듯, 『삼국사기』의 저자들은 고구려의 건국연대를 서기전 37년으로 통일시켜 서술하려 애썼지만, 본문 곳곳에 고구려가 '9백년' 혹은 '8백년' 동안 존속했다는 기록이 남겨져 있다. 고구려의 멸

---

12) 李弘稙, 「「高句麗秘記」考」『歷史學報』17·18, 1962, 329~335쪽.

13) 『三國史記』卷第六 「新羅本紀」第六 文武王 "遣沙湌須彌山, 封安勝爲高勾麗王. 其冊曰, 維咸亨元年歲次庚午秋八月一日辛丑, 新羅王致命高勾麗嗣子安勝. 公大祖中牟王, 積德比山, 立功南海, 威風振於青丘, 仁教被於玄菟. 子孫相繼, 本支不絶, 開地千里, 年將八百."

망을 평가하는 『삼국사기』「고구려본기」 말미의 김부식 '사론(史論)'에서도 "고구려는 진한(秦漢) 이후부터 중국의 동북 모퉁이에 끼어 있어"라며,[14] 고구려 역사가 진한(秦漢) 시기부터 오래도록 이어져오고 있음을 강조하고 있다. 여기서 '진한(秦漢)'이란 진시황(秦始皇)이 중원을 통일한 서기전 221년 이후 후한(後漢)이 멸망한 220년까지의 기간을 말한다.[15]

사실은 김부식 등이 고구려의 연표를 작성하며 "고구려가 705년만에 멸망했다."고 서술한 뒤에, 특별히 주석을 달아 "가언충의 고구려 9백년 멸망설은 오류"라고 해명했었는데, 이는 『삼국사기』의 저자들 스스로도 미심쩍은 '고구려 서기전 37년 건국'이란 자신들의 견해를 스스로 먼저 강변(强辯)하려는 의도에서였을 것이다.

『고려비기』를 인용해 '고구려 9백년 멸망설'을 언급한 가언충은 668년 고구려와의 전쟁을 위해 요동을 직접 다녀간 인물로서, 만약 고구려가 실제로 7백년 정도만 존속한 국가였다면, 굳이 그러한 인용을 하지 않았을 것이다. 가언충이 고구려가 9백년 정도 존속한 국가로 볼 수 있게 만든 개연성이 당시에 확실하게 존재했던 것이다. 당(唐)의 시어사(侍御史)라는 관리로서 고구려를 공격하는 군대와 함께 요동에 왔던 가언충은 고구려의 상황을 잘 파악하고 있었을 것이며, 따라서 가언충의 '고구려 9백년 멸망설'은 어느 정도 근거가 있는 것으로 볼 수 있다. 여러 상황을 종합해 볼 때, 고구려의 건국연대는 서기전 2세기 이전으로 올려볼 수 있는 것이다.[16]

위와 같이 여러 문헌을 통해, 고구려가 서기전 37년에 건국되었다

---

14) 『三國史記』卷第二十二 「高句麗本紀」第十 寶藏王 "高句麗自秦漢之後, 介在中國東北隅"

15) 林剑鸣, 「论秦汉时期在中国历史的地位」 『人文杂志』1982年第5期, 참조.

16) 기수연, 「현토군(玄菟郡)과 고구려(高句麗)의 건국에 대한 연구」 『高句麗渤海硏究』22輯, 2007, 182~186쪽.

는 『삼국사기』의 기록은 문제가 있음을 알 수 있다. 그러므로 기존의 고구려 관련 연구에서, 이미 고구려의 건국 시기에 대한 다양한 관점이 존재하고 있는데, 대표적인 연구성과를 소개하면 다음과 같다.

신채호는 고구려의 시조 추모(鄒牟)가 출생한 시기는 서기전 200년 무렵이며, 고구려의 건국연대는 위만조선과 같을 것이라고 서술했다.[17] 손영종은 서기전 37년 이전에 이미 고구려가 존재했다는 역사 기록이 많고, 이를 근거로 서기전 277년에 고구려가 건국되었다고 서술하고 있는데,[18] 북한에서는 고구려 건국 연대에 관한 이러한 관점을 국가의 공식 견해로 내세우고 있다.[19] 이기백은 서기전 107년 설치되었던 현토군은 30여년만인 서기전 75년에 북쪽으로 쫓기어 갔는데, 이러한 현토군의 이동은 곧 그 지방 세력의 반항에 의하였을 것이므로, 고구려의 연맹왕국 형성은 이미 이때에 시작되어 있었다고 설명했다.[20]

고구려 건국연대를 서기전 2세기 이전으로 올려볼 수 있는 중요한 기록은 『고려도경』에도 보인다. 서기전 195년 위만이 망명하여 조선을 차지하는 무렵인 서기전 2세기 이전에 고구려가 이미 건국되었다고 『고려도경』에 서술된 것이다. 『고려도경』의 이러한 서술은 고구려 건국연대를 새롭게 비정하게 해줄 매우 중요한 기록이라 할 수 있다. 『고려도경』은 1123년에 고려에 사신으로 왔던 서긍이 1124년에 완성한 책으로, 김부식 등이 『삼국사기』를 완성한 1145년보다 21년 앞서서 출간된 책이다. 『고려도경』의 관련 기록은 다음과 같다.

---

17) 申采浩, 「朝鮮史(二五)」 『朝鮮日報』(1931. 7. 9).

18) 손영종, 『고구려사』1, 과학백과사전종합출판사, 1999, 46~57쪽.

19) 『조선전사』3, 과학백과사전종합출판사, 1991, 23~30쪽.

20) 李基白, 『韓國史新論』, 一潮閣, 1994, 44~45쪽.

가) 고려의 선조는 대개 주(周)의 무왕이 조선에 봉한 기자(箕子) 서여(胥餘)이니, 성은 자(子)이다. 주(周)·진(秦)을 지나 한(漢)의 고조 12년(서기전 195년)에 이르러 연인(燕人) 위만이 망명할 때 무리를 모아 추결(椎結)하고 와서 오랑캐를 복속시켜 차차 조선의 땅을 차지하고 왕 노릇을 하였다. 자성(子姓)이 나라를 차지한 지 8백여 년 만에 위씨(衛氏)의 나라가 되었고, 위씨가 나라를 차지함이 80여 년이었다.

나) 이에 앞서, 부여(夫餘)의 왕이 하신(河神)의 딸을 얻었는데, 햇빛이 비치어 임신하였으며 알[卵]을 낳았다. 자라서 활을 잘 쏘았는데, 세속에서 활 잘 쏘는 것을 '주몽(朱蒙)'이라 하므로, 따라서 '주몽'이라고 이름지었다. 부여 사람들이 그의 출생이 이상했던 때문에 상서롭지 못하다 하여 제거할 것을 청하였다. 주몽이 두려워서 도망하다가 큰물을 만났는데, 다리가 없어 건너지 못하게 되매 활을 가지고 물을 치면서 주문(呪文)을 외니, 물고기와 자라가 줄지어 떠올랐다. 그리하여 타고 건너가 흘승골성(紇升骨城)에 이르러 살면서 그곳을 스스로 '고구려'라 부르고, 따라서 '고(高)'로 성씨를 삼고 나라를 고려라 하였다.

다) 모두 오부(五部)가 있었는데, 소노부(消奴部)·절노부(絶奴部)·순노부(順奴部)·관노부(灌奴部)·계루부(桂婁部)가 그것이다.

라) 한(漢)의 무제가 조선을 멸하고 고구려를 현(縣)으로 삼아 현토군에 소속시키고, 그 군장(君長)에게 고취(鼓吹)와 기인(伎人)을 내려주었다. 고려는 늘 현토군에 가서 조복(朝服)·의복·책(幘)을 받아왔고, 현령(縣令)이 명적(名籍)을 맡아 보았다. 뒤에는 점점 교만하여져 다시 군(郡)에 나아가지 아니하니, 군에서 동쪽 경계에 자그마한 성을 쌓고 세시(歲時)에 받아가게 하였다. 따라서 그 성을 '책구루(幘溝漊)'라고 이름하였는데, 고려 말로 성을 '구루'라 한다.[21]

21) 『宣和奉使高麗圖經』卷第一 「建國」 始封 "高麗之先, 蓋周武王封箕子胥餘於朝鮮, 寔子姓也. 歷周秦, 至漢高祖十二年, 燕人衛滿亡命. 聚黨椎結, 服役蠻夷, 浸有朝鮮之地而王之. 自子姓有國八百餘年, 而爲衛氏, 衛氏有國八十餘年. 先是, 夫餘王得河神之女, 爲日所照, 感孕而卵生. 旣長善射, 俗稱善射爲 '朱蒙', 因以名之. 夫餘人, 以其生異, 謂之不祥, 請除之. 朱蒙懼逃焉, 遇大水無梁,

위의 인용문 가)에 보이듯, 『고려도경』의 저자인 서긍은 고려 이전의 역사를 기자조선으로부터 서술하려 시도했다. 이러한 관점은 북송의 입장이 반영된 것이다. 고려를 주(周, 서기전 1046~서기전 256년)가 봉한 기자와 연결시키는 이러한 역사기록은 당(唐) 말기에서 북송 초기에 이르는 기간에 형성되었다.[22] 물론 이러한 기록은 역사적 사실과 전혀 다르다. 북송의 입장에서 고려의 국가적 기원을 자신들과 연관시키고, 또 화이관(華夷觀)에 따라 고려가 역사적으로 그 기원에서부터 자신들에게 종속되어 있다는 주장을 하기 위해 조작한 말에 불과한 것이다.

위의 인용문에서 특별히 주목할 기사는 나)부분의 고구려 건국과 관련된 서술이다. 가)에서 기자조선이 8백년을 존속하고, 그 뒤를 이어 위씨(衛氏) 즉 위만조선이 80년을 이어갔다고 하였다.[23] 그 다음에 뒤이어 나)의 첫 부분은 "이에 앞서[先是]"이다. 즉 문맥으로 보면, 가)에 서술한 위만이 나라를 차지하여 80여년을 지나는 그 기간에 앞서는 시기를 말한다. 위만조선에 앞서는 이 시기에 B)의 고구려 건국 관련 사실이 이루어졌다고 서술한 것이다. 즉 나)의 고구려 시조 주몽이 부여에서 탄생하여 장성한 이후 도망하고 또 흘승골성에 이르러 고구려를 건국한 사실은, 위만이 기자를 이어 다시 조선을 차지하여 80년을 다스리기 이전에 있었다는 것이다. 위만의 망명과 그의 조선 건국 이전에 고구려의 건국이 먼저 있었던 것이다.

勢不能渡. 因持弓擊水而呪之, 魚鱉竝浮, 因乘以濟. 至紇升骨城而居, 自號曰 '高句驪', 因以 '高' 爲氏, 而以高麗爲國. 凡有五部, 曰消奴部, 曰絶奴部, 曰順奴部, 曰灌奴部, 曰桂婁部. 漢武帝滅朝鮮, 以高麗爲縣, 屬元菟郡, 其君長賜之鼓吹伎人. 常從郡受朝服衣幘, 縣令主其名籍. 後稍驕, 不復詣郡, 於東界築小城, 歲時受之, 因名 '幘溝漊'. '溝漊'者, 高麗名城也."

22) 韓永愚, 「高麗圖經에 나타난 徐兢의 韓國史體系」 『奎章閣』7, 1983, 19~20쪽.

23) 기자조선은 그 실제 존재 여부 및 그 위치 등에 대해 논란의 여지가 많아, 지금까지 발굴된 자료로서는 기자조선을 실재했다고 확정하기 어려우며, 앞으로 더 검토가 필요한 부분이다. 그에 비교하여, 위만(衛滿)과 그가 망명하여 건국한 조선의 존재는 『사기』 「조선열전」의 명백한 기록에 의해 그 구체적 연대까지 파악되므로 역사적 사실로 보아야 한다.

다)는 위만의 망명 및 조선 차지 이전 시기인 서기전 2세기 이전에 건국된 고구려의 정치체제인 오부(五部)에 대한 설명이다. 오부의 정치적 성격에 대해서는, 서기전 3세기 이전에 이미 존재했던 노예제 소국(小國)으로 보는 관점이 주목된다. 오부는 고구려 건국 이전부터 존재했는데, 고구려의 건국은 이 오부를 통합하면서 이루어졌다는 것이다.[24] 최재석은 고구려의 오부는 처음부터 행정조직 혹은 행정지역이었다고 분석한다. 최재석은 지금까지 『삼국사기』「고구려본기」의 초기 기록이 대부분 조작되었다고 보는 나카 미치요(那珂通世), 시라토니 구라키치(白鳥古吉), 이케우치 히로시(池內宏), 이마니시 류(今西龍), 미시나 쇼에이(三品彰英), 이병도(李丙燾) 등의 견해를 비판하면서 『삼국사기』의 초기 기록에 대한 자료가치를 인정한 뒤, 그 자료에 근거하여, 고구려 오부의 성격과 기능을 처음부터 행정조직 혹은 행정지역이었다고 설명하였다.[25] 위에 언급한 다)의 오부는 바로 고구려 건국 이전부터 존재하면서, 이를 통합하며 건국한 고구려 초기부터의 국가를 구성한 정치적 단위였던 것이다.

위의 라)는 초기의 고구려와 한(漢)의 관계를 서술한 것이다. 여기서 주목할 점은, "한(漢)의 무제가 조선을 멸망시키고 고구려를 현(縣)으로 삼아 현토군에 소속시켰다."고 기록한 점이다. 그런데 이 기록에서 무제가 조선을 멸망시킨 서기전 108년 이전에 이미 고구려가 존재하고 있었던 상황이 서술된 것은 맞지만, 그 "고구려를 현(縣)으로 삼아 현토군에 소속시켰다."는 기록 자체는 역사적 사실과 다를 수 있다는 점이다. 즉 현토군 중의 고구려현이 어떠한 방식으로든 고구려와 관련되었을 수는 있지만, 한(漢)이 고구려란 국가로서 현토군을 삼았다고

24) 강맹산, 「고구려의 오부」 『연변대학조선학국제학술토론회론문집』, 1989, 243~252쪽.

25) 崔在錫, 「高句麗의 五部」 『사회와 역사』4, 1986, 참조.

보기는 어려운 것이다.[26] 이와 같은 기록은 다른 문헌들과의 비교검토를 통해, 사실 관계를 비판적으로 검증하여 이해할 필요가 있다.

『고려도경』에서의 위와 같은 고구려 건국연대 인식은, 고구려를 중심에 세워 고려의 역사를 재구성하는 과정에 가능했다. 또한 이러한 고구려 건국연대 설정에 따른 『고려도경』의 역사서술 방식은 <기자조선-위만조선-한사군>으로 연결된 역사계통과 <부여-고구려-발해-고려>로 이어지는 역사계통의 이원적(二元的) 역사서술 가능성을 보여주는 첫 사례로 평가할 수 있다. 1124년에 작성된 『고려도경』의 고구려 중심 역사서술은, 21년 뒤인 1145년에 작성된 『삼국사기』의 신라 중심 역사서술과 너무도 큰 차이를 보임은 물론이다. 특히 『삼국사기』가 고구려의 건국연대를 서기전 37년으로 서술하기에 앞서, 그보다 21년 전에 고려에 사신으로 와서 고려를 관찰한 서긍이 『고려도경』에 고구려가 위만조선이 성립되기 이전에 이미 건국되었다고 서술한 점은 고구려 건국연대의 올바른 비정을 위한 중요한 자료라 할 수 있다.

3. 『고려도경』·『삼국사기』의 고구려 정체성과 첫 도읍 졸본

중국의 정사(正史)에서 고구려와 부여의 민족관계를 처음으로 서술한 사서는 280년에서 290년 사이에 진수(陳壽, 233~297년)에 의해 씌어진 『삼국지(三國志)』이다. 관련 부분은 다음과 같다.

동이(東夷)의 옛말에 의하면 (고구려는) 부여의 별종(別種)이라 하는

26) 현토군 중의 고구려현과 초기 고구려 국가의 관계에 대해서는, 이 책에 실린 필자의 논문인 「고려시대 한사군 인식에 대한 검토」(2016)에서 자세히 설명하고 있는 바, 그를 참고할 수 있다.

데, 말이나 풍속 따위는 부여와 같은 점이 많았으나, 그들의 기질이 나 의복은 다름이 있다.[27]

위에서 '별종'이란 용어는 고대의 역사가들이 종족의 연원관계를 언급하는 데 사용하였다. 시간적으로 선후(先後)가 분명하고, 지역적으로 그들의 활동지역이 같거나 혹은 인접하고 있었으며, 문화적으로는 습속(習俗) 등이 아주 근사하며, 정치적으로는 일찍이 귀속(歸屬) 혹은 귀부(歸附)되어 있었거나 혹은 후세에 하나의 정치집단으로 독립된 경우에 사용되었던 용어였다.[28] 이 '별종'이란 용어에 고구려와 부여의 계승 관계가 잘 설명되어 있는 것이다.

고구려를 부여의 '별종'으로 지칭한 『삼국지』 이후에 작성된 중국의 정사(正史) 기록들에서 모두 고구려를 부여에서 갈라져 나온 국가로 서술하고 있다. 고구려 스스로도 부여로부터 자신들이 기원되고 있음을 414년 고구려의 장수왕이 제작한 「광개토태왕릉비」에 다음과 같이 분명하게 새기어 놓았다.

> 옛적 시조(始祖) 추모(鄒牟)왕이 나라를 세웠는데, 북부여에서 태어났으며, 천제의 아들이었고 어머니는 하백(河伯)의 딸이었다.[29]

이렇듯 분명하게, 고구려는 그 국가적 정체성을 부여의 계승으로부터 찾고 있었다. 그러므로 627년에서 659년 사이의 어느 시점에 작성된 것으로 추정되는 『북사(北史)』의 다음과 같은 기록을 보면, 고구려

27) 『三國志』卷三十 「魏書」三十 烏丸鮮卑東夷傳第三十 高句麗傳 "東夷舊語以爲夫餘別種, 言語諸事, 多與夫餘同, 其性氣衣服有異. "

28) 이동휘, 「『舊唐書・渤海靺鞨傳』의 "本高麗別種"에 관하여」 『지역과 역사』9, 2001, 127~128쪽.

29) 「廣開土太王陵碑」 "惟昔始祖鄒牟王之創基也出自北夫餘天帝之子母河伯女郎."

가 부여의 신(神)을 가장 중요한 신으로서 국가 차원에서 제사지내고 있음을 알 수 있다. 그 국가의 정통성을 부여로부터 찾고 있던 고구려에게 부여와 관련된 제의(祭儀)는 당연히 국가 차원에서 중시되는 것이었다.

> (고구려는) 불교를 믿고 귀신을 공경하여 음사(淫祀)가 많다. 조묘(祖廟, 즉 조상의 신주를 모신 사당을 말함)가 두 군데 있는데 하나는 부여신(扶餘神)으로 나무를 조각하여 부인상을 만들었고, 하나는 고등신(高登神)으로 고구려의 시조이신 부여신의 아들이라고 한다. 두 조묘에 모두 관사(官司)를 설치해놓고 사람을 파견하여 수호하였다. (그 두 신은) 대개 주몽(朱蒙)의 어머니인 하백의 딸과 주몽이라고 한다.[30)]

저자인 당(唐)의 이연수(李延壽)가 위의 인용문에서 '음사(淫祀)' 즉 "(고구려에) 부정(不正)한 귀신에게 제사지내는 것"이 많다고 기록했는데, 고구려의 토속 신앙과 습속 등에 대해 외국인의 입장 특히 자민족중심주의적(自民族中心主義的)[31)] 입장에서 이연수가 그런 표현을 사용한 것으로 볼 수 있다. 위의 『북사』 기록에서 볼 수 있듯, 고구려는 조상신으로서의 하백과 주몽을 모시고 부여로부터 계승된 것과 고구려의 토착적인 것을 중심으로 그들의 정체성을 유지 및 강화하고 있었음을 알 수 있다.

이미 위에서 살펴보았듯이, 1124년에 작성된 『고려도경』에도 고구려가 부여를 계승한 국가임을 다음과 같이 서술하고 있었다.

---

30) 『北史』卷94 「列傳」第82 高句麗.

31) 자민족중심주의란 "자신의 민족 집단을 모든 것의 중심으로 보며, 자신의 민족 집단을 기준으로 나머지 모두를 측정하고 평가하는 관점"을 가리키는 용어이다.

> 이에 앞서, 부여의 왕이 하신(河神)의 딸을 얻었는데, 햇빛이 비치어 임신하였으며 알[卵]을 낳았다. 자라서 활을 잘 쏘았는데, 세속에서 활 잘 쏘는 것을 '주몽'이라 하므로, 따라서 '주몽'이라고 이름지었다. 부여 사람들이 그의 출생이 이상했던 때문에 상서롭지 못하다 하여 제거할 것을 청하였다. 주몽이 두려워서 도망하다가 큰물을 만났는데, 다리가 없어 건너지 못하게 되매 활을 가지고 물을 치면서 주문을 외니, 물고기와 자라가 줄지어 떠올랐다. 그리하여 타고 건너가 흘승골성(紇升骨城)에 이르러 살면서 그곳을 스스로 '고구려'라 부르고, 따라서 '고(高)'로 성씨를 삼고 나라를 고려라 하였다.[32)]

위의 인용문에서 중요한 점은, "이에 앞서[先是]"라는 그 문장의 연결어(連結語)가 지닌 역사적 함의이다. 앞에서 고구려의 건국연대를 설명하면서 이미 언급하였듯, 여기서 "이에 앞서"는 위만조선이 성립하여 80년을 다스리기에 앞선 시기를 의미한다. 그러므로 위만이 한(漢)의 군국(郡國) 중의 하나인 연(燕)으로부터 망명하여 와서 소위 위만조선을 세우기 이전에, 부여로부터 망명한 주몽이 흘승골성에 와서 고구려를 이미 건국하였다고 한 것이다.

여기서 더욱 중요한 점은, 위에서 이미 살펴본 대로, 『고려도경』에서 서긍이 고려의 선조라고 설정하려 했던 기자와 그의 뒤를 이은 위만조선은, 사실은 부여 및 고구려와 아무 민족적 및 역사적 연관이 없다는 점이다. 『고려도경』에서는 <기자조선-위만조선-한사군>의 역사계통과 <부여-고구려-발해-고려>로 이어지는 이중적 역사서술체계로서 고려의 역사를 서술하였는데, 두 체계 사이에는 어떠한 계승관계도 없으며, 단지 두 체계 사이를 연결시키는 고리로서 한사군이 있는

32) 『宣和奉使高麗圖經』卷第一「建國」始封 "夫餘王得河神之女, 爲日所照, 感孕而卵生. 旣長善射, 俗稱善射爲 '朱蒙', 因以名之. 夫餘人, 以其生異, 謂之不祥, 請除之. 朱蒙懼逃焉, 遇大水無梁, 勢不能渡. 因持弓擊水而呪之, 魚鱉竝浮, 因乘以濟. 至紇升骨城而居, 自號曰 '高句驪', 因以 '高'爲氏, 而以高麗爲國."

데,[33] 그럼에도 고려가 실제적으로 계승하는 것은 <기자조선-위만조선-한사군> 중의 그 어느 것도 될 수 없다는 점이다. 즉 『고려도경』에서 말하는 고려의 계승성 혹은 정통성은 실제적으로 부여에서 출자(出自)한 고구려에 있을 뿐인 것이다.

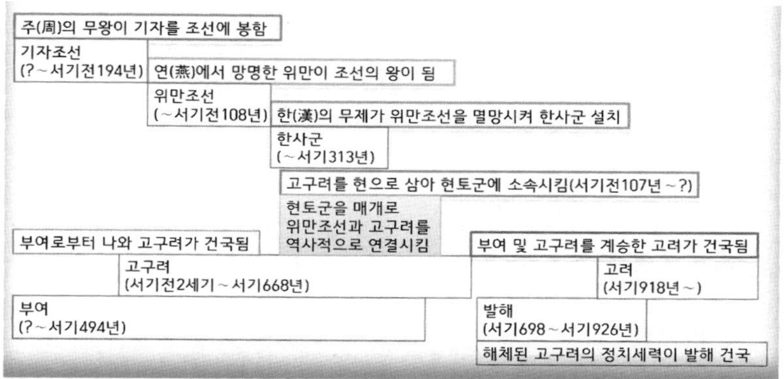

[도표 1] 『고려도경』의 이원적(二元的) 고려 역사 서술 체계

『고려도경』에서 고려가 '부여에서 갈라져 나온' 고구려를 계승했다는 사실을 분명하게 기록한 것은 두 가지 차원에서 이해할 수 있다. 하나는 서긍이 고려에 사신으로 와서 고려인들로부터 그들이 고구려를 계승했음을 확인한 것을 기록한 것이며,[34] 다른 한 측면은 서긍은

33) 『고려도경』에서 서술된 <기자-위만조선-한사군>과 <부여-고구려-발해-고려>의 서로 다른 두 계통을 연결시키는 고리는 한사군 중의 현토군이다. 서긍은 서기전 108년에 한(漢)의 무제가 위만조선을 멸망시키고 한사군을 설치했는데, 고구려가 한사군 중의 현토군에 예속되었다고 보았다. 한사군으로 서로 다른 두 계통을 연결시켜 고려사를 구성하려 했던 것이다.

34) 『고려도경』에서 고려가 고구려를 계승했다고 기록한, 그 의미에 대해서는 박한설의 다음 논문을 참고할 수 있다. 박한설, 「고려(高麗)의 고구려(高句麗) 계승성(繼承性)」 『고구려연구회 학술총서』, 2008. 이 논문에서 『고려도경』에서 서긍이 직접 방문한 고려가 고구려를 계승했음을 분명하게 서술한 점은, 서긍이 "고려가 고구려를 계승"함을 믿을 뿐만 아니라 고려가 서긍에게 "고려가 고구려를 계승"함을 확실하게 인식시켰음을 뜻한다고 서술했다(883쪽).

물론 당시의 학자들이 고려가 고구려를 계승했다는 사실을 인식하고 있었음과 동시에 그 사실이 당시 사회에서 이의(異議)없이 받아들여지고 있었음을 의미한다. 만약 서긍이 『고려도경』을 쓸 당시에 고구려의 역사계승 관계에 대한 다른 관점이 존재했었다면, 당대의 거의 모든 전적(典籍)을 섭렵한 것으로 보이는 서긍이 이를 반영하지 않았을 리가 없으며, 『고려도경』에 고려의 역사를 부여에서 기원(起源)한 고구려 중심으로 서술하지 않았을 것이기 때문이다. 『고려도경』보다 21년 뒤에 작성된 『삼국사기』 역시 고구려를 부여에서 비롯된 국가로 서술한 사실에서도 이를 알 수 있다.

한편 바로 위의 인용문을 통해, 『고려도경』은 고구려의 첫 도읍을 흘승골성으로 서술했음을 알 수 있다. 흘승골성이란 지명은 6세기에 편찬된 중국의 사서인 『위서(魏書)』와 7세기의 『북사(北史)』에 고구려 시조 주몽이 도읍한 곳으로 기록한 지명이다. 414년에 고구려인들에 의해 직접 세워진 광개토태왕릉비에서는 "비류곡 홀본 서쪽 성산 위에 도읍을 세웠다(於沸流谷忽本西城山上而建都焉)"라며, 고구려의 첫 도읍을 홀본으로 불렀다. 7세기의 사서인 『주서(周書)』에는 주몽이 흘두골성(紇斗骨城)에서 건국한 것으로 기록했다. 그러나 이러한 기록들을 종합적으로 검토하면 홀본, 흘승골성, 흘두골성은 모두 고구려 초기 도읍의 지명임이 분명하며 또 같은 곳을 가리켰다고 볼 수 있다. 고구려가 정치적으로 해체된 668년 이후 447년이 지난 1145년에 완성된 『삼국사기』에서 고구려의 첫 도읍은 졸본(卒本)으로도 기록되었다. 졸본에 대해 『삼국사기』는 "『고기(古記)』에서는 '주몽은 부여로부터 난리를 피하여 졸본에 이르렀다'고 기록되었으니, 흘승골성과 졸본은 같은 곳인 것 같다."고 설명했다.[35] 이로서 『고려도경』의 고구려 첫 도읍 흘승골성은

35) 『三國史記』卷第三十七「雜志」地理 第四 高句麗 "古記云, 朱蒙自扶餘逃難, 至卒本. 則紇升骨

졸본과 같은 지명임을 알 수 있다.

필자는 최근 개최된 <고대평양 위치탐색과 관련한 학술회의>(인하대 고조선연구소 주관)에서 고구려 첫 도읍인 졸본의 위치 비정 문제에 관한 논문을 발표하면서,[36] 『삼국사기』에 비정된 고구려 첫 도읍의 위치를 지도에 표시한 적이 있다. 그 논문에서 『삼국사기』의 저자 김부식 등은 고구려 첫 도읍인 졸본을 요하 서쪽 의무려산 일대로 비정(比定)하고 있었는데, 이 비정은 현재의 요녕성 환인현(桓仁縣) 오녀산성 일대를 고구려 첫 도읍으로 비정하는 소위 기존의 다수설과는 전혀 다른 것이었으며, 필자로서는 비록 완전하지는 않지만 『삼국사기』의 고구려 첫 도읍 비정이 기존의 '고구려 첫 도읍 환인 일대설'보다는 사실에 훨씬 근접할 수 있다고 판단하였다.

또한 그 논문에서 『삼국사기』의 고구려 첫 도읍 졸본에 대한 위치 비정은 그 사서보다 140여년 뒤에 쓰여진 『삼국유사』의 고구려 첫 도읍 위치 비정과 정확하게 일치한다는 점도 밝혔다. 그런데 『삼국유사』와 『삼국사기』의 첫 도읍 위치 비정 관련 부분을 비교하여 보면, 후대에 작성된 『삼국유사』가 『삼국사기』의 관련 기록을 단순하게 베꼈다고는 볼 수 없다. 『삼국유사』가 그보다 먼저 작성된 『삼국사기』를 참고할 수는 있었겠지만, 『삼국유사』도 분명히 나름대로의 고증을 통해 고구려 첫 도읍의 위치를 비정해낸 것이며, 그 결과가 같게 나왔던 것이다.

그러므로 그 논문에서 필자는 『삼국사기』와 『삼국유사』에 기록된 고구려 첫 도읍 졸본에 대한 위치 비정이, 고구려 첫 도읍에 대한 고

城·卒本似一處也."

36) 그 학술회의는 인하대학교 고조선연구소의 고대평양위치연구팀에서 주관하여 2015년 12월 23일에 인하대학교60주년기념관에서 개최한 <고대평양 위치탐색과 관련한 학술회의>이며, 그때 필자가 발표한 논문의 제목은 「고구려 첫 도읍 비정에 관한 검토」이다. 이 논문은 앞으로 보완을 거쳐 국내외 학회지 등에 게재할 예정이다.

려시대의 보편적 인식 즉 소위 통설일 것이라고 서술했었다. 필자는 위에 언급한 『고려도경』에 기록된 고구려 첫 도읍인 흘승골성의 위치도 『삼국사기』 및 『삼국유사』와 같을 것으로 추정한다. 1123년에 고려에 사신으로 와서 얻은 견문 등에 의해 작성된 『고려도경』에 고려시대의 통설이 반영될 가능성이 가장 높은 것이며, 서긍이 고구려 첫 도읍에 대한 이러한 통설을 별다른 이의(異議)없이 받아들였다고 보여지기 때문이다.

나름대로의 고증을 거쳐, 『삼국사기』의 저자들은 흘승골성 즉 졸본의 위치가 현재의 요하 서쪽 의무려산(醫巫閭山) 일대였다고 서술했다. 『삼국사기』에서 고구려 첫 도읍의 위치에 대한 비정을 처음으로 시도한 것인데, 그 위치는 대체로 요하를 서쪽으로 건너 요(遼)에서 설치한 의주(醫州) 인근 의무려산 일대였다고 추정한 것이었다. 『삼국사기』의 관련 서술 부분은 다음과 같다.

> 『후한서(後漢書)』「군국지(郡國志)」에 "요동군은 낙양에서 3천6백리 떨어져 있다. 이에 속한 현으로서 무려현(無慮縣)이 있다."고 하였는데, 바로 「주례(周禮)」에서 말한 북진(北鎭)의 의무려산이다. 대요(大遼)가 그 아래쪽에 의주를 설치하였다. 또한 "현토군은 낙양에서 동북쪽으로 4천리 떨어져 있었고, 이에 속한 현은 셋인데, 고구려가 그 중의 하나이다."라고 기록되어 있으니, 즉 주몽이 도읍을 정한 곳이라고 하는 흘승골성과 졸본이란 지방은 아마도 한(漢)의 현토군 경계이고, 대요국(大遼國) 동경(東京)의 서쪽인 듯하며, 『한서(漢書)』「지리지」에서 말한 현토군의 속현(屬縣)인 고구려가 이것인가? 옛날 대요가 아직 멸망하지 않았을 때, 요의 황제가 연경(燕京)에 있자, 뵈러가는 우리 사신들이 동경을 지나 요수를 건너 하루 이틀 가면 의주에 이르러 연계(燕薊)로 향하게 되었으니, 때문에 그러함을 알 수 있다.[37]

37) 『三國史記』卷第三十七「雜志」地理 第四 高句麗 "漢書志云, 遼東郡, 距洛陽三千六百里, 屬縣有

위의 인용문을 살펴보면, 『삼국사기』의 편찬자들은 『후한서』와 『한서』 등에 기록된 한사군 중의 현토군 위치를 의무려산 인근으로 인식하고 있었다. 또한 이러한 문헌에 근거하여, 주몽이 도읍한 졸본이 한(漢)의 현토군 경계에 위치했었는데, 이 지역은 요(遼)의 동경(현재의 중국 요녕성 요양시 일대)에서 서쪽으로 요하를 건너 하루 이틀 가면 도착할 수 있던 지점이라고 분명하게 인식하고 있었다.

또한 위의 인용문에 따르면, 『삼국사기』의 편찬자들은 그들의 고구려 첫 도읍 위치 비정에 현지를 직접 다녀온 견문에 의한 지리정보도 활용하였음을 밝히고 있다. 즉 1125년 요(遼)가 멸망하기 이전에 연경(지금의 북경 일대)에 왕래하는 고려의 사신들이 동경(현재의 요양)을 지나고 요수를 건너 서쪽으로 하루 이틀을 가면 의주에 이르러서 다시 연경 방향으로 향한다는 것이다. 이러한 사신 왕래 과정에 고구려 초기 도읍이 그곳에 위치했었음을 알게 되었기 때문에, 『삼국사기』의 편찬자들은 위의 인용문에서 "때문에 그러함을 알 수 있다."고 서술한 것이다. 요(遼)가 멸망한 1125년 이후 20년만인 1145년에 『삼국사기』가 완성되었는데, 그때의 편찬자들에게는 요(遼)의 동경이나 요수 및 그 서쪽의 의무려산 일대에 대한 여러 유형의 체험적 지리정보가 있었을 것이며, 이러한 지역들에서 고구려의 첫 도읍인 흘승골성 즉 졸본의 위치를 비정했던 것이다(『삼국사기』에 의해 비정된 고구려 첫 도읍 위치는 뒷면의 [지도 1] 참조).

無慮. 則周禮北鎮醫巫閭山也, 大遼於其下置醫州. 玄菟郡, 距洛陽東北四千里, 所屬三縣, 高句麗是其一焉. 則所謂朱蒙所都紇升骨城・卒本者, 蓋漢玄菟郡之界, 大遼國東京之西, 漢志所謂玄菟屬縣高句麗是歟. 昔大遼未亡時, 遼帝在燕景, 則吾人朝聘者, 過東京涉遼水, 一兩日行至醫州, 以向燕薊, 故知其然也."

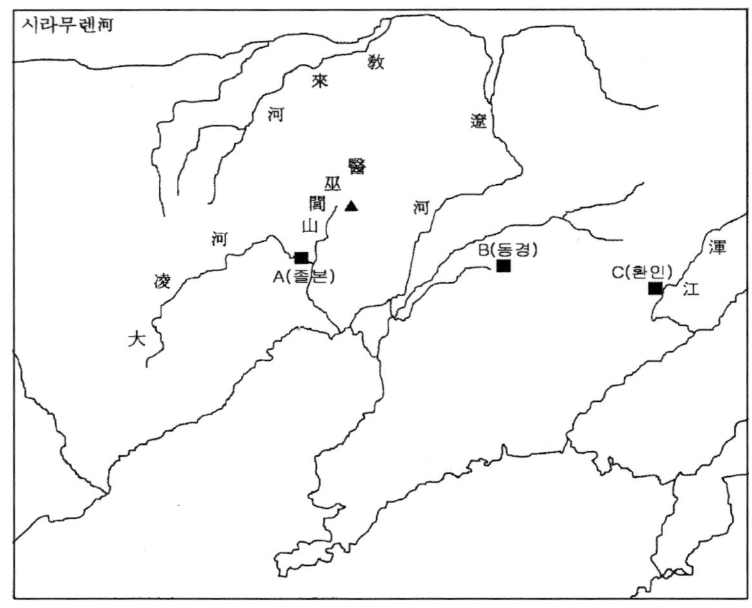

[지도 1] 『삼국사기』에 비정된 고구려 첫 도읍 졸본(흘승골성) 위치(A)

위의 [지도 1]에 나타난 고구려 첫 도읍 졸본의 위치는 『삼국사기』나 『삼국유사』의 기록에 근거한 것이다. 『삼국사기』나 『삼국유사』가 쓰여지던 고려시대에는, 고구려의 도읍과 관련하여 위의 [지도 1]과 같은 역사지리 인식을 갖고 있었던 것이다. 그렇다면, 『삼국사기』보다 21년 이전에 작성된 『고려도경』도 역시 위의 [지도 1]과 같은 고구려 첫 도읍 위치 인식을 갖고 있었던 것으로 추정할 수 있겠다. 물론 실제 고구려 첫 도읍이 어디에 위치했었는지에 대해서는 앞으로 학술계에서 더 많은 검토가 필요하겠지만, 위의 [지도 1]에 나타난 졸본의 위치가 고려시대의 보편적 인식이었던 것은 분명하게 확인할 수 있다.

4. 두 문헌에 나타난 고구려 초기의 위치 및 강역

위에서 『삼국사기』나 『삼국유사』 등에 기록된 고구려 첫 도읍의 위치인 졸본이 현재의 요하 서쪽 의무려산 일대였음을 확인하였다. 이 기록과 고구려 시기의 시조 동명왕에 대한 제사 기록을 연관지으면, 고구려 초기의 위치와 강역에 대한 일정한 추정을 얻어낼 수 있다.

『삼국사기』의 기록에 따르면, 고구려는 대무신왕3년인 서기20년 봄에 동명왕 사당을 졸본에 세웠다.[38] 『삼국사기』의 이러한 기록에서의 동명은 고구려 시조인 주몽을 일컫는 것이다. 물론 위의 『삼국사기』 기록에 대무신왕이 어느 곳에 동명왕묘를 세웠는지는 밝히지 않았다. 그러나 이후의 여러 기록들에 시조묘에 제사를 지낸 고구려의 국왕들이 모두 졸본으로 갔다는 내용이 있다. 그러므로 대무신왕이 건립한 동명왕 사당은 마땅히 졸본에 있었음을 알 수 있다.[39]

고구려 역대의 왕들이 졸본의 사당에 와서 제사를 지낸 상황들을 『삼국사기』는 다음과 같이 기록하였다.

> 신대왕(新大王)4년(167년) 가을 9월에 졸본(卒本)에 이르러 시조묘(始祖墓)에 제사지냈다는 기록이 있으며, 고국천왕(故國川王)원년(179년) 가을 9월, 동천왕(東川王)2년(228년) 봄 2월, 중천왕(中川王)13년(260년) 가을 9월, 고국원왕(故國原王)2년(332년) 봄 2월, 안장왕(安藏王)3년(521년) 여름 4월, 평원왕(平原王)2년(560년) 봄 2월, 건무왕(建武王)2년(619년) 봄 4월에도 모두 위와 같이 행하였다.[40]

---

38) 『三國史記』卷第十四 「高句麗本紀」第二 大武神王 "三年, 春三月, 立東明王廟."

39) 梁志龙, 「关于高句丽建国初期王都的探讨」 『2008년 한·중 고구려역사 연구 학술회의』, 동북아역사재단, 2008, 41쪽.

40) 『三國史記』卷三十二 「雜志」卷一 祭祀 "新大王四年秋九月, 如卒本, 祀始祖廟. 故國川王元年秋九月, 東川王二年春二月, 中川王十三年秋九月, 故國原王二年春二月, 安臧王三年夏四月, 平原王二年春二月, 建武王二年春四月, 並如上行."

위의 기록을 보면, 장수왕이 427년 평양으로 천도한 이후는 물론 평원왕이 586년 장안성으로 천도한 이후인 619년에도 졸본에 가서 고구려 시조 사당에 제사를 지낸 것이다. 고구려가 국가로서 존속하는 거의 모든 기간에 졸본에 있는 시조 사당에 가서 제사를 지냈던 것이다.

위의 인용문 중 신대왕3년인 167년, 고국원왕2년인 332년, 안장왕3년인 521년, 평원왕2년인 560년, 영류왕2년 즉 619년에는 그 왕들이 졸본에서 한 달 정도 머물렀던 기록이 있다. 이들 기록을 도표로 정리하면, 아래와 같다.

[도표 2] 『삼국사기』 중 고구려 왕의 시조 사당 제사 이후 졸본 체류 기록

왕호	연대	졸본의 시조 사당 제사 기록	당시 도읍
신대왕	167	3년 가을 9월에 왕이 졸본에 가서 시조 사당에 제사를 지냈다. 겨울 10월에 왕이 졸본에서 돌아왔다.[41]	국내성
고국원왕	332	2년 봄 2월에 왕이 졸본에 가서 시조 사당에 제사를 지내고, 백성들을 두루 방문하여 늙고 병든 자들을 구제해주었다. 3월에 졸본에서 돌아왔다.[42]	평양성[43]
안장왕	521	3년 여름 4월에 왕이 졸본으로 행차하여 시조 사당에 제사지냈다. 5월에 왕이 졸본에서 돌아오다가, 지나는 주읍(州邑)의 가난한 자들에게 곡식을 한 사람에 3곡(斛)씩 주었다.[44]	평양
평원왕	560	2년(560) 봄 2월에 북제의 폐제(廢帝)가 왕을 봉하여 사지절영동이교위요동군공고구려왕(使持節・領東夷校尉・遼東郡公・高句麗王)으로 삼았다. 왕은 졸본으로 행차하여 시조 사당에 제사 지냈다. 3월에 왕이 졸본에서 돌아오면서 지나는 주(州)와 군(郡)의 감옥에 갇힌 죄수 중에서 두 가지 죄를 제외하고 모두 풀어주었다.[45]	평양
영류왕	619	여름 4월에 왕은 졸본에 행차하여 시조 사당에 제사지냈다. 5월에 왕이 졸본에서 돌아왔다.[46]	장안성

---

41) 『三國史記』卷第十六 「高句麗本紀」第四 新大王 "三年, 秋九月, 王如卒本, 祀始祖廟. 冬十月, 王至自卒本."

42) 『三國史記』卷第十八 「高句麗本紀」第六 故國原王 "二年, 春二月, 王如卒本, 祀始祖廟, 巡問百姓老病, 賑給. 三月, 至自卒本."

43) 고국원왕2년 즉 332년 당시의 고구려 도읍에 대해서는 동천왕21년의 "21년 봄 2월에 왕이 환

『삼국사기』에 고구려 왕이 졸본에 가서 시조 사당에 제사한 기록은 모두 8번이 나온다. 그런데 위의 [도표 1]에서 보듯, 그 중 5번은 제사 이후 졸본에 한 달 가량 체류하다 돌아온 것으로 기록되었다. 이러한 『삼국사기』의 기록에서, 고구려의 졸본에 대한 다음과 같은 인식을 형성할 수 있다.

고구려 왕이 시조 사당에 제사하기 위해 졸본에 간 연대는 167년, 179년, 228년, 260년, 332년, 521년, 560년, 619년이다. 시조 사당이 세워진 해는 20년인데, 그 장소는 고구려의 첫 도읍인 졸본이다. 그렇다면 20년, 167년, 179년, 228년, 260년, 332년, 521년, 560년, 619년 등의 시기 모두에 졸본은 고구려에 의해 통치되는 지역 즉 강역 안에 있었다고 이해할 수 있다. 특히 위의 [도표 2]에서 167년, 332년, 521년, 560년, 619년 등의 시기에는 고구려 왕이 졸본에 한 달 정도 체류했다고 한다. 졸본이 안정적으로 확보된 고구려 강역 안의 지역이고, 또한 시조 사당의 제사에 종사 및 수행하는 다수의 인원들이 장기 체류할 수 있는 여건이 졸본에 갖추어졌다는 사실을 알게 해준다.

그런데 위와 같은 기록이 담긴 『삼국사기』에는 그 졸본이 현재의 요하 서쪽 의무려산 일대라고 분명하게 서술되어 있다. 또한 『삼국사기』는 이와 같은 졸본 지역에 시조의 사당이 세워졌고, 역대의 왕들이 그 시조 사당에 와서 제사를 지냈으며 때로는 한 달 정도 체류하고 돌

도성으로 전란을 겪고 다시 도읍으로 삼을 수 없다고 하여, 평양성을 쌓고 백성과 종묘와 사직을 옮겼다(二十一年, 春二月, 王以丸都城經亂, 不可復都, 築平壤城, 移民及廟社)."는 『삼국사기』의 기록에 따라, 당시 평양성에 도읍했던 것으로 인식했다.

44) 『三國史記』卷第十九 「高句麗本紀」第七 安藏王 "三年, 夏四月, 王幸卒本, 祀始祖廟. 五月, 王至自卒本, 所經州邑貧乏者, 賜穀人三斛."

45) 『三國史記』卷第十九 「高句麗本紀」第七 平原王 "二年, 春二月, 北齊廢帝封王為使持節・領東夷校尉・遼東郡公・高句麗王. 王幸卒本, 祀始祖廟. 三月, 王至自卒本, 所經州郡獄囚, 除二死, 皆原之."

46) 『三國史記』卷第二十 「高句麗本紀」第八 榮留王 "夏四月, 王幸卒本, 祀始祖廟. 五月, 王至自卒本."

아간 것으로 기록한 것이다. 이러한 제사 기록으로 보면, 고구려는 건국 이후 정치적으로 해체되는 668년 무렵까지 현재의 요하 서쪽 의무려산 일대의 졸본을 강역으로써 상당히 안정적으로 장악하고 있었다고 설명할 수 있다.

한편 위에서 살펴보았듯, 『고려도경』에는 주몽의 고구려 건국이 위만조선의 성립 이전 시기에 이루어졌다고 기록하였다. 또한 『고려도경』에 주몽이 고구려를 건국할 당시의 첫 도읍이 흘승골성인데, 이는 바로 『삼국사기』의 졸본과 같은 지명임을 역시 위에서 살펴보았다. 그러므로 21년의 시간 차이를 두고 작성된 『고려도경』과 『삼국사기』의 기록에 의하면, 위만조선이 성립되기 이전인 서기전 2세기 이전에 주몽이 현재의 요하 서쪽 의무려산 일대에 고구려를 건국하였는데, 대무신왕3년인 서기20년 봄에 그 졸본에 고구려의 시조인 주몽의 사당이 세워졌고, 또 이후 역대의 왕들이 시조 사당에 와서 제사를 지냈다고 서술할 수 있다. 서기전 2세기 이전에 건국된 고구려는 정치적으로 해체되던 668년 무렵까지 그 첫 도읍인 졸본 일대를 정치적으로 통제하던 강역의 안에 안정적으로 지니고 있었던 것이다.

『고려도경』과 『삼국사기』에 근거하여, 위와 같이 고구려의 건국연대와 첫 도읍 졸본의 위치를 설정하였을 경우에 고구려의 역사는 현재의 국정교과서에 실린 것과는 상당히 다르게 서술된다(현재의 고등학교 국정교과서에 실린 초기 고구려의 지도인 [지도 2] 참조).

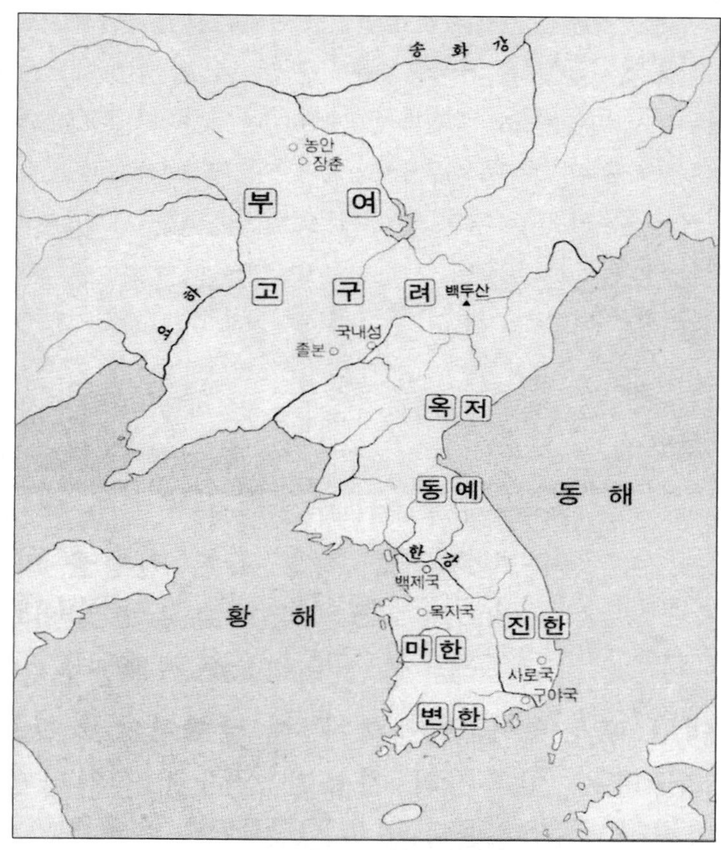

「지도2」 부여, 고구려, 삼한 등 지도[47]

또한 『고려도경』에 따르면, 연(燕)에서 망명한 위만(衛滿)이 서기전 194년 위만조선을 세우기 이전에 주몽이 흘승골성 즉 졸본에서 고구려를 건국하였는데, 그 고구려는 위만조선과 아무 연관성이 없었다. 그 고구려가 건국된 지역은 『삼국사기』에 의하면 졸본인데, 그 사서에

47) 교육부 국사편찬위원회, 『고등학교 국사』(상), 대한교과서주식회사, 1990, 21쪽.

서는 졸본의 위치를 요하 서쪽 의무려산 일대로 분명히 밝히고 있다.

그렇다면 서기전 2세기 이전 고구려가 졸본에 건국된 이후, 연(燕)에서 동쪽으로 패수(浿水)를 건너 망명해온 위만이 서기전 194년에 왕험(王險)에 도읍하며 위만조선을 세웠는데,[48] 『사기(史記)』·『고려도경』·『삼국사기』의 이와 같은 설정에 의하면, 위만이 도읍한 왕험(王險)은 요하 서쪽 의무려산 일대에 있던 고구려의 첫 도읍 졸본보다 훨씬 서쪽에 위치하고 있어야 된다. 즉 현재의 의무려산에서 동쪽으로 요하를 건넌 동쪽이나 북쪽 지역에 위만조선을 위치시킬 수는 없는 것이다. 또한 한반도에도 위만조선을 위치시킬 수는 없는데, 그 이유는 『사기』에 위만이 연(燕)에서 출발하여 육로(陸路)로 동쪽으로 "패수를 건너" 망명한 것으로 서술했을 뿐 바다를 건넜다는 기록이 없기 때문이다. 또한 그 뒤에 위만이 서기전 108년 "이로써 드디어 조선을 평정하고 사군(四郡)을 설치하였다."고 기록했고,[49] 『고려도경』은 "한(漢)의 무제(武帝)가 조선을 멸망시키고 고구려를 현(縣)으로 삼아 현토군에 소속시켰다."고 기록했는데,[50] 이러한 무제의 조선 침략과 정벌 및 한사군 설치가 가능하려면 당연히 위만조선은 서기전 2세기 이전에 건국된 고구려의 첫 도읍인 졸본 즉 현재의 요하 서쪽 의무려산 일대의 서쪽에 위치하고 있어야 하는 것이다. 이러한 위만조선과 고구려 첫 도읍 졸본의 위치 관계를 대체로 지도에 표시하면 다음 [지도 3]과 같다.

48) 『史記』卷一百十五 「朝鮮列傳」第五十五 "朝鮮王滿者, …燕王盧綰反, 入匈奴, 滿亡命, 聚黨千餘人, 魋結蠻夷服而東走出塞, 渡浿水, 居秦故空地上下鄣, 稍役屬眞番·朝鮮蠻夷及故燕·齊亡命者王之, 都王險."

49) 『史記』卷一百十五 「朝鮮列傳」第五十五 "以故遂定朝鮮, 爲四郡."

50) 『宣和奉使高麗圖經』卷第一 「建國」 始封 "漢武帝滅朝鮮, 以高麗爲縣, 屬元菟郡,"

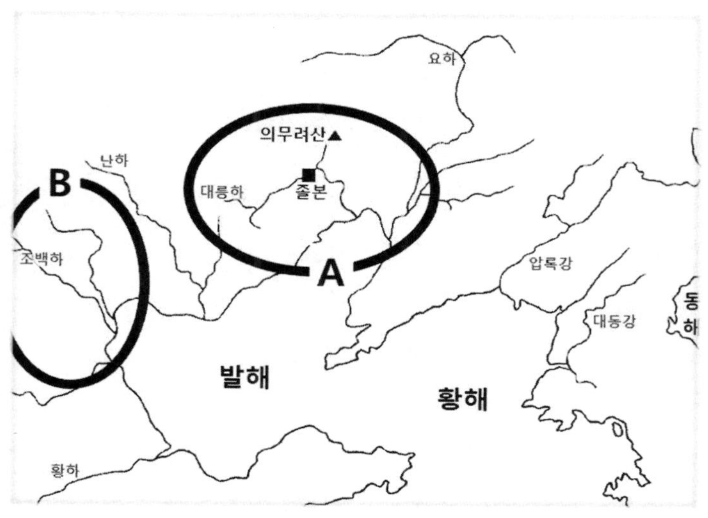

[지도 3] 『사기』·『고려도경』·『삼국사기』에 의한 졸본(■), 고구려(A), 위만조선(B) 위치도

위의 지도는, 위만조선이 서기전 194년에 성립되기 이전에 이미 고구려가 건국되었다는 『고려도경』의 기록, 주몽이 건국한 고구려의 첫 도읍 졸본은 현재의 요하 서쪽 의무려산 일대라는 『삼국사기』「지리지」의 기록, 서기전 194년에 육로(陸路)를 통해 동쪽으로 패수를 건너와 왕험(王險)에 도읍하며 위만조선을 세웠고 또 한(漢)의 무제가 조선을 평정하여 사군(四郡)을 세웠다는 『사기』의 기록 등을 근거로 작성한 지도이다. 위의 세 문헌을 문자 그대로 해석하여, 그 해석을 근거로 작성해본 지도이다. 위의 지도에서, 원으로 표시된 A는 서기전 2세기 이전에 건국되어 ■으로 표시된 졸본에 도읍했던 고구려 초기의 중심 세력범위를 추정해본 범위이다. 원으로 표시된 B는 고구려의 건국 이후인 서기전 194년에 연(燕)으로부터 도망해와 패수(浿水)를 건너 정착하며 왕험(王險)에 도읍했던 위만조선의 세력범위를 표시해본 것이다.

물론 위의 지도는 여러 문헌을 근거로 추정해본 것에 지나지 않는다. 역사적 사실과의 합치(合致) 여부는 더욱 많은 문헌과 고고학적 자료를 통해 앞으로 검증해볼 문제인 것이다.

5. 결론

이미 잘 알려진 대로, 『고려도경』의 사료적 가치는 매우 높다고 할 수 있다. 간혹 『고려도경』에 기록된 역사 관련 부분에 대해 혹평하는 경우가 있다. 심지어 "참고할 만한 부분이 전혀 없는 것은 아니지만, 사실(史實)을 왜곡하거나 사실과 맞지 않는 것이 대부분이다. 고려를 고구려와 연결시켜 이해하려고 하는 혼동에서부터, 삼국의 정립과 통일신라 내지는 후삼국 등에 관해서는 그 내용을 서술하지 않는 무지함을 드러내기도 하였다."는 지나친 혹평도 있는 것이다.[51] 그러나 이러한 혹평은 오히려 사실을 왜곡하는 것일 수 있다. 그러므로 위의 혹평을 한 저자 역시 그 뒤에 같은 논문을 일부 제목을 바꾸어 게재하면서는, 그 혹평 부분을 삭제해 놓은 것을 알 수 있다.[52]

이렇듯 『고려도경』의 사료적 가치는 아주 높다고 할 수 있다. 그런데 여기서 한 가지 지적할 것은 『고려도경』을 인용하는 연구자들의 태도이다. 개개의 연구자들은 자신들의 입맛에 따라 해당 부분을 인용하고, 자신의 견해와 다른 기록은 짧은 기간에 외국인의 시각에서 본 것이기 때문에 믿을 수 없다는 태도를 보이고 있다. 그렇지만 서긍이

51) 전영준, 「『高麗圖經』으로 본 徐兢의 高麗文化 인식」 『중앙대학교 문화콘텐츠기술연구원 학술대회』, 2010, 25쪽.

52) 전영준, 「11~12세기 전후 麗-宋 양국의 문화인식과 『高麗圖經』」 『다문화콘텐츠연구』10, 2011, 287~291쪽.

『고려도경』을 1년 동안 집필했다는 점을 간과해서는 안된다. 그 기간 동안 서긍이 기록한 하나하나의 사실들은 고려 체류기간 동안 그가 보고 들은 것과 당시 송(宋)에 알려진 고려에 대한 정보를 총망라했을 것이기 때문이다. 따라서 『고려도경』은 서긍 개인의 기록이라고 하기보다는 12세기 초 송(宋)의 고려에 대한 인식이 총체적으로 반영된 것이다. 『고려도경』을 인용하는데 더 신중해야하는 이유이다.

『고려도경』은 지금으로부터 900여 년 전인 1123년에 고려에 파견된 북송(北宋) 사신단의 일원인 서긍이 작성한 고려에 대한 '일종의 치밀한 첩보보고서'이다. 당시 북송은 금(金)과의 존망(存亡)을 건 일전을 앞두고 고려에 군대의 파견을 요청하는 상황에서, 고려에 대한 광범위하고 상세한 정보를 수집했다. 이를 위해 송(宋) 휘종(徽宗)은 '충대하절(充代下節)'이라는 정보수집을 위한 전문가 집단을 선발하여 이들에게 그림까지 그려 보고할 것을 직접 지시했다. 그 결과로 나온 것이 『고려도경』, 즉 고려에 대한 그림과 글이라는 이름처럼 그림이 포함된 '국책' 보고서이다. 동아시아의 중세 자료 가운데 이 책보다 치밀하게 조사된 자료는 이전은 물론 이후에도 없었고, 그림을 곁들인 형식의 보고서 역시 없었다. 비록 그림은 현재 전해지지 않지만, 남아있는 글만으로도 고려는 물론 당시 동아시아 세계의 사회와 생활상을 이해하는 중요한 자료이다.[53)]

위에서 『고려도경』의 문헌적 중요성을 강조하기 위해 국사편찬위원회 『한국사데이터베이스』의 『고려도경』 해제 부분의 큰 부분 전체를 인용하였다. 한국고대사 특히 고구려사를 연구하는 자료가 많지 않은 상황에서, 『고려도경』에 기록된 고구려 관련 기록은 매우 소중하다.

53) 김대식 · 이상국, 「『선화봉사고려도경(宣和奉使高麗圖經)』 해제」 『한국사데이터베이스』 (http://db.history.go.kr/introduction/intro_cnkd.html), 참조.

특히 『고려도경』에서의 고려의 역사를 서술하는 부분은, 고구려 중심의 역사서술로서 고려 역사를 일종의 통사(通史) 형식으로 구성하였는데, 고구려를 중심으로 서술함으로써 다른 사서에 보이지 않던 <기자-위만조선-한사군>의 계통과 <부여-고구려-발해-고려>의 계통이란 두 계통으로 고려 역사를 서술한 특점이 있다.

또한 『고려도경』에는 고구려의 건국연대를 위만의 위만조선 성립 이전에 고구려가 흘승골성 즉 졸본에서 이미 건국되었다고 서술하였다. 이는 『삼국사기』에 기록된 이후 현재까지 강한 영향을 미치는 고구려 서기전 37년 건국설을 재검토하게 만드는 하나의 유용한 자료가 될 수 있다.

이번 글에서는 1124년에 작성된 『고려도경』과 그 21년 뒤인 1145년에 작성된 『삼국사기』 그리고 서기전 90년 무렵 이전에 작성된 『사기』 등의 원문 기록을 토대로, 기존의 한국 국정교과서에 실린 고구려 인식과는 다르게 고구려사가 서술될 수 있다는 가능성을 검토해 보았다. 물론 이러한 가능성은 『사기』·『고려도경』·『삼국사기』의 문헌을 원문 그대로 해석하여 서로 연관시켜 본 데 불과하다. 그러므로 앞으로 더욱 검토가 필요한 시험적(試驗的) 논의에 불과하다고 할 수 있다.

부족한 점은 앞으로 더 많은 탐색을 곁들여 보충하고자 한다.

참고문헌

『宣和奉使高麗圖經』
『三國史記』
『三國遺事』
『高麗史』
『史記』
『漢書』
『三國志』
『後漢書』
『北史』
『通典』
『唐會要』
『舊唐書』
『新唐書』
申采浩, 「朝鮮史(二五)」『朝鮮日報』(1931. 7. 9).
李弘稙, 「「高句麗秘記」考」『歷史學報』17・18, 1962.
林剑鸣, 「论秦汉时期在中国历史的地位」『人文杂志』1982年第5期.
韓永愚, 「高麗圖經에 나타난 徐兢의 韓國史體系」『奎章閣』7, 1983.
崔在錫, 「高句麗의 五部」『사회와 역사』4, 1986.
강맹산, 「고구려의 오부」『연변대학조선학국제학술토론회론문집』, 1989.
교육부 국사편찬위원회, 『고등학교 국사』(상), 대한교과서주식회사, 1990.
과학백과사전종합출판사 편, 『조선전사』3, 과학백과사전종합출판사, 1991.
李基白, 『韓國史新論』, 一潮閣, 1994.
손영종, 『고구려사』1, 과학백과사전종합출판사, 1999.
강경구, 「高句麗 東明王廟의 成立過程」『한국고대사연구』18, 2000.
이동휘, 「『舊唐書・渤海靺鞨傳』의 "本高麗別種"에 관하여」『지역과 역사』9, 2001.
徐永大, 「韓國 史書에 나타난 高句麗의 正體性」『고구려발해연구』18, 2004.
기수연, 「현토군(玄菟郡)과 고구려(高句麗)의 건국에 대한 연구」『高句麗渤海

研究』22輯, 2007.
許太榕,「17세기 말~18세기 초 中華繼承意識의 형성과 正統論의 강화」『震檀學報』103, 2007.
박한설,「고려(高麗)의 고구려(高句麗) 계승성(繼承性)」『고구려연구회 학술총서』, 2008.
梁志龙,「关于高句丽建国初期王都的探讨」『2008년 한・중 고구려역사 연구 학술회의』, 동북아역사재단, 2008.
전영준,「『高麗圖經』으로 본 徐兢의 高麗文化 인식」『중앙대학교 문화콘텐츠기술연구원 학술대회』, 2010.
전영준,「11~12세기 전후 麗-宋 양국의 문화인식과『高麗圖經』」『다문화콘텐츠연구』10, 2011쪽.
노태돈,「고구려 초기의 천도에 관한 약간의 논의」『한국고대사연구』68, 2012.
김상현,「『古記』의 사학사적 검토」『한국고대사연구』74, 2014.
김성규,「'선화봉사고려사절단'의 일정과 활동에 대하여」『한국중세사연구』40, 2014.
윤경진,「고려의 건국과 고구려계승의식」『한국문화』68, 2014.
이준성,「조선후기 역사지리연구의 계승과 식민주의적 변용」『사학연구』117, 2015.

고구려 첫 도읍 위치 비정에 관한 검토*

이 글은 2016년 2월에 발간된 『仙道文化』 제20권에 발표한 논문으로, 2015년 12월 23일에 인하대학교에서 열린 <고대 평양 위치 탐색과 관련한 학술회의>에서 발표한 「고구려 첫 도읍 비정에 관한 검토」를 보완한 것이다. 특히 한중일 3국에서 마치 통설(通說)처럼 유지되어 왔던, "고구려의 첫 도읍인 졸본은 중국 요녕성 환인(桓仁) 일대"라는 '허무맹랑한' 관점이 언제 어떻게 형성되었는지를 비판적으로 검토했다.

필자가 지난 20여 년간 고구려를 전문적으로 연구하면서 가장 고민하던 문제는, 고구려 첫 도읍을 환인 일대로 설정한 기존 관점으로는 고구려의 초기 역사가 제대로 해석되지 않는다는 것이다. 예를 들면 유리왕 11년(서기전 9년)에 고구려가 선비(鮮卑)를 항복시켜 속국(屬國)으로 삼고, 유리왕 31년(서기12년)에 왕망(王莽)이 고구려의 군사를 동원하려다 실패한 사건이 있었는데, 당시 도읍을 환인 및 집안(集安)에 둔 고구려와 연관시켜 해석하기 어렵다. 모본왕 2년(서기49년)에 고구려가 한(漢)의 우북평(右北平), 어양(漁陽), 상곡(上谷), 태원(太原) 등지를 공략한 사실은 더욱 해석하기 어렵다. 그러므로 기존 사학계는 심지어 이런 기록들에 대해 "(사료 자체를) 사실로 믿기 어렵다"고 해석하기도 했다.

독자들이 이 글에서 분명하게 확인하겠지만, 고구려 첫 도읍 졸본에

---

* 이 논문은 2015년 정부(교육부)의 재원으로 한국학진흥사업단의 지원을 받아 수행된 연구임 (AKS-2014-KFR-1230006).

대한 조선시대 및 일제강점기의 위치 비정은 그 당시 지배계급의 이익을 위한 논리인 사대주의 및 식민주의에 의해 왜곡된 것이다. 그렇다면, 고구려 첫 도읍은 환인이란 논리를 아직도 그대로 되풀이하는 현재 한국사학계의 풍토는 어떻게 이해해야 하는가? 이는 전적으로 독자들이 판단할 몫이다.

1. 서론

중국 요녕성 환인현의 혼강(渾江) 가에 위치한 오녀산성(五女山城) 아래에는 <고구려시조비(高句麗始祖碑)>가 서있다. 고구려의 시조가 이 지역에서 건국했음을 상징하는 조형물이다. 필자는 매번 답사로 이곳에 들를 때마다, 이 조형물을 지나 오녀산성에 올라, 험한 산들을 비집고 꿈틀거리며 흐르는 혼강(渾江)을 내려다볼 때면, 늘 오래도록 좀

환인현 오녀산성 아래에 세워진 '고구려시조비'. 시조인 주몽이 서기전 37년 이곳에서 건국했다는 상징적 의미의 비석이다. "고구려는 중국 고대의 지방 소수민족정권"이라는 '동북공정'의 성과를 반영하며, 2008년에 세워졌다.

처럼 풀리지 않는 의문 한 가지가 떠오르곤 한다. 그 의문은 “이곳이 정말 고구려의 첫 도읍일까?”라는 것이다.

지금까지 한중일 3국의 역사학계에서 환인 일대를 고구려의 첫 도읍으로 비정한 연구들이 많이 나왔다. 1986년의 오녀산성 긴급발굴조사에 이어, 1996년에서 1998년 사이의 체계적 발굴조사도 이루었으며, 그곳에서 고구려 시기의 유물이 나왔다는 보고도 알려졌다.[54)]

그럼에도 불구하고, 관련 연구의 진전에 따라, 환인 일대가 고구려의 첫 도읍이 아닐 수도 있다는 필자의 추론은 더욱 강해지고 있다. 환인 일대를 고구려의 첫 도읍으로 비정하는 논의들은 대체로 “현토군(玄菟郡)의 설치에 따라 압록강 유역은 한(漢)의 직접적인 통치 하에 들어갔다.”거나 “현토군의 경우 치소(治所)가 서기전 75년에는 흥경(興京)·노성(老城) 방면으로 옮겼고”, 현토군이 옮겨간 환인 일대의 공간에서 부족연맹체 형태의 정치집단이 형성되면서 고구려의 모태가 되었다고 설명하는 경향이 있다.[55)] 그들 논의는 대체로 한사군 중의 현토군이 현재의 압록강 유역에 설치되었다는 사실을 전제로 성립되고 있다. 현토군이 압록강 유역에 설치되었고, 그에 따라 고구려 첫 도읍을 현재의 환인 일대에 비정한 것이다. 그러나 한사군(漢四郡) 중의 현토군이 과연 압록강 유역에 설치되었던가? 압록강 유역의 현토군과 관련을 맺으며, 고구려 첫 도읍이 과연 현재의 환인 일대에 설치되었을까?

이러한 문제 인식에 따라, 이번에는 우리역사에서 고구려의 첫 도읍이 비정되는 과정을 검토하고자 한다. 이러한 검토의 목적은 그 비정들이 어떠한 전제 아래 이루어졌는지를 살피는 것이다. 즉 지금부터 100년 이전으로부터 작성되어 비교적 쉽게 접할 수 있는 고구려 첫

54) 서길수, 「홀본과 국내성 지역의 새로운 고고학적 성과」『고구려발해연구』15, 2003, 53~54쪽.
55) 국사편찬위원회, 『한국사』2, 탐구당, 1978, 147~152쪽.

도읍 관련 연구들은 대부분 현토군이 현재의 압록강 유역에 설치되었음을 전제로 하는데, 고구려 첫 도읍 관련 비정이 시작된 고려시대나 그 이후 조선시대 및 근대에서도 그런 전제 아래에 고구려 첫 도읍을 비정하고 있는지를 살펴보려는 것이다.

이번 글을 통해 고구려의 첫 도읍에 대한 위치 비정이 시작된 고려 이후에서부터 근대적 비정이 형성된 시점까지를 각 시대별로 나누어 살펴볼 것이다. 그러나 필자의 능력 및 지면의 한계로 인하여, 본문에서 고구려 도읍 비정과 관련한 전체적 사항을 검토하기 보다는, 각 시대별로 대표적인 사례를 분석함으로써 그 시대의 소위 통설(通說)을 간단하게 검토하는 정도에 그칠 것이다.

2. 고려시대의 고구려 첫 도읍 위치 비정

고구려 첫 도읍의 지명에 관한 명문 기록은 <광개토태왕릉비>에서 처음 확인된다. “비류곡 홀본 서쪽 성산 위에 도읍을 세웠다(於沸流谷忽本西城山上而建都焉)”라고 새겨진 비문에서 ‘홀본’이 고구려의 첫 도읍이다. 414년에 비문을 새긴 고구려인들이 첫 도읍으로 인식하고 있던 지명을 한자로 표기한 것이 ‘홀본’인데, 그 지명의 유래와 당시의 정확한 발음은 지금까지 확인되지 않았다.[56)]

6세기에 편찬된 중국의 사서인 『위서(魏書)』와 7세기의 『북사(北史)』에는 고구려 시조 주몽이 흘승골성(紇升骨城)에 처음 정착한 것으로 기록했고, 7세기의 사서인 『주서(周書)』에는 주몽이 흘두골성(紇斗骨

56) 지금까지 홀본 등 고구려 초기 지명에 대해 그 발음에 대한 음운학(音韻學)적 접근을 시도한 연구들이 있다. 그럼에도 아직 해명되지 못한 문제점들이 많아, 여기에서는 이후의 연구를 기대한다는 입장 정도만을 밝힌다.

城)에서 건국한 것으로 기록되었다. 홀본, 흘승골성, 흘두골성이 모두 고구려 초기 도읍의 지명임은 분명한데 사서들에서는 이들 지명이 과연 어느 지역에 위치하는지에 대한 설명을 구체적으로 남겨놓지 않았다. 기록을 남긴 당사자들에게는 그 지명이 어느 곳을 가리키는지 너무 명백하기 때문에 특별히 설명을 덧붙일 필요가 없었기 때문일 것으로 추정된다.

고구려가 정치적으로 해체된 668년 이후 447년이 지난 1145년에 『삼국사기』가 완성되었는데, 그 사서에 고구려의 첫 도읍은 졸본(卒本)으로 기록되었다. 졸본에 대해 『삼국사기』는 "『고기(古記)』에서는 '주몽은 부여로부터 난리를 피하여 졸본에 이르렀다'고 기록되었으니, 흘승골성과 졸본은 같은 곳인 것 같다."고 설명했다.[57] 그러므로 졸본은 『삼국사기』의 작성에 인용한 『고기』라는 사서에서 고구려의 초기 도읍을 가리키는 지명으로 사용되었음을 알 수 있다. 그러나 그 이전의 기록에 보이는 홀본, 흘승골성, 흘두골성 등이 어느 시기에 어떻게 졸본이란 지명으로 불리게 되었는지는 아직까지 파악되지 않았다.

졸본이라는 지명을 기록했던 것으로 파악되는 『고기』는 11세기 전반에서 12세기 중반에 이르는 기간 중 고려에서 편찬된 사서로서, 삼국의 역사 등을 서술하고 있는데, 작자가 누구인지는 알려지지 않았으며, 고려시대는 물론 조선 후기까지도 두루 유통되면서 각종 사서의 기록에 인용되고 있다.[58] 김부식은 그의 저술에 『고기』를 인용하면서도, 그에 대해 "문장이 거칠어 뜻이 통하지 않고, 사적(事跡)의 누락됨이 많다."고 스스로 분명하게 비판하였다.[59]

57) 『三國史記』卷第37 「雜志」 地理 第4 高句麗 "古記云, 朱蒙自扶餘逃難, 至卒本. 則紇升骨城·卒本似一處也."

58) 김상현, 「『古記』의 사학사적 검토」 『한국고대사연구』74, 2014, 286쪽.

59) 金富軾, 「進三國史記表」 "又其古記文字蕪拙. 事迹闕亡."

『고기』에서 고구려의 첫 도읍을 졸본으로 기록한 이유를 명확하게 알 수는 없지만, 후대의 다음과 같은 기록을 통해 일정한 추정은 가능하다.

> 『고기』 또한 누가 지었는지 알 수 없으나, 신라 이속(俚俗)의 호칭에서 나와 고려 때 이루어졌으니, 역시 중의 편집일 것이다. 그러므로 허황한 말을 부질없이 많이 하여 그 인명・지명이 불경(佛經)에서 많이 나왔다. 여기에 적힌 환인(桓因)・제석(帝釋) 역시 『법화경』에서 나왔는가 하면, 기타 이른바 아란불(阿蘭佛)・가섭원(迦葉原)・다바라국(多婆羅國)・아유타국(阿踰陁國)의 따위가 모두 중의 말이다. 신라・고려 시대에는 불교를 존숭하였기 때문에 그 폐단이 이와 같은 데까지 이르렀다. 역사를 쓰는 사람이 그 기록할 만한 사실이 없음을 민망히 여겨 심지어는 이와 같은 것을 정사(正史)에 엮어, 한 구역의 어진 나라를 모두 괴이한 무리로 만들었으니 너무나 애석한 일이다.[60)]

즉 고구려가 668년에 정치적으로 해체된 이후 오랜 시기를 거치며, 옛 고구려 지역의 지명들이 소실되거나 혹은 변화된 것으로 볼 수 있다. 홀본, 흘승골성, 흘두골성, 졸본이란 기록들은 시간 차이에 따른 지명의 변동으로 이해할 수 있는 것이다. 특히 『고기』 저자의 지명과 역사에 대한 개인적 인식도 작용한 결과 졸본이란 지명이 기록에 남았다고 볼 수 있다.[61)]

그런데 『삼국사기』의 편찬자들은 흘승골성 즉 졸본의 위치를 비록

---

60) 『東史綱目』附 卷上 「怪說辨證」 "古記亦不知何人所撰. 出於新羅俚俗之稱. 而成於高麗. 亦必僧釋之所編也. 故荒誕之說. 不厭煩而爲之, 其人名地號多出於佛經, 此所云桓因帝釋出於法華經, 及他所稱阿蘭弗・迦葉原・多婆羅國・阿踰陀國之類, 皆是僧談. 羅麗之代, 尊崇釋敎, 故其弊至此, 作史者悶其無事可記, 至或編於正史, 使一區仁賢之方, 擧歸於語怪之科, 可勝惜哉."

61) 『삼국사기』의 편찬자들은 흘승골성, 졸본 이외의 홀본이란 지명은 인식하지 못하였다. 414년에 세워진 광개토왕릉비에 남긴 홀본이란 지명이 우리가 파악할 수 있는 순수한 고구려 초기 도읍의 지명이다. 그러므로 학계에서 고구려 초기 도읍을 졸본보다는 홀본으로 표기하는 것이 타당하다고 본다.

정확하게 밝힐 수 없었지만, 현재의 요하(遼河) 서쪽 의무려산(醫巫閭山) 일대로 추정하고 있었다. 『삼국사기』에서 고구려 첫 도읍의 위치에 대한 비정을 처음으로 시도한 것인데, 그 위치는 대체로 요하를 서쪽으로 건너 요(遼)에서 설치한 의주(醫州) 인근 의무려산 일대였다고 추정한 것이었다.

의무려산 입구 전경. 의무려산의 동남쪽 끝에 의주(義州)가 있는데, 이 일대에 고구려 첫 도읍인 졸본이 있었다. 비문(碑文) 등에 의하면, 이 산 일대를 장악하고 있던 고구려에서는 이 지역을 '우리'라 불렀는데, 한인(漢人)들은 고구려인들의 그 발음을 한어(漢語)로 옮겨 '沃黎'로 기록했다.

『삼국사기』의 관련 서술 부분은 다음과 같다.

> 『후한서(後漢書)』「군국지(郡國志)」에 "요동군은 낙양에서 3천6백리 떨어져 있다. 이에 속한 현(縣)으로서 무려현(無慮縣)이 있다."고 하였는데, 바로 「주례(周禮)」에서 말한 북진(北鎭)의 의무려산이다. 대요(大遼)가 그 아래쪽에 의주(醫州)를 설치하였다. 또한 "현토군은 낙양에서 동북쪽으로 4천리 떨어져 있었고, 이에 속한 현은 셋인데, 고구려가 그 중의 하나이다."라고 기록되어 있으니, 즉 주몽이 도읍을

> 정한 곳이라고 하는 흘승골성과 졸본이란 지방은 아마도 한(漢)의 현토군 경계이고, 대요국(大遼國) 동경(東京)의 서쪽인 듯하며, 『한서(漢書)』「지리지」에서 말한 현토군의 속현(屬縣)인 고구려가 이것인가? 옛날 대요가 아직 멸망하지 않았을 때, 요(遼)의 황제가 연경(燕京)에 있자, 뵈러가는 우리 사신들이 동경을 지나 요수를 건너 하루 이틀 가면 의주에 이르러 연계(燕薊)로 향하게 되었으니, 때문에 그러함을 알 수 있다.[62]

위의 인용문에 의하면, 『삼국사기』의 고구려 첫 도읍에 관한 위치 비정은 여러 문헌에 기록된 역사지리적 인식에 근거한 것이었다. 『삼국사기』의 편찬자들은 『후한서』와 『한서』 등에 기록된 한사군 중의 현토군 고구려현의 위치를 의무려산 인근으로 인식하고 있었던 것이다. 또한 주몽이 도읍한 흘승골성과 졸본이 한의 현토군 경계에 위치했었는데, 이 지역은 요(遼)의 동경(현재의 중국 요녕성 요양시)에서 서쪽으로 요하를 건넌 지점이라고 분명하게 인식하고 있었다.

또한 위의 인용문에 의하면, 『삼국사기』의 편찬자들은 그들의 고구려 첫 도읍 위치 비정에 현지를 직접 다녀온 견문에 의한 지리정보도 활용하였음을 밝히고 있다. 즉 1125년 요(遼)가 멸망하기 이전에 연경(지금의 북경 일대)에 왕래하는 고려의 사신들이 동경(현재의 요양)을 지나고 요수를 건너 서쪽으로 하루 이틀을 가면 의주에 이르러서 다시 연경 방향으로 향한다는 것이다. 이러한 왕래 과정에 고구려 초기 도읍이 그곳에 위치했음을 알게 되었기 때문에, 『삼국사기』의 편찬자들은 위의 인용문에서 "때문에 그러함을 알 수 있다."고 서술한 것이다.

---

62) 『三國史記』卷第37「雜志」地理 第4 高句麗 "漢書志云, 遼東郡, 距洛陽三千六百里, 屬縣有無慮. 則周禮北鎮醫巫閭山也, 大遼於其下置醫州. 玄菟郡, 距洛陽東北四千里, 所屬三縣, 高句麗是其一焉. 則所謂朱蒙所都紇升骨城·卒本者, 蓋漢玄菟郡之界, 大遼國東京之西, 漢志所謂玄菟屬縣高句麗是歟. 昔大遼未亡時, 遼帝在燕景, 則吾人朝聘者, 過東京涉遼水, 一兩日行至醫州, 以向燕薊, 故知其然也."

요(遼)가 멸망한 1125년 이후 20년만인 1145년에 『삼국사기』가 완성되었는데, 그때의 편찬자들에게는 요(遼)의 동경이나 요수 및 그 서쪽의 의무려산 일대에 대한 여러 유형의 지리정보가 있었을 것이며, 이러한 지역들에서 고구려의 첫 도읍인 흘승골성 즉 졸본의 위치를 찾아 비정했던 것이다.

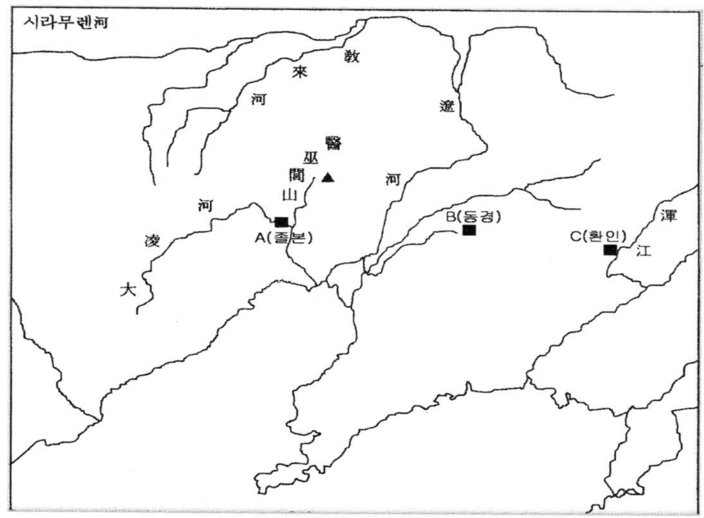

[지도 1] 『삼국사기』에 비정된 고구려 첫 도읍 졸본(흘승골성) 위치(A)

위의 [지도 1]은 『삼국사기』에 기록된 졸본(A)의 위치를 표시한 것이다. 고려의 사신들은 요하의 동쪽에 위치한 요(遼)의 동경(B)을 거쳐 요하를 건너, 의무려산 아래 쪽에 있는 졸본의 옛 지역 A에 이른다고 『삼국사기』는 기록했다. 지도의 오른쪽 중간에 있는 C(환인)는 단지 다른 지역과의 비교를 위해 표시한 것이다. 고려시대에는 C 지점이 아닌, A 지점을 고구려의 첫 도읍인 졸본으로 이해하고 있었던 것이다.

다음으로 일연(一然)의 저서인 『삼국유사』에도 고구려의 첫 도읍인 흘승골성과 졸본에 대해 비정한 기록이 나타난다.

> A-1) 흘승골성, 대요(大遼) 의주(醫州) 지역에 있다.[63]
>
> A-2) 고구려는 곧 졸본부여이다. 혹은 "지금의 화주(和州) 또는 성주(成州)이다."라고 말하지만, 모두 잘못이다. 졸본주(卒本州)는 요동 지역에 있다. …(주몽은) 졸본주 즉 현토군의 경계에 이르러 도읍을 정했다.[64]

『삼국유사』는 대체로 1281년을 전후한 시기에 완성되었는데, 위에 인용한 사료 A-1)에 의하면, 저자 일연 역시 『삼국사기』와 마찬가지로 흘승골성의 위치를 요하 서쪽 의무려산 아래쪽에 설치한 요(遼)의 의주(醫州) 일대에 비정하고 있었다.

위의 사료 A-2)에 의하면, 『삼국유사』가 쓰여질 무렵에는 고구려의 첫 도읍인 졸본이 화주(함경남도 영흥)[65]와 성주(평안남도 성천)[66] 지역 등의 한반도 서북부에 위치했던 것으로 이해하는 경향도 있었던 듯하다. 그러므로 일연은 그러한 위치 비정에 대해 "모두 잘못이다."고 반박하며, 고구려 첫 도읍인 졸본이 현토군의 경계인 요동 지역에 있

---

63) 『三國遺事』卷 第一 「紀異」第一 北扶餘 "訖升骨城 在大遼醫州界."

64) 『三國遺事』卷 第一 「紀異」第一 高句麗 "高句麗即卒夲扶餘也. 或云今和州又成州等, 皆誤矣. 卒夲州在遼東界. …至卒夲州, 玄菟郡之界. 遂都焉."

65) 영흥대도호부는 "본래 고구려의 장령진(長嶺鎮)으로, 혹은 당문(唐文)이라 일컫기도 했고, 혹은 박평군(博平郡)이라 일컫기도 하였는데, 고려 초기에 화주(和州)로 되었고, 광종 6년에 비로소 성보를 쌓았으며, 성종 14년에 화주안변도호부(和州安邊都護府)로 고쳤다."(『新增東國輿地勝覽』 第48卷 咸鏡道 永興大都護府).

66) 성주는 "본래 비류왕(沸流王) 송양(松讓)의 옛 도읍으로 태조 14년에 강덕진(剛德鎭)을 두었다. 현종 9년에 지금 이름으로 고치고 방어사로 했다가 뒤에 지군사로 하였다. 별호는 송양이다[성종이 정함]. 온천이 있다."(『高麗史』卷58 「地理志」3 成州). 성천도호부는 "본래 비류와 송양의 옛 서울이다. 고구려의 시조 동명왕이 북부여로부터 와서 졸본천에 도읍할 때 송양이 그 나라를 바치고 투항하였으므로 드디어 다물도(多勿都)를 설치하고 송양을 봉하여 다물후(多勿侯)로 하였다."(『新增東國輿地勝覽』 第54卷 平安道 成川都護府).

었다고 그 위치를 비정하고 있다.

고구려 첫 도읍의 위치에 대한 『삼국사기』와 『삼국유사』의 기록은 일정한 차이가 있다. 『삼국사기』는 요하의 서쪽에 있는 요동의 속현 무려현 동북쪽 의무려산 일대, 현토군과의 경계에 주몽이 도읍한 흘승골성 즉 졸본이 위치했었다는 비정이다. 위의 사료 A-1)과 A-2)는 서술의 편의를 위해 간략하게 줄여서 인용한 것인데, 관련 전문을 보면 A-1)에서 흘승골성은 천제(天帝)가 하늘에서 내려와 이름을 해모수(解慕漱)라 하고 북부여를 세우며 왕이 되어 도읍한 곳이다. 해모수의 아들인 해부루(解夫婁)는 꿈에 천제의 말을 듣고 가섭원(迦葉原)으로 옮겨 동부여를 세우는데, 그 아들 금와(金蛙)의 시기에 주몽이 태어나 장성한 뒤 동부여를 떠나서 졸본주에 도읍하며 건국하고 국호를 고구려라 했다고 비정한다. 이러한 차이는 있지만, 그럼에도 『삼국유사』에서 북부여의 도읍인 흘승골성과 고구려의 도읍인 졸본주 역시 고구려 초기 도읍과 관련시켜 서술하면서, 현토군과의 경계 지점인 요하 서쪽 의무려산 일대에 위치시키고 있었던 것이다.

『삼국사기』는 국가에서 편찬함으로써 문헌 등에 의해 입증되지 못할 사항은 가능한 서술에서 배제하는 엄격성을 갖고 있었다. 이에 비교하여 일연의 『삼국유사』는 그 서술에서 자유로웠기 때문에, 고구려의 건국에 대해서도 구전(口傳)이 많이 보태어졌다. 『삼국유사』는 그 서술에서 『삼국사기』를 자료로 활용하였는데, 고구려 첫 도읍 졸본에 대한 『삼국유사』의 서술은 『삼국사기』의 기록을 기초로 구전을 더하여 재구성한 것으로 볼 수 있다. 그러므로 고려시대의 고구려 첫 도읍에 대한 통설(通說)은 『삼국사기』의 서술과 같았다고 볼 수 있다.

3. 조선시대의 고구려 첫 도읍 위치 비정

조선시대 초기부터, 고구려 첫 도읍의 위치에 대해 여러 가지 관점이 제시되었다. 그 관점들은 고구려 첫 도읍을 지금의 평양 일대로 비정하든가, 아니면 압록강 중류 유역이나 그 이북 현재의 환인 일대로 비정하는 것들이었다.[67]

조선 후기로 넘어가며 개인은 물론 국가 차원에서 역사지리에 대한 연구가 활발하게 이루어졌다. 안정복(安鼎福, 1712~1791년)이 그의 「지리고」에서 "상고하건대 역사를 읽는 자는 반드시 먼저 강역을 정해놓고 읽어야 한다. 그래야 점거(占據)한 상황을 알 수 있고, 전벌(戰伐)에서의 득실을 살필 수 있고, 분합(分合)의 연혁을 살필 수 있다. 그렇지 않으면 역사를 보는 데 어둡게 된다."고 말했듯,[68] 당시는 역사지리 및 강역 연구가 중시되었던 것이다.

당연히 역사지리 연구가 하나의 학문 분야로 정립되면서, 관련 저술도 다수 출간되었다. 조선 후기 역사지리학의 효시가 된 저작으로 볼 수 있는 한백겸의 『동국지리지(東國地理志)』(1615)에 이어 대표적인 것들로 안정복의 『동사강목(東史綱目)』(1778), 정약용의 『아방강역고(我邦疆域考)』(1811), 한진서의 『해동역사(海東繹史)속(續)』(1823) 등이 있다. 아울러 국가에 의한 역사지리연구의 집대성도 이루어졌는데, 『동국문헌비고(東國文獻備考)』(1770) 「여지고(輿地考)」 및 『증정문헌비고(增訂文獻備考)』(1809)와 『증보문헌비고(增補文獻備考)』(1903~1908) 「여지고」 등의 편찬이 이루어졌다.[69]

---

67) 徐永大, 「韓國 史書에 나타난 高句麗의 正體性」 『고구려발해연구』18, 2004, 94쪽.

68) 『東史綱目』附 卷下 「地理考」 "按讀史者必先定疆域. 然後可以知占據之形便. 審戰伐之得失. 考分合之沿革. 無是昧矣."

69) 이준성, 「조선후기 역사지리연구의 계승과 식민주의적 변용」 『사학연구』117, 2015, 333~334쪽.

그러나 이러한 역사지리연구의 활성화에도 불구하고, 고구려사의 첫 출발점인 졸본을 비정하는 문제에서는 큰 진전이 없었다. 위에서 이미 살펴보았듯, 고려시대의 『삼국사기』는 비록 간단하게나마 문헌 기록을 기초로 하고, 현지 왕래를 통해 수집된 지리학적 정보를 참고하여 고구려의 첫 도읍을 비정하였다. 그러나 아래에서 살펴보겠지만, 조선시대에 들어서면 먼저 졸본이란 지역을 어느 곳으로 설정해 놓고, 그 고정된 지리관념에 맞추어 여러 기록들을 근거자료로 제시하는 유형의 서술 속에서 고구려의 첫 도읍을 비정하는 경우가 대부분이다. 먼저 안정복의 경우를 살펴보면, 아래와 같다.

B-1) 『성경지(盛京志)』에 또, "건주(建州)는 명(明)이 건주위(建州衛)를 설치하였으니 지금 흥경(興京)이 바로 그곳이다."하고, 또 "영길주(永吉州)는 요(遼)가 솔빈부(率賓府)를 설치하였으니, 본래는 솔빈국(率賓國)이며, 금에서는 휼품로(恤品路)로 고쳤는데, 지금 흥경 동남쪽 변방에 있다."하였으니, 이에 의하면, 영길주의 남쪽 지경으로부터 봉황성에 이르기까지 모두 옛날 졸본국의 지역이다.

B-2) 김부식의 『삼국사기』에, "『통전』에 '주몽이 북부여에서 보술수(普述水)를 건너 홀승골성에 이르러 도읍하였다.' 하였고, 『북사』에도 같다. 『고기』에는 '주몽이 부여에서 난을 피하여 졸본에 이르렀다.' 하였으니, 흘승골성과 졸본은 한 곳인 것 같다. 『한서』 지리지에는 '요동군의 속현에 무려(無慮)가 있다.' 하였는데, 무려는 『주례(周禮)』에서 말한 의무려산(醫巫閭山)이다. 요(遼)가 그 아래에 의주(醫州)를 설치하였다. 그리고 고구려가 현토군의 속현 중의 하나이니, 대개 한(漢) 때 현토군의 경내요, 요국(遼國) 동경(東京)의 서쪽이니, 『한서』「지리지」에 말한 현토군의 속현인 고구려가 혹시 이것인가?"하였다. 김씨의 말은 여기까지이다.

B-3) 상고하건대, 고구려현은 요동 동북쪽 즉 지금의 무순(撫順) 지역에 있으니, 여기서 "요하(遼河)의 서쪽에 있다."한 것은 잘못인 듯하다. 하물며 졸본과 고구려현은 본래 서로 같지 않음에랴?

B-4) 『삼국유사』에, "졸본을 지금의 화주 또는 성천이라고도 하나 모두 잘못이다. 졸본은 요동 현토의 지경에 있는데, 혹은 지금의 동진(東眞)이라 한다."하고, 또, "흘승골성은 대요(大遼)의 의주(醫州)에 있다."고 하였다. 『삼국유사』의 말은 여기까지이다.

B-5) 흘승골성이 의주(醫州)에 있다고 한 것은 김씨 설의 잘못을 이어받은 것인데, 그 말이 또한 모순된다. 한(漢)·위(魏) 때에 중국이 군사를 출동하면 항시 현토를 경유하고, 고구려가 중국에 품명(禀命)할 때도 항상 현토를 경유하였으니, 그 지역이 서로 가까웠던 것을 알 수가 있다.70)

B-1)에서 안정복은 고구려 주몽의 첫 도읍지가 흥경 동남쪽 지역에 있었다고 비정하면서 『성경지』를 근거로 제시하여, 영길주의 남쪽 지경으로부터 봉황성에 이르기까지가 모두 옛날 졸본국의 지역이라고 설명했다. 그런데 고구려의 첫 도읍이 왜 흥경 동남쪽에 있어야 하는지, 그 비정의 근거는 제대로 밝히지 못했다. 안정복의 고구려 첫 도읍 비정은 근거가 분명치 않은 것이다.

B-2)에서는 우선 『삼국사기』에서 고구려의 첫 도읍인 졸본 혹은 흘승골성을 의무려산 일대에 비정한 것을 설명하였다. 이어서 B-3)에서 김부식이 졸본 혹은 흘승골성 즉 고구려의 첫 도읍을 "요하(遼河)의 서쪽에 있다."고 비정한 것을 평가하는데, 안정복은 "고구려현은 요동 동북쪽 즉 지금의 무순(撫順) 지역에 있으니" 김부식이 "요하의 서쪽에 있다"고 한 것은 "잘못인 듯하다"고 비판한다. 이러한 비판은 안정복 자신은 고구려현을 무순 지역에 있다고 인식했는데, 김부식이 이와

70) 『東史綱目』附 卷下 「卒本考」.

다르게 요하의 서쪽에 있다고 비정했으니, 김부식이 "잘못인 듯하다."는 것이다. 객관적으로 보면, 안정복과 김부식의 비정이 서로 다를 뿐이지, 김부식이 틀리고('잘못되고') 안정복이 맞는 것은 아니다. 자신의 견해와 다르다고 "그것은 틀리다."고 판단하는 안정복의 태도는 전혀 학술적이지 못하다. 안정복의 「졸본고」 전체에서 고구려 첫 도읍지인 졸본에 대한 위치 비정은 바로 김부식의 비정에 대한 비판으로부터 비롯됨을 알 수 있는데, 객관적으로 분석해보면, 안정복은 문헌 등의 근거를 갖고 논리적으로 김부식의 비정을 비판하지 못하고 있다.

B-4)는 『삼국유사』의 고구려 첫 도읍 관련 부분을 설명한 것이며, 그 뒤의 B-5)에서 『삼국유사』가 『삼국사기』의 "흘승골성이 의주에 있다고 한" 설(說)을 잘못 이어받았기 때문에, 『삼국유사』의 비정이 모순된다고 비판하고 있다. 위에서 살펴보았지만, 『삼국유사』의 저자는 고려시기에 "졸본을 지금의 화주 또는 성천으로 비정하는" 일부 경향이 있음을 알고 그를 비판하면서, 졸본은 현토의 경계에 있다고 분명하게 비정했다. 『삼국유사』의 저자는 졸본이나 흘승골성이란 지명에 대해 여러 측면에서 검토하여, 자신의 비정을 밝힌 것이다. 『삼국유사』의 "흘승골성은 대요(大遼)의 의주(醫州)에 있다."란 기록에 대해, 안정복이 단순하게 "김씨(김부식을 말한다) 설(說)의 잘못을 이어받은 것인데, 그 말이 또한 모순된다."라는 정도로 비판하는 것은 전혀 논리적이지 못하다.

정약용(丁若鏞, 1762~1836년) 『아방강역고』의 고구려 첫 도읍 비정도 그 지명은 졸본이며 위치는 안정복처럼 흥경 일대로 비정하지만, 그 비정의 근거는 명확하게 제시하지 못하고 있다. 『아방강역고』의 졸본 관련 서술 부분은 다음과 같다.

C-1) 졸본의 옛 땅은 지금의 흥경 지방에 있다. 『위서』에 흘승골성이 라 한 곳이 바로 여기다.

C-2) 옛 졸본 땅은 지금의 개원현(開原縣) 동쪽에 있고 두 물을 건넌 곳이다. 지금 생각해 보면 개원현 남쪽 10여리에 청하(淸河)가 있으니, 이는 옛 니하(泥河)의 하류로써 서쪽으로 대요하(大遼河)로 흘러들어간다. 주몽이 처음 도망치고 말탄 사람들이 쫓아올 때 물고기와 자라가 다리를 만들었다는 곳이 지금의 청하이다. 또 이른바 보술수는 청하를 건너고 동남쪽으로 200리 가까이 달아나서 첨정산(尖頂山) 북쪽에 이르면 강이 하나 가로지르는데, 이는 지금의 혼하(渾河) 상류, 납록하(納綠河) 하류를 말하는 것이다. 비류수는 흥경 북쪽 다섯 강물이 합쳐져 흥경 서남쪽을 돌고 다시 북쪽으로 흘러 소자하(蘇子河)가 되고 서쪽으로 혼하로 흘러들어가는 것을 가리킨다. 다섯 강물이 서로 가깝기 때문에 어느 것이 비류인지 알 수는 없으나, 요컨대 졸본은 지금의 흥경 북쪽의 물 건너 땅이며 다른 데서 찾을 수는 없다.

C-3) 고구려현은 본래 진번(眞番)의 부락이다. 한(漢) 소제(昭帝) 때에 현토군을 지금의 흥경 지역으로 옮겨 고구려현이 드디어 현토의 속현으로 되어 북현토(北玄菟)라고 한 것이다. 그러니 김부식이 졸본을 『한서』에 말한 고구려의 현이라고 한 것은 옳지만, 현토가 대요(大遼) 동경의 서쪽에 있다고 한 것은 옳지 않다.

C-4) 정인지(鄭麟趾)의 책에는 지금의 성천(成川)을 비류라고 했다가 그 뒤에는 성천을 졸본이라고 했다. …정인지의 책 가운데 잘못된 부분은 일일이 손꼽을 수도 없으나, 그 가운데서도 이것은 더욱 심하다. 대체로 고구려의 자취는 부여에서 일어나 남쪽으로 건너가 졸본이 되고, 또 남으로 국내(國內)·환도(丸都)가 되고, 남쪽으로 평양이 되어, 그 형세가 나아가기는 했어도 물러서지는 않았다. 만약 정인지의 말대로 성천에 먼저 도읍했다면 평양에 아주 가까운데, 다시 북쪽으로 도읍을 옮겨 살다가 삼백년 가까이 돼서야 비로소 남쪽으로 옮겨 평양에 도읍했다는 것이 이치에 맞겠는가?[71]

71) 정약용 지음/이민수 옮김, 「卒本考」『我邦疆域考』, 범우사, 1995, 157~158쪽.

C-1)에서 우선 정약용은 졸본 즉 흘승골성이 예전에 흥경 지역에 있었다고 비정하고, C-2)에서 그렇게 비정한 근거를 설명한다. 개원현 남쪽에 청하, 니하, 납록하, 소자하, 혼하 등의 다섯 강물이 인접하고 있는데 이 중의 어느 부분을 비류수로 추정할 수 있으며(다섯 강물이 서로 가까워 어느 것인지 정확히는 알 수 없다고 한다), 그 일대가 바로 졸본이라는 것이다. 그런데 사실 이러한 서술은 정약용 개인의 추정을 나열한 것일 뿐이며, 추론의 근거를 명확히 한 비정이라고 할 수 없음이 분명하다. 그럼에도 정약용은 그런 추정 뒤에, "어느 것이 비류인지 알 수는 없으나, 요컨대 졸본은 흥경 북쪽의 물 건너 땅이며 다른 데서 찾을 수는 없다"고 단언(斷言)한다. 정약용은 자신의 주장만 강하게 내세울 뿐 정작 "졸본은 흥경 북쪽의 물 건너 땅이며 다른 데서 찾을 수는 없다."는 주장의 논리적 근거는 전혀 제시하지 못한 것이다.

앞에서 검토한 안정복의 고구려 초기 도읍 비정과 마찬가지로 정약용의 비정 또한 근거가 명확하지 못하며, '흥경 지방'이라고 미리 내려놓은 결론과 그 결론에 접근하는 서술 과정이 복잡하기만 할 뿐 정작 서로 설득력 있게 연결되지 못한다. 근거 자료가 부족함으로써, 앞으로 다른 자료의 발굴과 연구를 기대한다는 식의 연구 미덕(美德)은 이들에게서 전혀 찾아볼 수 없다. 그런데 사실 당대의 다른 역사지리 서적들에서 졸본 관련 기록들을 살펴보면 안정복과 정약용뿐만 아니라 한백겸, 이익, 한진서 등도 대체로 그런 유형의 서술을 하고 있다.

그러므로 뒤에 조선시대 후기 유학자들의 역사지리 서적들을 검토한 이병도가 "(역사지리 관련 분야에 대해) 우리 선유(先儒)들의 것을 죽 훑어봤어요. 한백겸, 이익, 안정복, 한치윤, 정약용. 이런 이들의 역사지리적인 논고를 훑어볼 때, 물론 그 가운데 발전도 있지만 대부분

보면 그분들의 결론이란 것이 잘 이해가 안 되고 모순이 많았어요."라고 비판할 정도였다.72)

어쨌든 위에 나열한 조선시대 후기 역사지리 서적의 저자들이 여러 오류에도 불구하고 지리적 고증의 방법론에 충실하려 했고, 그런 과정에 한반도와 압록강 중류 이북 일대 지역에 대해 일정한 체계적 서술을 해놓은 것은 긍정하지만, 위에서 검토한 고구려 초기 도읍 비정의 문제처럼 오히려 고려시대 『삼국사기』의 비정을 발전적으로 극복하지 못한 점은 그들의 방법론이나 사관(史觀)의 한계였다고 분명하게 지적할 수 있다.

또한 위의 인용문 C-3)에서 정약용은 김부식 등 『삼국사기』의 편찬자들이 "현토가 요(遼)의 동경 서쪽에 있다."고 비정한 것에 대해 "옳지 않다."는 입장을 밝힌다. 그러나 왜 『삼국사기』의 그 비정이 잘못된 것인지에 대해, 비판의 근거를 명확히 제시하지 못한다. 안정복과 마찬가지로 정약용의 고구려 첫 도읍 비정도 삼국사기의 비정을 비판하는 것에서 비롯되는데, 정작 『삼국사기』의 고구려 첫 도읍 비정에 대한 비판의 논리적인 근거는 전혀 제시하지 못하고 있다.

C-4)에서 정약용은 정인지 등이 편찬한 『세종실록』「지리지」에서 성천을 비류 혹은 졸본으로 비정한 것을 비판하고 있다. 『신증동국여지승람』 등 조선시대 초기 및 중기의 관찬 역사지리 서적들에서 졸본, 비류 등을 성주(成州) 혹은 성천으로 비정하였는데 정약용은 이를 철저하게 비판하였다. 정약용 「졸본고」의 절반 분량이 이 비판과 관련된 부분인데, 이렇게 적극적인 비판의 이유는 정약용이 구상하여 전개하는 고구려 도읍 변화 양상과 맞지 않았기 때문이다. 정약용은 고구려

72) 편집부, 「韓國 古代史의 諸問題 - 斗溪先生과 李基白 교수의 對談(2)」『歷史家의 遺香』, 1991, 233쪽.

는 부여에서 출발하여 남쪽으로 졸본을 거치고 다시 남쪽으로 국내와 환도를 거쳐 평양으로 계속 남하한 것이란 인식을 갖고 있었는데, 그러므로 성천은 결코 졸본이 될 수 없다는 것이었다. 정약용의 「졸본고」는 고구려의 첫 도읍을 흥경 일대에 고정해놓고, 그 틀에 맞추어 현토군과의 관계 및 고구려 건국 이후 국내로의 천도 등에 대한 역사지리를 구상했던 것이고, 이러한 그의 구상을 『아방강역고』 전체에서 체계화시키려 했었다.

4. 근대 이후의 고구려 첫 도읍 위치 비정

사대적이고 봉건적인 조선이 해체되며 근대로 넘어가는 시기에, 근대적 방법으로 우리 역사를 해석하고 또 복원하려는 역사가들이 본 당시 우리 역사의 현실은 실로 참담한 것이었다. 신채호가 "조선에 조선사라 할 조선사가 있었던가 하면 수긍하기 어렵다."고 하던가, "내가 보건데, 조선사는 내란이나 외구(外寇)의 병화(兵火)에서보다 곧 조선사를 저작하던 그 사람들의 손에서 더 탕잔(蕩殘)되었다 하노라."라고 하던가, "예전 조선의 역사가들은 …도깨비도 뜨지 못한다는 땅 뜨는 재주를 부려 졸본을 떠다가 성천 혹은 영변에 놓으며, 안시성을 떠다가 용강(龍崗) 혹 안주(安州)에 놓으며"라고 비판했듯,[73] 기존 조선 역사의 서술이나 방법은 물론 그 서술 주체 등 모두가 전반적으로 혁신되어야 할 필요가 절실했다.

그러나 신채호 등의 역사가들이 이 땅에서 우리역사를 새롭게 쓸 시도조차 할 수 없는 식민지 상황으로 전락하면서, 우리역사를 새롭게

---

73) 申采浩, 「二. 史의 三大元素와 朝鮮舊史의 缺點」 『朝鮮日報』(1931. 6. 11).

쓰고자 했던 다수의 역사가들은 국외로 망명하여 그곳에서 독립운동과 함께 역사서술에 나섰다. 그들 중 대표적인 망명 독립운동역사가[74]들로는 이상룡, 박은식, 유인식, 김교헌, 이시영, 계봉우, 신채호, 김정규, 김승학, 이원태 등을 들 수 있다.

이러한 시대상황은 우리역사학의 근대사학으로의 순조로운 발전적 전환을 가로막았다. 조선을 영구한 식민지로 만들려는 일제는 그런 상태에서, 오히려 조선 역사를 조작하여 조선 침탈의 유용한 도구로 활용하고자 했다. 그러므로 일제는 식민사관이란 논리로 무장했고, 그 식민사관에 의한 조선역사의 논리를 만들어 전파하는 시도에 착수했다.

한편 일본의 조선 및 만주에 대한 침략이 확대되면서 다수의 일본역사학자들이 조선 및 만주로 들어와 현지조사 및 연구를 진행할 수 있었다. 일제의 고구려사 연구는 이러한 시대배경에서 확산되었다. 특히 1880년대에 광개토태왕릉비가 발견되고, 발견 초기부터 일본이 비문을 통한 관련 사실의 해석 문제에 큰 관심을 두면서, 고구려 연구에 참여하는 일본학자들이 늘어나게 되었다. 이후 1905년 러일전쟁에서 일제가 승리함으로써 한반도 및 대륙진출이 본격화되자, 한반도와 만주를 침략하는 소위 '만선사관(滿鮮史觀)'에 의해 고대국가인 고구려사에 대한 관심도 더욱 높아졌다.

1900년대 초의 초기 고구려사 연구 중 고구려의 초기 도읍을 탐색하는 것도 주요한 연구주제의 하나였는데, 그 연구 참여자 중의 하나가 시라토리 구라키치(白鳥庫吉)이다. 시라토리(白鳥)는 만주 침략의 수행기관인 남만주철도주식회사의 총재를 설득하여 1908년에 만선역사지리조사부를 설치하였는데, 그는 이 조사부를 통해 특히 조선과 만

74) 독립운동 차원의 역사연구를 진행하고 또 그 연구에 의한 일정한 역사저술을 남긴 이들 독립운동가를 '독립운동역사가'로 불러, 독립운동과 역사연구라는 두 가지의 시대적 역할을 담당했던 독립운동가들의 그 성격을 특히 부각시키는 의미의 용어로 사용했으면 싶다.

주에 대한 역사지리 연구를 중점적으로 추진하였으며, 그 결과로서 고구려사와 관련한 『漢代の朝鮮』, 『漢代の滿洲』, 『三國時代の滿洲』, 『晉代の滿洲』, 『南北朝時代の滿洲』, 『隋唐二朝高句麗遠征の地理』, 『好太王征服地考』, 『長壽王征服地考』, 『滿洲歷史地理』第1・2卷, 『朝鮮歷史地理』第1・2卷 등의 역사지리 서적들이 간행되었다.75)

시라토리는 자신 및 주변의 여러 연구성과들을 기초하여, 1914년에 고구려 첫 도읍에 대한 자신의 견해를 밝혔는데, 현재의 환인 동가강(佟佳江) 즉 현재의 혼강(渾江) 유역이 고구려의 첫 정착지인 비류수이며, 각 사서에 기록된 흘승골성은 현재의 오녀산성으로 비정하였다. 이후 시라토리의 이러한 관점은 한일 역사학계에서 대체적으로 받아들여지는 소위 통설(通說)로 되어 지금까지 유지되고 있다. 고구려 첫 도읍 졸본에 대한 그의 관점을 요약해보면 아래와 같다.

D-1) 『삼국사기』권13의 고구려기(高句麗紀)에는 『위서(魏書)』의 보술수(普述水)를 모둔곡(毛屯谷)으로 고쳤으며, "흘승골성에 이르러 마침내 정착하고"는 "졸본천에 이르러, 그 땅이 기름지고 산천이 험하고 견고함을 보고, 마침내 거기에 도읍을 세우려 했다. 그러나 급히 궁실을 짓지 못해서 다만 비류수 위에 초가를 지어 살았다."라고 기록했는데, 비류수 유역은 고구려 민족의 발상지임을 의심할 여지가 없다.

D-2) 호태왕의 비문에 보이는 홀본과 『삼국사기』의 졸본은 같은 이름임이 분명하다. …진번국(眞番國)의 본지(本地)는 동가강이며, 그의 고칭(古稱)인 Suifun(卒本)에서 국호를 얻었다고 할 수 있다.

D-3) 졸본천 즉 지금의 동가강 유역이 고구려의 발상지임은, 부여민족 이전(移轉)의 형세(形勢)상에서 보아도, 역시 그와 같이 추

75) 井上直樹, 「近代 일본의 高句麗史 硏究」 『고구려발해연구』18, 2004, 353~356쪽.

정할 수 있다. 이 민족의 본원지는 지금의 장춘(長春) 및 농안(農安)을 중심으로 한 평원으로서, 그의 일부는 태고에서부터 끊임없이 남하하여 요동의 옥야(沃野)를 침략하였고, 한인(漢人)의 방비(防備)가 심하고 엄해 그를 영유(領有)하는 것은 불가능하여, 어쩔 수 없이 요동의 외요(外徼)에 속하는 동가강 유역에 정착해 별도의 국가가 되었다. 이것이 앞의 진번국(眞番國)이며, 뒤의 고구려국이다. 이들의 맥인(貊人)은 그곳에 근거하여 정착하면서 항상 요동과 현토의 동정(動靜)이 어떠냐에 따라, 조금의 빈틈이 보이면 나와서 약탈을 행하고, 세력이 불리하면 한(漢)에 내부하여 그 속민(屬民)이 되기를 꺼리지 않았다. 한(漢)의 무제(武帝) 때의 예군(薉君) 남녀(南閭)가 그 소속된 백성을 이끌고 요동에 투항한 것도 이와 같으며, 또 후한의 건안(建安) 중에 고구려 왕의 형인 발기가 연노부(涓奴部)의 대가(大加)와 함께 그 하호(下戶)를 들어서 공손강에게 내속(內屬)을 청한 것도 이와 같아, 즉 그 실례를 보여준 것이라 할 수 있다. 이와 같이 동가강 유역에서 나와 요동을 침범하기 편한 대신에, 반대로 쉽게 침공당할 수 있어 불리함을 면하지 못했다. 고구려 왕 이이모(伊夷模)는 공손강의 침구(侵寇)로 화를 내어 도읍을 환도로 옮겼는데, 그의 고국(故國)이라 할 동가강 유역은 병요(兵要)로서 그 결점이 확인되었던 것이다. 동가강 유역과 요동 방면에 대한 관계는 이와 같아서, 원래 고구려국의 도성으로 이 지역에 선정되었던 흘승골성은, 반드시 형승(形勝)의 땅이 아니면 안 된다. 명청(明淸) 시대의 역사를 살펴보면 만주 민족은 이 지역을 다스렸고, 여러 번 올랄산성(兀剌山城)에 근거했음이 보이는데, 고구려의 홀본성 즉 『위서』의 흘승골성 또한 이 산성이지 않을까? 『동국여지승람(東國輿地勝覽)』에 이 산성의 형세가 기록되었는데 "초산(楚山)의 앙토구자(央土口子)에서 압록・파저(波猪) 두 강을 건너면 북쪽 큰 들가운데 성이 있는데 올랄산성이라 한다. 초산에서 2백7십리 떨어져 있다. 사면이 벽같이 솟아 높은 절벽을 이루고 있어 다만 서쪽으로만 오를 수 있다."라 했다. 도리이(鳥居)씨가 직접 이 유적을 답사했는데, 이 글이 실지(實地)와 다르지 않음을 증명했다. 도리이씨의 말에 근거하면, 이 산성은 회인현(懷仁縣) 현성(縣城)과의 거리가 1리[76]이며 동가강 가에 서있고, 전면에 넓은 평야가 펼쳐져 있었고, 그 기슭에 고구려 시대의 고분이 많이 흩어져있음을 확인했다는 것이다. 이러한 사실로서 이 산성이 흘승골성임은 말하지 않아도 좋을 것이다. 도리이씨는 올랄산성의 이칭(異稱)이 오룡산(五龍山), 오녀산(五女山), 오우산(五牛山) 등이었으며, 국내성(國內城)의 한 칭호인 위나암성(尉那巖城)의 이름과 서로 비슷하다는 것을 이유로 들어, 올랄산성은 고구려의 국내성으로 추정했다. 그러나 『당서』권220 「고려전」에서 말하길 "마자수(馬訾水)가 있어, 말갈의 백산(白山)에서 흘러나오는데, 색이 오리의 머리와 같아 압록수(鴨淥水)로도 불린다. 국내성 서쪽을 거쳐 염난수(鹽難水)와 합쳐져 서남쪽으로 안시(安市)에 이르러 바다로 들어간다."라 했다. 마자수는 압록강의 다른 이름이며, 염난수는 동가강의 옛 이름으로, 국내성은 압록강과 동가강이 합쳐지는 강가에 위치했음이 확실하다. 도리이씨가 이 성을 두고 동가강 가의 올랄산성으로서 고찰함을 따라서는 안 된다. 고구려의 본 지역인 고국(故國)이 동가강 유역임은 위에서 논증함으로써 이미 명확해졌다.[77]

위에 인용한 D-1)에서 시라토리는 『삼국사기』와 『위서』의 기록을 비교하면서 고구려 국가의 발상지가 비류수라고 단정하고, 그 뒷 부분에서 그 지역에 고구려의 첫 도읍을 비정하는 서술을 하였다.

D-2)는 시라토리 자신이 고구려의 발상지에 원래부터 존재했었다고 추정한 진번과 졸본을 연관시키는 해석이다. 홀본과 졸본은 같은 지명이라며, 그 졸본에서 진번이란 국호가 나왔다는 것이다. 시라토리는

---

76) 여기서의 1리란 일본의 단위인 '리'로서 약 3.92km 정도이다(*필자 주).

77) 白鳥庫吉, 「丸都城及国内城考」『白鳥庫吉全集』第3卷, 岩波書店, 1970, 339~346쪽.

이러한 지명 관련 해석에 음운학(音韻學)을 활용한다고 밝히는데, 예를 들면 D-2)의 앞뒤 문장에서 "흘두골성과 흘승골성의 말미에 보이는 '골(骨)'은 고구려 오골성(烏骨城)의 '골'과 같이 그 나라의 지명에 많이 나타나는 바 '홀(忽)'과 동어(同語)이다."라는 것 등이며, '홀'과 '졸'도 같은 말로 보아, 호태왕 비문의 홀본과 『삼국사기』의 졸본은 같은 이름임이 분명하다는 것이다. 이러한 음운(音韻)의 유추를 통해 졸본에서 진번이 나와 국호가 되었다는 것이다.

일제시기에 당시까지 해석이 어려웠던 지명에 대한 비정 방식으로 '발음의 유사성에 의한 추론'이 많이 사용되었다. 대표적인 예를 들면, 시라토리의 위의 연구보다 시기가 조금 늦긴 하지만, 이병도는 「조선사개강(朝鮮史槪講)」(1923)에서 농안 및 장춘 지역에 부여가 있었는데, 그 남쪽인 흥경 부근을 중심으로 부여의 일족이 세운 졸본국이 있었으며 이를 곧 진번국이라고 인식했었다.[78] 이병도가 졸본국을 진번국으로 인식한 것은 어떠한 사료나 연구결과에 근거한 것이 아니고, 단지 발음이 유사하다고 보았기 때문이었다. 즉 이병도는 "졸본부여의 지명은 진번이라고도 하는데, 진번이나 졸본이나 발음이 비슷하므로",[79] 한사군의 위치를 서술하면서 졸본국이 위치했었다고 인식한 동가강 즉 현재의 혼강 유역에 진번군이 설치되었다고 설명한 것이었다.

이병도는 뒤에 관점을 바꾸어, 혼강 유역에 있었던 것은 진번군이 아니고 현토군이라고 주장하게 되는데, 그 주장 역시 '발음의 유사성에 의한 추론'과 무관하지 않았다. 즉 "여기서 우리의 머리에 떠오르는 것은 後日 高句麗의 首都이었던 「丸都」 그것이다. 玄菟와 丸都는 결국 同音同語의 異寫로 볼 것이다. 丸都는 또 後日 渤海의 西京 鴨綠府 내

78) 李丙燾, 「朝鮮史開講」(五) 『東亞日報』大正十二年十月三日.

79) 李丙燾, 「朝鮮史開講」(七) 『東亞日報』大正十二年十月五日.

지 遼代의 桓州 境內로서, 桓州의 故屬縣에 桓都・神鄉・淇水 등의 이름이 보이니, 여기의 桓都 역시 丸都와 같은 말임은 물론이다. …나의 玄菟高句麗說은 이러한 名稱上에서 考察해보더라도 조금도 不合理한 點이 없음을 確信하는 바이다."라는 것이다.[80)]

D-2)에서 "진번국의 본지는 동가강"이란 서술은 시라토리가 이미 1913년에 발표한 관점이다. 시라토리는 한(漢)의 무제가 조선을 식민지로 만들면서 사군(四郡)을 설치하기 이전의 동가강 일대를 설명하기 위해, 창해군(滄海郡)과 진번국을 그 지역에 있었던 것으로 설정했다. 그런데 사실 이 부분 중 특히 창해군에 관한 것은 시라토리에 의한 일종의 가상(假想)에 불과한 것이다. 시라토리는 먼저 "창해군은 예맥의 일종이었던 고구려의 주지(住地)에 설치했던 것으로 지금의 압록강 상류 유역 및 동가강 유역에 있었던 것"이라 서술했고, 이 창해군을 다시 진번과 연결시켜서 최종적으로는 "한(漢)의 창해군은 지금의 압록강 상류 지역 및 동가강의 전류(全流) 지역을 포괄하는 지역에 위치했다고 생각되며, 위씨(衛氏)가 다스리던 진번국은 이 지역을 제외한 다른 데서 구할만한 곳이 없으며, 무제의 창해군은 대개 조선의 진번국에 설치된 것"이란 추정을 결론으로 삼았었다.[81)] 이러한 시라토리의 결론은 한반도와 그 이북의 압록강 중류 유역에 창해군, 한사군의 사군을 모두 비정해 넣으려는 과정에 나온 일종의 오류로 볼 수 있다.

D-3)은 시라토리가 졸본천 즉 그 당시의 동가강 유역을 고구려의 발상지로 비정한 근거를 밝힌 부분이다. 특히 이 부분에서는 부여의 일부가 남하하여 한(漢)의 변경인 동가강 일대에 정착하여 한(漢)과 대립 혹은 예속의 관계를 반복하면서 진번국이 세워지고, 이후에 이를

80) 李丙燾, 『韓國古代史硏究』, 博英社, 1976, 189~190쪽.

81) 김지영・위가야, 「『武帝 始建의 4郡』(白鳥庫吉・箭內亙) 譯註」 『만주연구』12, 2011, 287~296쪽.

기반으로 고구려가 세워졌기 때문에, 이러한 부여 일부 세력의 남하와 또 그에 의한 건국의 역사 과정을 살펴보아도 동가강 일대를 고구려의 발상지로 보는 것이 합당하는 점을 강조하려 하였다. 그리고 당시 올랄산성으로 불리는 혼강 가의 산성이 바로 흘승골성이라고 비정하였다. 이 부분에서 시라토리는 도리이 류조(鳥居龍藏)가 올랄산성 즉 현재의 오녀산성을 국내성이라고 비정한 것을 "도리이씨가 이 성(국내성)을 두고 동가강 가의 올랄산성으로서 고찰함을 따라서는 안 된다."며 강하게 비판하였는데, 이후 일제 역사학들이 몇 차례의 논의를 거치면서 시라토리의 관점이 고구려 첫 도읍에 대한 정설로서 확립되었다.

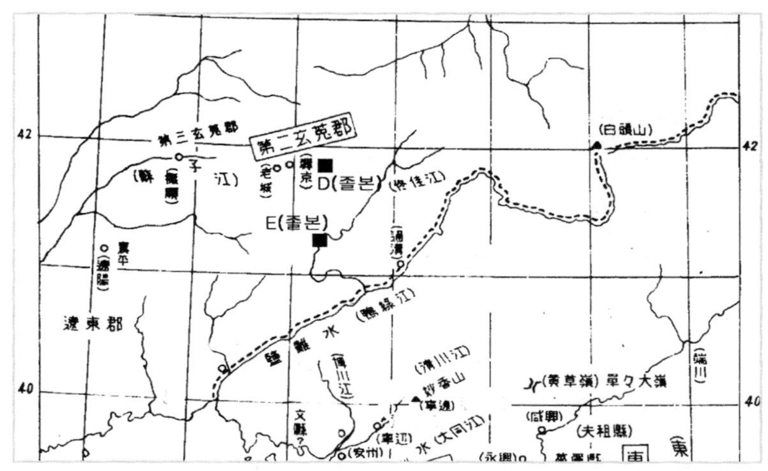

[지도 2] 조선과 근대의 고구려 첫 도읍 위치 비정 비교[82)]

[지도 2]에서 D(졸본)는 『동사강목』과 『아방강역고』에서 고구려 첫

82) 이 지도는 다음의 책에 나오는 지도를 일부 편집하여 사용하였다. 震檀學會, 「漢四郡變遷圖」 『韓國史』, 乙酉文化史, 1981, 168~169쪽.

도읍으로 비정된 흥경 즉 현재의 신빈 일대에 있던 졸본을 표시한 것이며, E(졸본)는 1914년에 시라토리 구라키치가 비정한 환인 일대의 고구려 첫 도읍이다.

5. 결론

이상으로 고려시대, 조선시대, 근대 이후 등 시간에 따라 세 부분으로 나누어 각 시대의 고구려 첫 도읍 비정 논리를 살펴보았다. 검토 결과 세 부분 각각 고구려 첫 도읍 비정에서 다음과 같은 특징이 있음을 파악하였다.

첫째, 고려시대에 고구려 첫 도읍을 비정한 문헌으로 검토한 『삼국사기』와 『삼국유사』 모두는 『한서』 및 『후한서』 등의 문헌과 함께 1125년 멸망 이전의 요(遼)와 교류하면서 형성된 지리적 정보를 활용하여, 고구려 첫 도읍인 졸본을 요하 서쪽 의무려산 일대로 비정하였다. 두 사서의 비정 과정에도 '현토군'이란 지명이 나오지만, 그 지리위치는 의무려산 일대이며 요동과의 경계라고 했다. 또한 '한(漢)의 현토군'과의 경계에 고구려가 있는데, 이것이 한(漢) 현토군의 속현이었던 고구려일지는 명확히 모른다고 했다. 『삼국사기』와 『삼국유사』의 고구려 첫 도읍 비정에서 특별히 영향을 미친 지리인식으로 현토군을 들 수 있는데, 두 사서에서는 이 현토군이 요하 서쪽 의무려산 일대에 있으면서 고구려 첫 도읍인 졸본의 위치를 추정하게 해주는 의미로만 언급되고 있다.

둘째, 조선시대의 문헌인 『동사강목』과 『아방강역고』가 고구려 첫 도읍인 졸본을 비정하는데 영향을 미친 지리인식 중 가장 주요한 지명은 한사군 중의 현토군과 소위 고구려현이다. 안정복은 한(漢)의 무제가 조선을 멸망시킨 이후 고구려국도 멸망시켜 현토군에 소속시키고 고구려현으로 삼았다고 하거나, 혹은 무제가 고구려를 현으로 삼아 현토에 복속시켰다고 하거나, 혹은 옥저에 처음 현토군을 설치했다가 고구려로 옮겼다고 했다. 정약용은 현토는 원래 옥저 땅에 설치되었다가 한(漢) 소제(昭帝) 때에 흥경 일대로 옮겨서 고구려현을 두었고, 이후 졸본부여에 정착한 주몽을 이은 유리왕에 의해 정복되면서 고구려를 국호로 했다고 인식했다. 안정복과 정약용의 현토군 및 고구려현 등에 대한 인식은 다소 혼란스럽지만, 고구려의 첫 도읍은 모두 흥경 일대로 비정하였고, 고구려의 초기 도읍과 관련한 지역의 서술에서 남으로는 옥저의 터전에서 현재의 압록강을 건너 흥경 일대까지 언급하고 있다. 현재의 압록강을 포함한 이들 지역의 현토군과 고구려현 등의 설정에서 고구려의 건국과 첫 도읍이 비정되었던 것이다.

셋째, 시라토리 구라키치(白鳥庫吉)의 졸본 비정에 영향을 미친 지리인식은 진번국이다. 시라토리는 부여에서 남하하여 요동의 바깥 변방인 동가강 즉 현재의 혼강 일대에 머물면서 약탈과 내속(內屬)을 반복하던 집단이 소국 형태로 된 것을 진번국이라고 설명했다. 또한 이 진번은 그 명칭이 졸본에서 온 것으로서, 그 지역을 졸본으로 추정한 것이다. 고구려는 졸본의 지역 즉 비류수 가에서 건국하였는데, 이곳이 홀본이고 졸본이라는 것이며, 오녀산성에 도읍을 정했는데 이것이 바로 흘승골성이라는 것이다. 시라토리의 이러한 관점은 한사군은 물론 창해군도 한반도와 그 인근에 비정하는 과정에 형성되었다. 특히 창해군을 압록강 중류에서 혼강 유역에 위치시키고, 창해군이 해체된 뒤에 진번을 그 지역에 위치시키면서 "진번과 고구려를 연결시키는" 간단한 사서 기록에 근거하여, 고구려 첫 도읍을 진번의 지역인 환인

현 일대에 비정하였던 것이다. 그러므로 시라토리의 고구려 첫 도읍 비정은 현재의 압록강과 그 이북의 혼강 유역에 한사군 중의 진번국(군)을 위치시키고 그것을 고구려와 연관시키는 추정(推定) 속에서 그런 도읍 비정이 가능했다고 볼 수 있다.

본문에서 고구려 첫 수도 비정에 영향을 미치는 지리인식 혹은 그 비정 전제로서의 지리인식을 살펴보았는데, 현재의 압록강 중류 유역에 고구려와 연관짓는 현토군을 위치시키는 그러한 지리인식이 곧바로 고구려의 첫 도읍을 압록강 중류 이북 혼강 일대의 환인현으로 비정하는 결과를 낳게 된다는 사실을 확인할 수 있었다. 즉 한사군을 한반도와 압록강 중류 일대로 위치시키는 그런 지리인식 속에서 고구려의 첫 도읍을 현재의 환인 일대로 비정하는 논리가 도출된다고 확인할 수 있는 것이다. 그러나 위에서 검토한 고려시대 『삼국사기』와 『삼국유사』의 사례는 "현재의 압록강 중류 유역의 현토군"이란 불합리한 역사지리 인식이 개입하지 않는다면, 현토군 및 고구려 첫 도읍의 위치를 지금의 요하 서쪽으로 비정할 수 있게 만든다는 중요한 사실을 우리에게 알려준다. 고구려 첫 도읍 위치에 대한 고려시대의 통설은 현재의 요하 서쪽 일대였던 것이다.

그렇다면 조선시대와 그에 뒤이은 일제강점기에 어떻게 고구려 첫 도읍을 압록강 중류 일대에 비정하는 지리인식이 나타나게 되었고, 아직도 그런 인식이 우리사회의 소위 통설로 통하고 있는 것처럼 보여지는 것일까? 사실 이러한 의문에 대한 답은 너무도 명백하다.

조선시대부터 사대적(事大的)인 역사인식과 역사서술이 강화되면서, 고구려 첫 도읍을 압록강 일대에 비정하기 시작한 것이다. 예를 들면 위에서 검토한 조선시대 정약용의 『아방강역고』는 우리민족의 영역이 고대로부터 대체로 한반도 지역 안에 있었음을 입증하려는 의도에서 작성된 것이었는데,[83] 이러한 관점에 따라 정약용은 위에서 검토한 것처럼 고구려 첫 도읍을 압록강 중류 이북의 흥경 일대로 비정할 수밖에 없었다. 위에서 검토한 『동사강목』과 『아방강역고』는 조선시대 중후기의 학자들이 역사를 구성하는 일정한 틀로 작용한 소위 '정통론'에 의해 우리역사를 서술한 것들이다. 이러한 '정통론'에서의 조선역사는 기자(箕子)로부터 시작되어, 기자를 중심에 세워, 그 정통을 계승하는 역사를 서술하는 것으로서 근본적으로 사대적이었다. 정약용 『아방강역고』의 첫 부분인 「조선고(朝鮮考)」도 "조선이란 이름은 평양에서 생겼는데, 실은 기자가 도읍한 본지(本地)를 말한다."며 기자로부터 우리역사 서술을 시작한다.[84] 『동사강목』은 <단군조선-기자조선-마한>을 정통으로 세웠는데, 실제로 『동사강목』 본문의 역사서술은 기자 원년(元年)으로부터 시작한다.[85] 분명하게 지적해야 할 점은 정통론은 중화(中華) 혹은 소중화(小中華) 혹은 사대(事大)를 포괄하는 개념으로서 근본적으로 사대주의(事大主義) 입장에 선 것이란 점이다. 정통론이란 실제로 '중화계승의식'의 역사학적 표현에 다름 아니다.[86] 기자가 현재의 평양 일대에서 조선이란 나라를 문명국으로 교화시키고, 뒤에 한(漢)의 무제가 그곳에 낙랑군을 세웠으며, 한사군 중의 현토군은 압록강 중류 일대에 있었는데 그곳에서 고구려가 건국되었으니, 고구려의 첫 도읍은 압록강 중류 이북 일대에 비정된다는 논리가 조선시대에 나타난 것이다. 그러므로 고구려 첫 도읍으로 환인현 일대를 비정하는 논리는 사대사관(事大史觀)에서 비롯되었음을 부정할 수 없는 것이다.

83) 趙誠乙, 「≪我邦彊域考≫에 나타난 丁若鏞의 歷史認識」 『奎章閣』15, 1992, 91~92쪽.

84) 정약용 지음/이민수 옮김, 「朝鮮考」 『我邦彊域考』, 범우사, 1995, 21쪽.

85) 『東史綱目』第1 上 己卯年 朝鮮 箕子 元年.

86) 許太榕, 「17세기 말~18세기 초 中華繼承意識의 형성과 正統論의 강화」 『震檀學報』103, 2007, p.75,

근대 이후 일제강점기의 고구려 첫 도읍 비정은 사대사관과 함께 식민사관의 논리에 의해 형성 및 강화된 것이다. 하야시 다이스케(林泰輔)는 1892년에 출간한 『조선사』에서 "옛날 은(殷)이 망함에 기자가 도망하여 와서 조선의 왕이 되었다. 9백년이 지난 준왕(準王) 때 연(燕)의 위만에게 쫓겨나고, 위씨(衛氏)가 대신 통치한 지 대략 80년 만에 한(漢)의 무제에게 멸망되었다. 무제가 그 땅을 나누어 사군(四郡)으로 삼고, 소제(昭帝) 때 이를 합하여 이부(二府)로 하였다. 결국 기자로부터 이에 이르기까지 1천여 년 동안 모두 중국인이 통치한 셈이 된다."라고 조선고대사를 요약하고 있다.87) 조선시대의 사대사관과 틀은 같지만 대외종속성을 더욱 강조한 이런 관점 즉 식민사관에 의해 위의 본문에서 검토한 바와 같이, 고구려 첫 도읍을 환인 일대로 비정하는 시라토리의 설(說)이 성립되어 현재까지 거의 통설처럼 유지되는 것이다. 조선시대의 사대사관에 의해 형성되고, 일제강점기의 식민사관에 의해 강화된 고구려 첫 도읍 압록강 중류 이북 일대설은 현재의 우리 사학계에서도 역시 통설처럼 통하고 있는데, 이는 우리사회가 사대사관과 식민사관을 철저하게 극복하지 못하였기 때문에 불가피하게 지닐 수밖에 없는 수치스런 현실이다.

위의 본문에서 검토하였듯, 조선시대와 일제강점기를 거치며 형성되어 현재까지 유지되는 고구려 첫 도읍 환인 일대설은 단지 추론에 불과한 몇가지 역사적 가정(假定)들에 근거하고 있다. 그 주요한 근거는 압록강 중류 일대에 현토군이 있었다는 역사적 가정인데, 이런 가정의 허구성은 몇몇 문헌과 고고학적 자료로써 쉽게 극복할 수 있는 것들이다.88)

---

87) 하야시 다이스케(林泰輔) 著/편무진・김현욱・이태훈 역, 『조선사』, 인문사, 2013, 51~52쪽.

88) 압록강 중류 일대에 현토군이 있었으며, 이 현토군과 연관시키면서 고구려가 이 일대에서 건

여기서의 결론은 고구려 첫 도읍은 현재의 환인 일대가 분명히 아닐 수 있다는 것이다. 고구려 첫 도읍에 대한 비정(批正) 시도를 위한 준비자료로서의 성격을 지닌 글이기에 부족한 점은 앞으로 더 많은 탐색을 곁들여 보충하고자 한다.

국되어 그 지역을 첫 도읍으로 했다는 등의 역사적 가정(假定)에 대한 체계적인 비판 및 극복은 이후 별도의 논문을 통해 밝히려 한다.

참고문헌

『三國史記』

『三國遺事』

『新增東國輿地勝覽』

『東史綱目』

申采浩, 「二. 史의 三大元素와 朝鮮舊史의 缺點」『朝鮮日報』(1931. 6. 11).

李丙燾, 「朝鮮史開講」(五) 『東亞日報』大正十二年十月三日.

李丙燾, 「朝鮮史開講」(七) 『東亞日報』大正十二年十月五日.

白鳥庫吉, 「丸都城及国内城考」『白鳥庫吉全集』第3巻, 岩波書店, 1970.

李丙燾, 『韓國古代史硏究』, 博英社, 1976.

국사편찬위원회, 『한국사』2, 탐구당, 1978.

震檀學會, 「漢四郡變遷圖」『韓國史』, 乙酉文化史, 1981.

편집부, 「韓國 古代史의 諸問題 - 斗溪先生과 李基白 교수의 對談(2)」『歷史家의 遺香』, 1991.

趙誠乙, 「≪我邦疆域考≫에 나타난 丁若鏞의 歷史認識」『奎章閣』15, 1992.

정약용 지음/이민수 옮김, 『我邦疆域考』, 범우사, 1995.

서길수, 「홀본과 국내성 지역의 새로운 고고학적 성과」『고구려발해연구』15, 2003.

井上直樹, 「近代 일본의 高句麗史 硏究」『고구려발해연구』18, 2004.

徐永大, 「韓國 史書에 나타난 高句麗의 正體性」『고구려발해연구』18, 2004.

許太榕, 「17세기 말~18세기 초 中華繼承意識의 형성과 正統論의 강화」『震檀學報』103, 2007.

김지영·위가야, 「『武帝 始建의 4郡』(白鳥庫吉·箭內亘) 譯註」『만주연구』12, 2011.

하야시 다이스케(林泰輔) 저/편무진·김현욱·이태훈 역, 『조선사』, 인문사, 2013.

김상현, 「『古記』의 사학사적 검토」『한국고대사연구』74, 2014.

이준성, 「조선후기 역사지리연구의 계승과 식민주의적 변용」『사학연구』117, 2015.

고려시대 한사군 인식에 대한 검토*

이 글은 2016년 12월 말에 발간된 『국학연구』제20집에 발표한 논문이다. 그 이전인 2016년 11월 23일에 국학연구소와 안중근평화연구원이 서울시청 시민청에서 <한사군에 대한 인식 검토>를 주제로 학술회의를 공동개최하였는데, 이때 필자는 「고려시대 『삼국사기』의 현토와 낙랑 인식」이란 제목의 논문을 발표했었고, 이를 보완하여 『국학연구』 제20집에 「고려시대 한사군 인식에 대한 검토」로 발표하였던 것이다. 이 글을 잘 검토하면, 현토 및 낙랑에 대한 12세기 초 고려시대인들의 '인식'을 가능한 '있는 그대로' 파악해볼 수 있을 것이다.

이 글을 통해, 『삼국사기』는 고구려의 첫 도읍인 졸본은 현재의 중국 요녕성 의무려산과 대릉하 일대에 있었던 것으로 인식하고 있었으며, 현토군 또한 그 졸본 지역에서 멀지 않은 곳에 위치했었다고 인식했음을 알 수 있다. 또한 현토군의 고구려현은 고구려란 명칭을 사용했으며, 그 현의 구성원이 고구려 족속과 관련이 있을 수 있지만, 고구려란 국가와는 다른 실체임을 알 수 있다.

이 글에서, 서기전 108년 무렵 처음 설치된 낙랑군의 위치는 한반도가 아니었다고 『삼국사기』가 분명하게 서술하고 있음도 밝혀냈다. 낙랑에 대한 『삼국사기』의 기록은 낙랑국과 낙랑군을 구별해서 기록했는데, 낙랑군은 서기전 108년에 설치된 것과 서기44년에 광무제에 의해 설치된 것 등 2개가 있었다고 인식했음을 알 수 있었다. 즉 원래 한반도 중북부에 존재했던 낙랑국은 서기32년 고구려에 의해 멸망되

---

* 이 논문은 2016년 정부(교육부)의 재원으로 한국학진흥사업단의 지원을 받아 수행된 연구임 (AKS-2014-KFR-1230006).

었고, 서기전 108년 이후 중국의 동북부 즉 고구려의 서쪽에 설치되었던 낙랑군은 고구려의 군사적 서진(西進) 과정에 서기37년에 멸망되었으며, 그 이후 서기44년 후한의 광무제가 바다를 건너 한반도의 옛 낙랑국 지역에 다시 낙랑군을 설치했다고 인식했음을 알 수 있었다.

1. 서론

1145년에 완성된 『삼국사기』에는 고려시대에 살았던 사람들의 고대사 특히 고구려, 백제, 신라를 중심으로 그 주변의 여러 국가와 민족의 역사에 대한 인식이 담겨 있다. 『삼국사기』가 출간된 이후 줄곧 그 사서에 대한 다양한 비판이 현재까지 계속되고 있지만,[89] 그럼에도 불구하고, 『삼국사기』는 국내에서 작성연대가 가장 오래된 문헌사료로서 삼국시대 및 그 이전을 이해하기 위한 기본적 자료임이 분명하다.

특히 관찬(官撰) 사서인 『삼국사기』는 편찬자들이 자신들 국가의 고대사를 체계적으로 기록하여 널리 알리려는 의도를 관철시킴으로써, 고려시대의 고대사 인식과 지배계급의 역사관을 잘 반영하고 있다. 또한 『삼국사기』는 삼국시대의 역사 체계를 기전체(紀傳體)로 서술하여, 그 이후의 역사 인식 및 역사 서술에 깊은 영향을 주었다.[90] 『삼국사기』 이외에 고려시대의 고대사 인식을 검토하는 자료로서 활용할 수 있는 문헌으로 대표적인 것은 1193년의 「동명왕편」, 1281년 전후에 작성된 『삼국유사』, 1287년에 출간된 『제왕운기』 등이 있다.

---

89) 『삼국사기』에 대한 다양한 비판에 대해서는 다음의 논문을 참고할 수 있다. 金哲埈, 「高麗中期의 文化意識과 史學의 性格 : ≪三國史記≫의 性格에 대한 再認識」 『韓國史研究』9, 1973.

90) Shultz, Edward J, 「金富軾과 ≪三國史記≫」 『韓國史研究』73, 1991, 1~20쪽.

여기에서는 『삼국사기』의 기록에 나타난 현토와 낙랑에 대한 고려시대의 인식을 살펴보고자 한다. 「동명왕편」, 『삼국유사』, 『제왕운기』 등에도 한(漢)의 무제가 서기전 108년 이후 설치했다는 한사군에 대한 일부 기록이 있다. 하지만 구체적 서술은 적으며, 또한 이들 단편적인 기록들이 서로 연관되어 서술되지 못했기 때문에, 이들 문헌으로 한사군의 실체를 파악하기는 어렵다. 이와 비교하여 『삼국사기』 중의 현토와 낙랑에 관한 기록들이 비록 많은 분량은 아니지만, 관련 기록들이 그 연대를 추정할 수 있는 일정한 역사적 사실들과 연결되어 서술되어 있기 때문에, 그나마 한사군 중의 현토와 낙랑의 위치 및 그 변천에 관한 나름대로의 분석을 가능하게 해준다.[91] 이것이 바로 『삼국사기』를 분석하여, 고려시대의 한사군 인식 중 특히 현토 및 낙랑 관련 사항만을 검토하는 이유이다.

2. 『삼국사기』를 통한 한사군 인식의 전제들

본고에서 서술하려는 고려시대의 한사군 인식이란, 김부식(金富軾, 1075~1151년) 등 『삼국사기』 편찬자들의 역사관을 통해 파악되어 그 사서에 서술된 한사군에 대한 해석이다. 『삼국사기』가 1145년에 편찬되었으므로 한사군이 처음 설치되었다는 서기전 108년으로부터 1253년 이후인데, 여기에서 검토하려는 한사군 인식은 자신들의 시대로부터 천여년 이전에 설치되어 운영된 한사군 관련 사실들에 대한 『삼국

91) 『삼국사기』 중 낙랑과 현토에 대해서만 검토하는 이유는 『삼국사기』에 한사군 중의 진번과 임둔에 대한 기록이 거의 없기 때문이다. 단지 임둔에 대한 한 차례의 기록이 영양왕(嬰陽王) 23년(612년) 수양제(隋煬帝)의 고구려 정벌 관련 조서(詔書) 중의 군대 진군 방향으로서 '임둔'이란 지명이 언급되는 정도이다(『三國史記』卷 第20 「高句麗本紀」 第8 嬰陽王23年).

사기』 편찬자들의 인식이다.

당연히 『삼국사기』에 기록된 한사군 인식은 그 편찬자들의 당대(當代) 현실을 기반으로 그들로부터 천여년 전의 한사군 관련 사실을 파악하여 기록한 것이다. 그러므로 『삼국사기』의 한사군 인식을 검토하면서, 여기서 그 분석대상으로 삼은 『삼국사기』란 문헌의 다음과 같은 시대적 성격을 분명히 이해할 필요가 있다.

> 『삼국사기』는 그 편찬자들의 삼국 인식이다. 그러나 그들의 사유(思惟)를 규정하는 것은 그들의 현실 시공간(時空間)이다. 그러므로 설명자들(*필자주 : 즉 『삼국사기』의 편찬자들)은 그들의 시대로부터 절연(絶緣)될 수 없다. 오히려 그들은 당대 현실의 과거 인식을 대변한다. 과거는 인식 주체의 현실을 기반으로 삼아 진단된다.[92)]

『삼국사기』에 기록된 역사 인식을 위와 같이 이해하면, 또한 『삼국사기』의 한사군 인식을 검토하면서, 『삼국사기』에 기록된 여러 사실들을 분석할 때, 그 사실들이 기록되던 12세기 당대의 현실을 토대로 분석하려는 아래와 같은 연구의 관점도 당연히 필요할 것이다.

> 끝내 유의할 것은 『삼국사기』의 자체 논리이며, 그에 내재(內在)된 자체 인식이라고 본다. 또한 역사는 시대의 소산이며, 역사가 역시 그의 시대를 환경으로 사고한다는 점에서 『삼국사기』는 12세기 중엽의 고려사회를 기본 토대로 삼아 조명되어야 한다. 시대와 유리(遊離)된 개인의 삶을 상상할 수 없는 한편, 저자의 개성으로부터 완전히 독립된 저술 또한 찾을 수 없는 까닭이다.[93)]

---

92) 이강래, 『삼국사기 인식론』, 일지사, 2011, 26쪽.

93) 이강래, 「김부식은 왜 『삼국사기』를 편찬했나」 『내일을 여는 역사』16, 2004, 132~133.

위와 같은 인식을 바탕으로, 『삼국사기』를 그 당대의 관점으로 이해하려 시도할 때 참고할 유용한 문헌 중의 하나는 북송(北宋)의 서긍(徐兢, 1091~1153년)이 1124년에 완성한 『선화봉사고려도경(宣和奉使高麗圖經)』(이하 『고려도경』이라 약칭함)이다. 『고려도경』은 서긍이 1123년에 사신으로 고려에 와서 1개월 정도 머물며 살펴본 견문(見聞)은 물론 당대의 여러 문헌들을 참고로 작성되었다. 그러므로 『고려도경』에는 1123년 당시의 고려사회 현황은 물론 서긍이 수집한 직간접적인 자료를 토대로 작성된 고려의 전반 역사 등이 생생하게 서술될 수 있었다. 『고려도경』에는 『삼국사기』의 대표 집필자인 김부식에 관한 다음과 같은 기록도 담겨있다.

> 김부식은 얼굴이 크고 장대한 체구에 얼굴은 검고 눈이 튀어 나왔다. 그런데 두루 통달하고 기억력도 탁월하여 글을 잘 짓고 역사를 잘 알아 학사(學士)들에게 신망을 얻는 데에는 그보다 앞선 사람이 없었다.[94)]

서긍이 고려에 와서 만나본 많은 인물들 중 오로지 다섯 명만을 그림과 함께 그 인물에 대한 평가를 『고려도경』에 남겼는데, 김부식도 그 다섯 명에 포함된 것이다. 고려에서 당시 김부식의 위상을 알 수 있는 기록이다. 위의 기록은 『삼국사기』가 편찬되기 21년 이전의 것인데, 서긍은 자신이 직접 만나보고 또 여기저기서 다양하게 들은 경험을 토대로 김부식이 "역사를 잘 아는" 인물이라고 평가한 것이다.

94) 『宣和奉使高麗圖經』卷第八「人物」同接伴通奉大夫尙書禮部侍郎上護軍賜紫金魚袋金富軾 "…富軾, 豐皃碩體, 面黑目露. 然博學强識, 善屬文, 知古今, 爲其學士所信服, 無能出其右者."

朝貢至中國而彦植乃其子也世與李氏通
昏又與資謙厚善楷在春宮而彦植亦預引
翼之列故楷立而進官崇貴彦植美風姿人
質修偉宛然有儒者之風不可以蠻夷接之
也
同接伴通奉大夫尚書禮部侍郎
上護軍賜紫金魚袋金富軾
金氏世爲高麗大族自前史已載其與朴氏
族望相埒故其子孫多以文學進富軾豐皃
碩體面黑目露然博學強識善屬文知古今
爲其學士所信服無能出其右者其弟富轍
亦有詩譽嘗密訪其兄弟命名之意蓋有所
慕云
館伴金紫光祿大夫守司空同知
樞密院事上柱國金仁揆
金景融王顒世太傅守中書令仁揆即其子
也顒父微嘗娶金氏女于仁揆有元舅之
尊韓繳如等叛李資謙挾王楷以誅羣惡而

1123년 고려에 와서 김부식을 만난 서긍은 그 인상을 『고려도경』에 적어놓았다.

비록 짧은 기록으로 인하여, 서긍이 스스로 "역사를 잘 아는" 인물로 평가한 김부식을 만나 고려의 역사에 대한 어떠한 의견을 나누었는지 알 수는 없다. 그러나 서긍이 고려의 다수 학자들로부터 고려의 전대(前代) 역사에 대한 자료를 수집한 정황은 『고려도경』에서 확인된다. 서긍은 이러한 견문과 자신의 선행지식(先行知識)을 토대로 『고려도경』에 고려란 국가의 국사(國史)를 「건국(建國)」이란 항목으로 간략하게 담아낼 수 있었다.

그러므로 『고려도경』 제1권의 「건국」편에는 "이제 모든 역사를 살펴보고 역대의 왕을 차례대로 기록하여 건국기(建國記)를 짓는다"며,[95] 고려의 역사가 건국 이전부터 당대(當代)까지 서술되어 있다. 여

95) 『宣和奉使高麗圖經』卷第一 「建國」 建國 "今謹稽諸史, 敍敍其歷代之王, 作建國記云."

기에서 서긍은 고려의 선조인 기자(箕子)가 조선에 책봉되면서 국가로 성립되어, 위만조선을 거쳐서 한사군의 단계로 전해졌다고 서술했다. 또한 위만조선보다 이전의 시기에 고구려가 이미 건국되어 이후 발해를 거쳐 고려의 건국으로 이어지는 것으로 서술하였다. 『고려도경』의 역사 부분 서술의 특징은 고구려를 고려 역사의 중심에 세웠다는 것이다. 또한 <기자-위만조선-한사군>으로 연결되는 부분과 <부여-고구려-발해-고려>로 이어지는 부분으로 나누어, 이원적(二元的) 역사체계로 고려의 건국에서 당대(當代)까지를 서술한 것인데, 그 핵심은 고구려 부분이다. 그러므로 고려의 역사를 서술하는 「건국」편의 대부분은 고구려에 관한 내용이다. 즉 고구려 중심의, 고구려 계승의식을 지닌 역사인 것이다.

서긍은 고려의 국가적 정통성을 고구려에 연결시킴으로써, 자연스럽게 고려 이전의 역사체계를 고구려를 중심으로 서술하였던 것이다. 그런데, 12세기 초에, 서긍은 어떻게 고구려 중심의 역사체계로서 고려의 역사를 구성했었을까?

『고려도경』의 고구려 관련 기록을 연구한 한영우는, 『고려도경』의 고려 이전 역사 서술에서 고구려를 특히 부각시켜 중심으로 삼은 것은 당시 만주(滿洲)와 고려를 연결시키려는 북송의 국제정치적 입장이 반영된 것이란 점을 강조하였다. 즉 "서긍이 고려에 사신으로 올 당시의 만주에는 요(遼, 907~1125년)가 거의 멸망 단계에 있고 금(金, 1115~1234년)이 새로 성립되어, 북송으로서는 만주에서의 요금(遼金) 교체에 비상한 관심을 기울이던 때였는데, 북송의 입장에서는 북송을 크게 압박하고 있던 요(遼)를 견제할 수 있는 제3세력의 성장을 고대했고, 그러한 측면에서 만주를 고려와 연결시켜 주는" 역사서술로서 고구려가 특히 부각되었다고 분석한 것이다.[96)]

---

96) 韓永愚, 「高麗圖經에 나타난 徐兢의 韓國史體系」 『奎章閣』7, 1983, 20~23쪽.

그러나 필자는 위에 소개한 한영우의 분석에 전적으로 동의하지는 않는다. 물론 서긍이 12세기 초엽 만주 일대를 자신들 국가에게 유리한 전략적 지점으로 형성하기 위한 북송의 국제정치적 입장을 고려하여, 고구려를 중심에 세운 그러한 고려의 국사를 서긍이 구성할 수 있었다는 논리적 추정을 할 수는 있다. 사실 서긍 등의 사신 파견이 당시 북송의 만주와 관련된 국제정치적 목적 아래 이루어졌음은 틀림없다. 이들 사신은 고려와 연합하여 금(金)을 억제하려는 북송의 '연려제금책(聯麗制金策)'의 의도와 함께, 고려를 북송의 세력권에 확실하게 포섭하려는 의도 등도 지니고 파견되었다고 볼 수 있다.[97] 때문에 『고려도경』의 저자인 서긍의 고려에 대한 역사 서술에도 이러한 시대적 및 국제정치적 상황이 반영될 수 있음은 물론이며, 그 반영의 결과로 『고려도경』에 고구려에 대한 그러한 소중한 기록이 남겨졌다고 이해할 수도 있다.

그러나 한영우의 위와 같은 추정은 12세기 초엽 고려의 주체적 입장이 전혀 반영되지 못한 것이란 비판을 피할 수 없다. 위에 소개한 한영우와 같은 해석 방식은, 고구려란 서술 대상과 함께 그를 기록하던 고려 당대(當代)의 역사 조건을 주체적으로 파악하지 못했다는 비판이 가능한 것이다. 『고려도경』의 고구려 중심 역사서술이 전적으로 북송의 국제정세를 고려한 외인(外因)에 의해 형성되었다는 그런 해석은, 고구려에 관한 고려의 내재적이고 주체적인 역사서술의 존재를 경시(輕視)하는 태도로서, 자칫 다음과 같이 사대적인 역사인식이라고 비판받을 여지도 있다.

97) 김성규, 「'선화봉사고려사절단'의 일정과 활동에 대하여」 『한국중세사연구』40, 2014, 211~218쪽.

> 사대성은 자기 존재의 연원과 처지를 주체적으로 파악하지 못함을 가리키는 개념이다. 대세로서 보편사관을 적극 수용할 필요가 제기되었다고 하더라도 이를 자기의 역사에 적용하려는 근거나 기준이 스스로 처한 현실에서 출발한 것이 아니라면 그것은 결국 사대적 관점으로 흐르기 마련이다. 말하자면 역사인식의 사대성이란, 그 사관 자체가 외래의 것인가 아닌가에 의해서가 아니라, 그것을 자기의 역사에 적용하는 논리의 방향이 외래적인가 아닌가에 의해서 결정되는 것이다. 역사 사실을 이해함에 있어서 '합리'와 '객관'의 기준으로 내세운 것이 자기의 역사 경험과 문화 능력을 부인하는 방향에서 밖으로부터 도입된 것이라면, 그것이 아무리 당대의 보편이고 대세라 할지라도 사대적이라는 비난을 면키 어렵다.[98)]

사실 한영우는 위에 소개한 논문에서는 물론 또 다른 논문에서도 고구려와 관련되어, 자칫 사대적이란 비판이 가능할 해석을 한 적이 있었다. "고려 초기에 나타나는 기자와 관련된 숭배가 고구려의 오랜 문화전통"이라고 해석한 것이다. 한영우의 이런 해석의 문헌 근거는 945년에 완성된 『구당서(舊唐書)』의 "(고구려의) 풍속은 음사(淫祀)가 많아서 영성신(靈星神), 일신(日神), 가한신(可汗神), 기자신(箕子神)을 섬긴다."란 기록이다,[99)] 한영우는 이 기록에 나타난 "기자신"을 근거로 고구려의 지배층이 혈통상으로 기자(箕子) 족속과도 연결되어 있다며, 다음과 같이 해석하였다.

> 중국측 문헌에 보이는 가한신(可汗神)이나 수신(隧神)이 단군이나 주몽과 관련된 귀신일 것이라는 심증이 굳어진다. 만약 이러한 추정이 옳은 것이라면, 고구려의 제천동맹(祭天東盟)에서는 별이나 태양과 같은 자연신 이외에 단군조선·부여·고구려의 시조신에 대한 제사

98) 徐毅植, 「『三國史記』의 事實 認識과 歷史研究者의 姿勢」 『역사교육』92, 2004, 234~235쪽.

99) 『舊唐書』卷199上 列傳 第149上 東夷 「高麗」 "其俗多淫祀, 事靈星神日神可汗神箕子神."

가 아울러 거행되었고 그러한 시조신 가운데 기자신이 들어있었다는 사실을 알 수 있다. 이때 기자신은 물론 기자조선의 시조신의 의미를 가졌을 것이다.

이와 같이 고구려의 국가신앙인 제천대회에서 단군조선, 기자조선, 부여 그리고 고구려의 시조신들이 광범하게 연결되어 국왕과 국인(國人)의 제사를 받았다는 것은, 현실적으로 고구려 지배층이 혈통상으로 단군·기자·부여의 족속과 연결되어 있다는 것을 암시하는 동시에, 이념상으로도 조선·부여의 계승자임을 표방하는 것이라고 믿어진다.

여기서 우리가 주목하고자 하는 것은 기자신의 문제이며, 기자가 주몽이나 단군·해모수(解慕漱) 등과 더불어 시조신의 한 자리를 차지하고 있었다는 사실이다. 아마 고구려가 평양에 천도한 이후, 그곳에 잔류하고 있던 기자 족속을 포섭하면서 기자신을 국가신앙의 하나로 흡수하게 된 것이 아닌가 추측해 본다.

중국측 문헌에서 고구려의 기자신앙을 귀신 숭배의 하나로 보고, 이를 음사(淫祀) 즉 부정(不正)한 귀신숭배라고 표현한 것이 주목된다. 음사라는 것은 유교적 제사 규범에서 극력 배척되고 있는 이단(異端) 신앙이다. 만약 고구려의 기자숭배가 중국과의 외교관계를 의식했거나, 유교적 사전(祀典)을 따른 것이었다면, 이를 음사로 규정하지는 않았을 것이다. 고구려의 기자신앙이 유교적 제사규범이나 사대외교와 전혀 무관한 고유신앙 즉 음사의 하나로 출발했다는 것은 한국사에 있어서 기자신앙의 전개과정을 이해하는데 중요한 시사(示唆)를 주는 것이다.100)

과연 위의 인용문에서처럼, 고구려 시기에 단군조선과 기자조선의 시조신들이 당시 사람들의 제사 대상이 될 수 있었을까? 그러한 제사를 통해서 고구려의 지배층이 혈통상으로 단군·기자·부여의 족속과 연결되어 있다는 인식을 가질 수 있었을까? 과연 427년에 장수왕의 고

100) 韓永愚, 「高麗~朝鮮前期의 箕子認識」 『韓國文化』3, 1982, 21~23쪽.

구려가 평양으로 천도하면서 그곳에 잔류하고 있었던 기자의 족속을 포섭하면서 또한 기자신을 국가신앙의 하나로 흡수할 수 있었을까?

2009년에 필자가 답사하여 촬영한 산동성 조현(曹縣)의 기자묘(箕子墓). 『사기』에 "기자를 조선에 봉했다"는 기록이 보이지만, 여기서의 조선은 한반도와 관련이 없는 지명이다. 위만조선도 한반도가 아닌 발해 연안에 있었다. 부여를 계승하는 '주체적' 역사의식을 지닌 고구려에는 기자와 관련된 어떠한 전승(傳承)도 결코 존재할 수 없었다.

만약 위에 인용한 한영우의 고구려 관련 서술 내용에 일종의 오류가 있다면, 그 오류는 단군조선이나 기자조선이란 개념 혹은 그러한 역사관념이 고구려 시기에 이미 존재했던 것처럼 오해한 것에서 비롯되었다고 분명하게 말할 수 있다. 또한 은(殷)이 망한 뒤에 기자가 세웠다는 기자조선이 역사적으로 실재(實在)했으며, 그 위치가 지금의 북한 평양이었고, 기자조선이 위만조선으로 이어졌으며, 그 기자조선의 유산이 고구려를 거쳐 고려 시대까지 전승되고 있다고 믿는 역사인식의 명백한 오류에서 비롯되었다고도 지적할 수 있다.

사실은, 엄밀하게 역사적인 분석을 시도하면, 단군조선이나 기자조선이란 개념 혹은 그러한 역사관념은 고려 초중기 이후에나 형성된 것으로 파악될 것이다. 예를 들면, 다음과 같이, 「광개토태왕릉비」가 작성되던 414년은 물론 『북사(北史)』가 작성되던 627년에서 659년 사이의 고구려에 기자신이 존재할 수 있는 여지는 전혀 없었다고 분명하게 확인할 수 있다.

> 옛적 시조(始祖) 추모(鄒牟)왕이 나라를 세웠는데, 북부여에서 태어났으며, 천제의 아들이었고 어머니는 하백(河伯)의 딸이었다. …17세손(世孫)에 이르러 국강상광개토경평안호태왕(國罡上廣開土境平安好太王)이 18세로 왕위에 올라 칭호를 영락대왕(永樂大王)이라 하였다. 왕의 은택이 하늘까지 미쳤고, 위무(威武)는 사해에 떨쳤다. 나쁜 무리를 쓸어 없애니, 백성이 각기 그 생업에 힘쓰고 편안히 살게 되었다. 나라는 부강하고 백성은 유족해졌으며, 오곡이 풍성하게 익었다.[101]

고구려인들이 414년에 직접 작성하여 현재까지 전해오는, 위에 인용한 「광개토태왕릉비」에는 부여를 계승하여 강대국을 이룬 고구려의 주체성 및 독자성이 특별히 강조되고 있었다. 「광개토태왕릉비」에 의하면, 고구려에 기자신 따위는 존재할 수 없었다. 그러한 고구려 사람들의 정신세계에 대해, 『북사』는 다음과 같이 기록하고 있다.

> (고구려는) 불교를 믿고 귀신을 공경하여 음사(淫祀)가 많다. 조묘(祖廟, *필자주 : 조상의 신주를 모신 사당을 말함)가 두 군데 있는데 하나는 부여신(扶餘神)으로 나무를 조각하여 부인상을 만들었고, 하나는 고등신(高登神)으로 고구려의 시조이신 부여신의 아들이라고 한다. 두 조묘에 모두 관사(官司)를 설치해놓고 사람을 파견하여 수호

101) 「廣開土太王陵碑」 "惟昔始祖鄒牟王之創基也出自北夫餘天帝之子母河伯女郎 …至十七世孫國上廣開土境平安好太王二九登祚號爲永樂大王恩澤洽于皇天武威振被四海掃除□□庶寧其業國富民殷五穀豊熟昊".

> 하였다. (그 두 신은) 대개 주몽의 어머니인 하백의 딸과 주몽이라고 한다.[102]

위의 『북사』 기록에서 볼 수 있듯, 고구려는 조상신으로서의 하백과 주몽을 모시고 북부여로부터 계승된 것과 고구려의 토착적인 것을 중심으로 그들의 정체성을 유지 및 강화하고 있었음을 알 수 있다. 『북사』는 627년에서 659년 사이에 작성되었는데, 이 사서에 기록될 시기까지의 고구려는 강한 주체성을 기반으로 한 뚜렷한 정체성에 의해 사대주의적 요소가 내부에 발붙이거나 외부로부터 침투할 여지가 없었던 것으로 보인다. 당연히 『북사』가 작성되던 627년에서 659년 사이의 고구려에는 기자신 혹은 기자 관련 인식이 존재할 가능성은 전혀 없었음이 분명하다.

그러나 고구려가 668년에 정치적으로 해체되고도 한참이나 지난 945년에 완성된 『구당서』에 의하면, 고구려의 강한 주체성 및 독자성과 어울리지 않는 '기자신(箕子神)'이란 사대적 요소가 비로소 침투하고 있음을 다음과 같이 전하고 있다.

> (고구려의) 풍속은 음사(淫祀)가 많아서 영성신(靈星神), 일신(日神), 가한신(可汗神), 기자신(箕子神)을 섬긴다. 국성(國城) 동쪽에 신수(神隧)라는 큰 동굴이 있는데, 해마다 10월이면 왕이 친히 제사를 지낸다.[103]

그런데 위의 기록을 단편적으로 이해하면, 위에 소개한 한영우의 논

---

102) 『北史』卷94 「列傳」第82 高句麗 "信佛法, 敬鬼神, 多淫祠. 有神廟二所: 一曰夫餘神, 刻木作婦人像, 一曰高登神, 云是其始祖夫餘神之子. 並置官司, 遣人守護, 蓋河伯女・朱蒙云."

103) 『舊唐書』卷199上 列傳 第149上 東夷 「高麗」 "其俗多淫祀, 事靈星神日神可汗神箕子神, 國城東有大穴名神隧, 皆以十月王自祭之."

문에서처럼 고구려 시기에 이미 일종의 기자 숭배사상 즉 '기자신'이 존재했다고 판단할 수도 있다.[104] 그러나 『구당서』의 편찬 시기 및 그 사서에서의 자료 수집 과정 그리고 그 사서의 삼국 관련 내용 등을 종합적으로 검토하면, 그 사서에 의해 "고구려 시기에 이미 일종의 기자 숭배사상이 존재했다."고 판단할 수는 없다.[105]

『구당서』는 유구(劉昫, 887~946년)의 주관 아래 940년에 편찬을 시작하여 945년에 완성하였는데, 특이한 점으로, 삼국 중 신라와 관련해서는 신라 문성왕(文聖王)3년(841년)까지의 사실을 기록하고 있다.[106] 즉 『구당서』는 고려 초기인 945년에 완성되면서, 그 작성 시점까지 수집될 수 있는 여러 자료들이 삼국과 관련된 서술에 반영되었다고 볼 수 있는 것이다.

당시 유구는 후진(後晋, 936~947년)의 동중서문하평장사(同中書門下平章事)란 직책으로서 『구당서』의 편찬을 주관했는데, 그 사서의 편찬 기간에 후진은 고려와 정치적·문화적인 교류관계를 유지하고 있었다. 『해동역사(海東繹史)』에는 941년 후진이 고려의 왕건(王建)을 고려국왕에 봉하고, 또 사신들을 고려로 파견하여 책명(冊名)했다는 『책부원귀(冊府元龜)』의 기사를 인용하고 있다. 또한 『해동역사』에는 왕건이 고려에 와 머물던 서역의 승려 말라(襪囉)를 다시 후진으로 보내어, 후진에게 함께 거란을 공격하자는 제의를 했다는 『속통전(續通典)』의 기록을 인용하며, 고려가 후진과 교류한 사실들을 전하고 있다.[107] 이

104) 韓永愚, 「高麗~朝鮮前期의 箕子認識」 『韓國文化』3, 1982, 21~22쪽.

105) 중국의 사학계에서는 위에 소개한 『구당서』 등의 기록을 근거로 고구려를 기자는 물론 중국 고대 국가의 영향 속에서 건국되고 성장한 고대중국 소수민족 지방정권이라는 논리를 주장하고 있다. 고구려 도읍 중의 하나로 알려진 중국 길림성 집안시에 세워진 집안박물관(集安博物館)에는 위의 『구당서』 기록을 게재하여 고구려 문화가 중원의 영향을 받았음을 설명하고 있다. 그러나 『구당서』의 기자신 관련 기록이 형성되는 과정을 엄격하게 분석하면, 기자와 고구려를 연결시키는 논리는 성립될 수 없음을 분명하게 이해할 수 있다.

106) 國史編纂委員會, 『국역 中國正史朝鮮傳』, 國史編纂委員會, 1986, 160쪽.

러한 교류의 시기에 『구당서』의 편찬이 이루어지는데, 적지 않은 교류 과정에 파악되어 후진 사회에 전해진 고려의 민간 습속 중 기자신의 존재 사실이 『구당서』의 저자들로 하여금 고구려 시기에 이미 그러한 습속이 있었던 것처럼 사서에 기록되도록 영향을 미친 것으로 볼 수 있다.108)

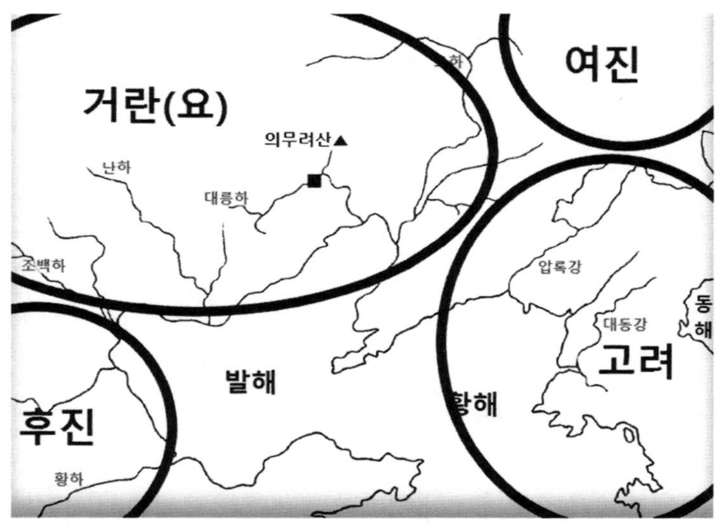

[지도 1] 고려와 후진이 교류하던 941년 무렵 발해 연안 국가의 배치도

그러므로 1123년에 작성된 『고려도경』이든 1145년의 『삼국사기』든 혹은 그 이전 시기인 945년 무렵에 완성된 『구당서』든 그 문헌에 기

107) 韓致奫, 『海東繹史』 第12卷 世紀12 「高麗」1.

108) 후진(後晋)이나 그 전후에 성립된 중원의 여러 국가들은 고려가 고구려를 계승한 나라로 분명하게 인식하고 있었으며, 고구려와 고려의 관련 사실들을 혼동하는 경향도 있었다. 고려도 국가 차원에서 고구려를 계승한 국가로 스스로 인식하고 있었으며, 문화적 정체성을 고구려에서 찾으려 했다. 고구려가 고구려를 계승했다는 인식에서 벗어나, 삼한과 신라를 계승했다는 의식을 갖게 된 것은 김부식의 『삼국사기』가 작성되는 무렵을 전후한 시점부터이다.

록된 어느 하나의 구절(句節)로서 의미있는 역사적 사실들을 유추해내려고 할 때, 반드시 그 문헌 기록이 형성되는 당대의 내적(內的) 및 외적(外的) 조건들을 서로 연관시켜 검토할 필요가 있는 것이다.

마찬가지로 『삼국사기』보다 21년 앞서 작성된 『고려도경』의 기록을 역사적 사실과 연관시켜 해석할 때, 북송의 고려에 대한 정치적 이해 등의 외인(外因)이 그 서술에 작용한 것과는 별도로 12세기 초에 고려의 내재적(內在的) 및 주체적(主體的) 역사인식 및 서술이 『고려도경』의 서술에 더욱 큰 영향을 미쳤을 가능성도 반드시 검토해야 하는 것이다. 그리고 이와 같은 검토를 위해 주목할 점은, 고려 초기의 건국집단이 지닌 고구려 계승의식이며, 또한 그 계승의식에 따른 고려 자체의 내재적이고 주체적인 역사 인식 및 서술이다. 이에 대해서는 다음과 같은 연구성과를 참고할 수 있다.

> 그 동안 고려의 역사계승의식에 대한 연구에서 중국 쪽 기록에 대해 면밀한 검토가 이루어졌다. 이는 중국의 인식을 통해 고려의 계승을 객관적으로 설명하려는 의도에 따른 것이다. 그러다 보니 분석이 고려의 고구려 계승을 확인하는데 치중되었다. 반면 그 안에 담긴 고려의 시각, 특히 '궁예의 고려'와 관련된 입론을 찾는 데는 별 관심을 두지 않았다. 하지만 고려의 역사의식에서 '궁예의 고려'는 중요한 문제였던 만큼, 이에 대한 이해를 도모할 필요가 있다. 이 문제를 구체적으로 접근할 수 있는 사례로 우선 『고려도경』이 주목된다. 주지하듯이 『고려도경』은 인종 초 송의 사신 서긍 일행이 고려를 다녀간 뒤 고려에 관해 보고들은 내용을 정리한 것이다. 여기에는 중국인으로서 가지고 있던 생각과 더불어 고려에서 습득한 견문이 섞여 있는데, 고려의 역사의식 또한 마찬가지이다.[109]

109) 윤경진, 「고려의 건국과 고구려계승의식」 『한국문화』68, 2014, 167쪽.

이상의 논의를 통해, 『고려도경』에 기록된 고구려 중심의 고려 국사 서술이 12세기 초 고려인들의 역사인식 및 서술과 당연히 깊이 관련되어 있을 개연성을 추정할 수 있다. 즉 『고려도경』에 기록된 고구려 중심의 고려 국사는 북송인(北宋人) 서긍의 고려 역사에 대한 인식임에 그치지 않고, 고려인들의 당대 역사인식 및 서술을 서긍이 『고려도경』에 제대로 반영한 결과일 수 있다는 것이다.

그렇다면 1124년에 작성된 『고려도경』과 그 21년 뒤인 1145년에 작성된 『삼국사기』에서 나타난 역사인식의 큰 차이 즉 『고려도경』에서는 고구려 중심의 고려 역사가 서술되고 이와 비교하여 『삼국사기』에서는 신라 중심의 역사체계가 나타난 것을 어떻게 설명해야 할까? 21년이란 길지 않은 시간 차이를 두고 형성된 두 문헌의 관점 차이가 왜 그토록 큰 것일까? 이에 대해서는 다음의 연구성과를 참고하여, 이해할 수 있다.

> 7세기 말엽 남쪽에 신라의 반도통일과 더불어 북쪽 고구려의 고토에서는 고구려의 후예들이 발해국을 세워 남북이 대치하게 되었다. 해동성국으로 불리어지는 이 발해국은 스스로 고구려의 계승자로 자인(自認)하여, 역대국왕들은 '고려국왕'이라 하여 외국에 보내는 공식문서에까지 그 칭호를 사용하였고, 발해국이 망한 뒤에 그 유민들이 부흥운동을 할 때마다 '동명구강(東明舊疆)'이나 '고려유려(高麗遺黎)'이니 하는 말들을 가지고 동족을 규합하고 대외적으로 호소하기도 하였다.
>
> 그런데 신라와 발해는 끝까지 남북에 대치 상태로 있었을 뿐, 한번도 화합할 수가 없었다. 삼국시대로부터의 숙원(宿怨)이 있기도 했겠지만, 보다도 당(唐)의 이간(離間) 기미정책(羈縻政策)에 시종 조종되었던 것이 중요한 이유였던 것 같다. 당은 신라와 동맹관계를 맺고 있으면서 신라의 반도통일이 성공될 단계에 이르자 갖가지 방해공작을

벌여왔고, 나중에 발해와의 관계에 있어서도 그것을 최대한 이용하였다. 신라와 발해의 대립을 조장시키기 위하여 통상이나, 두 나라 거류민에 대한 대우를 비슷하게 배려하고 빈공과거(賓貢科擧)에도 두 나라 자제들을 동수(同數)로 합격시킴으로써 상호간의 시기심과 경쟁심을 끊임없이 유발시키게 하였다. 이러한 당의 동방정책에 희생되어 남북국 사이의 관계는 삼국시대의 신라·고구려에 비하여 한층 더 격리된 감이 있다. 특히 신라인들의 발해에 대한 증오는 강렬한 것이어서 발해의 조상을 '구려의 잔얼(殘蘖)'이라고 욕하고 발해의 주민을 '북적(北狄)'으로 열시(劣視)하였다.

이러한 신라인들과는 반대로 고려 초기의 사람들은 발해에 대한 태도가 매우 달랐다. 신라세력권 밖에서 주로 고구려의 옛 강역 안의 지방호족들로 구성된 고려 건국의 주체세력은 궁예(弓裔) 시절로부터 반신라적(反新羅的) 심리의 반사작용과 아울러 고구려의 계승자로서의 자부심 위에 국호부터 '고려'를 내세웠다. 이 '고려'라는 명칭은 그 동안 발해에 의하여 계속 애용되어 오던 것이므로 이제 이 신흥세력에 의하여 정식 국호로 등장하게 된 것이다, 이리하여 고려 초기의 발해에 대한 친근감은 항상 발해의 편에 서서 거란을 적대시하게 되었고, 급기야 발해가 거란에게 정복되자 고려는 발해의 유민들을 최대한으로 흡수하였다. 고려가 이처럼 발해를 가까이한 것은 발해가 고려와 함께 고구려의 계승자라는 인식 때문이며, 고려가 고구려의 계승자로서 고구려의 옛 땅-동명구양(東明舊壤)을 회복하려면 발해유민과 함께 거란에 대한 동구지의(同仇之義)를 강조할 필요가 있기 때문이었다.

…고려 초기에 발해에 대한 친근감 내지 정치적 의미에서 발해사 또는 남북국사가 만들어졌을 법 했지만 당시의 정치·사회적 안정도로 보나 문운(文運)의 성숙도로 보아 그것이 겨를치 못했던 것 같다. 그러나 고려 중기에 와서 『삼국사기』와 같은 역사서가 나오게 되었을 때는 이미 시대의 분위기가 아주 달라져 있었다. 주로 고구려의 옛 영역 안의 지방호족으로 구성되었던 고려 건국의 주체세력과는 달리, 신라의 문물과 전통을 긍지로 지녀오는 문신귀족이 정국을 지배

하게 되었고, 거란과 항전하면서 불굴의 민족기개를 보였던 종래의 자세와는 달리 여진(女眞)과 강화(講和)하여 온갖 국가적 모욕을 감수하면서 구안(苟安)을 도모하는 상황이었다.

『삼국사기』가 삼국을 동등(同等)의 자격으로 다루는 형식을 취했지만 사실 고구려·백제는 질량(質量) 모두 부용(附庸)에 불과한 인상인데다가 중간에서 끝나버린 결과가 되고 신라사만은 시조 혁거세(赫居世)로부터 시작하여 고려왕조로 대체되는 데까지 연면히 엮어 놓았다. 말하자면 『삼국사기』는 신라 본위(本位) 신라 중심주의의 편찬물이다.

발해를 송두리째 빠뜨리고 '남북국시대'를 부정하고 신라를 고려에 직결시켜 놓은 『삼국사기』는 그 역사계승의식에 있어서 고려 초기와는 크게 상이한 것이다. 이제 고려왕조의 정통의 계승은 고구려로부터가 아니고 신라로부터인 것으로 되었다. 역사계승의식의 커다란 전환이다.[110)]

위의 인용문에서 보이듯, 1145년 편찬된 『삼국사기』에서 김부식 등은 고려사회의 역사계승의식을 의도적으로 크게 전환시키려고 했던 것이다. 그 전환의 계기는 '묘청의 서경천도운동'의 결과 1135년 정월에서 1136년 2월까지 고려에서 벌어진 내란인 소위 '묘청의 난'의 좌절이다. 김부식 등은 이 내란을 진압하고 국정의 주도권을 장악한 이후에 『삼국사기』를 집필하여, 그들 지배계급의 지배이데올로기를 형성시켜 고려사회에 확산시키려 했는데, 그 핵심이 고려 초기의 고구려 계승의식을 신라 계승의식으로 전환시키는 것이었다.

김부식 등이 진압했던 정치세력인 고구려 계승론자들의 주요한 주장은 왕권강화와 '주체의식의 강조'에 따른 대외적 강경론 등이었다. 이런 고구려 계승론자들의 의도를 철저하게 좌절시킨 김부식 등은 왕

---

110) 李佑成, 「三國史記의 構成과 高麗王朝의 正統意識」『震檀學報』38, 1974, 204~206쪽.

권은 철저히 자신들 집권세력에 의해 견제되어야 하며, 또한 당시에 시도되었던 서경천도(西京遷都)·금국정벌(金國征伐)·칭제건원(稱帝建元) 등은 완전하게 부정되어야 했는데, 이러한 그들의 의도에 따라 『삼국사기』가 편찬되었고, 그 편찬의 핵심은 고려사회의 역사인식을 상징하는 고구려 계승의식을 신라 계승의식으로 의도적으로 전환시키는 것이었다.[111]

위에서 살펴보았듯, 『삼국사기』의 형성과 관련된 이와 같은 역사과정을 이해하면, 1124년에 작성된 『고려도경』에 나타난 바와 같은 고구려 계승의식을 전제로 체계화된 고려의 역사는 단지 서긍의 중화적(中華的) 시각에 따른 것이 아니라, 오히려 1145년 『삼국사기』가 완성되기 이전에 고려사회의 보편적 역사인식인 고구려 계승의식에 따른, 고려사회 다수에게 보편적으로 받아들여지고 있었던 역사의 내용을 반영한 것이었음을 추정하게 해준다. 위에서 필자가 『삼국사기』에 기록된 바의 역사를 당대의 관점으로 이해하려 시도할 때 참고할 유용한 문헌이 바로 『고려도경』이라고 거론한 이유가 바로 여기에 있다.

이상의 논의를 통해, 『삼국사기』를 통해 고려시대의 한사군 인식을 검토할 때, 그 전제로서 반드시 고려해야 할 점을 밝히면 다음과 같다.

첫째, 1145년 김부식 등 『삼국사기』 편찬자들이 기존의 고구려 계승의식을 폐기하고 신라계승의식을 관철시키며 『삼국사기』를 편찬하는 과정에서 왜곡시킨 고구려 초기의 기록을 반드시 비판적으로 검토해야 한다.

둘째, 『삼국사기』가 고구려 계승의식을 폐기하고 <기자-위만조선-한사군-신라-고려>로 이어지는 역사체계를 수용하면서 생긴 비주체적

---

111) 金塘澤, 「高麗 仁宗朝의 西京遷都·稱帝建元·金國征伐論과 金富軾의 ≪三國史記≫ 편찬」 『歷史學報』第170輯, 2001, 15~23쪽.

(非主體的) 및 사대적(事大的) 서술들을 비판적으로 검토해야 한다.

셋째, 『삼국사기』의 신라 중심 서술에 의해 삼국사는 물론 그 이전 단계의 역사 서술 범위가 한반도로 국한(局限)되는 경향을 비판적으로 극복하면서, 한사군 관련 사실을 검토해야만 한다.

3. 현토군 인식

『삼국사기』에서 삼국 중의 신라 및 백제는 현토군과 관련되어 언급되지 않는다. 현토군의 지리위치가 신라 및 백제와는 거리가 있는, 즉 한(漢)의 현토군은 전적으로 고구려에 가로막혀 있어서, 고구려의 남쪽에 위치한 신라와 백제는 현토군과 직접적으로 접촉할 경우가 없었던 까닭이다. 그러므로 『삼국사기』 중의 현토군 인식은 고구려와의 관련성 속에서만 파악될 수 있다.

1) 고구려 첫 도읍 졸본과 현토군의 위치

현토군의 위치에 대해서는, 『삼국사기』 중의 고구려 첫 도읍인 졸본의 지리위치를 설명하는 부분에서, 그 위치가 현재의 요녕성 의무려산 인근(서쪽 혹은 서북쪽으로 추정)이라고 다음과 같이 기록하였다.

> A) 『통전(通典)』에는 "주몽이 한(漢) 건소(建昭) 2년에 북부여로부터 동남방으로 나와서 보술수(普述水)를 건너 흘승골성(紇升骨城)에 이르러 살았는데, 국호를 구려(句麗)라 하고 성씨를 고(高)로 하였다."고 기록했고, 고기(古記)에는 "주몽이 부여로부터 난리를 피하여 졸본(卒本)에 이르렀다."고 기록했으니, 흘승골성과 졸본은 같은 곳인 것 같다.

B) 『후한서(後漢書)』「군국지(郡國志)」에 "요동군은 낙양에서 3천6백리 떨어져 있다. 이에 속한 현으로서 무려현(無慮縣)이 있다." 고 하였는데, 바로 「주례(周禮)」에서 말한 북진(北鎭)의 의무려산(醫巫閭山)이다. 대요(大遼)가 그 아래쪽에 의주(醫州)를 설치하였다. 또한 "현토군은 낙양에서 동북쪽으로 4천리 떨어져 있었고, 이에 속한 현은 셋인데, 고구려가 그 중의 하나이다."라고 기록되어 있으니, 즉 주몽이 도읍을 정한 곳이라고 하는 흘승골성과 졸본이란 지방은 아마도 한(漢)의 현토군 경계이고, 대요국(大遼國) 동경(東京)의 서쪽인 듯하며, 『한서(漢書)』「지리지」에서 말한 현토군의 속현(屬縣)인 고구려가 이것인가?

C) 옛날 대요가 아직 멸망하지 않았을 때, 요의 황제가 연경(燕京)에 있자, 뵈러가는 우리 사신들이 동경을 지나 요수를 건너 하루 이틀 가면 의주에 이르러 연계(燕薊)로 향하게 되었으니, 때문에 그러함을 알 수 있다.112)

위 인용문의 B 부분에 의하면, 『삼국사기』의 현토군에 관한 위치 비정은 여러 문헌에 기록된 역사지리적 인식에 근거한 것이었다. 『삼국사기』의 편찬자들은 『후한서』와 『한서』 등에 기록된 한사군 중의 현토군 고구려현의 위치를 의무려산 인근으로 인식하고 있었다. 또한 주몽이 처음 도읍한 흘승골성 즉 졸본이 한의 현토군 경계에 위치했었는데, 이 지역은 요의 동경(현재의 중국 요녕성 요양시)에서 서쪽으로 요하를 건너 하루 이틀 더 가서 도착하는 의주(醫州) 인근이라고 분명하게 인식하고 있었다.

인용문의 C 부분에 의하면, 『삼국사기』의 편찬자들은 그들의 현토군 위치 비정에 현지를 직접 다녀온 견문에 의한 지리정보를 활용하였음을 밝히고 있다. 즉 1125년 요(遼)가 멸망하기 이전에 연경(지금의

112) 『三國史記』卷第37 「雜志」 地理 第4 高句麗.

북경 일대)에 왕래하는 고려의 사신들이 동경(현재의 요양)을 지나고 요수를 건너 서쪽으로 하루 이틀을 가면 의주에 이르러서 다시 연경 방향으로 향한다는 것이다. 이러한 왕래 과정에 고구려 초기 도읍과 그와 경계하고 있는 현토군이 그곳 일대에 위치했음을 알게 되었기 때문에, 『삼국사기』의 편찬자들은 위의 인용문에서 "(그러한 현지 경유를 통해 그 지리위치를 파악했고) 때문에 그러함을 알 수 있다."고 서술한 것이다. 요(遼)가 멸망한 1125년 이후 20년만인 1145년에 『삼국사기』가 완성되었는데, 그때의 편찬자들에게는 요(遼)의 동경이나 요수 및 그 서쪽의 의무려산 일대에 대한 여러 유형의 지리정보가 있었을 것이며, 이러한 지역들에서 고구려의 첫 도읍인 졸본과 현토군의 위치를 찾아낼 수 있었던 것이다. 고구려 첫 도읍인 졸본의 위치를 지도에 표시하면 아래와 같다.

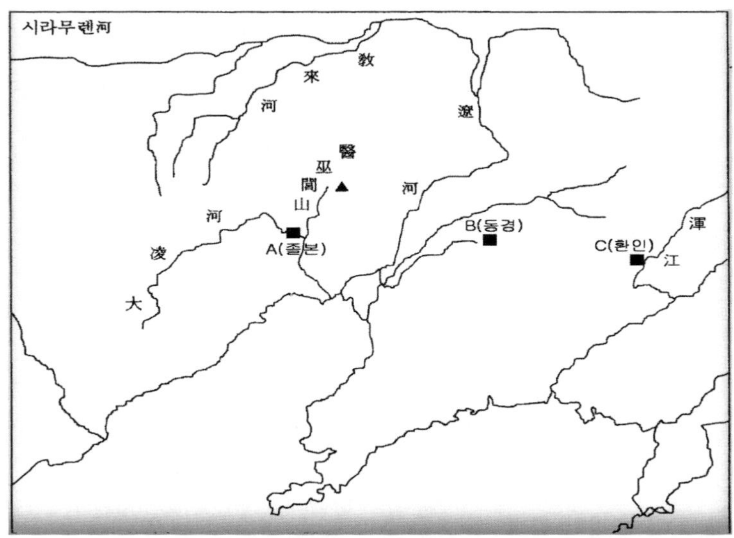

[지도 2] 『삼국사기』에 비정된 고구려 첫 도읍 졸본의 위치(A)[113]

위 인용문의 B와 C 부분을 살펴보면, 『삼국사기』의 편찬자들은 『한서』나 『후한서』 등의 문헌과 함께 우선 그들이 왕래하면서 확보한 지리정보로서 그 지역이 졸본 및 현토군과 관련이 있음을 확인한 것으로 보인다. 고구려가 정치적으로 해체된 668년 이후 447년이 지난 1145년에 『삼국사기』가 완성되었는데, 시간이 상당히 지났음에도 현재의 요하를 건너고 의무려산을 지나 그 일대를 왕래하는 사신 등이 그 지역을 고구려의 첫 도읍 혹은 현토군과 인접했었던 지역으로 인식할 어떠한 이유가 있었던 것이다.

그러므로 고려시대인들이 직접 취득한 현지의 지리정보에 의해 확인된 현토군 및 졸본의 위치에 대해, 위의 인용문 B 부분에 덧붙인, 문헌에 따른 여타의 설명은 사실 큰 의미는 없는 것이다. B 부분에서 보이는, 고구려란 국명을 현토군과 연관시키는 인식은 먼저 『한서(漢書)』의 "현토군은 현(縣)이 3개인데 고구려, 상은태, 서개마이다."란 기록에 나타나고,[114] 그 다음은 범엽(范曄, 398~445년)이 432년에서 445년 사이에 작성한 『후한서』에 "한(漢)의 무제가 조선을 멸망시키고 고구려를 현(縣)으로 삼아 현토군에 소속시켰다."란 기록으로 나타난다.[115] 그러나 『후한서』보다 150여년 앞서 작성된 『삼국지』에 그와 비슷한 기록은 없다. 그러므로 "고구려를 현으로 삼아 현토군에 소속시켰다."는 부분은 『후한서』의 저자인 범엽이 자신의 주관적 해석을 덧붙인 것이거나, 혹은 그 당시에 새로 형성된 고구려 관련 인식이 기록된 것일 가능성이 있다. 그러므로 "(국가로서의)고구려를 현으로 삼아 현토군에 소속시켰다."는 기록을 역사적 사실로 볼 수는 없다.[116]

---

113) 임찬경, 「고구려 첫 도읍 위치 비정에 관한 검토」 『선도문화』제20권, 2016, 310쪽.

114) 『漢書』卷28下 「地理志」第8下 "元菟郡, 縣三 高句驪 上殷台 西蓋馬"

115) 『後漢書』卷85 「東夷列傳」第75 高句驪 "武帝滅朝鮮, 以高句驪爲縣使屬玄菟."

116) 현토군의 고구려현이 국가로서의 고구려와는 다른 실체임은 다음의 논문을 참고할 수 있다.

2) 고구려와 한(漢) 현토군의 관계

사실 "고구려를 현으로 삼아 현토군에 소속시켰다."는 기록은 고구려를 중원의 왕조인 한(漢)에 예속적 관계로 연결시키는 고리로서 형성된 기록이다. 글 앞 부분에서 언급한 『고려도경』을 보면, 이런 관계가 분명히 확인된다. 앞에서 이미 언급했듯, 『삼국사기』보다 21년 앞선 1124년에 작성된 『고려도경』은 당시 고려의 역사인식을 반영한 것으로 볼 수 있는데, 아래에서 『고려도경』을 통해 고구려와 한(漢) 현토군의 관계를 추정하여 본다.[117]

가) 고려의 선조는 대개 주(周)의 무왕이 조선에 봉한 기자 서여(胥餘)이니, 성은 자(子)이다. 주(周)·진(秦)을 지나 한(漢)의 고조 12년(서기전 195년)에 이르러 연인(燕人) 위만이 망명할 때 무리를 모아 추결(椎結)하고 와서 오랑캐를 복속시켜 차차 조선 땅을 차지하고 왕 노릇을 하였다. 자성(子姓)이 나라를 차지한 지 8백여 년 만에 위씨(衛氏)의 나라가 되었고 위씨가 나라를 차지함이 80여 년이었다.

나) 이에 앞서, 부여(夫餘)의 왕이 하신(河神)의 딸을 얻었는데 햇빛이 비치어 임신하였으며 알[卵]을 낳았다. 자라서 활을 잘 쏘았는데, 세속에서 활 잘 쏘는 것을 '주몽(朱蒙)'이라 하므로, 따라서 '주몽'이라고 이름지었다. 부여 사람들이 그의 출생이 이상했던 때문에 상서롭지 못하다 하여 제거할 것을 청하였다. 주몽이 두려워서 도망하다가 큰물을 만났는데 다리가 없어 건너지 못하게 되매 활을 가지고 물을 치면서 주문(呪文)을 외니, 물고기와 자라가 줄지어 떠올랐다. 그리하여 타고 건너가 흘승골성(紇升骨

기수연, 「현토군(玄菟郡)과 고구려(高句麗)의 건국에 대한 연구」 『고구려발해연구』29집, 2007.

117) 『고려도경』에서의 고구려와 한(漢) 현토군의 관계에 대한 아래의 서술은 다음의 논문을 참고 및 인용하였다. 임찬경, 「『고려도경』·『삼국사기』의 고구려 건국 연대와 첫도읍 졸본」 『국학연구』제19집, 2015.

城)에 이르러 살면서 그곳을 스스로 '고구려'라 부르고, 따라서 '고(高)'로 성씨를 삼고 나라를 고려라 하였다.

다) 모두 오부(五部)가 있었는데, 소노부(消奴部) · 절노부(絶奴部) · 순노부(順奴部) · 관노부(灌奴部) · 계루부(桂婁部)가 그것이다.

라) 한(漢)의 무제가 조선을 멸하고 고구려를 현(縣)으로 삼아 현토군에 소속시키고, 그 군장(君長)에게 고취(鼓吹)와 기인(伎人)을 내려주었다. 고려는 늘 현토군에 가서 조복(朝服) · 의복 · 책(幘)을 받아왔고, 현령(縣令)이 명적(名籍)을 맡아 보았다. 뒤에는 점점 교만하여져 다시 군(郡)에 나아가지 아니하니, 군에서 동쪽 경계에 자그마한 성을 쌓고 세시(歲時)에 받아가게 하였다. 따라서 그 성을 '책구루(幘溝漊)'라고 이름하였는데, 고려 말로 성을 '구루'라 한다.[118]

가)에 보이듯, 『고려도경』의 저자인 서긍은 고려 이전의 역사를 기자조선으로부터 서술하고 있다. 이러한 관점은 북송의 입장이 반영된 것이다. 고려를 주(周, 서기전 1046~서기전 256년)가 봉한 기자와 연결시키는 이러한 역사인식은 당(唐) 말기에서 북송(北宋, 960년~1127년) 초기에 이르는 기간에 형성되었다.[119] 물론 이러한 기록은 역사적 사실과 전혀 다르다. 북송의 입장에서 고려의 국가적 기원을 자신들과 연관시키고, 또 화이관(華夷觀)에 따라 고려가 역사적으로 그 기원에서부터 자신들에게 종속되어 있다는 주장을 하기 위해 조작한 말에 불과한 것이다.

---

118) 『宣和奉使高麗圖經』卷第一「建國」始封 "高麗之先, 蓋周武王封箕子胥餘於朝鮮, 寔子姓也. 歷周秦, 至漢高祖十二年, 燕人衛滿亡命. 聚黨椎結, 服役蠻夷, 浸有朝鮮之地而王之. 自子姓有國八百餘年, 而爲衛氏, 衛氏有國八十餘年. 先是, 夫餘王得河神之女, 爲日所照, 感孕而卵生. 旣長善射, 俗稱善射爲 '朱蒙', 因以名之. 夫餘人, 以其生異, 謂之不祥, 請除之. 朱蒙懼逃焉, 遇大水無梁, 勢不能渡. 因持弓擊水而呪之, 魚鱉竝浮, 因乘以濟. 至紇升骨城而居, 自號曰 '高句驪', 因以 '高'爲氏, 而以高麗爲國. 凡有五部, 曰消奴部, 曰絶奴部, 曰順奴部, 曰灌奴部, 曰桂婁部. 漢武帝滅朝鮮, 以高麗爲縣, 屬元菟郡, 其君長賜之鼓吹伎人. 常從郡受朝服衣幘, 縣令主其名籍. 後稍驕, 不復詣郡, 於東界築小城, 歲時受之, 因名 '幘溝漊'. '溝漊'者, 高麗名城也."

119) 韓永愚, 「高麗圖經에 나타난 徐兢의 韓國史體系」『奎章閣』7, 1983, 19~20쪽.

위의 인용문에서 특별히 주목할 기사는 나)부분의 고구려 건국과 관련된 서술이다. 가)에서 기자조선이 8백년을 존속하고, 그 뒤를 이어 위씨(衛氏) 즉 위만조선이 80년을 이어갔다고 하였다.[120] 그 다음에 뒤이어 나)의 첫 서술은 "이에 앞서[先是]"로 시작한다. 즉 문맥으로 보면, 가)에 서술한 위만이 나라를 차지하여 80여년을 지나는 그 기간에 "앞서는 시기"를 말한다. 위만조선에 앞서는 이 시기에 나)의 고구려 건국 관련 사실이 이루어졌다고 서술한 것이다. 즉 나)의 고구려 시조 주몽이 부여에서 탄생하여 장성한 이후 도망하고 또 흘승골성에 이르러 고구려를 건국한 사실은, 위만이 기자를 이어 다시 조선을 차지하여 80년을 다스리기 이전에 이미 있었다는 것이다. 즉 서기전 195년 위만의 망명과 그의 조선 차지 이전에 고구려의 건국이 있었던 것이다.

『삼국사기』에서는 "『통전』을 인용하여 주몽이 고구려를 건국한 연대를 한(漢) 건소(建昭) 2년(서기전 37년)"으로 서술했는데, 위의 나) 『고려도경』 인용문에 따르면 주몽이 고구려를 건국한 연대는 위만조선이 성립되는 서기전 194년 이전이라는 것이다. 물론 고구려가 위만조선의 성립시기인 서기전 194년 이전에 이미 건국되었다는 기록도 더 고증이 필요한 부분이지만, 위에 인용한 『삼국사기』가 "『통전』을 인용하며 주몽이 고구려를 건국한 연대를 한(漢) 건소(建昭) 2년(서기전 37년)"으로 서술한 부분은 사실 고증조차 필요없는 허구(虛構)임이 이미 오래전에 밝혀졌다. 일찍이 안정복(安鼎福, 1712~1791년)이 그의 저서에서 분명하게 비판하였듯, 『통전』의 원문에는 "한(漢) 건소(建

120) 기자조선은 그 실제 존재 여부 및 그 위치 등에 대해 논란의 여지가 많아, 지금까지 발굴된 자료로서는 기자조선을 실재했다고 확정하기 어려우며, 앞으로 더 검토가 필요한 부분이다. 그에 비교하여, 위만(衛滿)과 그가 망명하여 차지한 조선의 존재는 『사기』「조선열전」의 명백한 기록에 의해 그 구체적 년대까지 파악되므로 역사적 사실로 보아야 한다.

昭) 2년"이란 기록 자체가 아예 없는 것이다.[121]

다)는 위만의 망명 및 조선 차지 이전 시기인 서기전 2세기 이전에 건국된 고구려의 정치체제인 오부(五部)에 대한 설명이다. 오부의 정치적 성격에 대해서는, 서기전 3세기 이전에 이미 존재했던 노예제 소국(小國)으로 보는 관점이 주목된다. 오부는 고구려 건국 이전부터 존재했는데, 고구려의 건국은 이 오부를 통합하면서 이루어졌다는 것이다.[122] 최재석은 고구려의 오부는 처음부터 행정조직 혹은 행정지역이었다고 분석한다. 최재석(崔在錫)은 지금까지 『삼국사기』「고구려본기」의 초기 기록이 대부분 조작되었다고 보는 나카 미치요(那珂通世), 시라토리 구라키치(白鳥古吉), 이케우치 히로시(池內宏), 이마니시 류(今西龍), 미시나 쇼에이(三品彰英), 이병도(李丙燾) 등의 견해를 비판하면서 『삼국사기』의 기록에 대한 자료가치를 인정한 뒤, 그 자료에 근거하여 고구려 오부의 성격과 기능을 처음부터 행정조직 혹은 행정지역이었다고 설명하였다.[123] 위에 언급한 다)의 오부는 바로 고구려 건국 이전부터 존재하면서, 이를 통합하며 건국한 고구려 초기부터의 국가를 구성한 정치적 단위였던 것이다.

위의 라)는 초기의 고구려와 한(漢)의 관계를 서술한 것이다. 여기서 주목할 점은, "한(漢)의 무제가 조선을 멸망시키고 고구려를 현으로 삼아 현토군에 소속시켰다."고 기록한 점이다. 그런데 이 기록에서 무제가 조선을 멸망시킨 서기전 108년 이전에 이미 고구려가 존재하고 있

---

121) 『삼국사기』에서 『통전(通典)』을 인용하여, "주몽이 한(漢) 건소(建昭) 2년에 북부여에서 동남쪽으로 도망하여 흘승골성에 이르렀다."하였는데, 지금 『통전』을 상고하건대 '한 건소 2년(漢建昭二年)'이란 다섯 글자가 없으니, 아마 김부식이 덧붙인 것이리라. 그의 의사는, 1대(代)의 역사를 만들려 하나 증빙할 만한 사실이 없으므로 우리나라 사람이 옛날 기록한 단편적인 글을 가지고 중국의 기록에 억지로 꿰맞추려 했던 것이니, 그 정상이 또한 민망하다(『東史綱目』附錄下卷「高句麗縣考」).

122) 강맹산,「고구려의 오부」『연변대학조선학국제학술토론회론문집』, 1989, 243~252쪽.

123) 崔在錫,「高句麗의 五部」『사회와 역사』4, 1986, 참조.

었던 상황이 서술된 것은 역사적 사실로 볼 수 있지만, 그 "(국가로서의)고구려를 현으로 삼아 현토군에 소속시켰다."는 기록 자체는 역사적 사실과 전혀 다른 것이다. 전혀 사실과 다름에도 "(국가로서의)고구려를 현으로 삼아 현토군에 소속시켰다."는 기록을 덧붙여 강조하는 것은 고구려를 한(漢)에 예속적 관계로 연관시키는 고리가 필요했기 때문이다. 즉 <기자조선-위만조선-한사군>으로 연결시키는 역사체계에 뒤이어 고구려를 연결시켜 놓으려는 의도에서, 한(漢)의 무제가 서기전 108년 조선을 멸망시킨 이후 고구려(국가로서의)도 현으로 삼았다는 논리를 만들어낸 것이다.

위에서 살펴보았듯, 『고려도경』에서는 고구려가 위만조선이 성립된 서기전 194년 이전에 이미 건국되었다고 서술했다. 이 고구려는 부여로부터 갈라져나온 민족이다. 부여를 계승하는 고구려는 기자를 계승하는 위만조선과는 그 민족 구성이 완전히 다른 것이다. 그러므로 『고려도경』에서 고려의 역사에 대해 <기자조선-위만조선-한사군>으로 연결된 역사계통과 <부여-고구려-발해-고려>로 이어지는 역사계통의 이

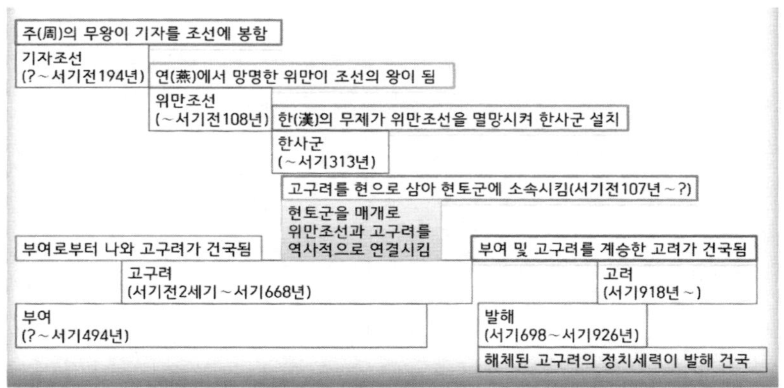

[도표 1] 『고려도경』의 이원적(二元的) 고려 역사 서술 체계

원적(二元的) 역사서술이 시도된 것이다. 그리고 이 두 역사계통을 잇는 고리로서 "(국가로서의)고구려를 현으로 삼아 현토군에 소속시켰다."라는 문헌기록을 내세우며, 한사군 중의 현토군을 이용하려 한 것이다.

그러나 <기자조선-위만조선-한사군>으로 연결된 역사계통과 <부여-고구려-발해-고려>로 이어지는 역사계통의 이원적(二元的) 역사체계를 연결시키는 고리로서 설정된 현토군의 논리는 체계적이지 못하다. 『사기』와 『한서』의 「조선열전」 모두에서 한(漢)의 무제가 멸망시킨 것은 위만조선일 뿐이며, 위만조선을 멸망시킨 이후에 한사군을 설치했다는 것이다. 위만조선을 멸망시키고 그 이후 설치한 한사군 중에 현토군도 포함되는데, 그 현토군에 고구려현이 설치되었을 뿐이며, 그 현토군 고구려현은 국가로서의 고구려를 한(漢)이나 현토군의 세력 아래 복속시킨 것이 아님은 분명하다.

그러므로 『한서』의 현토군에 대한 안사고(顔師古, 581~645)의 주(注)에 "(현토군) 무제 원봉(元封)4년(서기전 107년)에 설치했다."고 덧붙였고, 그 현토군 아래의 3개 현 중에 고구려현이 설치됐다고만 기록한 것이다. 물론 그 뒤에 "(고구려현)은 예전의 구려 오랑캐"라는 응소(應劭, 153~196년)의 주(注)를 덧붙여서, 고구려현의 구성원이 구려의 족속일 수 있다고 밝혔다.[124]

국가로서의 고구려와 현토군의 고구려현이 서로 다른 독립적 존재임은 고구려 유리명왕(瑠璃明王)33년(14년) 8월에 고구려가 고구려현을 습격하고 탈취한 기록에서 명확히 파악된다. 『삼국사기』의 편찬자는 특별히 고구려와 고구려현을 구별할 목적으로 "(고구려)현은 현토군에 속한다."는 주(注)를 붙여 놓은 것이다.[125] 고구려인들에 의해, 고

124) 『漢書』卷28下 「地理志」第8下 "(元菟郡) 武帝元封四年開. …(高句驪)應劭曰故句驪胡.".

구려현은 고구려란 국가와는 다른 존재라는 분명한 인식이 있었던 것이다. 이상의 논의를 종합하면, 현토군의 고구려현은 고구려란 명칭을 사용했으며, 그 현의 구성원이 구려(句麗) 족속과 관련이 있을 수 있지만, 고구려란 국가와는 다른 실체임을 알 수 있다.

3) 왕망(王莽)의 현토군과 고구려의 관계에 대한 『삼국사기』의 인식

유리명왕31년 즉 서기12년에 신(新)의 왕망이 '구려(句驪)' 혹은 고구려의 병사를 징발하여 흉노(匈奴) 정벌에 나섰다는 여러 사서의 기록은, 한사군 중 현토군의 역사적 성격을 해석하는 중요한 문헌사료의 하나이다. 아래에서 이 기록의 형성 과정, 기록에서의 오류 등을 검토하여 『삼국사기』 현토 인식의 중요한 한 측면을 설명하고자 한다.

서기9년에 선양(禪讓)의 형식을 빌어 전한(前漢)을 멸망시키고 신(新)을 건국한 왕망은 서기11년에 흉노 정벌 전쟁을 준비하기 시작했다. 왕망은 우선 출정을 위해 편성한 12부(部)의 장수를 임명하고, 각 군국(郡國)의 병사들을 무기고의 정예한 병기로 무장시킨 뒤, 그들이 각기 주둔할 곳을 정해주어 변경으로 수송했다. 왕망의 계획은 30만의 군사를 채워, 이들이 각각 300일 동안의 군량을 지니고 열 갈래로 길을 나누어 동시에 출발하며, 흉노를 끝까지 추격하여 북쪽 오지인 정령(丁令) 땅으로 몰아넣고, 흉노 땅을 나누어 호한야선우(呼韓邪單于)의 아들 15명을 각각 새로운 선우(單于)로 세워 흉노를 통제한다는 것이었다. 왕망은 이제 막 즉위하여 부고(府庫)의 넉넉함을 믿고 위엄을 세우고자 이런 계획을 세울 수 있었다.

---

125) 『三國史記』卷第一 「高句麗本紀」第一 琉璃王 "秋八月, 王命烏伊・摩離, 領兵二萬, 西伐梁貊, 滅其國, 進兵襲取漢高句麗縣 (縣屬玄免郡)"

이에 장수 엄우(嚴尤)가 이런 전쟁계획이 실행되기 어려운 다섯 가지 이유를 들며 적극 반대했다.[126] 하지만, 왕망은 엄우의 말을 듣지 않고 군사와 곡식을 예전처럼 변경으로 수송하게 하니 전국이 혼란해지고 민심이 흉흉해졌다. 서기전 51년에 전한(前漢, 西漢이라고도 한다)의 선제(宣帝)가 흉노와 화친한 이래 여러 대(代) 동안 흉노의 침입이 없자 북쪽 변강은 촌락이 번성하여 있었다. 그러나 왕망이 흉노와 전쟁을 일으키자 곧 변경의 백성들이 죽거나 포획되었으며, 또한 12부의 군사가 오래도록 주둔하며 출격하지 않으니 관리와 군사들이 피폐해지고, 불과 몇 년 만에 북쪽 변경이 텅 비게 되었으며, 들에는 매장되지 않고 드러난 백골들이 널려 있게 되었다.[127] 거기에 동원된 군대의 내부 분열로 인한 집단적 이탈까지 연이어져 정작 흉노 정벌은 실제로 시도되지도 못하고 말았다.

---

126) 30만 군사를 300일 분량의 군량으로 무장시키고 집결시키는 비용과다와 시간지체에 따른 어려움, 변경과 내지 모두에서 군량조달의 어려움, 흉노의 특이 지형에서 소 및 인력에 의한 군량 운반의 어려움, 전쟁기간의 장기화가 불가피함에 따른 군수부담과 질병 발생의 어려움, 치중(輜重)의 번거로움에 따른 신속하지 못한 군사행동과 그에 따른 군사적 위태로움 등을 강조하며 엄우(嚴尤)는 이왕 군사를 일으켰으니 변경에 도착하는 군대는 바로 출격시켜 속전속결(速戰速決) 전쟁으로 흉노를 공격해야 한다고 간언하였다(『漢書』卷94下 「匈奴傳」第60 四下 "莽將嚴尤諫曰「臣聞匈奴為害, 所從來久矣, 未聞上世有必征之者也。後世三家周、秦、漢征之, 然皆未有得上策者也。周得中策, 漢得下策, 秦無策焉。當周宣王時, 獫允內侵, 至于涇陽, 命將征之, 盡境而還。其視戎狄之侵, 譬猶蚊虻之螫, 毆之而已。故天下稱明, 是為中策。漢武帝選將練兵, 約齎輕糧, 深入遠戍, 雖有克獲之功, 胡輒報之, 兵連禍結三十餘年, 中國罷耗, 匈奴亦創艾, 而天下稱武, 是為下策。秦始皇不忍小恥而輕民力, 築長城之固, 延袤萬里, 轉輸之行, 起於負海, 疆境既完, 中國內竭, 以喪社稷, 是為無策。今天下遭陽九之阨, 比年饑饉, 西北邊尤甚。發三十萬眾, 具三百日糧, 東援海代, 南取江淮, 然後乃備。計其道里, 一年尚未集合, 兵先至者聚居暴露, 師老械弊, 勢不可用, 此一難也。邊既空虛, 不能奉軍糧, 內調郡國, 不相及屬, 此二難也。計一人三百日食, 用糒十八斛, 非牛力不能勝；牛又當自齎食, 加二十斛, 重矣。胡地沙鹵, 多乏水草以往事揆之, 軍出未滿百日, 牛必物故且盡, 餘糧尚多, 人不能負, 此三難也。胡地秋冬甚寒, 春夏甚風, 多齎釜鍑薪炭, 重不可勝, 食糒飲水, 以歷四時, 師有疾疫之憂, 是故前世伐胡, 不過百日, 非不欲久, 勢力不能, 此四難也。輜重自隨, 則輕銳者少, 不得疾行, 虜徐遁逃, 勢不能及, 幸而逢虜, 又累輜重, 如遇險阻, 銜尾相隨, 虜要遮前後, 危殆不測, 此五難也。大用民力, 功不可必立, 臣伏憂之。今既發兵, 宜縱先至者, 令臣尤等深入霆擊, 且以創艾胡虜。」莽不聽尤言, 轉兵穀如故, 天下騷動。").

127) 『漢書』卷94下 「匈奴傳」第60 四下 "初, 北邊自宣帝以來, 數世不見煙火之警, 人民熾盛, 牛馬布野。及莽撓亂匈奴, 與之構難, 邊民死亡係獲, 又十二部兵久屯而不出, 吏士罷弊, 數年之間, 北邊虛空, 野有暴骨矣。".

흉노를 상대로 한 왕망의 이런 무모한 전쟁에 구려(句驪)의 병사가 강제로 동원되었다고 여러 사서에 전해지는데, 『후한서』는 그 상황을 다음과 같이 전하고 있다.

> 왕망 초에 구려의 병사를 징발하여 흉노를 정벌하게 하였는데, 구려 병사들이 그것을 하기 싫어함에도 강압적으로 그들을 보냈더니, 모두 국경 밖으로 도망하여 약탈과 도둑질을 하였다. 요서(遼西) 대윤(大尹) 전담(田譚)이 그들을 추격하다가 전사하였다. 왕망은 그의 장수 엄우에게 명하여 그들을 공격하도록 하였는데, 엄우는 구려(句驪) 후(侯) 추(騶)를 유인하여 국경 안으로 들어오게 하고, 그의 목을 베어 장안(長安)에 전달하였다. 왕망은 크게 기뻐하면서, 고구려 왕의 칭호를 고쳐 하구려(下句驪) 후(侯)라 부르게 하였다. 이에 맥인(貊人)에 의한 변방 약탈이 더욱 심해졌다.128)

그러나 왕망의 구려 군사 동원과 그로 인해 발생한 구려 군사의 저항 상황에 대한 『삼국사기』의 기록은 『후한서』의 기록과 몇가지 점에서 차이가 있다. 첫째는 『삼국사기』에서는 『후한서』의 '구려'를 '우리'라고 고쳐 부른 것이며, 둘째는 『후한서』에서 엄우에게 목이 잘린 것으로 기록된 "구려후 추"를 『삼국사기』에서는 "우리 장수 연비(延丕)"라고 고쳐 기록한 것이다. 즉 왕망의 구려 군사 동원에 대해 『삼국사기』는 아래와 같이 전하고 있다.

> 유리명왕31년(서기12년)에 한(漢)의 왕망이 우리 병사를 징발하여 호(胡)를 정벌하였는데, 우리 사람들이 그 일을 하고 싶어하지 않음에도 강제로 압박하여 그들을 보냈더니, 그들이 모두 국경 밖으로 도

128) 『後漢書』卷85 「東夷列傳」第75 句驪 "王莽初, 發句驪兵以伐匈奴, 其人不欲行, 彊迫遣之, 皆亡出塞為寇盜。遼西大尹田譚追擊, 戰死。莽令其將嚴尤擊之, 誘句驪侯騶入塞, 斬之, 傳首長安。莽大說, 更名高句驪王為下句驪侯, 於是貊人寇邊愈甚。".

> 망하여 법을 어기고 약탈을 하였다. 요서 대윤 전담이 그들을 추격하다가 살해되었는데, 주군(州郡)은 우리에게 허물을 돌렸다.
> 엄우가 왕망에게 아뢰기를 "맥인(貊人)이 법을 어겼지만 주군(州郡)에 명을 내려 그들을 위로하도록 하는 것이 마땅할 것입니다. 지금 그들에게 너무 큰 죄를 내리면 그들이 마침내 반란을 일으킬까 두렵습니다. 부여의 족속 가운데 반드시 그들과 함께 할 자가 있을 것입니다. 흉노도 극복하지 못했는데, 부여와 예맥이 다시 일어난다면, 이는 큰 걱정거리가 될 것입니다."라고 하였다.
> 왕망은 이 말에 따르지 않고, 엄우에게 명하여 그들을 공격하도록 하였는데, 엄우는 우리의 장수 연비(延丕)를 유인하여 그 목을 베어, 머리를 경사(京師)에 전하였다. 이에 왕망은 기뻐하며, 우리 왕의 명칭을 바꾸어 하구려(下句驪) 후(侯)라 하고, 이를 천하에 포고하여 모두 알게 하였다.
> 이렇게 되자 한(漢)의 변경을 약탈하는 일이 더욱 잦아졌다.[129]

여기서 김부식 등 『삼국사기』의 편찬자들은 『한서』 「왕망전」의 기록을 일부 수정하여 옮겨놓으면서, 의도적으로 마치 왕망이 당시 유리왕이 이끌고 있던 고구려의 군대를 동원한 것처럼 서술하였음을 알 수 있다. 그러나 『한서』 「왕망전」이나 『후한서』 「동이열전」의 관련 기록을 살펴보면, 왕망이 강제 동원했던 군대는 결코 유리왕의 고구려 군대일 수가 없다.

왕망이 흉노를 정벌하려 나섰던 서기11년 신(新)의 동북 지역에는 구려 또는 고구려라고 불리거나, 혹은 고구려와 동일시되면서 전체적으로 맥(貊)으로 통칭되는 여러 정치집단 혹은 국가가 존재하고 있었

129) 『三國史記』卷13 「高句麗本紀」第一 瑠璃明王31年 "漢王莽發我兵伐胡, 吾人不欲行, 强迫遣之, 皆亡出塞, 因犯法爲寇。遼西大尹田譚追擊之, 爲所殺, 州郡歸咎於我。嚴尤奏言, 貊人犯法, 宜令州郡, 且慰安之, 今猥, 被以大罪, 恐其遂叛, 扶餘之屬必有和者, 匈奴未克, 扶餘濊貊復起, 此大憂也。王莽不聽, 詔尤擊之。尤誘我將延丕斬之, 傳首京師(兩漢書及南北史皆云 誘句麗侯騶志作騊)。莽悅之, 更名吾王爲下句麗侯, 布告天下, 令咸知焉。於是, 寇漢邊地愈甚。".

다. 대표적인 것은 주몽의 고구려 건국 이전에 이미 건립되었으며 『후한서』 「동이열전」에 기록된 구려와 소수맥(小水貊)이며, 서기14년에 이르러 고구려에 멸망되는 양맥(梁貊)도 있었다. 서기전 107년 한(漢)의 군현으로 설치되었지만, 토착세력의 저항에 쫓겨 서기전 75년 구려의 서북쪽으로 옮겨갔으며, 현토군 관할지역 안에 있으면서도 일종의 자치를 누리고 있는 고구려현도 있었다. 왕망의 신(新)에서 출발하여 동쪽으로 이러한 여러 정치세력 및 국가를 넘어서야 비로소 주몽이 건국하여 유리왕에게 전해진 고구려와 접할 수 있었다. 즉 왕망이 고구려 군대를 강제 동원했다는 서기11년에서 12년 사이에는 왕망의 신(新)과 고구려가 직접 국경을 맞대고 있지도 않았던 것이다.

그러므로 신(新)의 왕망이 흉노와의 전쟁에 강제 동원했던 구려 병사의 실체는 당시 고구려의 서쪽에 있으며 신(新)의 국경에 근접해있던 현토군 고구려현의 맥인(貊人)들, 양맥, 구려, '구려의 별종'으로 불리는 소수맥 중에서 찾아야 한다. 왕망의 구려 병사 동원과 당시 유리왕이 지배하고 있던 고구려와는 전혀 관련이 없는 것이다. 당연히 『삼국사기』 「고구려본기」에 유리왕과 관련되어 기록될 필요가 없는 사건이었다. 때문에 『삼국사기』의 편찬자들이 마치 왕망이 당시 유리왕이 이끌고 있던 고구려의 군대를 동원한 것처럼 서술하려 의도했음에도, 실제로 그 기록은 누가 보아도 『삼국사기』의 앞뒤 사실에 맞지 않게 갑자기 툭 튀어나와 엉뚱한 얘기하듯 표현되고 말았던 것이다.

왕망의 흉노 정벌과 구려 병사 동원에 관한 사실을 처음 기록한 사서는 『한서』 「왕망전」이다. 뒤의 『후한서』 「동이전」, 『삼국지』 「동이전」, 『삼국사기』 「고구려본기」 등은 「왕망전」의 내용을 그대로 또는 일부 재구성하여 인용하고 있는 정도이다. 그러므로 흉노 정벌과 구려 병사 동원에 관해 올바로 이해하기 위해서는 「왕망전」의 관련 부분 전체를 검토할 필요가 있다. 관련 부분 전체를 옮겨놓으면 아래와 같다.

> 이에 앞서, 망(莽: 왕망)이 고구려 병사를 징발하여 호(胡)를 정벌하게 하였는데, 그 일을 하고 싶어하지 않음에도 군(郡)이 그들을 강박(強迫)하였더니, 그들이 모두 국경 밖으로 도망하여 법을 어기고 약탈을 하였다. 요서(遼西) 대윤(大尹) 전담(田譚)이 그들을 추격하다가 살해되었는데, 주군(州郡)이 고구려 후(侯) 추(騶)에게 허물을 돌렸다.
> 엄우가 왕망에게 아뢰기를 "맥인(貉人)이 법을 어겼지만, 추(騶)에게서 비롯된 것은 아닙니다. 설령 추(騶)가 정말 잘못이 있더라도, 주군(州郡)에 영을 내려 그를 위안하는 것이 마땅할 것입니다. 지금 그들에게 너무 큰 죄를 내리면, 예맥이 마침내 반란을 일으킬까 두렵습니다. 부여의 족속 가운데 반드시 그들과 함께 할 자가 있을 것입니다. 흉노도 극복하지 못했는데, 부여와 예맥이 다시 일어난다면, 이는 큰 걱정거리가 될 것입니다."라고 하였다.
> 그러나 왕망은 위안하지 않았고 예맥은 마침내 반란을 일으켰다. 왕망은 엄우에게 명하여 예맥을 공격하도록 하였는데, 엄우는 고구려 후(侯) 추(騶)를 유인하여 목을 베어, 머리를 경사(京師)에 전하였다. 왕망은 크게 기뻐하며 조서를 내려 "저번에는 맹장(猛將)들을 파견하여 명을 받들어 천벌을 행하여 노지(虜知 : 북방 오랑캐 오주류선우 즉 낭지아사를 말함)를 주멸하도록 12부(部)로 나누어보내니,[130] 흉노의 오른팔을 끊거나 그 왼쪽 겨드랑이를 베거나 그 가슴과 배를 무너뜨리거나 양쪽 갈비뼈를 뽑아버리기도 하였다. 금년에는 동방에서 형벌을 행하여 맥(貉)의 부대를 주멸(誅滅)하였으니 먼저보다 더 뛰어났도다. 노추(虜騶 : 북방 오랑캐 추)를 붙잡아 목을 베고 동쪽 지역을 평정했으니,[131] 노지(虜知)를 무찔러 죽여 없애버릴 날이 멀지 않았도다. 이는 바로 천지와 여러 신들과 사직 및 종묘가 돕고 보

130) 노지(虜知)란 북방 오랑캐 즉 흉노의 오주류선우(烏珠留單于) 낭지아사(囊知牙斯)를 말한다. 오주류선우는 호한야선우(呼韓邪單于)의 넷째 아들이다. 오주류선우의 아들이 서기 48년 남흉노를 독립시킨다.

131) 노추(虜騶)는 북방 오랑캐 추 즉 엄우가 목을 베었다는 고구려 후 추를 말한다.

살펴준 복 때문이고, 공경대부와 사민(士民)들이 마음을 합하고 장수들이 효호(虓虎 : 울부짖는 범)와 같이 힘쓴 덕분이다. 내가 이를 매우 가상히 여기노라. 이제 고구려의 이름을 바꾸어 하구려(下句驪)라 하니 천하에 포고하여 모두 알 수 있도록 하라."고 말하였다.

이에 맥인(貉人)들이 더욱 더 변경을 침범하고 동북쪽과 서남쪽의 이(夷)가 모두 난을 일으켰다.132)

위의 「왕망전」에서 고구려 후(侯) 추(騶)의 잘려진 머리를 받고 왕망이 크게 기뻐하며 조서를 내려 말했다는 그 내용은 왕망이 의도적으로 역사적 사실을 왜곡한 부분이다. 실제로 왕망은 민심을 잃으면서까지 흉노 정벌 전쟁을 무리하게 일으켰지만, 그 결과는 흉노를 제대로 공격해보지도 못했다. 왕망이 흉노정벌을 위한 군대를 12부로 나누어 북쪽 변경에 집결시키려 했던 것은 사실이지만, 위의 「왕망전」에서 기재된 것처럼 "흉노의 오른팔을 끊거나, 그 왼쪽 겨드랑이를 베거나, 그 가슴과 배를 무너뜨리거나, 양쪽 갈비뼈를 뽑아버릴" 정도의 공격은 전혀 하지 못했다. 위에서 "맥(貉 : 일반적으로 당시의 고구려 관련 정치세력이나 국가를 통칭하는 개념임)의 부대를 주멸하였다."고 말한 것도 사실이 아니다. 위에서 왕망이 조서를 내려 말한 부분은 전쟁에 대해 반감이 높은 민심을 무마하려고 왕망이 의도적으로 전쟁의 성과를 과장하여 널리 선전하려는 의도에서 조작해낸 것으로 볼 수 있다. 즉 이는 민심을 고려한 즉 선무(宣撫) 목적의 조서(詔書)인 것이다. 그

132) 『漢書』卷99中 「王莽傳」卷69中 "先是, 莽發高句驪兵, 當伐胡, 不欲行, 郡強迫之, 皆亡出塞, 因犯法為寇。遼西大尹田譚追擊之, 為所殺。州郡歸咎於高句驪侯騶。嚴尤奏言, 「貉人犯法, 不從騶起, 正有它心, 宜令州郡且尉安之。今猥被以大罪, 恐其遂畔, 夫餘之屬必有和者。匈奴未克, 夫餘、穢貉復起, 此大憂也。」 莽不尉安, 穢貉遂反, 詔尤擊之。尤誘高句驪侯騶至而斬焉, 傳首長安。莽大說, 下書曰: 「乃者, 命遣猛將, 共行天罰, 誅滅虜知, 分為十二部, 或斷其右臂, 或斬其左腋, 或潰其胸腹, 或紬其兩脅。今年刑在東方, 誅貉之部先縱焉。捕斬虜騶, 平定東域, 虜知殄滅, 在于漏刻。此乃天地群神社稷宗廟佑助之福, 公卿大夫士民同心將率虓虎之力也。予甚嘉之。其更名高句驪為下句驪, 布告天下, 令咸知焉。」 於是貉人愈犯邊, 東北與西南夷皆亂云。".

러므로 후대의 『후한서』와 『삼국지』 및 『삼국사기』의 저자들도 모두 「왕망전」을 인용하면서, 이렇게 '사실이 아님이 분명한' 조서 부분은 생략해버렸다.

그런데 『후한서』와 『삼국지』 및 『삼국사기』는 모두 『한서』 「왕망전」을 인용하면서 꼭 인용해야만 할 중요한 부분은 의도적으로 빠뜨리고 있다. 「왕망전」의 "왕망이 고구려 병사를 징발하여 호(胡)를 정벌하게 하였는데, 그 일을 하고 싶어하지 않음에도 군(郡)이 그들(고구려 병사)을 강박하였더니"라는 부분에서 고구려 병사를 강제로 흉노 정벌에 동원하는 주체인 '군(郡)'이란 부분을 인용에서 모두 생략하고 있는 것이다. 그 부분을 원문과 대조해보면, "그 일을 하고 싶어하지 않음에도 즉 '불욕행(不欲行)'", "군(郡)이 그들을 강박하였더니 즉 '군강박지(郡强迫之)'이다. 즉 이 문장에서 바로 "군(郡)"이 고구려 병사 강제 동원의 주체인 것이다.

그렇다면 왕망이 고구려의 병사를 동원하려 했을 때 그를 강박하여 보낸 주체인 "군(郡)"은 누구를 말하는가? 이에 대한 답은 『한서』 「지리지」의 다음과 같은 기록에서 구할 수 있다.

> 현토군, 4만5천6백 호에 인구는 22만1천8백45명이다. 현은 3개로서 고구려, 상은태(上殷台), 서개마(西蓋馬)이다.[133)]

위의 「지리지」에서 현토군과 고구려를 연결시키고 있다. 『한서』의 저자 반고(班固, 32~92년)는 서기전 107년에 설치된 현토군에 3개의 현(縣)이 있는데, 그중의 하나가 고구려현이라는 것이다. 뒤에 「지리지」

---

133) 『漢書』卷28下 「地理志」第8下 "玄菟郡, 戶四萬五千六, 口二十二萬一千八百四十五。縣三: 高句驪, 上殷台, 西蓋馬。".

의 고구려현에 대해 응소(應劭)는 주석을 달아 “고구려현은 옛 구려호(句驪胡)이다.”라고 설명하였다.[134]

때문에 위의 「지리지」를 통해 무제가 서기전 107년 예전의 호(胡 : 고대 중원 동북방의 이민족을 지칭하는 개념)인 구려를 하나의 현(縣)으로 하여 현토군을 만들었는데, 흉노 정벌 전쟁에 동원했던 그 사건 이후에 왕망이 이 고구려현의 고구려를 하구려라고 불렀음을 알 수 있다. 왕망이 하구려로 부른 것은 바로 현토군 고구려현인 것이다.

그러므로 「왕망전」의 고구려 관련 기록은 왕망이 현토군 고구려현에 있는 구려족의 병사들을 흉노 정벌에 동원하려 하였는데, 구려 병사들이 가려고 하지 않자, 군(郡) 즉 현토군에서 이들을 강박하였더니, 이들이 모두 국경 밖으로 도망하여 약탈을 하면서 일어난 일련의 사건을 기록한 것으로 볼 수 있다.

그러므로 「왕망전」의 “요서 대윤 전담이 그들을 추격하다가 살해되었는데, 주군(州郡)이 고구려 후 추(騶)에게 허물을 돌렸다.”라든가 또는 “설령 추가 정말 잘못이 있더라도, 주군(州郡)에 영을 내려 그를 위안하는 것이 마땅할 것입니다.”라는 기록에서의 ‘주군’도 역시 현토군과 관련하여 해석할 수 있다. 즉 위의 「지리지」에서 현토군은 유주에 속해있다고 했는데, 고구려현 병사들을 강박하여 전쟁에 내보내려 했던 것이 현토군이며, 요서 대윤 전담이 도망간 고구려 병사들을 추격하다 오히려 그들에게 살해되자 그 허물을 고구려현의 후(侯) 추(騶)에게 돌린 주군(州郡)은 바로 유주와 현토군을 함께 지칭하여 말하는 것이다.

왕망이 흉노 정벌 전쟁을 시도했을 당시 즉 서기11년에 고구려는

---

134) 『漢書』卷28下 「地理志」第8下의 고구려(高句驪)에 대한 응소(應劭)의 주석 “應劭曰故句驪胡”. 응소는 후한(後漢)의 정치가이며 학자인데 『한서』의 집해(集解)를 저술하였고, 이는 뒤에 『한서』의 안사고주(顔師古注)에 다수가 인용되었다.

이미 북옥저를 통합하여 그 강역이 동북쪽으로 연해주까지 이르고 또 서북쪽으로 선비(鮮卑)를 복속시켜 시라무렌하 일대까지 이르며, 성읍으로 편제된 다수의 군사적 지역거점을 가진 강대하고 안정된 국가로 빠르게 성장하고 있었다. 이런 고구려의 유리왕이나 그의 휘하 장수가 흉노를 상대로 무모한 전쟁을 벌이려는 왕망의 장수 엄우의 꾀임에 빠져 국경을 넘어가 목숨을 잃었다고 볼 수는 없다. 『한서』에서 엄우에게 목이 잘린 것으로 기록된 "고구려 후(侯) 추(騶)"를 『삼국사기』에서 "우리 장수 연비"라고 고쳐 기록한 것조차도 심각한 오류라고 보아야 한다.[135)]

다른 한편으로 『한서』의 기록에 따르면 왕망은 서기11년 흉노에 대한 정벌 전쟁을 계획하면서 구려, 고구려, 부여 등 당시 동북지역에 존재하며 맥(貉) 또는 예(穢)로 통칭되는 정치세력 전반에 대한 정벌 전쟁도 동시에 고려했던 것으로 보인다. 흉노 정벌을 위해 편성되었던 왕망의 12부 중 가장 동쪽에 위치한 부대는 주맥장군(誅貊將軍) 양준(楊俊)과 토예장군(討穢將軍) 엄우의 부대였는데, 그들 부대는 현재의 북경 동쪽을 흐르는 조백하(潮白河) 일대의 어양(漁陽 : 현재의 북경시 밀운현 서남쪽)에 주둔해 있었다.[136)]

이 부대들의 명칭에 일반적으로 구려 및 고구려를 통칭하는 맥(貊)

---

135) 중국의 고구려 연구자들도 이 부분에 대해서는 견해가 서로 다르다. 『한서』「왕망전」의 고구려 후(侯) 추(騶)에 대해 박찬규(朴燦奎)는 이곳의 고구려 후(侯)는 고구려현 경내의 현후(縣侯)이며 그 기재 중의 고구려는 주몽이 건국한 고구려국이 아니라 현토군의 고구려현을 가리킨다고 보았고(『≪三国志・高句丽传≫研究』, 吉林人民出版社, 2000, 26쪽), 꾸밍슈에(顧銘學)는 고구려의 추(騶)는 이미 30년 이전에 사망했으며 서로 전쟁을 치르고 있는 상황에서 고구려의 왕을 부르고 또 와서 목을 자른다는 것은 가능하지 않으므로 장수 연비의 목을 자른 것으로 볼 수 있으며, 또한 엄우와 요동군수가 짜고 전공을 높여 상을 얻으려는 목적으로 왕망에게 거짓말을 했을 가능성이 있다고 설명했으며(「魏志高句丽传考释」下 『学术研究丛刊』1981年第2期), 껑티에화(耿鐵華)는 왕망이 고구려병을 동원하여 흉노를 치면서 엄우가 목을 잘라 죽인 고구려 후(侯) 추(騶)는 절대로 고구려왕이 아니고 더욱이 추모(鄒牟)나 주몽은 더욱 아니라고 설명하였다(「王莽征高句丽兵伐胡史料与高句丽王系问题」 『高句丽史论考』, 2005, 133쪽).

136) 军事科学院 主编, 『中国军事通史』第5卷 西汉军事史, 军事科学出版社, 1998, 386~387쪽.

을 주살한다는 '주맥(誅貊)'과 또한 예(穢)를 토벌한다는 '토예(討穢)'란 개념을 선명하게 드러내고 있다. 이들 부대의 전투 목적이 명칭에 드러나 있는 것이다. 그러므로 난하 서쪽 북경 일대의 어양에 주둔한 이들 부대는 국경을 건너 동쪽 및 동북쪽으로 진군하며 고구려와 부여 일대를 공격할 계획도 갖고 있었던 것으로 볼 수 있다. 당시 어양에 주둔한 주맥장군과 토예장군의 부대와 현토군 그리고 고구려의 위치를 지도에 표시하면 아래와 같다.

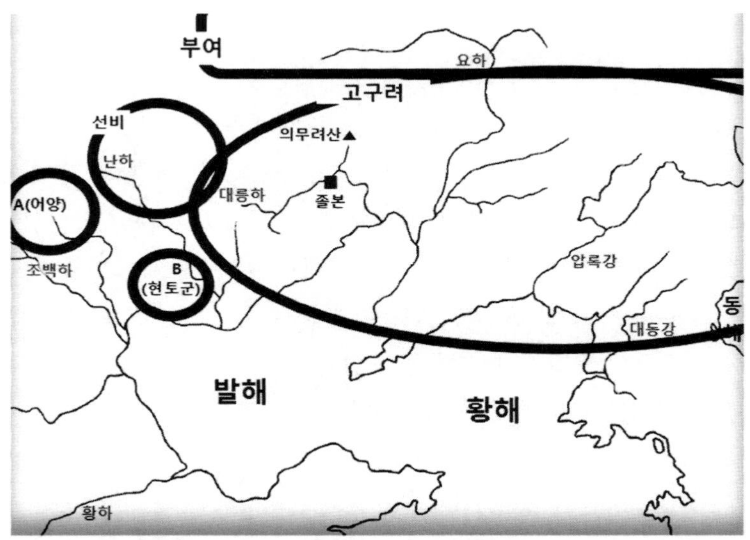

[지도 3] 왕망의 동북침략을 위한 군사 주둔지 어양과 현토군 및 고구려 위치 지도

서기12년 신(新)의 주맥장군과 토예장군 등의 군대는 어양(A)에 주둔했다. 그 명칭에서 알 수 있듯, 그 군대는 고구려 및 그에 복속된 선비는 물론 부여를 공격하기 위한 군대였다. 이때 신(新)의 군대는 현토군 고구려현(B)의 군대를 강제로 동원하려 했는데, 고구려현의 구려(句麗) 족속들이 동원되기를 거부하고 오히려 변경을 침략하는 사건이 발생했던 것이다.

고구려는 서한(西漢, 서기전 202년~서기8년) 말기의 정치적 혼란을 틈타서 서쪽으로 군사적 진출을 시도하며, 유리왕11년(서기전 9년)에 시라무렌하 유역의 선비(鮮卑) 족속을 항복시켜 속국으로 만들었다. 그러므로 왕망이 서기9년 신(新)을 건국했을 때, 이미 유리왕의 고구려가 신(新)의 동북쪽 변경에 근접하여 있었다. 신(新)의 동북쪽 방향에 있는 부여도 강대국으로 성장하고 있었다. 서기9년 뒤늦게 건국된 신(新)의 왕망에게 국경에 근접하여 있는 고구려는 물론 동쪽 변경 너머의 부여는 서북 변경의 흉노와 마찬가지로 우려스러운 위협세력으로 인식되었으며, 흉노 정벌 전쟁 전개를 앞두고 또 다른 배후의 위협세력을 제거하는 차원에서 주도적으로 먼저 공격해야 할 전쟁 대상으로 인식되었을 것이다. 때문에 흉노를 정벌한다는 명분을 가진 이 전쟁의 중요한 주력으로서 주맥장군과 토예장군의 부대를 설치하고, 이 부대들을 동쪽 최전선인 어양에 주둔시켰으며, 또한 굳이 현토군의 고구려현 군대를 끌어들인 것은 바로 이들 부대의 목적이 동쪽 및 동북쪽으로의 정벌에 있었기 때문이었다고 볼 수 있다. 그러므로, 주맥장군 양준과 토예장군 엄우를 통해 고구려와 부여 일대도 공격하려 했던 왕망이 고구려의 군대를 흉노 정벌 전쟁에 동원하려 했다는 것은 논리적으로 성립되지 않는 것이다.

그러나 무모하게 추진된 왕망의 흉노 정벌 전쟁은, 흉노는 물론 동쪽의 고구려 및 부여 일대를 제대로 공격해보지도 못한 채 끝났다. 오히려 흉노의 반발에 따른 대규모의 중원 침입만을 불러일으켰으며, 북쪽 변경 일대는 황폐화되었고 민심도 급속히 이반되면서 왕망 정권의 멸망 요인으로 작용하게 되었다. 또한 「왕망전」에 흉노 정벌 전쟁 시도 이후 "맥인(貉人)들이 더욱 더 변경을 침범하고 동북쪽과 서남쪽의 이(夷)가 모두 난을 일으켰다."고 기록했듯,[137] 동북 지역에서는 강제로 동원했던 현토군 안의 구려 종족이 왕망 정권으로부터 완전하게 이탈되며 심지어 왕망 정권의 변경을 공격하는 현상을 가속화시켰다. 사서에는 엄우가 이를 회유하여 정리한 듯이 기록하였지만, 결국 2년 뒤인 서기14년에 현토군 고구려현 자체를 고구려에 빼앗기는 계기로 작용하게 되었다.[138] 또한 왕망 정권의 쇠퇴는 서기전 108년 서한의 무제가 위만조선을 해체시킨 이후 한사군과 여러 소국으로 분열되어 있던 중원 동북방이 정치적 통합을 이루며 다시 서남방으로 진출하는 계기로 작용하기도 하였다.

이상의 서술을 통해 왕망의 현토군 아래 속한 고구려현의 성격, 고구려현과 고구려의 관계 등을 분명하게 해석할 수 있다. 그러나 『삼국사기』에서는 『후한서』의 '구려'를 '우리'라고 고쳐서 기록하고, 또한 『후한서』에서 엄우에게 목이 잘린 것으로 기록된 "구려후 추"를 『삼국사기』에서는 "우리 장수 연비(延丕)"라고 고쳐 기록하여, 왕망이 마치 고구려 유리왕의 군대를 동원하려 했던 것으로 잘못 기록하였다. 이 부분의 『삼국사기』 기록은 그 문체로부터 『후한서』를 그대로 옮겨 실으면서, 그 내용에 대해 깊이 검토하지 못하여 생긴 오류로 보인다. 그러나 『삼국사기』의 다른 부분과 그 시대를 기록한 다른 문헌 특히 「왕망전」을 통해, 왕망이 현토군 고구려현의 병사를 동원하면서 생긴 사건임을 분명하게 알 수 있으며, 그 사건을 통해 고구려현과 고구려 사이의 관계를 잘 파악해낼 수 있다.

---

137) 『漢書』卷99中 「王莽傳」卷69中 "於是貉人愈犯邊, 東北與西南夷皆亂云。".

138) 『三國史記』卷第一 「高句麗本紀」第一 琉璃王 "(33年)秋八月, 王命鳥伊·摩離, 領兵二萬, 西伐梁貊, 滅其國, 進兵襲取漢高句麗縣 (縣屬玄免郡)"

4. 낙랑군과 낙랑국 인식

『삼국사기』에서 낙랑은 고구려, 백제, 신라 등 삼국 모두와 관련되며 여러 차례 기록되고 있다. 낙랑의 지리위치가 한반도 중부에 위치했음은 분명한 것이다. 그러나 김부식 등 『삼국사기』의 편찬자들은 서기전 108년 한(漢)의 무제가 설치했다는 초기의 낙랑군이 한반도에 있었다고 생각하지는 않았다. 그들은 고구려의 남쪽인 한반도 안에 낙랑국이 있었는데, 이는 고구려에 의해 서기32년에 멸망한 것으로 보았다. 또한 고구려는 고구려 강역의 서쪽에 위치했던 한(漢)의 낙랑군을 서기37년에 멸망시켰다고 서술했으며, 그 이후 서기44년에 후한(後漢, 東漢이라고도 한다)의 광무제(光武帝)가 바다를 건너 한반도 중부의 옛 낙랑국 지역을 점령하여 다시 낙랑군을 설치하였다고 서술했다.

『삼국사기』 편찬자들의 낙랑국 및 낙랑군에 대한 위와 같은 인식은 어떻게 형성되었던 것일까?

1) 서기전 108년 설치된 낙랑군 위치에 대한 『삼국사기』 인식의 형성 배경

김부식 등 『삼국사기』의 편찬자들은, 서기전 108년 한(漢)의 무제가 설치했다는 낙랑군이 한반도에 있었다고 생각하지 않았다. 그들의 그와 같은 낙랑군 인식은 고구려의 건국 이후 첫 도읍인 졸본의 위치를 요하 서쪽인 의무려산 일대로 비정한 것과 깊은 연관이 있다.

앞에서 『삼국사기』에 기록된 고구려 첫 도읍의 위치인 졸본이 현재의 요하 서쪽 의무려산 일대였음을 확인하였다. 이 기록과 고구려 시기의 시조 동명왕에 대한 제사 기록을 연관지으면, 고구려 초기의 위치와 강역에 대한 일정한 추정을 얻어낼 수 있다.

잘 알려진 대로, 고구려는 대무신왕3년인 서기20년 봄에 동명왕 사당을 졸본에 세웠다.139) 『삼국사기』의 이러한 기록에서의 동명은 고구려 시조인 주몽을 일컫는 것이다. 물론 위의 『삼국사기』 기록에 대무신왕이 어느 곳에 동명왕묘를 세웠는지는 밝히지 않았다. 그러나 이후의 여러 기록들에 시조묘에 제사를 지낸 고구려의 국왕들이 모두 졸본으로 갔다는 내용이 있다. 그러므로 대무신왕이 건립한 동명왕 사당은 마땅히 졸본에 있었음을 알 수 있다.140)

고구려 역대의 왕들이 졸본의 사당에 와서 제사를 지낸 상황들을 『삼국사기』는 다음과 같이 기록하였다.

> 신대왕(新大王)4년(167년) 가을 9월에 졸본(卒本)에 이르러 시조묘(始祖墓)에 제사지냈다는 기록이 있으며, 고국천왕(故國川王)원년(179년) 가을 9월, 동천왕(東川王)2년(228년) 봄 2월, 중천왕(中川王)13년(260년) 가을 9월, 고국원왕(故國原王)2년(332년) 봄 2월, 안장왕(安藏王)3년(521년) 여름 4월, 평원왕(平原王)2년(560년) 봄 2월, 건무왕(建武王)2년(619년) 봄 4월에도 모두 위와 같이 행하였다.141)

위의 기록을 보면, 장수왕이 427년 평양으로 천도한 이후는 물론 평원왕이 586년 장안성으로 천도한 이후에도 졸본에 가서 고구려 시조 사당에 제사를 지낸 것이다. 고구려가 국가로서 존속하는 거의 모든 기간에 졸본에 있는 시조 사당에 가서 제사를 지냈던 것이다.

위의 인용문 중 신대왕3년인 167년, 고국원왕2년인 332년, 안장왕3

---

139) 『三國史記』卷第14 「高句麗本紀」第2 大武神王 "三年, 春三月, 立東明王廟."

140) 梁志龙, 「关于高句丽建国初期王都的探讨」 『2008년 한・중 고구려역사 연구 학술회의』, 동북아역사재단, 2008, 41쪽.

141) 『三國史記』卷32 「雜志」卷一 祭祀 "新大王四年秋九月, 如卒本, 祀始祖廟. 故國川王元年秋九月, 東川王二年春二月, 中川王十三年秋九月, 故國原王二年春二月, 安臧王三年夏四月, 平原王二年春二月, 建武王二年春四月, 並如上行."

년인 521년, 평원왕2년인 560년, 영류왕2년 즉 619년에는 그 왕들이 졸본에서 한 달 정도 머물렀던 기록이 있다. 이들 기록을 도표로 정리하면, 아래와 같다.

[도표 2] 『삼국사기』 중 고구려 왕의 시조 사당 제사 이후 졸본 체류 기록

왕호	년대	졸본의 시조 사당 제사 기록	당시 도읍
신대왕	167	3년 가을 9월에 왕이 졸본에 가서 시조 사당에 제사를 지냈다. 겨울 10월에 왕이 졸본에서 돌아왔다.[142)]	국내성
고국원왕	332	2년 봄 2월에 왕이 졸본에 가서 시조 사당에 제사를 지내고, 백성들을 두루 방문하여 늙고 병든 자들을 구제해 주었다. 3월에 졸본에서 돌아왔다.[143)]	평양성[144)]
안장왕	521	3년 여름 4월에 왕이 졸본으로 행차하여 시조 사당에 제사지냈다. 5월에 왕이 졸본에서 돌아오다가, 지나는 주읍(州邑)의 가난한 자들에게 곡식을 한 사람에 3곡(斛)씩 주었다.[145)]	평양
평원왕	560	2년(560) 봄 2월에 북제(北齊)의 폐제(廢帝)가 왕을 봉하여 사지절영동이교위요동군공고구려왕(使持節・領東夷校尉・遼東郡公・高句麗王)으로 삼았다. 왕은 졸본으로 행차하여 시조 사당에 제사 지냈다. 3월에 왕이 졸본에서 돌아오면서 지나는 주(州)와 군(郡)의 감옥에 갇힌 죄수 중에서 두 가지 죄를 제외하고 모두 풀어주었다.[146)]	평양
영류왕	619	여름 4월에 왕은 졸본에 행차하여 시조 사당에 제사지냈다. 5월에 왕이 졸본에서 돌아왔다.[147)]	장안성

142) 『三國史記』卷第16 「高句麗本紀」第4 新大王 "三年, 秋九月, 王如卒本, 祀始祖廟. 冬十月, 王至自卒本."

143) 『三國史記』卷第18 「高句麗本紀」第6 故國原王 "二年, 春二月, 王如卒本, 祀始祖廟, 巡問百姓老病, 賑給. 三月, 至自卒本."

144) 고국원왕2년 즉 332년 당시의 고구려 도읍에 대해서는 동천왕21년의 "21년 봄 2월에 왕이 환도성으로 전란을 겪고 다시 도읍으로 삼을 수 없다고 하여, 평양성을 쌓고 백성과 종묘와 사직을 옮겼다(二十一年, 春二月, 王以丸都城經亂, 不可復都, 築平壤城, 移民及廟社)."는 『삼국사기』의 기록에 따라, 당시 평양성에 도읍했던 것으로 인식했다.

145) 『三國史記』卷第19 「高句麗本紀」第7 安藏王 "三年, 夏四月, 王幸卒本, 祀始祖廟. 五月, 王至自卒本, 所經州邑貧乏者, 賜穀人三斛."

146) 『三國史記』卷第19 「高句麗本紀」第7 平原王 "二年, 春二月, 北齊廢帝封王為使持節・領東夷校尉・遼東郡公・高句麗王. 王幸卒本, 祀始祖廟. 三月, 王至自卒本, 所經州郡獄囚, 除二死, 皆原之."

147) 『三國史記』卷第20 「高句麗本紀」第8 榮留王 "夏四月, 王幸卒本, 祀始祖廟. 五月, 王至自卒本."

『삼국사기』에 고구려 왕이 졸본에 가서 시조 사당에 제사한 기록은 모두 8번이 나온다. 그런데 위의 [도표 2]에서 보듯, 그 중 5번은 제사 이후 졸본에 한 달 가량 체류하다 돌아온 것으로 기록되었다. 이러한 『삼국사기』의 기록에서, 고구려의 졸본에 대한 다음과 같은 인식을 형성할 수 있다.

고구려 왕이 시조 사당에 제사하기 위해 졸본에 간 연대는 167년, 179년, 228년, 260년, 332년, 521년, 560년, 619년이다. 시조 사당이 세워진 해는 20년인데, 그 장소는 고구려의 첫 도읍인 졸본이다. 그렇다면 20년, 167년, 179년, 228년, 260년, 332년, 521년, 560년, 619년 등의 시기 모두에 졸본은 고구려에 의해 통치되는 지역 즉 강역 안에 있었다고 이해할 수 있다.

특히 위의 [도표 1]에서 167년, 332년, 521년, 560년, 619년 등의 시기에는 고구려 왕이 졸본에 한 달 정도 체류했다고 한다. 졸본이 안정적으로 확보된 고구려 강역 안의 지역이고, 또한 시조 사당의 제사에 종사 및 수행하는 다수의 인원들이 장기 체류할 수 있는 여건이 졸본에 갖추어졌다는 사실을 추정하게 해준다.

그런데 위와 같은 기록이 담긴 『삼국사기』에는 그 졸본이 현재의 요하 서쪽 의무려산 일대라고 분명하게 서술되어 있다. 『삼국사기』는 이와 같은 졸본 지역에 시조의 사당이 세워졌고, 역대의 왕들이 그 시조 사당에 와서 제사를 지냈으며 때로는 한 달 정도 체류하고 돌아간 것으로 기록한 것이다. 이러한 제사 기록으로 보면, 고구려는 건국 이후부터 『삼국사기』에 기록된 마지막 시조 제사 시점인 619년 무렵까지 현재의 요하 서쪽 의무려산 일대의 졸본을 강역으로써 상당히 안정적으로 장악하고 있었다고 설명할 수 있다.

한편 위에서 살펴보았듯, 『고려도경』에는 주몽의 고구려 건국이 위만조선의 성립 이전 시기에 이미 이루어졌다고 기록하였다. 또한 『고려도경』에 주몽이 고구려를 건국할 당시의 첫 도읍이 흘승골성인데, 이는 바로 『삼국사기』의 졸본과 같은 지명임을 역시 위에서 살펴보았다.

그러므로 21년의 시간 차이를 두고 작성된 『고려도경』과 『삼국사기』의 기록에 의하면, 위만조선이 성립되기 이전인 서기전 2세기 이전에 주몽이 현재의 요하 서쪽 의무려산 일대에 고구려를 건국하였는데, 대무신왕3년인 서기20년 봄에 그 졸본에 고구려의 시조인 주몽의 사당이 세워졌고, 또 이후 역대의 왕들이 시조 사당에 와서 제사를 지냈다고 서술할 수 있다. 서기전 2세기 이전에 건국된 고구려는 『삼국사기』의 마지막 시조 제사 기록 연대인 619년 무렵까지 그 첫 도읍인 졸본 일대를 정치적으로 통제하던 강역의 안에 안정적으로 지니고 있었던 것이다.

한편, 『고려도경』에는 연(燕)에서 망명한 위만(衛滿)이 서기전 194년 위만조선을 세우기 이전에 주몽이 흘승골성 즉 졸본에서 이미 고구려를 건국하였다고 서술했다. 분명히 그 고구려는 위만조선과 아무 연관성이 없는 것이다. 『삼국사기』에 의하면 그 고구려의 첫 도읍이 졸본인데, 그 위치는 요하 서쪽 의무려산 일대로 분명히 밝히고 있다.

그렇다면 서기전 2세기 이전 고구려가 졸본에 건국된 이후, 서기전 195년 연(燕)에서 동쪽으로 패수(浿水)를 건너 망명해온 위만이 서기전 194년에 왕험(王險)에 도읍하며 위만조선을 세웠는데,[148] 『사기(史記)』·『고려도경』·『삼국사기』의 위와 같은 설정에 의하면, 위만이 도읍한 왕험(王險)은 요하 서쪽 의무려산 일대에 있던 고구려의 첫 도읍 졸본보다 훨씬 서쪽에 위치하고 있어야만 된다. 즉 현재의 의무려산에서 동쪽으로 요하를 건넌 동쪽이나 북쪽 지역에 위만조선을 위치시킬

---

148) 『史記』卷115 「朝鮮列傳」第55 "朝鮮王滿者, …燕王盧綰反, 入匈奴, 滿亡命, 聚黨千餘人, 魋結蠻夷服而東走出塞, 渡浿水, 居秦故空地上下鄣, 稍役屬眞番·朝鮮蠻夷及故燕·齊亡命者王之, 都王險."

수는 없는 것이다. 또한 한반도에도 위만조선을 위치시킬 수는 없는데, 그 이유는 『사기』에 위만이 연(燕)에서 출발하여 육로(陸路)로 동쪽으로 "패수를 건너" 망명한 것으로 서술했을 뿐 바다를 건넜다는 기록이 없기 때문이다. 또한 그 뒤에 한(漢)의 무제(武帝)가 서기전 108년 "이로써 드디어 (위만)조선을 평정하고 사군(四郡)을 설치하였다."고 기록했고,[149] 『고려도경』은 "한(漢)의 무제가 조선을 멸망시키고 고구려를 현(縣)으로 삼아 현토군에 소속시켰다."고 기록했는데,[150] 이러한 무제의 조선 침략과 정벌 및 한사군 설치가 가능하려면 당연히 위만조선은 서기전 2세기 이전에 건국된 고구려의 첫 도읍인 졸본 즉 현재의 요하

[지도 4] 『사기』·『고려도경』·『삼국사기』에 의한 졸본(■), 고구려(A), 위만조선(B) 위치도

149) 『史記』卷115 「朝鮮列傳」第55 "以故遂定朝鮮, 爲四郡."

150) 『宣和奉使高麗圖經』卷第一 「建國」 始封 "漢武帝滅朝鮮, 以高麗爲縣, 屬元菟郡,"

서쪽 의무려산 일대의 서쪽에 위치하고 있어야 하는 것이다. 이러한 위만조선과 고구려 첫 도읍 졸본의 위치 관계를 대체로 지도에 표시하면 왼쪽의 [지도 4]와 같다.

위의 지도는, 위만조선이 서기전 194년에 성립되기 이전에 이미 고구려가 건국되었다는 『고려도경』의 기록, 주몽이 건국한 고구려의 첫 도읍 졸본은 현재의 요하 서쪽 의무려산 일대라는 『삼국사기』 「지리지」의 기록, 서기전 194년에 육로(陸路)를 통해 동쪽으로 패수를 건너와 왕험(王險)에 도읍하며 위만조선을 세웠고 또 한(漢)의 무제가 조선을 평정하여 사군(四郡)을 세웠다는 『사기』의 기록 등을 근거로 작성한 지도이다. 위의 세 문헌을 문자 그대로 해석하여, 그 해석을 근거로 작성해본 지도이다. 위의 지도에서, 원으로 표시된 A는 서기전 2세기 이전에 건국되어 ■으로 표시된 졸본에 도읍했던 고구려 초기의 중심 세력범위를 추정해본 것이다. 원으로 표시된 B는 고구려의 건국 이후 서기전 194년에 연(燕)으로부터 도망해와 패수(浿水)를 건너 정착하며 왕험(王險)에 도읍했던 위만조선의 범위를 표시해본 것이다.

위에서 검토해 본 바와 같이, 『고려도경』이나 『삼국사기』가 편찬되던 12세기 초의 고려시대인들은 대체로 위의 [지도 4]와 같은 지리인식을 지니고 있었을 것이다. 때문에 서기전 108년 한(漢)의 무제가 [지도 4]의 B 지역인 위만조선을 멸망시키고 설치한 한사군은 고구려의 초기 강역인 A의 서쪽에 위치했었던 B 지역 일대에 있었음이 분명한 것이다. 그러므로 『삼국사기』 편찬자들은 설치 초기의 낙랑군이 한반도에 없었다고 분명하게 서술할 수 있었던 것이다.

2) 낙랑국과 한(漢)의 낙랑군 멸망 이후 광무제의 한반도 낙랑군 설치에 대한 인식

『삼국사기』에는 낙랑국과 낙랑군을 뚜렷이 구별하여 서술하였다. 또한 낙랑군도 한(漢)의 무제가 서기전 108년에 설치하였던 낙랑군과 그것이 서기37년 고구려에 의하여 멸망한 이후, 광무제가 서기47년 바다를 건너 현재의 평양 일대에 설치한 낙랑군 즉 2개의 낙랑군을 구별하여 기록하였다. 그런데 서기32년 최리(崔理)의 낙랑국 멸망, 서기37년의 한(漢) 낙랑군 멸망, 서기44년 후한 광무제에 의한 현재 평양 일대의 낙랑군 설치 등 일련의 역사적 사건은 고구려와 후한의 국제적 역학 관계 속에서 진행되었다. 그러므로 낙랑국 및 2개 낙랑군의 실체와 그 변화는, 그 사건이 일어났던 당시의 고구려와 후한을 둘러싼 국내외적 정세를 바탕으로 해석되어야 한다.

사실 전한(前漢)을 멸망시키고 건국된 신(新)의 왕망(王莽)은 지나치게 이상적인 사회개혁을 시도하다가 실패를 거듭하였고, 무모한 대외전쟁을 강행하면서 민심을 완전히 잃고 말았다. 특히 왕망이 시도한 대외 침략전쟁의 결과 백성들의 부담이 가중되고 무수한 생명이 희생되었으며, 전한(前漢)의 무제 이래 형성되었던 주변 각 국가와의 경제 및 문화 교류도 단절되고 말았다.

왕망의 사회개혁과 대외 전쟁 등의 정책은 당시 백성의 대다수인 농민이 "농경에 종사할 수 없게 만들었고" 그럼으로써 "자존(自存)하지 못하고" 경제적으로 붕괴되도록 만들었다. 더욱이 서기14년에는 신(新)의 국가 전역에 한해(旱害)가 발생하고 병충해도 겹쳐서 "북변(北邊)과 청주(靑州) 및 서주(徐州) 지역에서는 사람이 서로 잡아먹는" 지경이 되었고, 굶주림에 유랑하다 관중(關中)으로 유입되는 수십만이 먹을 것을 구하지 못해 열에 일곱 혹은 여덟은 굶어죽었

다.[151]

당연히 신(新)의 각지에서 왕망을 반대하는 농민들의 무장혁명이 발생하게 되었는데, 규모가 가장 큰 것이 적미군(赤眉軍)과 녹림군(綠林軍)이었다. 각지에서 농민들이 봉기하자 몰락했던 한(漢) 왕실의 귀족들도 "왕망을 멸망시켜 한(漢)을 다시 세운다[反莽復漢]"는 구호를 내걸고 합세하였는데, 그 중에서 전한(前漢)의 황실 후예인 유현(劉玄)이 서기23년 경시제(更始帝)로 옹립되었다.

경시제는 봉기에 참여한 또 다른 한(漢)의 황족(皇族)인 유연(劉縯)과 유수(劉秀) 형제를 경계하였고, 자신의 지위에 위협이 되는 유연을 먼저 살해하였다. 이때 경시제에 비교하여 자신의 역량이 부족함을 잘 인식하고 있던 유수는 몸을 낮추어 자신의 형 유연을 살해한 경시제로부터 오히려 신임을 얻도록 행동하였고, 파로대장군(破虜大將軍)이란 실권이 없는 직책에 임명되며 위기를 벗어날 수 있었다. 경시제 원년(서기23년)에 유수는 다시 그를 반대하는 정치세력의 조종에 의해 하북(河北)의 농민봉기를 진압하도록 파견되었는데, 하북에서의 생사를 건 힘든 진압 과정을 거치며 오히려 여러 정치세력을 결집하여, 유수는 마침내 서기25년 호(鄗 : 현재의 하북성 백향현)에 도읍하며 후한(後漢, 서기25~220년)을 세웠으니 이가 바로 광무제(光武帝)이다.

광무제는 즉위 이후 즉시 수도를 낙양으로 옮기고, 적미군 등의 농민군을 진압하는데 전념하여 서기29년에야 농민봉기를 완전히 끝나게 할 수 있었다. 그러나 적미군이 사라지면서 이제 막 탄생한 후한 정권은 기본적으로 안정되긴 했지만, 아직도 한(漢)의 종실 귀족 또는 왕망 시기

---

151) 『漢書』卷24上 「食貨志」第四 "後三年, 莽知民愁, 下詔諸食王田及私屬皆得賣買, 勿拘以法。然刑罰深刻, 它政誖亂。邊兵二十餘萬人仰縣官衣食, 用度不足, 數橫賦斂, 民俞貧困。常苦枯旱, 亡有平歲, 穀賈翔貴。末年, 盜賊群起, 發軍擊之, 將吏放縱於外。北邊及青徐地人相食, 雒陽以東米石二千。莽遣三公將軍開東方諸倉振貸窮乏, 又分遣大夫謁者教民煮木為酪；酪不可食, 重為煩擾。流民入關者數十萬人, 置養澹官以稟之, 吏盜其稟, 飢死者什七八。".

의 관료 및 경시제의 부장(部將) 등이 여러 지역에 할거(割據)하며 무력을 지니고 광무제에 대립하고 있는 실정이었다. 광무제는 서기27년부터 이들 할거 세력에 대한 무력 정벌을 시작하여, 10년의 기나긴 전쟁을 거쳐 서기37년에 이르러서야 비로소 중원을 통일할 수 있었다.[152)]

광무제는 즉위 이후 왕망에 의해 폐지되었던 전한(前漢)의 정치제도를 복원했는데, 군제(軍制)에 있어서는 지방군대를 해산하고 병권(兵權)을 중앙으로 집중시켰다. 즉 광무제는 건무(建武)6년(서기30년)에 명을 내려 변경 지역에 위치한 군(郡)을 제외한 각 군의 도위(都尉)를 폐지하고, 도위의 직무를 태수(太守)가 겸임하도록 하였다.[153)] 또한 매년 가을 군(郡)의 태수 및 도위가 병역 대상자를 소집하여 시행하던 군사훈련인 "도시(都試)"도 정지시켰다.[154)] 이렇게 지방군대를 해산하고 전국의 군대를 중앙에서 직접 통제하였다. 이러한 조치는 광무제가 직접 겪은 경험에 근거하여, 지방의 군사적 반란을 미리 방지하기 위해 고려된 것이었다.

광무제는 대외정책도 크게 변화시켰다. 새로이 개국하여 내부 분열을 수습하고 또 민생을 안정시키기에 바쁜 광무제에게는 주변민족을 적극적으로 제어할 여력이 없었다. 그러므로 대외정책은 소극적일 수밖에 없었으며, 주변 민족 및 국가와의 마찰을 적극적으로 피하는 입장이 되어 있었다. "활과 화살을 거두어들이고 대신 말과 소를 풀어놓

152) 楊翼驤 編著, 『秦漢史綱要』, 新知識出版社, 1956, 96~97쪽.

153) 도위는 전국시기(戰國時期)에 설치된 장군(將軍) 아래의 무관(武官)으로 군(郡)의 도위는 태수를 보좌하여 군사(軍事)를 주관하는 직위였다. 태수는 왕망에 의해 대윤(大尹)으로 그 명칭이 바뀌었으나, 광무제는 태수라는 호칭을 다시 회복시켰다.

154) 도시(都試)는 대시(大試)라고도 한다. 한(漢)에서 매년 8월이나 9월에 태수(太守)가 주관하여 시행하던 군사훈련이다. 한(漢)에서는 도시를 통하여 지방의 무장력을 강화했지만, 태수의 군사 권한이 지나치게 확대되어, 중앙집권에 불리한 요인으로 작용하였다. 후한 초에 광무제는 지방의 군사 역량을 약화시키기 위해 도위를 폐지하고 도시도 정지시켰는데, 그 이후 다시 회복되지 못했다.

았다. 비록 이러한 도(道)가 옛것과 같지는 않지만, 이 또한 싸움을 멈추게 하는 무(武)이다."라는 광무제 자신의 말처럼,155) 오랜 내전을 거친 광무제는 외부 민족 및 국가와의 그 어떤 군사적 대립도 될 수 있으면 피하려 하였다.

이에 비교하여, 후한의 동북쪽 변경에서 그와 국경을 접하고 있는 고구려의 입장은 달랐다. 고구려는 주몽이란 군사적 이주집단이 중심이 되어 건국하였고, 건국 초기부터 주변의 여러 정치세력에 대해 끊임없이 군사적 방식의 정치적 통합을 진행시키고 있었다. 이러한 특성을 지닌 고구려에게 전한 말의 오랜 정치적 혼란에 이은 왕망의 정치적 실패, 그로 인한 중원의 분열과 뒤이은 광무제의 후한 건국 등 혼란한 시대상황은 고구려의 정치적 영역 및 영향력을 중원으로까지 확대할 수 있는 절호의 계기로 인식되었다. 그리고 고구려는 그런 계기를 유효적절하게 활용할 수 있는 군사적 및 정치적 역량도 현실적으로 지니고 있었다.

중원이 이렇게 혼란한 상황임에도 불구하고, 『삼국사기』에는 대무신왕11년(서기28년) 7월 한(漢)의 요동태수(遼東太守)가 군사를 거느리고 먼저 공격해왔다고 기록하고 있다. 이때 대응전략을 논의하면서 고구려의 우보(右輔) 송옥구(松屋句)는 대무신왕에게 다음과 같은 분석을 내놓았다.

---

155) 『後漢書』卷11下 「光武帝紀」第1下 "初, 帝在兵閒久, 厭武事, 且知天下疲耗, 思樂息肩。自隴、蜀平後, 非儆急, 未嘗復言軍旅。皇太子嘗問攻戰之事, 帝曰, 「昔衛靈公問陳, 孔子不對, 此非爾所及。」每旦視朝, 日仄乃罷。數引公卿、郎、將講論經理, 夜分乃寐。皇太子見帝勤勞不怠, 承閒諫曰, 「陛下有禹湯之明, 而失黃老養性之福, 願頤愛精神, 優游自寧。」帝曰, 「我自樂此, 不為疲也。」雖身濟大業, 兢兢如不及, 故能明慎政體, 總髓權綱, 量時度力, 舉無過事。退功臣而進文吏, 戢弓矢而散馬牛, 雖道未方古, 斯亦止戈之武焉。". "그치다"란 의미의 지(止) 자와 "싸움"을 상징하는 과(戈) 자의 결합이 무(武) 자임을 활용하여 "이 또한 싸움[戈)]을 멈추게[止] 하는 무(武)이다(斯亦止戈之武焉)"라고 표현한 그의 말에 당시 광무제가 지녔던 전쟁에 대한 입장이 잘 담겨있다.

> 지금 중국에는 흉년이 들고 도적이 봉기함에도 불구하고, 명분 없이 전쟁을 일으켰으니, 이는 군신(君臣)의 정책으로 결정한 것이 아니고 필시 변방의 장수가 이익을 추구하여 우리나라를 무단침입한 것입니다. 천도(天道)를 거스르고 인리(人理)를 어기면 그 군사는 반드시 공을 이루지 못할 것이니, 험한 곳에 의지하여 불시에 기습하면 반드시 이길 수 있을 것입니다.[156]

우보 송옥구의 분석대로, 위의 요동태수 침입 기록이 사실이라면, 그때의 요동태수 침입은 중원 조정의 결정이 아닌 변방의 장수 개인에 의해 이루어진 것임이 분명하다.

침입이 이루어졌다는 서기28년은 광무제가 즉위하고 그 3년 뒤로서, 이때 현재 북경 일대의 동북 지역은 유수(劉秀)의 부장(部將)이었던 어양태수 팽총(彭寵)이 차지하여 스스로 연왕(燕王)이라 자처하며 광무제와 대립하고 있었다. 팽총은 유주(幽州)의 어양, 상곡, 우북평 일대를 지배하고 있었다. 그 이전인 서기 26년에 유주의 군정(軍政)을 통괄하는 최고 관직인 유주목(幽州牧)에 주부(朱浮)가 봉해져 계성(薊城 : 현재의 북경 서남쪽에 위치함)에 치소(治所)를 두고 있었는데, 팽총은 그 주부를 공격하였고, 주부가 계성을 버리고 도망하자 팽총은 유주의 실질적인 지배자가 되어 있었던 것이다. 이렇듯 중원의 동북 일대를 장악하고 있던 팽총이 그의 노예인 자밀(子密)에 의해 살해되고 유주 일대가 평정된 것은 서기29년 이후이다.

이러한 상황을 고려할 때, 서기28년에 광무제가 중원 동북에 위치한 요동태수를 움직여 고구려를 침입하게 했다고 볼 수는 없다. 그 당시의 광무제는 고구려를 먼저 침공할 이유도 없었고, 대외원정을 벌일

---

156) 『三國史記』卷第14 「高句麗本紀」第2 大武神王 “右輔松屋句曰, 臣聞, 恃德者昌, 恃力者亡。今中國荒儉, 盜賊蜂起, 而兵出無名, 此非君臣定策, 必是邊將規利, 擅侵吾邦。逆天違人 師必無功 憑險出奇 破之必矣。”.

그러한 군사적 여력도 가지고 있지 못했다.[157] 실제로 서기25년에 건국한 광무제는 서기27년부터 37년까지 10여 년 동안 후한 내부의 할거 정치세력을 통합하는 전쟁에 집중할 수밖에 없었다. 만약 광무제가 고구려를 정벌하고 싶은 의도를 가졌더라도, 아직 현재의 북경 일대에 대한 지배권조차 전혀 장악하지 못한 상태에서 막대한 전비(戰費)와 손실이 예상되는 전쟁에 요동태수를 동원하기는 불가능했을 것이다. 그러므로 서기28년 한(漢) 요동태수의 고구려 침입은 송옥구의 분석 그대로, 변방의 장수인 요동태수 개인의 결정에 의한 침공으로 볼 수밖에 없는 것이다.

당시 고구려의 좌보(左輔) 을두지(乙豆智)는 적은 병력으로 큰 병력을 이길 수 있는 방책으로 적을 종심(從心)으로 깊이 끌어들여 "성문을 닫고 스스로 굳게 지키며 적군의 피로함을 기다렸다가 나가서 치는" 전법을 대응전략으로 왕에게 건의하여 채택되었다.[158] 요동태수는 그런 전략에 말려들어 위나암성(尉那巖城)을 포위하고 항복을 기다렸다. 그러나 성 안 연못의 잉어와 함께 대무신왕이 보내온 친서를 받아본 요동태수는 위나암성이 결코 쉽게 함락되지 않을 것임을 파악하고

157) 광무제 초기 대외전쟁을 일으킬 수 없는 후한의 이러한 입장은 사서에 "광무제 초에는 바야흐로 제하(諸夏 : 중국을 말함)를 평정하느라 바깥에서 일을 벌일 겨를이 없었다."고 서술되어 있다(『後漢書』卷89 「南匈奴列傳」第79 "建武初, 彭寵反畔於漁陽, 單于與共連兵, 因復權立盧芳, 使入居五原。光武初, 方平諸夏, 未遑外事。").

158) 고구려는 대외 영토확장과 그에 따르는 전쟁에서 내적 수비를 강화하기 위해 왕성을 중심에 놓고 사방으로 거미줄처럼 뻗어나가는 방어체계를 구축하였다. 또한 그 독특한 자연지리조건을 이용하면서, 동방의 병학(兵学)을 근본으로 하여 장기간 끊이지 않는 전쟁을 실행하는 중에 특색을 갖춘 일련의 전역(戰役) 전술(戰術) 사상과 일련의 전법(戰法)을 형성하게 되었다. 서기28년 한(漢) 요동태수의 침입을 맞아 우보 을두지가 건의하여 실행한 이 전법은 고구려의 대표적인 9가지 전법 중의 청야견벽(淸野堅壁) 전법에 해당한다. 이 전법은 적이 큰 규모로 침입해올 때 적을 종심(縱深)으로 깊이 들어오게 하여 전선을 연장시키고 적의 물자보급 등을 어렵게 만들고 적의 전투력을 크게 약화시킨 후 공격하여 승리하는 전법이다. 물론 이를 위해 적이 진군하는 노선에서 성 밖에 있는 모든 인원, 양식, 물자 및 사용가능한 것들 모두를 철저하게 높은 산이나 협곡에 분산시켜 적이 이용할 물자나 사람이 없도록 만들어 놓는다(黃斌・刘厚生, 『高句丽史话』, 远方出版社, 2005, 166~176쪽 참조).

"구실(口實)을 만들어" 스스로 철수하면서 전쟁은 끝났다고 『삼국사기』는 전하고 있다.[159)]

정치경제적으로 혼란한 상황에 있던 후한에 대한 고구려의 직접적인 첫번째 군사행동은, 후한의 낙랑군을 침략하여 멸망시키는 것으로 나타났다. 이는 서기전 108년에 한(漢)의 무제가 위만조선을 멸망시키고 설치했다는 한사군의 중심이라 할 수 있는 낙랑군을 멸망시키는, 역사적 상징성을 지닌 사건임에도 『삼국사기』는 다음과 같이 매우 간결하게 이 사건을 기록했다.

> (대무신왕) 20년(서기37년) 왕은 낙랑을 습격하여 이를 멸망시켰다.[160)]

대무신왕 20년(서기37년)의 일이었다. 이로서 한(漢)의 무제가 서기전 108년에 세웠던 낙랑군은 역사 속에서 완전하게 사라지고, 단지 낙랑군이 있던 그 지역에 낙랑이란 지명만이 남아있게 되었다.

당시 고구려가 낙랑군을 멸망시키고 또 그 지역을 점령했지만, 광무제는 그에 대한 어떠한 군사적 대응을 하지 못했다. 광무제는 내란 중인 중원을 통일시키는 전쟁에 집중하고 있었기 때문이었다. 고구려의 낙랑 정복에 대한 후한 광무제의 군사적 대응은 그 7년 뒤인 서기44년(광무제 건무20년, 대무신왕27년)에야 시작될 수 있었다. 이에 대해 『삼국사기』는 다음과 같이 기록하고 있다.

> (대무신왕) 27년(서기44년) 9월에 후한의 광무제가 군사를 파견하여

---

159) 그러나 서기28년의 요동태수 침입 사건은 유일하게 『삼국사기』에만 기록되어 있어, 다른 사료와 비교하며 그 정확한 사실 관계를 파악하는 것이 불가능하다. 관련 사료의 부족으로, 이 사건이 역사적 사실이었는지에 대해서는 앞으로 더욱 검토가 필요하다.

160) 『三國史記』卷第14 「高句麗本紀」第2 大武神王 20年 "王襲樂浪滅之".

> 바다를 건너 낙랑을 쳐서 그 땅을 빼앗아 군현을 삼으니 살수(薩水) 이남이 한(漢)에 속하게 되었다.161)

여기서 광무제가 고구려로부터 빼앗은 낙랑이란 서기37년에 고구려가 멸망시킨 후한의 낙랑군이 아니라, 서기32년(대무신왕15년, 광무제 건무8년) 고구려가 멸망시킨 최리(崔理)의 낙랑국을 말하는 것이다. 이 낙랑국은 한반도의 대동강 일대를 중심으로 한 국가였는데, 명칭을 낙랑(국)으로 부르고 있었던 것이다. 한반도의 낙랑(국)은 한무제가 서기전 108년에 세운 낙랑군과는 완전하게 다른 것이다. 『삼국사기』는 고구려에 의한 최리의 낙랑(국) 멸망에 대해 다음과 같이 기록하고 있다.

> (대무신왕)15년(서기32년) 4월 왕자 호동이 옥저 지방을 유람하였는데, 마침 낙랑왕(樂浪王) 최리(崔理)가 그곳을 순행하다가 호동을 보고 "군(君)의 얼굴을 보니 보통 사람이 아닌 듯하니 혹 북국신왕(北國神王)의 아들이 아니냐?"하며 드디어 그를 데리고 돌아와 사위로 삼았다. 그 후 호동이 귀국하여 몰래 사람을 보내 최리의 딸에게 "너의 나라 무고(武庫)에 들어가 고각(鼓角)을 부수면, 내가 예(禮)로써 맞이할 것이요, 그렇지 않으면 맞지 않겠다."고 하였다. 낙랑에는 고각이 있어 적병이 오면 저절로 울리기 때문에 부수게 한 것이다.
>
> 이에 최리의 딸은 잘 드는 칼을 가지고 무고에 들어가 북의 가죽과 취각(吹角)의 주둥아리를 부순 후 호동에게 알렸다.
>
> 호동은 대무신왕에게 낙랑을 습격하자고 하였다. 최리는 고각이 울리지 아니하므로 방어하지 않고 있다가 갑자기 군사가 성 아래에 몰려든 후에야 고각이 부숴진 것을 알았다. 마침내 그 딸을 죽이고 나와 항복하였다.162)

---

161) 『三國史記』卷第14 「高句麗本紀」第2 大武神王 27年 "春九月, 漢光武帝遣兵渡海伐樂浪, 取其地爲郡縣, 薩水已南屬漢。".

162) 『三國史記』卷第14 「高句麗本紀」第2 大武神王 15年 "夏四月, 王子乎童遊於沃沮。樂浪王崔理出行因見之。問曰, 觀君顔色非常人, 豈非北國神王之子乎。遂同歸以女妻之。後好童還國, 潛遣

위의 『삼국사기』 기록처럼 원래 현재의 평양 일대에는 최리가 낙랑왕으로서 지배하고 있던 낙랑(국)이 있었다. 비록 명칭이 비슷하지만, 이 낙랑국은 전한의 무제가 서기전 108년에 설치했던 한사군 중의 낙랑군과는 전혀 관계가 없는 완전히 다른 하나의 독립국이었다.

서기44년 광무제는 고구려에 의해 이미 서기32년에 멸망된 최리의 낙랑국을 고구려로부터 빼앗아 후한의 군현으로 삼은 것이다. 그렇다

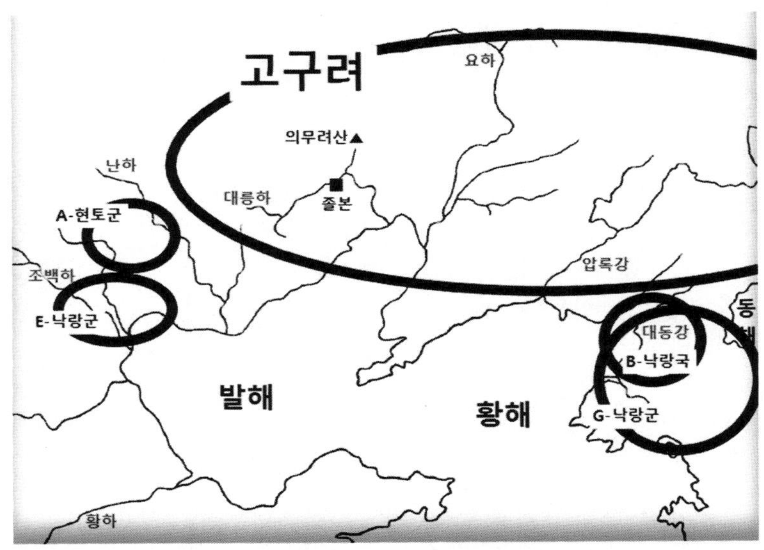

[지도 5] 『삼국사기』에 의한 낙링국, 발해 연안의 낙랑군, 한반도의 낙랑군 변천 지도

서기14년 현토군(A) 중의 고구려현을 고구려가 빼앗음. 32년 고구려가 최리(崔理)의 낙랑국(B)을 멸망시킴. 37년 고구려가 서기전 108년에 세워진 낙랑군(E)을 멸망시킴. 44년 후한의 광무제가 바다를 건너 옛 낙랑국(B) 지역을 빼앗아 낙랑군(G)을 세움,

---

人告崔氏女曰, 若能入而國武庫割破鼓角, 則我以禮迎, 不然則否。先是, 樂浪有鼓角, 若有敵兵則自鳴, 故令破之。於是, 崔女將利刀潛入庫中, 割鼓面角口, 以報好童。好童勸王襲樂浪, 崔理以鼓角不鳴, 不備。我兵掩至城下, 然後知鼓角皆破, 遂殺女子出降(或云 欲滅樂浪遂請婚 娶其女 爲子妻 後使歸本國 壞其兵物)。".

면 서기44년 왜 광무제는 어려움을 무릅쓰고 바다를 건너 한반도에 진출하며 낙랑군을 세웠던 것일까? 광무제는 왜 서기37년에 고구려에게 빼앗긴 발해 연안의 낙랑군을 직접 되찾는 것이 아닌, 전혀 다른 한반도의 옛 낙랑국을 서기44년에 고구려로부터 빼앗아 군현으로 삼았는가?

광무제의 이러한 군사행동은 현재의 북경 동남쪽 일대 등에 위치한 낙랑군을 서기37년에 점령하여 더욱 세력을 서쪽으로 확장하려는 고구려와 정면에서 전면적인 군사대결을 피하면서, 배후의 약한 부분을 공격하여 점령함으로써 적대적 관계인 고구려의 앞뒤 두 방향에서 고구려의 군사적 행동을 억제하기 위한 목적에서 이루어진 전략적 행동으로 볼 수 있다. 다른 한편으로는 당시의 고구려가 군사적으로 서진(西進)에 집중하고 있고, 또한 그 군사적 위력이 상당하기 때문에, 광무제의 한반도 낙랑군 건설이라는 우회적인 방법이 실현 가능성이 높다고 판단했기 때문일 수도 있다.

그리고 광무제의 이러한 전략은 성공적이었다. 광무제가 한반도 중북부 살수 이남 지역에 낙랑군을 설치하자, 주변의 정치세력들이 내부(來附)해 왔다. 『후한서』에 의하면 낙랑군을 설치하던 그 해에 한(韓)의 염사(廉斯) 사람 소마시(蘇馬諟) 등이 낙랑에 와서 공물을 바쳤고, 광무제는 소마시를 한(漢)의 염사읍군(廉斯邑君)으로 봉하며 낙랑군에 소속시켰다고 한다. 또한 건무23년(서기47년) 겨울에 구려 잠지락(蠶支落)의 대가(大加) 대승(戴升) 등 만여 명이 낙랑에 투항하였다고 한다.[163] 대승의 투항에 대해서 『삼국사기』는 "(민중왕) 4년 10월에 잠우부락(蠶友部落)의 대가 대승 등 1만여호가 낙랑으로 가서 한(漢)에

---

163) 『後漢書』卷85 「東夷列傳」第75 韓 및 句驪 "建武二十年, 韓人廉斯人蘇馬諟等詣樂浪貢獻。光武封蘇馬諟為漢廉斯邑君, 使屬樂浪郡, 四時朝謁。" "二十三年冬, 句驪蠶支落大加戴升等萬餘口詣樂浪內屬。".

귀부(歸附)하였다."라고 기록하고 있다.[164] 이 두 기록에서 "만여 명"과 "1만여 호"라는 그 사람의 숫자에서는 큰 차이를 보이지만,[165] 고구려의 고위관료가 백성을 이끌고 후한의 낙랑군으로 투항했다는 내용은 일치하고 있다. 이렇듯 광무제가 한반도에 세운 낙랑군은 이미 그 자리에 오래 존속했던 예전의 낙랑국을 기반으로 주변을 통합하며 한반도 안에 하나의 한족(漢族) 중심 문화 및 정치권을 형성할 수 있었다.

고구려는 점령했던 낙랑국 옛 터를 비록 후한에게 빼앗겼지만, 현재의 북경 동남쪽 일대에 있던 예전의 낙랑군 지역을 기반으로 더욱 서쪽으로 그 영역을 계속 확대하는 데에 집중했다. 당시 고구려가 진출하고자 하는 방향은 중원대륙으로 향하고 있었다. 고구려가 한반도 안의 남부지역으로 눈을 돌려 남진정책을 추진하기 시작한 것은 뒤의 미천왕(美川王) 이후 시기이며, 그 이전 시기 고구려의 군사적 진출은 서방의 대륙으로 집중되고 있었던 것이다.

그러므로 서기37년 후한의 낙랑군 일대를 점령한 것에 이어 고구려는 모본왕 2년(서기49년, 광무제 건무25년) 후한의 우북평(右北平), 어양(漁陽), 상곡(上谷), 태원(太原)을 공격하였다. 이러한 사실을 여러 사서들은 다음과 같이 기록하고 있다.

> (모본왕) 2년(서기49년) 봄에 왕이 장수를 보내 한(漢)의 북평, 어양, 상곡, 태원을 습격하게 하였다. 요동태수 채동(蔡彤)이 은의(恩誼)와 신의(信義)로써 대하므로 다시 화친하였다.[166]

---

164) 『三國史記』卷第14 「高句麗本紀」第2 閔中王4年 "冬十月, 蠶友落部大家戴升等一萬餘家, 詣樂浪投漢(後漢書云 大加戴升等萬餘口)。".

165) 1개의 호(戶)를 5명으로 보았을 때, "1만여명"과 "1만여호"라는 표현에는 그 수에서 4만명의 차이가 생긴다.

166) 『三國史記』卷第14 「高句麗本紀」第2 慕本王2年 "春, 遣將襲漢北平漁陽上谷太原, 而遼東太守

(광무제) 건무25년(서기49년) 봄에 구려가 우북평, 어양, 상곡, 태원을 노략질하였다. 요동태수 제동(祭肜)이 은의와 신의로써 그들을 부르자 모두 다시 화친하였다.[167)]

(광무제) 건무25년(서기49년) 봄 정월에 요동의 밖에 있는 맥인(貊人)이 우북평, 어양, 상곡, 태원을 노략질하였다. 요동태수 제동(祭肜)이 불러 항복시켰다.[168)]

당시 고구려의 공격적인 서진(西進)에 대한 후한의 대응책은 모두 수세적(守勢的)이고 타협적이었다. 여러 사서가 요동태수 제동이 "은의와 신의로써 대하여" 다시 화친하였다고 기재하고 있는 것이다. 그러나 여기서 "은의와 신의"에 의한 화친을 얘기했지만, 실제적으로 군사적 정복을 강행한 고구려에 대해 후한은 많은 물질적 보상을 제공함으로써 고구려 군대를 철수시킬 수 있었음을 추정할 수 있다.

다음의 사서 기록을 통해 고구려가 북평, 어양, 상곡, 태원 지역을 공격하던 서기49년 후한이 주변 여러 정치세력을 물질로 회유하던 상황을 파악할 수 있다.

(광무제) 건무25년(서기49년)에 제동(祭肜)이 사신을 보내어 선비(鮮卑)를 불러 재리(財利)를 보여 주었다. 선비족의 대도호(大都護) 편하(偏何)가 사신을 보내어 봉헌하고 귀화할 것을 원했다. 제동이 위로하고 받아들여 상을 주니 점차 계속해서 친부(親附)하였다. 그와 다른 부족인 만리(滿離)는 고구려에 복속되어 있었는데, 마침 국경에

蔡肜以恩信待之, 乃復和親。".

167) 『後漢書』卷85 「東夷列傳」第75 句驪 "二十五年春, 句驪寇右北平、漁陽、上谷、太原, 而遼東太守祭肜以恩信招之, 皆復款塞。".

168) 『後漢書』卷1下 「光武帝紀」第1下 "二十五春正月, 遼東徼外貊人寇右北平、漁陽、上谷、太原, 遼東太守祭肜招降之。".

> 와서 담비로 만든 겉옷과 좋은 말을 바쳤다. 황제가 곧바로 그 배로 상을 주었다.[169]

선비(鮮卑) 계열의 만리(滿離) 부족을 복속시키고 있던 고구려도 북평, 어양, 상곡, 태원 지역을 공격하고 후한으로부터 화친 제의를 받으면서 화친의 대가로 많은 물질적 보상을 받았을 것이다. 그리고 화친과 함께 철수함으로써 고구려가 이때 공격한 지역에 대해 장기적인 점령은 하지 않지 않았던 것으로 보인다. 그러나 고구려는 서진(西進)의 거점을 확보하고 또 후한의 침략에 대비하는 차원에서 일정한 지역에 대해 방어체계를 형성했던 것으로 보인다. 고구려의 서쪽 지역 방어체계의 형성은 『삼국사기』에 사실 그대로 다음과 같이 기록되어 있다.

> (태조대왕) 3년(서기55년) 봄 2월에, 요서(遼西)에 10개의 성을 쌓아서 한(漢)의 군사를 막았다.[170]

물론 현존하는 사료의 부족으로 태조대왕이 쌓은 요서의 10개 성들의 위치를 파악하기는 어렵지만, 그 당시인 서기55년에 고구려가 후한의 동북쪽을 넓게 장악한 상황을 이해할 수는 있다. 고구려는 서기49년에 우북평, 어양, 상곡, 태원 일대의 중국 내륙지역까지 군사적으로 정벌하였는데 그 이후 태조대왕이 서기55년에 10개의 성을 쌓으면서 그 성들 일대를 서쪽 변경으로 하였던 것이다.

위의 논의를 종합해보면, 고구려는 광무제가 후한을 건국하여 중원 내부를 통합하는 혼란한 상황에서 오히려 서쪽으로의 군사적 진출을

---

169) 『後漢書』卷20 「銚期王霸祭遵列傳」第10 祭遵從弟肜 “二十五年, 乃使招呼鮮卑, 示以財利。其大都護偏何遣使奉獻, 願得歸化, 肜慰納賞賜, 稍復親附。其異種滿離、高句驪之屬, 遂駱驛款塞, 上貂裘好馬, 帝輒倍其賞賜。”.

170) 『三國史記』卷第14 「高句麗本紀」第3 太祖大王3年 “春二月, 築遼西十城以備漢兵。”.

더 적극적으로 추진할 수 있었다. 그 과정에서 서기전 108년 이후 설치되었던 낙랑군을 멸망시켰던 것이다. 후한의 광무제는 중원 내부의 혼란을 어느 정도 정리한 뒤에, 군사적 서진(西進)에 몰두하고 있던 고구려와의 직접적인 전쟁을 피하면서도 그 배후를 위협하기 위해 바다를 건너, 이전에 고구려에 의해 멸망된 낙랑국 지역을 점령하여 낙랑군을 다시 세운 것이다.

낙랑국 및 낙랑군과 관련된 위와 같은 서술은 물론 앞으로 더 고증이 필요한 것이지만, 『삼국사기』에는 분명하게 이와 같이 기록되어 있고, 따라서 12세기 『삼국사기』가 편찬되던 고려시대 당대(當代)는 물론 혹은 그 이전의 시기에도 낙랑군에 대한 그러한 역사인식이 실재했음을 알 수 있는 것이다.

5. 결론

글을 마무리하며 분명히 밝혀둘 점은, 『삼국사기』에 기록된 현토와 낙랑의 위치 및 그 지역의 역사적 위상 등을 '있는 그대로 파악하여' 서술하는 것이 목적이라는 것이다. 즉 『삼국사기』에 담겨진 현토와 낙랑에 대한 12세기 중엽 고려시대인들의 인식을 파악하는 것이 목적이다. 당연히 역사적인 서술 대상에 대한 당대(當代)의 '인식'이 '사실(史實)'과는 다를 수 있다는 점이 충분히 고려되어야 함은 물론이다.

앞선 글을 통해 『삼국사기』 원문의 '본의(本義)'에 따라, 현토 및 낙랑에 대한 12세기 초 고려시대인들의 '인식'을 가능한 '있는 그대로' 파악해보고자 하였다. 그 탐색 과정에, 『삼국사기』는 고구려의 첫 도읍인 졸본이 현재의 중국 요녕성 의무려산 일대에 있었던 것으로 인식하고 있었으며, 현토군 또한 그 졸본 지역의 서쪽에 위치했었다고 인식했음을 알 수 있었다. 현토군 중의 고구려현이 초기 고구려란 국가의 건국 및 발전과 전혀 관계가 없는 존재임도 알 수 있었다.

낙랑에 대한 『삼국사기』의 기록은 낙랑국과 낙랑군을 구별해서 기록했는데, 낙랑군은 서기전 108년에 설치된 것과 서기44년에 광무제에 의해 설치된 것 등 2개가 있었다고 인식했음을 알 수 있었다. 즉 원래 한반도 중북부에 존재했던 최리(崔理)의 낙랑국은 서기32년 고구려에 의해 멸망되었고, 서기전 108년 이후 중국의 동북부에 설치되었던 낙랑군은 고구려의 군사적 서진(西進) 과정에 서기37년에 멸망되었으며, 그 이후 서기44년 후한의 광무제가 바다를 건너 한반도의 옛 낙랑국 지역에 다시 낙랑군을 설치했다고 인식했음을 알 수 있었다.

따라서 이와 같은 『삼국사기』의 현토와 낙랑에 대한 인식은 한국사학계의 기존 소위 '통설'과 상당한 차이가 있음을 확인하였다. 이번 글에 적힌 바와 같은 '인식'과는 관점과 결론이 다른 여러 연구성과들을 대부분 참고하긴 했지만, 의도적으로 본문에서 그에 대한 언급을 피하여 이후의 논란과 논쟁의 여지를 가능한 줄이려 하였다. 이는 이 글을 작성한 목적이 논란과 논쟁이 아닌, 『삼국사기』에 기록된 현토와 낙랑의 위치 및 그 지역의 역사적 위상 등을 '있는 그대로 파악하여' 서술하는 것이기 때문이다.

이상의 내용을 토대로 현토와 낙랑에 대한 한중일 3국의 기존 '통설'과는 다른 '인식'이 고려시대에 있었음을 확인하였는데, 이런 확인이 그 나름의 성과라고 판단한다. 더 나아가 필자는 본고에서 확인된 이러한 '인식'이, 물론 필자의 연구 부족에 따라 매우 낮은 수준의 것이지만, 현토와 낙랑에 관한 한국사학계의 소위 '통설'을 조금이라도 회의(懷疑)해보는 연구자들에게 유용했으면 하는 바람을 갖게 된다.

이미 너무도 분명한 얘기지만, 역사학에서 '통설'이란 '소수설' 및 '다수설'을 넘어 두루 인정되는 학설일 뿐이며, 절대적으로 "올바른 설"이란 의미의 '정설(正說)'이 결코 아니다. 그러므로 역사연구의 진전에 따라, 기존 '통설'의 작은 모순이 드러나고 또 그 '통설'을 극복할 수 있는 정도의 새로운 사실이 제시되면, 그 새로운 사실이 다수설로 지지되면서 기존의 '통설'을 폐기시키게 만든다. 역사학은 바로 이러한 극복 과정을 통해 발전하는 속성을 갖고 있다. '통설' 극복을 통한 역사학의 발전과 그 주체로서의 역사가의 임무에 대해, 펑여우란(馮友蘭)은 다음과 같이 지적하고 있다.

"(사실로 존재하는) 본래(本來)의 역사는 객관적 존재이며, (역사가에 의해) 서술된[寫的] 역사는 주관적 인식이다. 일체의 학문은 모두 객관에 대한 인류의 주관적 인식이다. 주관적 인식은 그가 인식하려는 객관적 대상과 반드시 완전하게 부합(符合)할 수는 없다. 그러므로 일반적으로 말하면, 인식은 기껏해야 단지 상대적인 진리에 불과하다. (역사가에 의해) 서술된 역사와 본래의 역사도 완전하게 부합할 수 없다. 그러한 즉 자연과학은 영원히 진보할 것이며, 자연과학자는 영원히 그 작업을 해야 한다. 서술된 역사도 영원히 다시 쓰여져야 하며, 역사가도 영원히 그런 작업을 해야 한다."171)

짧게 부연하면, 한국사학계의 현토와 낙랑과 관련된 소위 기존의 '통설'은 사실 재검토와 극복이 긴요한 인식 오류 그 자체라고 말할 수 있다. 대부분의 관련 연구자가 아직도 적극적으로 나서서 해결하려고 하지 않으나, 그 해결이 긴급한 과제인 것이다. 그러므로 필자의 연구 능력 부족 등으로 검토가 미진한 부분은 앞으로의 연구를 통해 바로잡고자 한다.

---

171) 冯友兰, 『中国哲学史新编』第一册, 人民出版社, 1982, 1~2쪽

참고문헌

『史記』
『漢書』
『後漢書』
『北史』
『通典』
『舊唐書』
『宣和奉使高麗圖經』
『三國史記』
『東史綱目』
『海東繹史』
楊翼驤 編著, 『秦漢史綱要』, 新知識出版社, 1956.
金哲埈, 「高麗中期의 文化意識과 史學의 性格 : ≪三國史記≫의 性格에 대한 再認識」 『韓國史研究』9, 1973.
李佑成, 「三國史記의 構成과 高麗王朝의 正統意識」 『震檀學報』38, 1974.
顾铭学, 「魏志高句丽传考释」下 『学术研究丛刊』1981年第2期.
冯友兰, 『中国哲学史新编』第一册, 人民出版社, 1982.
韓永愚, 「高麗～朝鮮前期의 箕子認識」 『韓國文化』3, 1982.
韓永愚, 「高麗圖經에 나타난 徐兢의 韓國史體系」 『奎章閣』7, 1983
崔在錫, 「高句麗의 五部」 『사회와 역사』4, 1986.
國史編纂委員會, 『국역 中國正史朝鮮傳』, 國史編纂委員會, 1986.
강맹산, 「고구려의 오부」 『연변대학조선학국제학술토론회론문집』, 1989.
Shultz, Edward J, 「金富軾과 ≪三國史記≫」 『韓國史研究』73, 1991.
军事科学院 主编, 『中国军事通史』第5卷 西汉军事史, 军事科学出版社, 1998.
朴灿奎, 『≪三国志·高句丽传≫研究』, 吉林人民出版社, 2000.
金塘澤, 「高麗 仁宗朝의 西京遷都·稱帝建元·金國征伐論과 金富軾의 ≪三國史記≫ 편찬」 『歷史學報』第170輯, 2001.
이강래, 「김부식은 왜 『삼국사기』를 편찬했나」 『내일을 여는 역사』16, 2004.
徐毅植, 「『三國史記』의 事實 認識과 歷史研究者의 姿勢」 『역사교육』92, 2004.

耿铁华.「王莽征高句丽兵伐胡史料与高句丽王系问题」『高句丽史论考』, 2005.
黃斌·刘厚生,『高句丽史话』, 远方出版社, 2005.
기수연,「현토군(玄菟郡)과 고구려(高句麗)의 건국에 대한 연구」『고구려발해연구』29집, 2007.
梁志龙,「关于高句丽建国初期王都的探讨」『2008년 한·중 고구려역사 연구 학술회의』, 동북아역사재단, 2008.
이강래,『삼국사기 인식론』, 일지사, 2011.
김성규,「'선화봉사고려사절단'의 일정과 활동에 대하여」『한국중세사연구』40, 2014.
윤경진,「고려의 건국과 고구려계승의식」『한국문화』68, 2014.
임찬경,「『고려도경』·『삼국사기』의 고구려 건국 연대와 첫도읍 졸본」『국학연구』제19집, 2015.
임찬경,「고구려 첫 도읍 위치 비정에 관한 검토」『仙道文化』제20권, 2016.

제2부

고구려 평양의 위치에 대한 새로운 고증

고구려 평양 위치 왜곡과 그 극복 방안*

원래 이 부분에, 2017년 6월 30일에 출간된 논문집인 『고구려의 평양과 그 여운』(주류성)에 실린 논문인 「고구려 평양 위치 인식 오류 형성과정에 관한 검토」를 소개하고 싶었다. 그러나 저작권 문제로 그 논문을 실을 수 없어 그 논문을 같은 주제로 대폭 내용을 수정해야 했다. 그런데 여러 가지 사정으로 논문 수정이 늦어지고 있던 중에, 한국간도학회(韓國間島學會)가 2019년 10월 7일 개최하는 학술회의에서 고구려 평양 위치 관련 논문을 발표해달라는 요청을 받게 되었고, 이로서 논문을 발표하여 『間島學報』제2권제2호(통권 제4호)에 실리게 되었다.

신채호가 "조선사를 말하려면 평양부터 알아야 할 것이다. …평양 위치의 문제만 결정되면 다른 지리의 해석은 쉬워지는 까닭이다."라고 말했듯, 평양의 위치 연구는 한국고대사를 바로잡는 주요한 첫 작업이 될 수 있다. 이 논문은 고려 및 조선시대와 일제강점기 또는 그 이후에 평양의 위치가 잘못 왜곡되는 과정, 평양 위치 왜곡에 따른 고구려사의 전반적 왜곡, 평양 위치 인식의 명백한 오류 및 왜곡을 계속 유지되도록 만드는 사회적 기제(機制) 및 그 극복 방안을 검토할 목적에서 작성되었다.

이 논문에서는 고구려 평양의 위치에 대한 인식의 오류가 어떤 주체에 의해, 어떠한 원인이나 목적에 의해, 어떻게 형성되었는지에 대

* 2019년 10월 7일 한국간도학회의 학술회의에서 발표하여, 『間島學報』 제2권제2호(통권4호)에 실린 논문임.

해 고려시대와 조선시대 그리고 근대 이후로 시기를 구분하여 살펴보았다. 또한 각 시기에 형성된 고구려 평양 위치에 대한 인식의 오류가 어떻게 소멸되지 않고 어떤 기제(機制)에 의해 오랜 기간, 심지어 지금까지도 유지되고 있는지 등에 대해서 검토하였다. 또 그 극복 방안도 모색해보았다.

1. 서론

필자는 최근 몇 년에 걸쳐, 고구려사와 관련한 역사왜곡을 근본적으로 바로잡기 위한 일련의 연구결과들을 발표하였다. 2015년 12월의 학술회의에서는 고구려의 첫 도읍인 졸본(卒本)의 위치가 중국 요녕성(遼寧省) 환인(桓仁) 일대가 아닌 요녕성 의무려산(醫巫閭山)과 의현(義縣) 일대라고 새롭게 밝혔다(아래 [지도 1]의 졸본 위치 참조).[172] 또한 고구려의 건국연대도 서기전 37년이 아니라, 서기전 2세기 이전임을 분명히 밝혔다.[173]

172) 임찬경, 「고구려 첫 도읍 위치 비정에 관한 검토」, 『仙道文化』제20권, 국제뇌교육종합대학원 국학연구원, 2016.

173) 임찬경, 「『고려도경』·『삼국사기』의 고구려 건국 연대와 첫 도읍 졸본」, 『국학연구』제19집, 국학연구소. 2015.

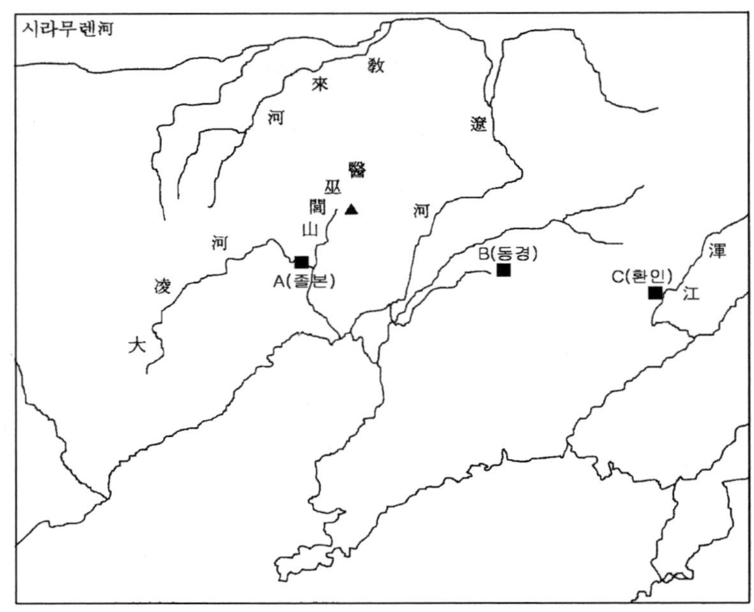

[지도 1] 『삼국사기』에 비정된 고구려 첫 도읍 졸본(흘승골성)의 위치(A).

B(동경)는 요(遼)의 동경(東京)으로 현재의 요녕성 요양이며, C(환인)는 지금까지 고구려 첫 도읍으로 잘못 알려져 온 요녕성 환인만족자치현이다. 비교를 위해 B와 C를 표시했다.

고구려 첫 도읍인 졸본의 위치는 『삼국사기(三國史記)』에 분명하게 그 위치가 기록되어 있어 논란의 여지가 비교적 적다. 『삼국사기』의 편찬자들은 『후한서(後漢書)』와 『한서(漢書)』 등에 기록된 한사군(漢四郡) 중의 현토군(玄菟郡) 위치를 의무려산 인근으로 인식하고 있었다. 또한 이러한 문헌들에 근거하여, 주몽(朱蒙)이 도읍한 졸본이 한(漢)의 현토군 경계에 위치했었는데, 이 지역은 요(遼)의 동경(東京, 현재의 중국 요녕성 遼陽)에서 서쪽으로 요하(遼河)를 건너 하루 이틀 가야 도달하는 의주(義州, 현재의 義縣) 일대라고 분명하게 인식하고 있었다. 여기에서 『삼국사기』의 편찬자들은 그들의 고구려 첫 도읍 위치 비정에 현지를 직접 다녀온 견문에 의한 지리정보를 활용하였음을 밝히고 있다. 즉 1125년 요(遼)가 멸망하기 이전에 연경(燕京, 지금의 北京 일대)에 왕래하는 고려의 사신들이 동경(東京, 현재의 遼陽)을 지나고 요수(遼水)를 건너 서쪽으로 하루 이틀을 가면 의주에 이르러서, 다시 연경 방향으로 향한다는 것이다. 이러한 사신 왕래 과정에 고구려 초기 도읍이 그곳에 위치했음을 알게 되었기 때문에, 『삼국사기』의 편찬자들은 그 책에 졸본의 위치를 "때문에 그러함을 알 수 있다."고 서술한 것이다.[174] 요(遼)가 멸망한 1125년 이후 20년만인 1145년에 『삼국사기』가 완성되었는데, 그때의 편찬자들에게는 요(遼)와의 사신(使臣) 왕래 과정에 수집한 요(遼)의 동경이나 요수 및 그 서쪽의 의무려산 일대에 대한 여러 유형의 체험적 지리정보가 있었을 것이며, 이렇게 체험으로 파악된 지역들에서 고구려의 첫 도읍인 흘승골성(紇升骨城) 즉 졸본의 위치를 비정했던 것이다.

2016년 6월의 학술회의에서 필자는 고구려가 427년에 천도한 평양의 위치가 현재의 북한 평양이 아니라는 사실도 밝혀냈다.[175] 사실 427년 장수왕이 천도한 평양이 지금의 북한 평양이라는 역사왜곡은 『구당서(舊唐書)』의 잘못된 기록에서 비롯되었으며, 이후 북송(北宋)의 구양수(歐陽修, 1007~1072년) 등이 『구당서』의 평양 관련 기록을 『신당서(新唐書)』에 그대로 옮겨놓으면서 왜곡은 더욱 심화되었다. 유구(劉昫,

---

174) 『三國史記』卷第37 「雜志」 地理 第4 高句麗 "漢書志云, 遼東郡, 距洛陽三千六百里, 屬縣有無慮. 則周禮北鎮醫巫閭山也, 大遼於其下置醫州. 玄菟郡, 距洛陽東北四千里, 所屬三縣, 高句麗是其一焉. 則所謂朱蒙所都紇升骨城·卒本者, 蓋漢玄菟郡之界, 大遼國東京之西, 漢志所謂玄菟屬縣高句麗是歟. 昔大遼未亡時, 遼帝在燕景, 則吾人朝聘者, 過東京涉遼水, 一兩日行至醫州, 以向燕薊, 故知其然也."

175) 임찬경, 「고구려 평양 위치 인식 오류 형성 과정에 관한 검토」, 『고구려의 평양과 그 여운』, 주류성, 2017.

887~946년)의 주관 아래 940년에 편찬을 시작하여 945년에 완성한 『구당서』가 고구려 평양성을 한(漢)의 낙랑군과 관련시켜 그 위치를 현재의 북한 평양 일대로 왜곡시킨 배경은 그 사서의 편찬 시기, 그 사서에서의 자료 수집 과정, 그리고 당시의 사관(史觀)과 관련이 있다. 그러나 『삼국사기』의 편찬자들은 아무런 비판없이 『구당서』 및 『신당서』의 평양성 관련 기록을 근거로 "평양성은 지금의 서경(西京)인 듯한데", "그렇다면 패수는 곧 대동강(大同江)이고", "지금의 대동강이 패수(浿水)가 됨이 명백하여", "서경이 평양이 됨을 또한 알 수 있겠다."고 서술했다.[176] 추정(推定)만이 있었을 뿐, 논증(論證)이 전혀 없는 것이다. 고구려의 평양성이 대동강 가에 위치한 현재의 평양일 것이라고 추정하였지만, 실증(實證)을 할 수 없었던 것이다.

『삼국사기』에서 잘못 서술된 평양 위치 인식 오류는 이후의 조선시대에 기자(箕子)와 평양을 연관시키면서 더욱 왜곡되었다. 고려 말에서 조선 초기의 고대 평양 관련 언급에서, "우리 동방 수천 년 예의의 교화를 이루게 한" 기자(箕子)와의 관련성을 부각시킴은,[177] 당시의 지배층이 지닌 문화의식 및 사대(事大) 정책과 깊은 관련이 있다. 조선 초기부터 사대적(事大的) 역사인식과 서술이 강화되면서 역사지리 연구에서 나타난 경향은 단군(檀君), 기자(箕子), 위만(衛滿), 한사군의 낙랑 등이 모두 대동강 강변 현재의 북한 평양 일대로 설정되는 것이

---

176) 『三國史記』卷第37 「雜志」 地理 第4 高句麗 "平壤城似今西京, 而浿水則大同江是也. 何以知之? 『唐書』云: 平壤城, 漢樂浪郡也, 隨山屈繚爲郛, 南涯浿水." 又 『志』云: 登州東北海行, 南傍海壖過浿江口椒島, 得新羅西北. 又隋煬帝東征詔曰: 滄海道軍, 舟艫千里, 高帆電逝, 巨艦雲飛, 橫絶浿江, 遙造平壤. 以此言之, 今大同江爲浿水, 明矣. 則西京之爲平壤, 亦可知矣. 『唐書』云: 平壤城亦謂長安. 而古記云: 自平壤移長安. 則二城同異遠近, 則不可知矣. 高句麗始居中國北地, 則漸東遷于浿水之側."

177) 『陽村集』卷12 「平壤城大同門樓記」 "予曰平壤卽古朝鮮箕子之所都也 九疇天人之學 八條風俗之美 實基我東方數千載禮義之化 猗歟休哉 自衛滿歷高氏專尙武強 其俗大變 逮夫王氏之世 遼金與元境壤相鄰 熏染胡俗 益以驕悍 是猶岐豐之地."

었다. 기자(箕子)가 현재의 평양 일대에서 조선이란 나라를 문명국으로 교화시키고, 뒤에 한(漢)의 무제(武帝)가 그 평양에 낙랑군을 세웠으며, 한사군 중의 현토군은 압록강 중류 일대에 있었는데 그곳에서 고구려가 건국되었으니, 고구려의 첫 도읍은 압록강 중류 이북 일대에 비정된다는 논리가 조선시대에 나타나서 지배적 인식으로 작용하기 시작한 것이다. 또한 당연히 압록강 중류 일대에 있던 고구려는 427년에 지금의 평양으로 천도했다는 왜곡된 논리도 더욱 강화 및 확산된 것이다.

이후 일제의 식민사관은 조선시대에 왜곡된 평양 위치 인식 오류를 더욱 악화시켰다. 일제가 한국의 고대사는 그 출발부터 식민지의 역사였다는 식민사관을 적용하기 위해, 기자(箕子)에서 시작하여 위만과 한사군으로 이어지는 한국고대사의 중심지는 바로 평양으로 서술되어야만 했다. “조선반도의 나라는 지나(支那, 즉 중국)의 동쪽에 있어, 그 존망(存亡)과 흥폐(興廢)가 항상 동아시아 강국(强國)과 밀접히 연관되어 있었다. 때문에 나라를 세운지 3천여 년 항상 동아시아 열강(列强)의 속박을 받아 단 하루도 독립된 적이 없다. 기자(箕子)가 봉(封)해진 때로부터 지나의 영역이 되었고, 그 뒤 한(漢)이 사군(四郡)을 설치했으며, 당(唐)이 총관(總管)을 두어…”라는 서술처럼,[178] 그 출발부터 “하루도 독립된 적이 없는” 식민지의 역사로서 한국고대사를 서술하려면 고대의 모든 평양은 기자(箕子) 및 위만 그리고 한사군과 연결되

178) 獨頭山熊 譯, 『朝鮮史』, 點石齋書局, 光緒29年, 朝鮮史敍. 1903년 중국 상해에서 출판된 이 책은 일본인 니시무라 유타카(西村豊, 1864~1928년)가 1895년에 출간한 『朝鮮史綱』을 중역(中譯)한 것이다. 그 당시 일제는 한반도는 물론 만주로의 진출도 고려하고 있었다. 그러한 장기적인 침략의도를 지닌 일제는 한반도 역사의 식민 논의를 중국에도 확산시키려 하였다. 그러므로 아직 근대적인 역사서술 방식에 의해 조선사를 서술하지 못한 중국에, 일본인 학자들이 식민사관에 의해 작성한 조선사를 의도적으로 전파하고자 하였다. 그러한 목적으로 이루어진 작업의 하나로서, 이 책이 1903년 중국에서 출간된 것이다. 위에 인용한 부분은 이 책의 서문의 첫 부분으로, 조선의 고대사는 처음부터 중국에 예속된 식민지의 역사로 출발했음을 강조하는 “수천년 동안 하루도 독립된 적이 없는” 조선사의 특성을 강조하고 있다.

어야 했고 또 그 위치는 바로 현재의 북한 평양이어야만 했다.

또한 식민사학을 한국사학으로 성립시켰다고 비판받는 이병도(李丙燾, 1896~1989년)는 일찍이 1923년의 「조선사개강(朝鮮史槪講)」[179] 속의 '한인(漢人) 국가의 흥망과 한사군(漢四郡)의 설치 및 폐지'라는 항목에서 "춘추전국 시기에 평양 일대에 나라를 세운 기씨(箕氏, 즉 箕子)와 그 이후의 한(漢) 시기에 이 지역으로 망명하여 기준(箕準)의 나라를 빼앗은 위만의 조선 모두를 한인(漢人)의 국가로 설정하여, 조선의 고대사를 서술하였다. 또한 서기전 108년 위만의 조선은 한(漢)의 무제에게 멸망되면서, 한반도 중부 이북과 압록강 북쪽의 동가강(佟家江) 유역 및 그 동쪽의 두만강 일대에 한사군이 설치됨으로써 이들 지역 모두는 한(漢)의 식민지가 되었다고 서술하였다."[180] 「조선사개강」에 나타난 이병도의 역사인식에 따르면, 한반도의 조선사는 그 출발부터 "한인(漢人) 국가에 의한 식민지의 역사" 그 자체인 것이다. 이러한 내용의 역사서술은 당시 식민사관에 의한 조선사 서술의 전형적인 것이었다. 이러한 이병도의 고대 평양 위치에 관한 관점은 조선시대 및 일제강점기의 인식 오류를 조금도 벗어나지 못하였다. 이병도의 「조선사개강」은, 일찍이 춘추전국 시대에 이미 한인(漢人)의 국가가 평양 일대를 중심으로 한반도 북부 지역을 점거하였고, 한인(漢人)의 국가인 기씨(箕氏)조선과 위만조선의 뒤를 이어 한(漢) 무제(武帝)

179) 이병도는 1923년 9월 28일부터 1924년 2월 24일까지 『동아일보』에 「조선사개강(朝鮮史槪講)」을 87회에 걸쳐 연재하였다. 조선사(朝鮮史)의 전반 흐름을 정리한 일종의 개설서를 여러 부분으로 나누어 한 회(回)에 200자 원고지 7~8매 정도의 분량을 실은 것이었다. 「조선사개강」은 서론 및 상고사, 중고사, 근세사의 3편으로 나누어 계획되었으나 질병을 이유로 제2편 중고사까지만 연재하고 중단되었다. 만약 원래 계획대로 근세사까지 계속 집필되었다면 200자 원고지 1,000매가 넘는 한 권의 한국사 개설서가 될 수 있었을 것이다(閔賢九, 「斗溪 李丙燾의 修學과정과 초기 學術活動」, 『震檀學報』116, 진단학회, 2012, 280~281쪽).

180) 「朝鮮史開講」(六) 『東亞日報』大正十二年十月四日 및 「朝鮮史開講」(七) 『東亞日報』大正十二年十月五日.

의 한사군이 평양 일대를 중심으로 한반도의 중부 이북과 압록강 중류 이북의 동가강 일대를 다시 지배하였다고 서술했다. 이러한 서술에서 고대 평양은 항상 한국고대사의 중심지이면서, 동시에 그 자체가 한국 고대사의 식민성을 부각시키는 상징이었다.[181] 그리고 427년 장수왕이 천도한 평양 역시 대동강 인근의 그 평양으로 서술되었다.

아쉽게도 한국의 역사학계는 아직도 고구려 평양 관련 인식의 오류에서 전혀 벗어나지 못하고 있다, 그 오류가 분명한데도 학계의 다수가 오래도록 지지해온 소위 '통설(通說)'이라며, 그 오류를 유지시켜 내고 있다. 그러나 위에서 살펴보았듯, 그 통설이 만들어지는 과정은 착오(錯誤) 혹은 그를 넘어선 잘못된 관점인 사대사관(事大史觀) 및 식민사관(植民史觀)에 의한 의도적인 것으로서 일종의 역사왜곡이었음이 분명하다.

위와 같은 인식을 바탕으로 이 논문에서는 427년 장수왕이 천도한 평양과 관련한 몇 가지 문제를 검토해보려 한다. 우선 본문의 첫 부분에서 『삼국사기』의 평양 위치 인식 오류가 형성되는 배경과 그 인식 오류의 실상을 재검토해본다. 다음으로 본문의 두 번째 부분에서는 고구려 평양 위치 인식 오류로 인하여 한국고대사 전반에서 일어난 역사왜곡의 문제를 검토해본다. 끝으로 결론에서는 평양 위치 왜곡의 극복 방안을 모색해보려 한다.

181) 임찬경, 「이병도 한사군 인식의 형성과정에 대한 비판적 검토」, 『국학연구』제18집, 국학연구소, 2014, 228~236쪽,

2. 『삼국사기』의 평양 위치 인식 오류 형성 배경 재검토

필자의 논문인 「고구려 평양 위치 인식 오류 형성 과정에 관한 검토」(2017)에서 이미 분석하였지만,[182] 『삼국사기』는 『구당서』 및 『신당서』의 평양성 관련 기록을 근거로 평양의 위치를 서경 즉 현재의 북한 평양 일대로 비정하였다. 『삼국사기』 권 제37의 관련 부분을 보면, "평양성은 지금의 서경인 듯한데", "그렇다면 패수는 곧 대동강(大同江)이고", "지금의 대동강이 패수가 됨이 명백하여", "서경이 평양이 됨을 또한 알 수 있겠다"고 서술했다. 관련 부분 전체를 번역하면 다음과 같다.

> 평양성은 지금의 서경인 듯하고, 그렇다면 패수는 곧 대동강(大同江)이 이것이다. 어떻게 이를 알 수 있는가? 『당서(唐書)』에서 "평양성은 한(漢)의 낙랑군이다. 산의 굴곡을 따라 외성(外城)을 쌓았으며, 남쪽 물가가 패수이다"라고 기록되어 있으며, 또한 「지리지」에는 "등주(登州)에서 동북쪽 바다로 가서 남쪽으로 해변을 끼고 패강구(浿江口)와 초도(椒島)를 지나면 신라의 서북 지방이 된다."고 했으며, 또한 수(隋)의 양제가 동방을 정벌하는 조서에서는 "창해도(滄海道)의 군사는 배를 천 리에 잇대어, 높이 단 돛은 번개처럼 가고, 큰 배는 구름처럼 나르니, 패강을 가로 끊어 멀리 평양으로 나아간다."고 했으니, 이로써 말하면 지금의 대동강이 패수가 됨이 명백하며, 그렇다면 서경이 평양이 됨을 또한 알 수 있겠다. 『당서』에는 "평양성 또한 장안(長安)이라고 말해진다."고 했으나, 『고기』에서는 "평양으로부터 장안으로 옮겼다"라고 했다. 그러므로 두 성이 같은 곳인지 다른 곳인지, 먼지 가까운지는 알 수가 없다. 고구려는 처음에 중국 북쪽 지역에 있었으니, 그렇다면 점차 동쪽으로 패수 옆으로 옮겨

---

182) 임찬경, 「고구려 평양 위치 인식 오류 형성 과정에 관한 검토」, 『고구려의 평양과 그 여운』, 주류성, 2017. 본문에서 고구려 평양 위치 인식 오류의 형성 및 유지 배경을 분명하게 다시 밝히기 위해 선행 연구인 이 논문을 많은 부분에서 인용할 수밖에 없었음을 밝힌다.

온 것이다.[183]

위에 인용한 『삼국사기』의 고구려 평양 위치에 대한 서술은 실증이 전혀 없는 추정일 뿐이며, 그 추정의 근거들도 모두 일종의 오류 혹은 왜곡에 불과한 것들이다.

1) 『구당서』 및 『신당서』 평양 관련 서술 오류를 답습한 『삼국사기』

『삼국사기』의 편찬자들은 “평양성은 지금의 서경인 듯하고”라는 평양에 대한 추정으로 시작한다. 그렇게 추정하면, 패수는 곧 대동강이라는 것이다. 어떻게 이를 알 수 있는가? “평양성은 한(漢)의 낙랑군이다. 산의 굴곡을 따라 외성(外城)을 쌓았으며, 남쪽 물가가 패수이다.” 라는 『신당서』의 기록을 보면, 평양성이 서경 즉 지금의 북한 평양이며 대동강이 곧 패수임을 알 수 있다고 설명했다. 『삼국사기』의 편찬자들은 『신당서』의 기록을 무비판적으로 받아들여, 평양을 현재의 북한 대동강 일대로 비정한 것이다.

『삼국사기』의 편찬자들이 그들의 평양 관련 서술의 근거로 제시한 『신당서』의 평양 관련 기록은 실은 『구당서』의 다음과 같은 서술을 답습한 것이다.

고구려는 부여로부터 나온 별종(別種)이다. 그 나라는 평양성에 도읍

183) 『三國史記』卷第37 「雜志」 地理 第4 高句麗 “平壤城似今西京, 而浿水則大同江是也. 何以知之? 『唐書』云: 平壤城, 漢樂浪郡也, 隨山屈繚爲郛, 南涯浿水.” 又 『志』云: 登州東北海行, 南傍海壖過浿江口椒島, 得新羅西北. 又隋煬帝東征詔曰: 滄海道軍, 舟艫千里, 高帆電逝, 巨艦雲飛, 橫絶浿江, 遙造平壤. 以此言之, 今大同江爲浿水, 明矣. 則西京之爲平壤, 亦可知矣. 『唐書』云: 平壤城亦謂長安. 而古記云: 自平壤移長安. 則二城同異遠近, 則不可知矣. 高句麗始居中國北地, 則漸東遷于浿水之側.”

> 하였는데, 곧 한(漢) 낙랑군의 옛 지역이며, 경사(京師)에서 동쪽으로 5천1백리 밖에 있다.[184]

위에 인용한 『구당서』의 기록에서 일종의 역사왜곡이 이루어졌는데, 그것은 고구려의 평양성을 한(漢)의 낙랑군과 연관시킴으로써 그 위치를 현재의 북한 평양으로 왜곡한 것이다. 위의 『구당서』 기록은 중국의 이십오사(二十五史)에서 처음으로 평양성을 낙랑군과 연결시켜 그 위치를 왜곡한 첫 기록이다.

『구당서』 이전에 평양성을 언급한 정사(正史)로는 『위서(魏書)』, 『주서(周書)』, 『북사(北史)』, 『수서(隋書)』가 있다. 그러나 이들 사서 모두에서는 평양성을 낙랑군과 연결시키는 기록이 없다. 그들 기록들이 평양과 낙랑군을 연결시켜 서술하지 않은 이유는 명백한데, 바로 평양과 낙랑이라는 두 지역이 전혀 관계가 없었기 때문이다. 이해를 돕기 위해, 대표적으로 『수서』의 평양 관련 기록을 살펴보면 아래와 같은데, 『수서』에도 평양성을 낙랑군과 연결시키는 기록은 없다.

> 그 나라는 동서로 2천리이며, 남북으로 천여리이다. 평양성에 도읍했다. 또한 장안성에 도읍했다고도 말한다. 동서로 6리이며, 산을 따라 굴곡이 지고, 남쪽은 패수에 닿았다. 또한 국내성과 한성(漢城)이 있는데, 모두 도회지로서 그 나라에서는 삼경(三京)이라 부른다.[185]

물론 『구당서』보다 더 이른 시기에 작성된, 정사(正史) 이외의 문헌에서도 고구려 평양성과 낙랑군을 연결시키는 기록을 찾아볼 수 있다.

---

184) 『舊唐書』卷199上 「列傳」第149上 東夷 高麗 "高麗者, 出自扶餘之別種也. 其國都於平壤城, 卽漢樂浪郡之故地, 在京師東五千一百里."

185) 『隋書』卷81 「列傳」第46 高麗 "其國東西二千里, 南北千餘里. 都於平壤城, 亦曰長安城, 東西六里, 隨山屈曲, 南臨浿水. 復有國內城 · 漢城, 並其都會之所, 其國中呼爲三京."

당(唐)의 장수절(張守節)이 736년에 완성했다는 『사기정의(史記正義)』를 보면, 이태(李泰, 618~652년)가 642년에 작성했다는 『괄지지(括地志)』를 인용하며 "『괄지지』에서 말하길, 고려(高驪)는 평양성에 도읍했는데, 한(漢) 낙랑군 왕험성이다."라는 기록이 있다.[186]

그러나 『괄지지』를 인용한 위의 『사기정의』 기록은 그 존재가 의심되는 측면이 있다. 즉 『괄지지』가 쓰여진 642년 무렵에 평양성과 낙랑군을 연결시키는 지리인식이 이미 존재하여 그러한 기록이 가능했다면, 『괄지지』와 비슷한 시기에 쓰여진 다른 정사들에도 그러한 기록들이 남겨졌어야 마땅하다. 그러나 『괄지지』와 비슷한 시기인 7세기에 쓰여진 『주서』와 『수서』 및 『북사』 등의 정사(正史)에는 고구려 평양성과 낙랑군을 연결시키는 기록이 전혀 없다. 이러한 여러 정황으로 판단하면, 『괄지지』는 물론 『주서』와 『수서』 및 『북사』 등이 쓰여지던 7세기까지도 평양성과 낙랑군을 연결시켜 이해하는 지리인식은 분명하지 않았던 것이다.

9세기 초에 이르면, 당(唐)의 두우(杜佑, 735~812년)가 801년에 완성했다는 『통전(通典)』에 고구려의 도읍인 평양성을 낙랑군과 연결시키는 기록들이 분명하게 보인다.

> 고려는 본래 조선의 지역이다. 한(漢)의 무제(武帝)가 현(縣)을 설치하며, 낙랑군에 속하게 했다. 그때는 심히 미약하였다. 후한(後漢) 이후 여러 대를 거치며 모두 중국의 봉작(封爵)을 받았고, 도읍한 곳은 평양성인데, 곧 옛 조선국의 왕험성이다. 후위(後魏)와 주(周) 및 제(齊)의 시기에 점차 강성해졌다.[187]

186) 『史記』卷115 「朝鮮列傳」第55 중의 '朝鮮'에 대한 주석 "【正義】 潮仙二音. 括地志云, 高驪都平壤城, 本漢樂浪郡王險城, 又古云朝鮮地也."

187) 『通典』卷185 「邊防」1 東夷 上 序略 "高麗本朝鮮地, 漢武置縣, 屬樂浪郡, 時甚微弱. 後漢以後, 累代皆受中國封爵, 所都平壤城, 則故朝鮮國王險城也. 後魏・周・齊漸强盛。"

> (고구려) …동진(东晋, 317~420년) 이후로, 그 왕이 머무는 곳은 평양성이다. 즉 한의 낙랑군 왕험성이다. 모용황이 와서 정벌한 이후, 국내성으로 옮겼고, 옮겨 이 성에 도읍했다. 혹은 장안성이라고 말하기도 한다.[188]

그러나 위에 인용한, 『통전』에서 고구려의 도읍을 낙랑군 왕험성과 연결시키는 두 기록 역시 그 존재가 의심되는 점이 있다. 김부식 등이 『삼국사기』「지리지」의 고구려 관련 부분을 서술하면서 그 서두(書頭)에 『통전』을 인용하고 있는데,[189] 그 몇 줄 뒤에 평양성을 서술하면서 위에 소개한 『통전』의 기록들을 전혀 인용하지 않았다. 평양성의 위치에 대한 문헌자료가 극히 적은 상황에서 김부식 등이 위의 인용문과 같이 평양성과 낙랑군을 연결시키는 『통전』의 기록을 보았다면, 평양성의 위치 서술에 반드시 인용했을 법하다. 김부식 등이 『통전』을 저술에 활용했음에도 『삼국사기』「지리지」의 평양 부분 서술에 『통전』을 언급하지 않은 것은, 김부식이 접한 당시의 『통전』 판본에 위와 같이 평양성을 "한의 낙랑군 왕험성"으로 보충설명해주는 기록이 아직 없었던 것은 아닌지 의심스러운 것이다.

위와 같은 여러 상황으로 판단하면, 장수왕이 427년에 천도해간 평양성의 위치를 한(漢)의 낙랑군과 관련시켜 그 위치를 현재의 북한 평양 일대로 왜곡시키기 시작한 사서는 『구당서』이며, 그 이후 북송(北宋)의 구양수(歐陽修, 1007~1072) 등은 『구당서』의 평양 관련 기록을 그대로 옮겨놓는 『신당서』를 작성했다. 『신당서』의 관련 기록은 다음과 같다.

---

188) 『通典』卷186「邊防」2 東夷 下 高句麗 "自東晉以後, 其王所居平壤城, 即漢樂浪郡王險城。自為慕容皝來伐, 後徙國內城, 移都此城。亦曰長安城。"

189) 살펴보면, 『통전』에서 말하기를, 주몽이 한(漢) 건소(建昭) 2년에 북부여로부터 동남으로 가서, 보술수(普述水)를 건너 흘승골성(紇升骨城)에 이르러 거주하며, 구려(句麗)라 칭하고, 고(高)를 성씨로 했다고 한다(『三國史記』卷第37「雜志」第6 地理 第4 高句麗 "按, 『通典』云: 朱蒙以漢建昭二年, 自北扶餘東南行, 渡普述水, 至紇升骨城居焉. 號曰句麗, 以高爲氏.").

> 고려는 본래 부여의 별종(別種)이다. 그 지역은 동쪽으로 바다를 건너 신라에 이르고, 남쪽으로 역시 바다를 건너 백제에 이르며, 서북쪽으로 요수를 건너 영주(營州)와 접하고 있고, 북쪽은 말갈이다. 그 왕은 평양성에 머무는데, 또한 장안성에 머문다고도 말하며, 한(漢)의 낙랑군이다. 경사(京師)에서 5천리 떨어져 있다. 산의 굴곡을 따라 외성(外城)을 쌓았으며, 남쪽 물가가 패수인데, 그 왼쪽에 왕이 궁을 쌓았다. 또한 국내성과 한성이 있는데, 별도(別都)라 부른다.[190]

1145년에 작성된 『삼국사기』에서 김부식 등은 『구당서』를 답습한 『신당서』의 관련 기록만을 근거로, 장수왕이 427년에 천도한 평양성을 현재의 북한 평양 대동강 일대로 추정하였던 것이다.

『구당서』가 고구려 평양성을 한(漢)의 낙랑과 관련시켜 그 위치를 현재의 북한 평양 일대로 왜곡시킨 배경은 그 사서의 편찬 시기, 그 사서에서의 자료 수집 과정, 그리고 당시의 사관(史觀)과 관련이 있다. 이들 사항을 검토하면, 『구당서』에 평양성의 위치 관련 왜곡이 기록된 상황을 이해할 수 있는 것이다.

『구당서』는 유구(劉昫, 887~946년)의 주관 아래 940년에 편찬을 시작하여 945년에 완성하였는데, 특이한 점으로, 삼국 중 신라와 관련해서는 신라 문성왕3년(841년)까지의 사실을 기록하고 있다.[191] 즉 『구당서』는 945년에 완성되면서, 그 작성 시점까지 수집될 수 있는 여러 자료들이 삼국과 관련된 서술에 반영되었다고 볼 수 있는 것이다. 『구당서』가 완성되던 945년은 918년에 성립된 고려가 『구당서』를 작성한 유구의 소속국가인 후진(後晋, 936~947년)과 일련의 국제교류를 진

---

190) 『新唐書』卷220 「列傳」第145 東夷 高麗 "高麗, 本扶餘別種也. 地東跨海距新羅, 南亦跨海距百濟, 西北度遼水與營州接, 北靺鞨. 其君居平壤城, 亦謂長安城, 漢樂浪郡也, 去京師五千里而贏, 隨山屈繚爲郛, 南涯浿水, 王築宮其左. 又有國內城·漢城, 號別都."

191) 國史編纂委員會, 『국역 中國正史朝鮮傳』, 國史編纂委員會, 1986, 160쪽.

행하던 시기이다.

당시 유구는 후진(後晋)의 동중서문하평장사(同中書門下平章事)란 직책으로서 『구당서』의 편찬을 주관했는데, 그 사서의 편찬 기간에 후진은 고려와 정치적·문화적인 교류관계를 유지하고 있었다. 『해동역사(海東繹史)』에는 941년 후진이 고려의 왕건을 고려국왕에 봉하고, 또 사신들을 고려로 파견하여 책명(冊命)했다는 『책부원귀(冊府元龜)』의 기사를 인용하고 있다. 또한 『해동역사』에는 왕건이 고려에 와 머물던 서역의 승려 말라(襪囉)를 다시 후진으로 보내어, 후진에게 함께 거란을 공격하자는 제의를 했다는 『속통전(續通典)』의 기록을 인용하며, 고려가 후진과 교류한 사실들을 전하고 있다.[192)]

이러한 교류의 시기에 『구당서』의 편찬이 이루어지는데, 적지 않은 교류 과정에 파악되어 후진 사회에 전해진 고려사회의 평양 관련 지리인식 등이 당연히 『구당서』의 평양성 관련 기록에 영향을 미쳤을 수 있다. 즉 10세기에 살고 있던 저자들이 3백여년 이전의 고구려 평양성 관련 사실을 기록하면서, 저자들이 생활하던 그 시대의 지리인식 즉 918년에 건국된 고려와 교류하며 형성된 당대(當代)의 지리인식을 적용시켰을 수 있는 것이다. 또한 현재 중국의 소위 '동북공정(東北工程)'[193)]

---

192) 韓致奫, 『海東繹史』 第12卷 世紀12 「高麗」1.

193) '동북 변경의 역사와 현상에 관한 일련의 연구 공정(東北邊疆歷史與現狀系列研究工程)'의 줄임말인 동북공정은 2002년 2월부터 본격화되었지만, 그 준비는 1983년 중국사회과학원 산하에 설치된 '변강사지연구중심(邊疆史地研究中心)' 등에 의해 오래도록 준비되었다. 동북공정의 구체적 내용은 중국 동북지방의 역사, 지리, 민족문제 등과 관련한 중국의 정치적 입장을 정리하는 것이다. 그 본질은 장기적으로 남북통일 이후의 국경문제 등을 비롯한 영토문제를 공고히 하기 위한 작업이라 볼 수 있다(최광식, 「'東北工程'의 배경과 내용 및 대응방안-고구려사 연구동향과 문제점을 중심으로-」, 『한국고대사연구』33, 한국고대사학회, 2004, 6~8쪽). 동북공정은 본질적으로 인접국가 특히 한반도 정세변화에 기인하는 중국 동북지방의 불안정 가능성을 해소하려는 국가전략 사업임을 알 수 있다(이병호, 「'東北工程' 前史」, 『동북아역사논총』20, 동북아역사재단, 2008, 244쪽). 동북공정은 한국사학계뿐만 아니라 광범위한 시민사회단체의 대응을 촉발시켰으며, 역사 관련 시민단체들은 정부의 대응이 체계적이지 못하고 미온적이라고 강하게 비판하기도 했다(이병호, 앞의 논문, 208~213쪽).

과 비슷한 시각으로 고구려사를 의도적으로 왜곡하기 위해 평양성 관련 기록을 낙랑과 연결시켜 남겨놓았을 가능성도 높다. 어쨌든 10세기에 그렇게 형성된 평양 관련 왜곡이 12세기의 『삼국사기』 저자들에게 답습되고, 현재까지도 영향을 미친다고 파악할 수 있다.

2) 초기의 고려 지배층에 존재하던 평양 인식의 오류

후진의 유구에 의해 『구당서』의 편찬이 완성되던 945년을 전후한 시기에 후진은 고려와 교류하고 있었는데, 그 당시의 고려 지배층 사이에 고구려가 586년에 천도했던 장안성(長安城) 즉 현재의 북한 평양 지역을 마치 장수왕이 427년에 천도했던 평양성처럼 인식하려는 경향도 존재하고 있었다.

물론 현재의 북한 평양 일대에 설치되었던 장안성은 고구려 장수왕이 427년에 천도했던 평양과는 완전히 그 실체가 다른 것이다. 장안성은 양원왕(陽原王) 시기인 552년에 비로소 축조되기 시작한 성으로서,[194] 중국 남북조 시기의 혼란 속에 수(隋)가 건국하는 것을 지켜본 평원왕(平原王)이 586년에 천도한 곳이다.[195] 그 장안성의 위치가 바로 대동강 가에 있던 현재 북한의 평양이다. 그런데 당(唐)의 침입으로 고구려가 정치적으로 해체된 668년 이후 오랜 시간이 지난 918년에 건국된 고려 초기에 장안성을 마치 장수왕이 427년에 천도했던 평양성인 것처럼 잘못 인식하려는 경향이 나타나기 시작하였던 것이다.

여기서 특별히 주목할 점은, 고구려 계승을 선포하며 건국한 고려의 건국 주도세력들 다수가 장안성을 마침 평양처럼 보려는 인식을 가지려 했다는 것이다. 이들은 고려라는 국호를 통해 고구려를 계승했다고

194) 『三國史記』卷第19 「高句麗本紀」第7 陽原王 "八年, 築長安城."

195) 『三國史記』卷第19 「高句麗本紀」第7 平原王 "二十八年, 移都長安城."

자처했으며, 나아가 그 인식에 근거하여 고구려의 고도(古都)인 평양을 복원하려 했다. 고려 초기에 건국주도세력들이 정책적으로 추진한 평양 복원 노력으로, 다음과 같은 사례를 들 수 있다.

> (918년, 고려 태조가) 여러 신하들에게 유시(諭示)하기를, "평양은 옛 도읍으로 황폐한 지 비록 오래지만 터는 그대로 남아 있다. 그러나 가시덤불이 무성해 번인(蕃人)이 그 사이를 사냥하느라 옮겨 다니고 이로 인하여 변경 고을을 침략하니 그 피해가 매우 크다. 마땅히 백성을 이주시켜 그곳을 실하게 하여 변방을 튼튼하게 함으로써 백세(百世)의 이익이 되도록 해야 한다."라고 말하였다. 드디어 (평양을) 대도호(大都護)로 삼고 사촌 동생 왕식렴(王式廉)과 광평시랑(廣評侍郎) 열평(列評)을 보내어 수비하게 하였다.[196]

위의 인용문은 고려 태조가 918년 즉위 직후 평양을 복구하도록 특별하게 지시한 내용을 담고 있다. 특히 주목되는 점은 평양을 '고도(古都)'로 규정하고 있다는 것이다. 평양은 고구려의 도읍이고, 고려는 국호를 통해 자신의 역사를 고구려와 연결시키고 있기 때문에 평양을 고도(古都)로 지칭하는 것이다.[197]

문제는 그들이 고구려의 고도(古都)로 복원하려는 평양이 실제 고구려의 평양이 아닌 장안성이었다는 데에 있다. 앞으로 별도의 논문에서 밝히겠지만, 427년 장수왕이 천도한 평양과 586년 평원왕이 천도한 장안성은 완전히 다른 지역에 있었다. 전혀 다른 지역에 있었기 때문

---

196) 『高麗史』卷1 「世家」卷第1 太祖 元年 9月 "丙申 諭群臣曰, 平壤古都, 荒廢雖久, 基址尙存. 而荊棘滋茂, 蕃人遊獵於其間, 因而侵掠邊邑, 爲害大矣. 宜徙民實之, 以固藩屛, 爲百世之利. 遂爲大都護, 遣堂弟式廉, 廣評侍郎列評守之."

197) 고구려 계승을 위한, 고려 건국세력의 국호와 고도(古都) 평양 복원 시도에 대해서는 다음의 논문을 참고할 수 있다. 윤경진, 「고려의 건국과 고구려계승의식」, 『한국문화』68, 서울대학교 규장각 한국학연구원, 2014.

에 평원왕이 586년에 평양성으로부터 장안성으로 옮겨가면서 "도읍을 옮겼다[移都]"는 분명한 표현을 사용한 것이다.[198)]

그러나 고려의 건국세력들에게 그 점은 그리 중요하지 않았다. 그들에게는 장안성도 고구려의 고도(古都)였으며, 현실적으로 고려의 건국세력들이 쉽게 접근하여 실제적으로 지배할 수 있는 영역 안의 고도(古都)를 찾을 수 있다는 점에서 그들은 그 고도(古都)를 평양으로 지칭하려 했고, 또 그곳에서 그들이 고구려 계승자로서의 제사 등 고구려를 계승하는 상징적 행위들을 해나가려 했던 것이다.[199)] 그러므로 고려에서는 현재의 북한 평양에 동명왕의 무덤과 사당도 만들었다. 졸본에 있어야 할 동명왕의 무덤과 사당조차 평양에 새로 만들며, 현재의 북한 평양을 고구려의 중심으로 부각시켰던 것이다. 『고려사(高麗史)』에 동명왕묘는 다음과 같이 기록되었다.

> 동명왕묘(東明王墓)가 있다【부(府)의 동남쪽 중화현(中和縣) 경계의 용산(龍山)에 있으며, 민간에서는 진주묘(珍珠墓)라고 부른다. 또 인리방(仁里坊)에 사우(祠宇)가 있는데, 고려 때에 어압(御押)을 내려 제사를 지내게 했으며, 초하루와 보름에 담당 관리에게 명하여 제사를 지내게 하였다. 고을 사람들은 지금까지 일이 있으면 자주 소원을 빈다. 세상에 전하기를 동명성제(東明聖帝)의 사당이라 한다.】.[200)]

위에 인용된 『고려사』에 기록된 바와 같이, 고구려 시조 동명왕의

198) 『三國史記』卷第19 「高句麗本紀」第7 平原王 "二十八年, 移都長安城."

199) 당시 고려의 건국세력들에게는 건국이나 그 이후 통치의 정당성을 확보하는 차원에서 고구려의 계승자라는 인식을 부각시키려 했으며, 그 상징으로서 근접하여 직접적으로 지배할 수 있는 고도(古都)로서의 '평양'이 절실했던 것이다.

200) 『高麗史』卷第12 「地理」卷第3 北界 西京留守官 平壤府 "東明王墓【在府東南, 中和境龍山, 俗號珍珠墓. 又仁里坊有祠宇, 高麗以時降御押, 行祭, 朔望亦令其官, 行祭. 邑人至今有事輒禱. 世傳東明聖帝祠】."

무덤을 현재의 북한 평양 일대에 새로 세우는 고려의 상황은, 고구려와 그를 계승한 국가인 발해가 멸망한 10세기 이후 요동지역에 대한 영유권(領有權)을 상실한 데서 그 원인을 찾을 수 있다. 고구려의 건국지인 요동지역을 상실한 이후 졸본에 직접 갈 수 없는 현실이 마지막 도읍지이며 계속적으로 고려의 영유권에 포함되었던 현재의 북한 평양 지역에서 동명왕의 무덤을 찾도록 만들었던 것이다.[201] 동시에 평원왕이 586년에 그곳으로 천도한 이후 역대 고구려 여러 도읍 중의 하나가 되었던 장안성 즉 현재의 북한 평양을 마치 427년 장수왕이 천도한 평양처럼 인식하려는 경향도 강화된 것이다.

위에서 소개한 『삼국사기』의 평양 위치 인식 오류는, 한편으로 이러한 고려 지배층의 '의도적인 인식 오류'와 전혀 무관하지 않을 것이다. 만약 『삼국사기』의 저자들이 장수왕이 427년에 천도했다는 평양의 위치를 객관적으로 고증하여 사서에 기록하려 노력했다면, 오늘날 『삼국사기』「지리지」에 기록된 것과 같은 평양 인식 오류는 우리가 볼 수 없었을 것이 분명하다. 그러나 고려 초기의 건국세력들에 의해 의도적으로 조작되어 유포된 고도(古都) 평양의 위치에 대한 일종의 설(說)도 있고, 또한 『구당서』 및 『신당서』 등의 문헌 기록도 무비판적으로 수용하면서, 『삼국사기』의 편찬자들은 평양에 관한 서술의 오류에 빠졌을 것이다.

고구려를 계승하려는 고려의 건국세력들에게는 고도(古都) 평양의 복구가 필요했고, 고구려 시조에 대한 일종의 제의(祭儀)도 절실했을 것이며, 이는 고대사회의 정통성 확보 차원에서도 필요했을 것이다. 이러한 현실적 필요에서 고려의 건국세력들은 그들이 접근할 수 있는 영역에서의 '평양'을 찾으려 했고, 이것이 고구려의 장안성을 평양으로

201) 金榮官, 「高句麗 東明王陵에대한 認識變化와 東明王陵重修記」, 『高句麗渤海硏究』20, 고구려발해학회, 2005, 314쪽.

인식하려는 '의도적' 오류를 형성케 했다고 이해할 수 있다.

[사진 1] 전설 혹은 인식의 오류가 역사사실로 포장되는 경우의 사례, 맹강녀와 한스 브링커

그러므로 『고려사』의 고려 초기 기록에서 '평양' 즉 장수왕이 427년 천도했던 고구려의 평양이 마치 현재의 북한 평양 일대에 있었던 것처럼 서술되는 경향은, 고려의 건국세력들이 지닌 고구려 계승자로서의 '고도(古都)' 평양 복구 의지에 의해 일종의 고대 평양에 대한 인식 오류를 '의도적으로' 형성했기에 가능했다고 볼 수 있다.

고대사회에서 그러한 사회적 인식 오류의 '의도적' 형성과 유지 사례는 수없이 발견된다. 마치 현재의 북한 평양 일대에 실제로 고구려의 동명왕이 묻히지 않았는데 평양에 동명왕릉을 만들었듯이, 혹은 기자(箕子)와는 전혀 무관한 평양에 기자릉(箕子陵)과 기자사당을 만들었듯이, 혹은 후대에 북한의 정치적 목적에 의해 거대한 단군릉을 평양에 복원했듯이, 위의 [사진1]처럼 중국의 산해관(山海關)에 맹강녀(孟姜女)의 동상이 버젓이 서있듯이,202) 네덜란드에 둑을 막아 나라를

202) 현재의 중국 산해관 인근에는 진시황(秦始皇)이 와서 묵었다는 갈석궁(碣石宮)도 있고, 인근에 진시황과 한무제가 찾았다는 갈석산(碣石山)도 있다. 진시황의 장성이 이곳까지 연결되었다고도 전해진다. 모두 사실의 왜곡에 의한 것들이다. 그리고 그 장성을 쌓는 과정에 일어나

구한 한스 브링커(Hans Brinker)의 동상이 자랑스럽게 서있듯,[203] 고려 시대 초기에 형성된 평양 인식에 관한 '의도적' 오류도 고려의 건국 세력들에 의해 그렇게 가능하지 않았을까? 물론 그러한 인식 오류는 결코 부정적이라고만 할 수 없으나, 단지 역사 사실과는 엄격하게 구별할 수 있어야 하며, 그러한 인식 오류 자체도 역사로 기록해야 한다고 판단한다.

3. 평양 위치 인식 오류로 인한 한국고대사 전반의 왜곡 문제

427년에 장수왕이 천도한 고구려 평양의 위치를 현재의 대동강 일대에 잘못 위치시킴으로 인하여, 한국고대사의 서술은 전반적으로 크게 왜곡될 수밖에 없었다. 일찍이 신채호(申采浩, 1880~1936년)는 평양 위치 인식 오류로 인하여 한국고대사가 크게 왜곡되는 현상을 지적하면서, 평양 위치를 바로 잡아야 하는 연구의 중요성을 다음과 같이 강조하였다.

는 일을 소재로 한 맹강녀(孟姜女)의 전설과 그녀의 사당 및 동상도 있다. 그리나 중국의 학자인 고힐강(顧頡剛, 1893~1981년)이 그의 연구를 통해 밝혔듯, 산해관에 있는 맹강녀 전설은 그 지역과는 전혀 관계가 없는 것이다. 후세 사람들의 오랜 시간에 걸친 조작으로 그 전설이 산해관 지역에서 실제의 사실처럼 자리잡는 인식의 오류가 형성된 것이다.

203) 네덜란드의 스파른담(Spaarndam)에는 소위 한스 브링커(Hans Brinker)의 동상이 서있다. 동화작가인 메리 도지(Mary Elizabeth Mapes Doge)가 1865년에 『한스 브링커 혹은 은빛 스케이트(Hans Brinker, or The Silver Skates)』라는 동화집을 출간했다. 한스 브링커는 그 동화 속의 주인공으로서, 물이 새어나오는 제방을 손으로 막아 마을을 구했다는 인물이다, 그 동화에서 느껴지는 감동에 의해, 시간이 흐르면서 그 허구(虛構)의 얘기를 마치 사실(事實)처럼 인식하려는 사람들이 생겨난다. 그 동화 속의 감동적인 이야기 구조는 허구를 마치 사실처럼 믿게 하는 힘이 있는 것이다. 그리고 마침내 그 이야기를 사실로 믿고 싶어하는 사람들이 움직여서 한스 브링커의 동상을 세우게 되고, 그 이후에는 그 동상이 허구를 실제 존재했던 사실처럼 믿게 하는 상징물로서의 작용을 하게 되어, 어느 정도 시간이 지나면서는 결코 허구가 아닌 사실로 전해지는 인식의 오류 및 확산 현상이 나타난다. 이렇게 하나의 동화에 의해 한스 브링커의 동상이 세워지는 과정을 보면, 고대사회에서 역사적 영웅이 의도적으로 탄생되는 과정 혹은 상고사에서 신화와 고사(故事)가 역사 사실(史實)로 변환되는 과정을 이해할 수 있다.

지금의 패수(浿水)·대동강을 옛날의 패수로 알고, 지금의 평양·평안남도 중심 도시를 옛 평양으로 알면 평양의 역사를 잘못 알 뿐 아니라, 곧 조선의 역사를 잘못 아는 것이니, 그러므로 조선사를 말하려면 평양부터 알아야 할 것이다. 환도(丸都)가 어디냐? 졸본(卒本)이 어디냐? 안시성이 어디냐? 가슬나(迦瑟那)가 어디냐? 아사달이 어디냐? 백제의 육방(六方)이 어디냐? 발해의 오경(五京)이 어디냐? 이 모든 지리가 조선사에서 수백년 이래 해결되지 않은 쟁점이다. 그러나 그 가장 중요하고 또 유명한 쟁점은 평양 위치가 어디냐?의 문제이다. 왜 그러냐하면 평양 위치의 문제만 결정되면 다른 지리의 해석은 쉬워지는 까닭이다.(아래 [자료 1] 참조)[204]

寄書

朝鮮史硏究草(三)

平壤浿水考(上)

北京 申采浩

平壤은 神誌秘詞(高麗史金謂磾傳에보임)가운데 古三京의一인百牙岡이오 朝鮮文明의發生한七大江의一인浿水갓의서울이라 그러나 時代를따라地名이遷徙하엿슴으로만일今浿水ㅣ大同江을 古浿水로알고 今平壤ㅣ平安南道首府를 古平壤으로알면 平壤의歷史를 그릇알뿐아니라 곳朝鮮의歷史를그릇알음이니 그럼으로朝鮮史를말하랴면 平壤부터 알아야할지니라

丸都가어대냐?卒本이어대냐?安市城이어대냐?迦瑟那가어대냐?阿斯達이어대냐?百濟의大方이어대냐?渤海의五京이어대냐?이모든地理가朝鮮史上累百年來未決의懸案이다 그러나그가장重要또有名한懸案은 平壤位置의어대이냐?인問題이다왜그러냐?하면 平壤位置의問題만決定되면 다른地理의解得은容易한까닭이다

平壤의位置가時代를 따라다르니(一)三朝鮮時代의平壤이오(二)三國東北國時代의平壤이오(三)高麗以後의平壤이니 高麗以後의平壤은今平壤이니 이는오즉그數百年來定都可否의系統的爭論이 대강辯論할거리가 되는以外에 그位置에對하야는 問題가업건이와 三朝鮮의平壤ㅣ古平壤은非常한努力을드리지안하면 到底히 그位置를알수업슴으로 가장難한問題요三國東北國의平壤은 或古平壤을가라처平壤이라한記錄도잇고 或今平壤을가라처平壤이라한記錄도잇는平壤임으로다음難한問題이다

本編은곳三朝鮮의平壤ㅣ古平壤의位置를辨證하랴하는바近世우리朝鮮의先儒들이나最近日本의學者들이 京畿黃海平安三道와 遼東半島의名山大川에돌마다 더듬어古平壤의位置를차질에 非常히努力하엿지만 그努力의報酬가업고 平壤이어대이라는答案이 바로되지안하엿나니 이는그찻는方法이 錯誤한까닭이다 著者가그力의淺薄함을不拘하고 그錯誤를訂正하야累百年來잘못바린平壤을 제자리로올리랴하야 本編을草하노라 그러나그들의錯誤가 어대잇느뇨?

[자료 1] "고대평양 위치 연구"의 중요성을 강조한 신채호의 『동아일보』 기사

204) 申采浩, 「平壤浿水考」, 『東亞日報』(1925. 1. 30).

고대 조선의 수도는 어디인가? 한사군의 위치는 어디인가? 부여와 고구려의 첫 도읍과 그 이후 몇 차례 천도했던 지역들은 어디인가? 고구려의 졸본이나 환도 및 국내성과 평양은 어느 지역인가? 공험진과 선춘령은 어디인가? 역대의 우리민족 각 국가들의 강역은 어떠한가? 신채호에 의하면, 이렇게 우리 고대사의 논쟁거리로 남아있는 중요한 역사지리의 문제들이 바로 고대 평양에 대한 올바른 위치비정을 통해서 비로소 해결될 수 있었다. 고대 평양 연구는 한국고대사 아니 한국사 전반, 그리고 한중일 3국의 고대사를 바로잡는 주요한 첫 작업이 될 수 있는 것이다.

실제로 평양의 위치를 잘못 설정함으로 인해 한국고대사가 왜곡된 사례는 수없이 찾을 수 있다. 고구려 첫 도읍 졸본을 현재의 요녕성 환인 일대에 위치시키는 오류, 기자조선(箕子朝鮮) 및 위만조선과 한사군 중의 낙랑군을 모두 현재의 북한 평양에 위치시키는 오류 등은 물론 평양 위치 인식 오류에서 비롯된 왜곡이다. 특히 평양 위치 인식 오류에 의한 고구려사 전반의 왜곡은 심각한 정도이다.

1) 『수서』의 평양 및 패강 관련 기록에 대한 『삼국사기』의 해석 오류

『삼국사기』의 편찬자들은 고구려 도읍인 평양을 현재의 대동강 가에 위치시키기 위하여 의도적으로 몇 가지 사실을 조작했다. 『삼국사기』의 편찬자들은 『신당서』의 '패강구(貝江口)'란 기록을 '패강구(浿江口)'로 고치고, 『수서』의 '저강(沮江)'이란 기록을 역시 '패강(浿江)'으로 조작하여, "『신당서』와 『수서』에 동일하게 기록된 '패강(浿江)'이 곧 '패수(浿水)'이며, '패수(浿水)'는 대동강이므로 고구려의 평양이 대동강 가에 있었음이 확실하다."고 주장한다. 그러나 이런 주장은 관련 자료를 정확하게 해석하지 못하였고, 또 의도적으로 왜곡하거나 혹은 잘못 인용한데 따른 오류이다. 『삼국사기』의 관련 서술 부분은 아래와 같다(아래에서, 잘못 인용되거나 해석된 부분을 분명하게 드러내기 위해 원문을 덧붙인다).

A) 또한 「지리지」에는 "등주(登州)에서 동북쪽 바다로 가서 남쪽으로 해변을 끼고 패강구(浿江口)와 초도(椒島)를 지나면 신라의 서북 지방이 된다."고 했으며,

[원문] 又『志』云: 登州東北海行, 南傍海壖過浿江口椒島, 得新羅西北.

B) 또한 수(隋) 양제가 동방을 정벌하는 조서에서는 "창해도(滄海道)의 군사는 배를 천 리에 잇대어, 높이 단 돛은 번개처럼 가고, 큰 배는 구름처럼 나르니, 패강(浿江)을 가로 끊어 멀리 평양으로 나아간다."고 했으니, 이로써 말하면 지금의 대동강이 패수(浿水)가 됨이 명백하며,

[원문] 又隋煬帝東征詔曰: 滄海道軍, 舟艫千里, 高帆電逝, 巨艦雲飛, 橫絶浿江, 遙造平壤. 以此言之, 今大同江爲浿水, 明矣.

C) 그렇다면 서경이 평양이 됨을 또한 알 수 있겠다.

[원문] 則西京之爲平壤, 亦可知矣.

위의 인용문 A)는 『신당서』「지리지」의 "登州東北海行, 過大謝島、龜歆島、末島、烏湖島三百里。北渡烏湖海, 至馬石山東之都里鎮二百里。東傍海壖, 過青泥浦、桃花浦、杏花浦、石人汪、橐駝灣、烏骨江八百里。乃南傍海壖, 過烏牧島、貝江口、椒島, 得新羅西北之長口鎮。"[205]이란 원문 기록을 줄여서 인용한 것이다. 『신당서』의 이 기록은 가탐(賈耽, 730~805년)의 『황화사달기(皇華四達記)』에서 인용한 것으로 전해진다. 『황화사달기』는 저술 이후 그 책이 소실되었고, 『신당서』「지리지」

205) 『新唐書』卷43下 「志」第33下 地理7下.

에 그 일부로서 사방의 변방으로 통하는 해로(海路) 2건과 육로(陸路) 5건에 관한 기사만이 전해지는데, 그 중 등주(登州)에서 현재의 한반도로 통하는 해로를 『삼국사기』가 위의 인용문 A)처럼 인용한 것이다. 그러나 『황화사달기』에 표시된 해로는 현재도 해석에서 이론(異論)이 많아 그 정확성이 논쟁 중이다. 이러한 『황화사달기』에는 '貝' 자를 사용한 '패강구(貝江口)'라 분명하게 표시되어 있는데, 『신당서』의 다른 부분에 사용된 '浿' 자의 '패강(浿江)' 및 '패수(浿水)'가 같은 강을 나타내는지는 현재로서 정확히 알기 어렵다.

그런데 『삼국사기』의 편찬자들은 『신당서』 「지리지」에 인용된 가탐의 『황화사달기』를 재인용하며 『신당서』 「지리지」에 '貝江口'로 기록한 부분을 『삼국사기』에 '浿江口'로 고쳐서 기록하였다. 이는 『삼국사기』의 편찬자들이 의도하든 혹은 의도하지 않았든, 단순한 기록 인용의 오류가 아닌 일종의 조작임이 명백하다. 나아가 『삼국사기』의 편찬자들은 위의 인용문 B)에서 『수서』에 기록된 '浿江' 기록과 비교하며, 또한 "지금의 대동강이 '浿水'가 됨이 명백하다."는 불합리한 서술을 했다. 그러나 이 '불합리한' 서술은 일종의 조작에 의해 가능했다고 볼 수 있다. 왜냐하면, 김부식 등 『삼국사기』의 편찬자들이 당시에 볼 수 있었던 『수서』의 판본(板本)에는 '패강(浿江)'이란 기록은 없었고, '저강(沮江)'이란 기록만을 볼 수 있었을 것으로 판단되기 때문이다. 『삼국사기』의 편찬자들은 『수서』의 '저강(沮江)'이란 기록을 분명하게 확인했음에도, 『삼국사기』에 이를 '패강(浿江)'으로 고쳐 넣으면서, 평양의 위치를 조작하는 하나의 근거로 제시했던 것이다.

바로 위의 인용문 B)에서 『삼국사기』의 편찬자들은 『수서』에 '浿江'이란 기록이 있는 것처럼 인용했는데, 이 부분의 『수서』 송각체수본(宋刻遞修本)에는 원래 '저강(沮江)'으로 기록되었었다. 그런데 원래 송각체수본에 '沮江'으로 기록된 것을 후대에 『삼국사기』에 의거하여 나중에 '浿江'으로 고쳤다고 전해진다.[206] 현재 볼 수 있는 『수서』의 판본(板本)에 '패강(浿江)'이란 기록이 있다면, 이는 후대의 『삼국사기』 등에 근거해 '저강(沮江)'이란 원래의 기록이 '패강(浿江)'으로 고쳐졌기 때문이라는 것이다. 또한 629년에서 636년 사이에 편찬된 『수서』와 비슷한 시기인 627년에서 659년 사이에 편찬된 『북사』에도 위의 인용문 B)와 같은 내용이 "滄海道軍, 舟艫千里, 高颿電逝, 巨艦雲飛。橫斷沮江, 逕造平壤。"이라고 기록된 점으로 보아, 『수서』와 『북사』가 편찬되던 7세기에는 '浿江'이 아닌 '沮江'으로 기록되었음이 명백한 것이다(뒷면의 [자료2] 참조).[207]

---

206) 대만에 있는 중앙연구원 역사어언연구소(https://www.sinica.edu.tw/ch)에서 운영하는 '漢籍電子文獻資料庫'에 공개된 '宋刻遞修本' 『隋書』卷4 「帝紀」卷4 煬帝下 大業8年 기록의 '浿江'에 대한 주석인 "浿江 「浿」原作 「沮」, 據三國史記20改。本書高麗傳: 「都於平壤, 南臨浿水。" 참조.

207) 조선시대의 한진서(韓鎭書)가 편찬한 『해동역사(海東繹史)』속편(續篇) 제14권을 보면 "『당서(唐書)』를 보면, 현경(顯慶) 5년(660년) 고구려를 정벌할 때에 글필하력(契苾何力)이 저강(沮江)과 요동 및 평양의 길로 나아갔으며, 「지리지」에는 패강(貝江) 입구의 초도(椒島)를 지나서 신라 서북쪽을 얻었다고 기록했다. 저강(沮江)이니 패강(貝江)이니 하는 것도 패강(浿江)이 와전된 것이다."고 서술했다. 한진서의 이 기록을 보면, 한진서가 19세기 초에 볼 수 있는 『당서』의 판본에도 '저강(沮江)'이란 기록이 남았던 것이다. 한진서는 이 『당서』의 '저강(沮江)' 기록은 '패강(浿江)'을 잘못 쓴 것으로 보았다. 1814년에 완성된 정약용(丁若鏞)의 『대동수경(大東水經)』(其三)에도 "『당서』 「고려전」에서, 백제를 평정하고 저강(沮江)과 요동 및 평양도(平壤道)로 나가 고려(高麗)를 토벌했다고 말했다. 살펴보건대, 저강(沮江)은 패강(浿江)을 잘못 쓴 것이다."는 기록이 보인다. 정약용이 본 『당서』의 판본에도 '저강(沮江)' 기록이 있었던 것이다. 여기에서 밝히지만, 『수서』와 『북사』 등 7세기에 작성된 사서들에 기록된 '저강(沮江)'은 10세기 이후 쓰여진 『당서』에 기록된 '패강(浿江)' 등과는 완전히 다른 물길이다.

飛橫斷沮江遥造平壤島嶼之望斯絶坎井之路已窮
其餘被髮左衽之人控弦待發微盧彭濮之旅不謀同
辭仗順臨逆人百其勇以此衆戰勢等摧枯然則王者
之師義存止殺聖人之教必也勝殘天罰有罪本在元
惡人之多辟脅從罔理若高元泥首轅門自歸司寇即
解縛焚櫬弘之以恩其餘臣人願歸朝奉化咸加慰撫
各安生業隨才任用無隔夷夏營壘所次務在整肅芻
蕘有禁秋毫勿犯以布恩宥以喻禍福若其同惡相濟
欽定四庫全書 北史

[자료 2] 『북사』에 기록된 '저강(沮江)' 기록(위 도면의 ○ 부분)[208]

『책부원귀(冊府元龜)』에서 수(隋)의 양제(煬帝)가 612년에 일으킨 고구려 침략전쟁을 서술한 부분에도 역시 '패강(浿江)'이 아닌 '저강(沮

208) 『北史』卷20 「紀」下第20 煬帝 楊廣[底本: 元大德本].

江)'으로 기록되어 있다(아래의 [자료3] 참조).

欽定四庫全書 卷一百十七

出其不意又滄海道水軍舟艫十里高颿電逝巨艦雲飛
橫斷沮江逕造平壤島嶼之望斯絕坎井之路已窮其
餘被髮左衽之人控弦待發微盧彭濮之衆不謀同辭
伏順臨逆人百其勇以此衆戰勢等摧枯然則王者之
師義存止殺聖人之教必也勝殘天罰有罪本在元惡
人之多僻脅從罔治若高元泥首轅門自歸司寇即宜
解縛焚櫬弘之以恩其餘臣人歸朝奉順咸加慰撫各
安其業隨才任用無隔夷夏營壘所次務在整肅芻蕘

[자료 3] 『책부원귀』에 기록된 '저강(沮江)' 기록(위 도면의 ○ 부분)[209]

209) 『冊府元龜』卷117 「帝王部」117 親征2.

이런 사실을 종합하면, 『삼국사기』는 여러 문헌에 있는 '沮江'을 '浿江' 및 '浿水' 그리고 당시의 대동강과 같은 물길 명칭으로 잘못 서술하며 결국 고구려 도읍인 평양이 현재의 대동강 가에 있는 현재의 북한 평양이었음을 주장하기 위해, ① A)의 『신당서』 「지리지」에 기록된 '貝江口'를 의도적으로 '浿江口'로 잘못 옮겨 적었으며, ② B)의 『수서』에 기록된 '沮江'을 의도적으로 '浿江'으로 잘못 옮겨 적으며 인용하였고, ③ 의도적으로 잘못 옮겨 적으며 인용한 A)의 『신당서』 「지리지」 '浿江口'와 B)의 『수서』 '浿江'을 '浿水' 및 대동강과 같은 물길로 잘못 해석하여, ④ "그렇다면 서경이 평양이 됨을 또한 알 수 있겠다."는 잘못된 결론을 내린 것이다. 이러한 논리적 전개가 어떻게 가능할 수 있는가? 그러므로 『삼국사기』의 평양 위치 비정은 사실(史實)과 전혀 들어맞을 수 없는 것이다.

2) 평양 위치 인식 오류로 인한 한국고대사의 '심각한' 왜곡

1145년 작성된 후대의 『삼국사기』에 근거하여 잘못 고쳐지기 이전에 '저강(沮江)'으로 기록한 송각체수본(宋刻遞修本) 이전의 『수서』 판본이나 『북사』와 『책부원귀』에 기록된 '저강(沮江)'은 수(隋)의 대업(大業) 8년 즉 612년에 양제(煬帝)가 고구려를 침략하는 전쟁을 벌이는 과정에 나온다. 그런데 『삼국사기』는 이 '저강(沮江)'을 '패강(浿江)'으로 잘못 기록하며, 또 의도적으로 잘못 기록한 '패강(浿江)'을 패수 또는 대동강이라며, 612년 전쟁에서 수군(隋軍)의 공격 목표가 현재 대동강 가의 평양인 것처럼 잘못 해석했다. 더 나아가 『삼국사기』는 그런 오류를 확장하여, 『삼국사기』 전체에 나오는 고대의 평양을 모두 현재 북한의 평양과 연결시키는 오류를 범했다. 이러한 평양 위치 인식의 오류로 인해서, 그 뒤 한국고대사 전반은 크게 왜곡될 수밖에 없었다.

필자가 앞으로 별도의 논문을 통해서 명백하게 밝히겠지만, 송각체수본(宋刻遞修本) 이전의 『수서』 판본이나 『북사』와 『책부원귀』에 기록된 '저강(沮江)'은 결코 현재의 대동강에 비정할 수 없다. 단지 『삼국사기』가 '저강(沮江)'을 '패강(浿江)'으로 잘못 적으며, 또 그 해석의 오류를 크게 범했을 뿐만 아니라, 이후 그런 잘못된 인식을 확산시켰을 뿐이다.

612년의 전쟁에 앞서 598년에 수(隋)는 30만 대군으로 고구려를 침략하려 시도했지만, 육군은 장마와 역질(疫疾)에 희생되고 또 수군은 풍랑에 표류하고 침몰하여 "10명에 8~9명은 죽어" 즉 30만 대군 중 살아 돌아간 자는 4만5천여 명에 불과할 정도였다. 이에 대해 『삼국사기』는 다음과 같이 기록했다.

> (영양왕) 9년(598년) 왕이 말갈의 무리 만여 명을 거느리고 요서를 침략하니 영주총관(營州總管) 위충(韋冲)이 이를 격퇴하였다. 수(隋)의 문제(文帝)가 듣고 크게 화를 내며 한왕(漢王) 양(諒)과 왕세적(王世積)에게 명하여 나란히 원수(元帥)로 삼아 수군과 육군 30만을 거느리고 와서 쳤다. (중략)
> 한왕(漢王) 양(諒)의 군대가 임유관(臨渝關)으로 나섰는데, 장마를 만나 군량의 운반이 계속되지 않아 군대 안에 식량이 떨어지고 또 역질(疫疾)에 걸렸다. 주라후(周羅睺)는 동래(東萊)에서 배를 타고 평양성으로 향하다가 역시 풍랑을 만나 배가 많이 표류하고 가라앉았다. 가을 9월에 수(隋)의 군대가 돌아갔는데 죽은 자가 10명 중 8~9명이었다.[210]

210) 『三國史記』卷第20 「高句麗本紀」 第8 嬰陽王 "九年, 王率靺鞨之衆萬餘, 侵遼西, 營州總管韋冲擊退之. 隋文帝聞而大怒, 命漢王諒・王世績並爲元帥, 將水陸三十萬來伐. (中略) 漢王諒軍出臨

『수서』에도 역시 같은 내용의 기록이 있는데,[211] 『수서』에는 수군(隋軍)의 목적지가 단순히 고구려로 되어 있는데, 『삼국사기』에는 공격 목적지가 평양성으로 구체화되어있는 점이 다르다. 그런데 『삼국사기』의 편찬자들은 그 책의 전체에 기록된 평양성 모두를 현재의 대동강 가의 평양인 것처럼 서술하였고, 조선시대의 사대사관이나 일제강점기의 식민사관은 물론 현재 한국의 역사학계 다수도 역시 598년 수(隋)의 군대가 침략한 목적지가 현재의 북한 평양인 것처럼 서술하는 오류를 범하고 있다.

그러나 광개토왕(廣開土王)이 왕위에 오른 392년으로부터 장수왕(長壽王, 재위 413~491년)을 거쳐 영양왕 9년인 598년에 이르는 시기의 고구려 역사를 고찰해보면, 598년 수(隋)의 군대가 현재의 북한 평양 일대를 침략할 가능성은 전혀 없다. 즉 만약 598년에 수군(隋軍)이 고구려의 평양성을 공격하려 전쟁을 일으켰다면, 그 평양성은 한반도에 있을 수 없는 것이다.

598년 수(隋)의 고구려 침략 이전에 고구려가 먼저 수(隋)의 요서를 침략했다. 여기서 고구려가 침략한 수(隋)의 요서는 어디를 말하는가? 지금까지 한중일 3국 역사학계에서 발표된 연구들의 대부분에서는 598년 당시 고구려의 서쪽 국경선을 현재의 요하로 설정하고, 요하 서쪽을 수(隋)의 요서로 설명하는 경향이 있다. 또 고구려가 598년에 수(隋)의 요서를 공격하자, 영주총관 위충이 고구려의 공격을 격퇴하였다고 하는데, 그 영주(營州)는 어디인가? 지금까지 한중일 3국 역사학계에서 발표된 대부분의 연구들에서 그 영주는 유성(柳城)과 같은 곳

渝關, 値水潦, 餽轉不繼, 軍中乏食, 復遇疾疫. 周羅睺自東萊泛海, 趣平壤城, 亦遭風, 舡多漂沒. 秋九月, 師還, 死者十八九."

211) 『隋書』卷2 「帝紀」第2 高祖下 "(開皇)十八年 …(二月) 乙巳, 以漢王諒為行軍元帥, 水陸三十萬伐高麗。…九月己丑, 漢王諒師遇疾疫而旋, 死者十八九。"

으로서 현재의 요녕성 조양(朝陽)이라고 설명하는 경향이 있다. 그런데 과연 598년 당시의 요서가 현재의 요하 서쪽 일대부터라고 말할 수 있는가? 영주가 과연 현재의 요녕성 조양인가? 현재의 요하가 고구려와 수(隋)의 국경 역할을 하고 있었을까? 이러한 가정(假定)들은 당시의 사실과 전혀 맞지 않음을 아래의 [지도 2]를 통해 살펴볼 수 있다.

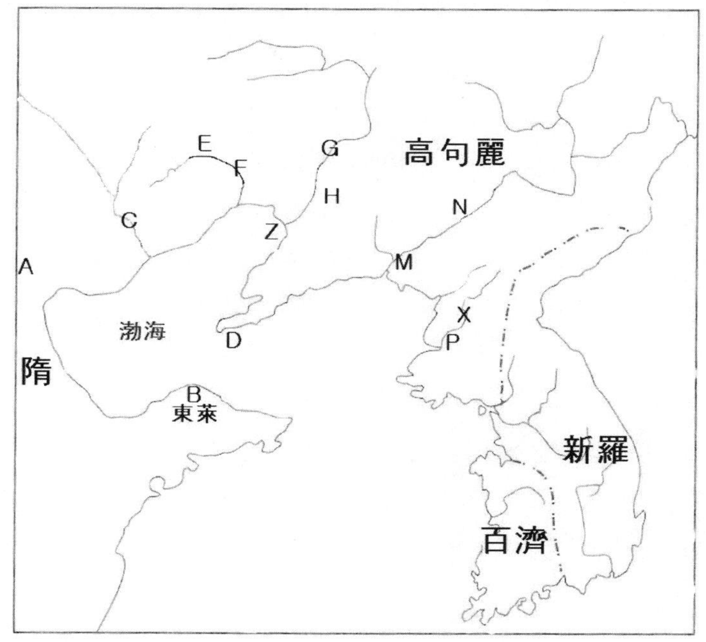

[지도 2] 598년 고구려-수 전쟁 설명 지도

지금까지의 잘못된 관점으로는 현재의 대릉하(F) 중류 일대의 E 지점에 영주가 있었고, 현재의 요하(G)가 고구려와 수(隋)의 국경으로 작용하고 있었으며, 현재의 요하(G) 서쪽 지역이 바로 요서이고, 598

년 당시의 평양성은 P 지점인 현재의 대동강(X) 가에 있었다고 주장한다. 그러므로 598년에 먼저 고구려가 국경으로 작용하는 현재의 요하(G)를 건너 수(隋)의 요서를 공격했다고 설명한다. 이에 영주(E)에 있던 영주총관 위충이 고구려의 공격을 격퇴시킨다. 그리고 이에 분노한 수(隋)의 문제(文帝)는 한왕(漢王) 양량(楊諒)과 왕세적(王世績)을 A 지점 서쪽에 있는 탁군(涿郡)에서 출발시켰고, 수(隋)의 육군은 동쪽으로 난하(灤河, C)를 건너고, 영주에 이르러 또 현재의 대릉하(F)를 건넌 뒤에 다시 요하(G)를 건너며, 당시 고구려의 요충인 H 지점은 물론 그 일대에 수없이 흩어져 있는 고구려의 성(城)들을 함락시키고, 다시 현재의 압록강(M)을 건너 고구려의 평양성(P)으로 진격하려 출발했다는 것이다. 또한 동래(東萊, B)에서 출발한 주라후(周羅喉)의 수군은 D 지점을 거쳐 해안을 끼고 현재의 압록강(M) 하구에 이르러, 다시 남쪽으로 뱃머리를 돌려 대동강(X) 하구로부터 평양성(P)을 공격하려 했다는 것이다.

그런데 위와 같은 주장은 평양성을 현재의 대동강 강변에 위치시킴으로써 비로소 가능한 인식의 오류이다. 또한 위의 주장과 같은 인식의 오류에는 영주, 요서 등에 대한 잘못된 인식도 작용하고 있다. 물론 이러한 인식 오류는 여러 문헌사료를 통해 그 잘못을 분명하게 확인할 수 있다.

우선 598년에 고구려가 공격한 요서는 위 [지도 2]에서 현재의 요하(G) 서쪽 일대, 즉 현재의 대릉하(F)와 요하(G)의 사이에 있는 지역 혹은 더 서쪽으로 G(요하)-F(대릉하)-C(난하) 사이의 어느 지역이 아니다. 또 영주는 위 [지도 2]의 대릉하(F) 중류인 E 지점에 있을 수 없었다. 요서와 영주에 대한 이러한 지리 인식은 아래의『수서』「지리지」에서 분명하게 확인할 수 있다.

요서군. 원래 영주(營州)가 설치되어 있었다. 개황(開皇, 581~600년) 초에 총관부(摠管府)부가 설치되었다. 대업(大業, 605-617년) 초에 부(府)가 폐지되었다. (요서군은) 현(縣) 1개를 관할한다. 751호(戶)가 있다.

유성(柳城), 북위(北魏, 386~534년) 때에 화룡성(和龍城)에 영주(營州)가 설치되었다. 건덕(建德), 기양(冀陽), 창려(昌黎), 요동(遼東), 낙랑(樂浪)과 영구(營丘) 등의 군(郡)과 용성(龍城), 대흥(大興), 영락(永樂), 대방(帶方), 정황(定荒), 석성(石城), 광도(廣都), 양무(陽武), 양평(襄平), 신창(新昌), 평강(平剛), 유성(柳城)과 부평(富平) 등의 현(縣)들을 관할했다. 북제(北齊, 550년~577년) 때에 건덕과 기양 2군(郡), 영락, 대방, 용성, 대흥 등의 현(縣)이 남았고 다른 군과 현들이 모두 폐지되었다. 개황(開皇)원년(581년) 건덕 1군(郡), 용성 1현(縣)만 남았고 다른 군과 현들이 모두 폐지되었다. 개황(開皇)18년(593년) 지명이 유성(柳城)으로 바뀌었다. 대업(大業, 605-617년) 초에 요서군이 설치되었다. 유성에는 대방산(帶方山), 독려산(禿黎山), 계명산(雞鳴山), 송산(松山)이 있고 유수(渝水)와 백랑수(白狼水)가 있다.[212)]

위의 『수서』「지리지」를 분석하면, 수(隋)의 요서군은 양제(煬帝)의 시기인 605년 이후 설치되었는데, 요서군 아래에 유성(柳城)이란 현(縣)이 하나 있었다. 당시의 요서군에는 751호(戶)가 있어, 1호(戶) 당 5명으로 추산하면, 3,755명 정도의 인구가 있었다. 그런데 양제의 시기에 설치된 이 요서군에는 원래 영주(營州)가 있었다. 『위서』「지형지」에 의하면, 이 영주의 치소(治所)는 화룡성(和龍城)이며, 북위 태무제(太武帝)의 진군(眞君)5년(444년)에 주(州)가 되었고, 영안(永安, 528~530년) 말년 함락되었다가, 천평(天平, 534~537년) 초년에 다시 수복되었었다. 북위(北魏) 시기의 영주에는 6개의 군(郡)과 14개의 현(縣)이 있었으며, 1,021호(戶)에 인구는 4,664명이었다.[213)] 이 영주가 있던

---

212) 『隋書』卷30 「志」第25 地理中 冀州 遼西郡 "遼西郡 舊置營州, 開皇初置總管府, 大業初府廢。統縣一, 戶七百五十一。柳城 後魏置 營州於和龍城, 領建德、冀陽、昌黎、遼東、樂浪、營丘等郡, 龍城、大興、永樂、帶方、定荒、石城、廣都、陽武、襄平、新昌、平剛、柳城、富平等縣。後齊唯留建德、冀陽二郡, 永樂、帶方、龍城、大興等縣, 其餘並廢。開皇元年唯留建德一郡, 龍城一縣, 其餘並廢。尋又廢郡, 改縣為龍山, 十八年改為柳城。大業初, 置遼西郡。有帶方山、禿黎山、雞鳴山、松山。有渝水、白狼水。

위치에 수(隋)의 요서군이 설치되었고, 그 안에 유성이 있었으며, 그 유성이 있던 곳은 원래 용성(龍城)이 있었는데, 개황(開皇)18년(593년)에 지명이 유성으로 바뀌었던 것이다. 그러므로 북위와 수(隋)의 화룡성, 용성, 영주, 유성은 같은 지역 일대에 있었음을 확인할 수 있다. 수(隋)의 요서군과 영주의 위치는 같은 곳이며, 그 위치는 유수(渝水)와 백랑수(白狼水)가 만나는 지점 일대로서, 751호(戶)의 인구를 지닌 지역 범위로 그 위치를 추정할 수 있다.

그런데 고대의 여러 문헌 중 유성의 위치를 그 방위(方位)로서 비교적 가장 분명히 표시한 것은 『통전』이다. 801년에 완성된 『통전』에는 수(隋)의 양제가 설치한 요서군을 당(唐)이 영주로 다시 복원시켰는데, 유성군(柳城郡)으로도 부르며, 그 아래에 하나의 현(縣)으로서 유성이 있고, 유성군의 인구는 874호(戶)에 3,000명이라고 한다. 『통전』에 나타난 유성군의 위치는 동쪽으로 요하에 이르기까지 480리(里), 남쪽으로 바다에 이르기까지 260리, 서쪽으로 북평군에 이르기까지 700리, 북쪽으로 거란(契丹)의 경계에 이르기까지 50리 등이다.[214] 연구에 따르면, 『통전』에 기록된 각 군현의 인구는 천보(天寶) 원년인 742년의 통계자료를 활용했다고 한다.[215] 『통전』의 지리 인식은 그 작성 시점의 지리 정보에 의한 것이라고 전제하고, 그 기록된 바를 토대로 유성군 즉 영주의 위치를 아래에서 검토해본다.

『통전』이 쓰여지던 당(唐) 시기의 거리 측정 단위인 1 '리(里)'를 현

213) 『魏書』卷106上 「地形志」2 上第5 營州 "營州 治和龍城。太延二年為鎮, 真君五年改置。永安末陷, 天平初復。領郡六縣十四。戶一千二十一口四千六百六十四。"

214) 『通典』卷178 「州郡」8 "柳城郡 东至辽河四百八十里。南至海二百六十里。西至北平郡七百里。北至契丹界五十里。东南到安东府二百七十里。西南到北平郡七百里。西北到契丹界七十里。东北到契丹界九十里, 契丹衙帐四百里。去西京五千里, 去东京四千一百十里。户八百七十四, 口三千。"

215) 刘海峰, 「两 ≪唐书・地理志≫户口资料系年 : 兼考 ≪通典・州郡典≫户口之年代」, 『厦门大学学报: 哲学社会科学版』1987年第3期.

재의 단위로 환산하면 540m 정도이다.[216] 그러므로 유성군 즉 영주에서 동쪽으로 요하에 이르기까지 480리 즉 259.2km, 남쪽으로 바다에 이르기까지 260리 즉 140.4km, 서쪽으로 북평군에 이르기까지 700리 즉 378km, 북쪽으로 거란(契丹)의 경계에 이르기까지 50리 즉 27km이다. 『통전』에서 유일하게 쓰여진 '요하(遼河)'는 현재의 요하로 보고,[217] 유성군의 남쪽에 위치한 바다는 발해로 보아, 사방의 거리를 환산하여 그 유성군 즉 영주의 위치를 지도에 표시하면 아래와 같다.

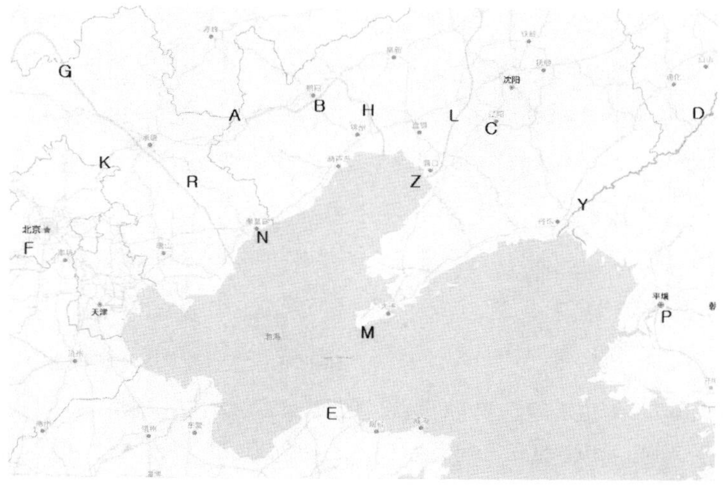

[지도 3] 수(隋)의 영주(A) 위치와 598년 고구려-수 전쟁 설명 지도

---

216) 吴慧, 「魏晋南北朝隋唐的度量衡」, 『中国社会经济史研究』1992年第3期.

217) 『통전』에서 '요하(遼河)'란 기록은 단 한차례 나오는데, 앞뒤 문장의 방위(方位)로서 분명하게 현재의 요하로 볼 수 있다.

『위서』, 『수서』, 『통전』, 『구당서』 등에 기록된 지리 자료들을 종합하면 위의 [지도 3]의 A 지점을 수(隋)의 영주로 파악할 수 있다. A 지점은 현재 중국 요녕성 릉원시(凌源市)의 서북에 있으며, 하북성과 내몽고 자치주 및 요녕성이 서로 만나는 지점으로 고대의 전략적 요충지이다. A 지점 일대에는 신석기 시대부터 문화가 발달하여, 우하량(牛河梁) 홍산문화(紅山文化) 유적이 있다. 바로 A 지점에 대릉하(H) 즉 고대 백랑수(白狼水)의 발원지이며 그 지류(支流)의 하나인 유하(榆河)가 있으며, 이 물길이 바로 고대의 유수(渝水)이다.[218] A 지점은 유수와 백랑수가 합류하는 지점으로, 수(隋)의 유성 혹은 영주 혹은 용성이란 지역에 유수와 백랑수가 있다는 『수서』의 기록에 들어맞는 것이다. 기존의 연구들에서 현재의 조양(朝陽)인 B 지점을 수(隋)의 영주로 주장하지만, 이런 주장은 『수서』 및 『통전』의 기록과 전혀 맞지 않으며, B 지점을 영주로 해석하는 인식 오류로 인하여 여러 가지 역사왜곡이 생겨나는 것이다.

598년 당시 수(隋)는 A 지점을 영주(營州)로 관리하여 그 북쪽의 거란, 그 동쪽 및 동북쪽 그리고 동남쪽의 고구려 및 말갈 등과 경계하고 있었다. 『수서』「지리지」는 "이석(離石), 안문(雁門), 마읍(馬邑), 정양(定襄), 루번(樓煩), 탁군(涿郡), 상곡(上谷), 어양(漁陽), 북평(北平), 안악(安樂), 요서 등은 모두 변경의 군(郡)과 접한다."고 기록했는데,[219] 598년 당시의 영주(즉 뒤의 605년 이후 요서군이 설치되는 지역)은 바로 변경으로서, 동쪽으로 고구려와 접하고 있는 지역이었다. 그런데 고대에 현재의 북경 일대(F)에서 현재의 요하(L) 일대로 가려면, 해로를 이용하여 산동반도의 E 지점에서 배를 출발시켜 M 지점의 요동반

---

218) 王绵厚, 「大凌河水系历史地理考辨 - 蒹与张博泉同志商榷」, 『社会科学战线』1982年第1期.

219) 『隋書』卷30 「志」第25 地理中 冀州 "離石、雁門、馬邑、定襄、樓煩、涿郡、上谷、漁陽、北平、安樂、遼西, 皆連接邊郡".

도 끝에 이르고 다시 현재의 요하 하구인 Z 지점을 거치는 길이 있고, 육로로는 두 가지의 방법이 있었다. 육로의 하나는 F에서 K 지점의 고북구(古北口)를 거치고 난하(G)를 건너 A(영주)에 이르러 동쪽으로 가는 방법이며, 다른 하나는 F에서 R 지점인 노룡새(盧龍塞) 서쪽에서 난하(G)를 건너 A(영주)로 이르러 다시 동쪽으로 향하는 방식이다.[220] 598년 수(隋)는 영주총관을 두어 A 지점의 영주를 관리하고 있었지만, 실질적 지배라기보다는 전략적 요충에 위치한 군진(軍鎭)을 관리하는 차원이었으며, 총관인 위충이 실제로 그곳에 주둔하고 있었는지는 사료의 부족으로 파악할 수 없다. 그리고 북제(北齊, 550~577년) 시기에 요서군이 폐지된 이후 그 속현들은 흩어졌는데, 그 지역들은 현재의 난하(G) 하류 근처에 있었다. 그러므로 598년 당시 고구려가 공격한 수(隋)의 요서는 [지도 3]에서 A(영주) 아래로 난하(R) 하류 일대 옛 요서군의 지역으로 볼 수 있다.

필자는 2017년에 발표한 논문에서 427년에 장수왕이 천도한 평양이 위 [지도 3]의 C 지점인 즉 현재의 요양(遼陽)이었음을 밝힌 바 있다.[221] 그렇게 평양의 위치를 한반도의 대동강 일대의 P 지점이 아닌 현재의 요하 동쪽에 있는 C 지점으로 바로잡아 놓고 598년의 고구려-수 사이의 전쟁을 검토하면, 그 전쟁의 성격이나 그 경과 및 결과를 새롭게 이해할 수 있다. 598년에 수(隋)의 육군은 F(탁군)-K(고북구)-A(영주)로 이동하거나, 혹은 F(탁군)-R(노룡새)-A(영주)로 이동한 뒤에 A(영주)의 동쪽으로부터 고구려와 접전(接戰)을 하며 대릉하(H)와 요하(L)를 건너 당시 고구려의 평양인 C 지역을 공격하려 했다고

220) 王绵厚, 「辽西傍海道和大凌河古道的交通地理与相关史迹考察」, 『渤海大学学报: 哲学社会科学版』2015年第2期 참조.

221) 임찬경, 「『수경주』를 통한 고구려 평양의 위치 검토」 『국학연구제』21집, 국학연구소, 2017.

볼 수 있다. 또한 육군은 F(탁군)에서 동쪽으로 가서 난하(G)를 건너 현재의 산해관(N)을 거쳐 바다를 끼고 동쪽으로 이동하려 했을 수도 있다. 또한 수(隋)의 수군은 산동반도에 있는 E(동래)에서 출발해 요동반도 남단인 M 지점을 거쳐 현재의 요하 하구인 Z 지점을 거쳐 당시의 평양인 C 지점을 공격하려 했다고 볼 수 있다.

여기서 수(隋)의 요서에 대한 이해를 돕기 위해, 보충하여 설명하면, 지금은 거의 상식처럼 통용되는 논리지만, 고대 문헌에 나오는 요동 혹은 요서란 지역 개념은 현재의 요하를 기준으로 설정된 개념이 아니다.[222] 요하는 또한 어느 국가들 사이의 국경처럼 작용한 경우도 없었다. 그러나 598년의 전쟁과 관련해서, 고구려가 공격한 수(隋)의 요서와 수(隋)의 대응과정에서의 접전(接戰) 지점을 현재의 요하로 설정하는 오류는 한중일 3국의 다수 학자들에게서 보인다. 대표적으로 아래의 [지도 4]와 같은 인식의 오류를 지적할 수 있다.

이병도 등이 지도에 붙인 그 제목처럼 고구려 전성기의 강역을 표시한 [지도 4]에 의하면, 영주는 현재의 조양(朝陽)에 표시되었고, 고구려의 도읍인 평양은 현재의 대동강 일대에 표시되었으며, 요하는 마치 국경처럼 표시되었다. [지도 4]는 북연(北燕, 407~436년) 시기의 상황을 나타낸 것인데, 인용한 책의 이후 부분에 "려(麗)·수(隋) 양국(兩國)이 요하 일선(一線)으로 경(境)을 상접(相接)"했다고 기록했으므로,[223] 이병도 등은 598년의 고구려-수(隋) 전쟁도 오른쪽의 지도와 같은 인식으로 해석했을 것이며, 그로서 당연히 역사 해석의 오류는

222) 權五重, 「前漢時代의 遼東郡」 『人文硏究』17(1), 영남대학교 인문과학연구소, 1995 참조. 이 논문에서 권오중은 요동이 요하 동쪽의 지역 개념이 아님은 물론, 한중일 3국의 학계에서 현재의 요하 동쪽에 있는 요양(遼陽)을 고대사회 모든 시기의 양평(襄平)이었다고 설명하는 소위 통설에 대해서도 비판하고 있다. 권오중은 전한(前漢) 초기까지 양평의 위치를 현재의 하북성 계현(薊縣)으로 비정하고 있다.

223) 震檀學會, 『韓國史』古代編, 乙酉文化社, 1959, 464쪽.

피할 수 없었을 것이다.

[지도 4] 이병도 등의 [高句麗 全盛時代圖]에서의 영주, 요하, 평양 인식[224)]

위에서 언급한 고대 평양 위치에 관한 인식 오류만큼이나 심각한 수준으로 『삼국사기』가 잘못 인식한 한국고대사의 또 다른 한 부분은 기자(箕子)와 관련된 것이다. 『삼국사기』의 편찬자들은 기자(箕子)가 고려의 선조라는, 다음과 같은 인식을 갖고 있었다.

> 해동(海東)에 국가가 있은 지는 오래되었는데, 기자(箕子)가 주(周)의 왕실로부터 책봉(冊封)을 받은 때로부터 한(漢) 초에 위만(衛滿)이 스스로 왕을 참칭(僭稱)할 때까지는, 연대가 아득히 멀고, 문자기록이 소략하여 실로 자세히 알 수 없다.[225)]

---

224) 震檀學會, 『韓國史』古代編, 乙酉文化社, 1959, 416쪽. 416쪽에 실린 지도의 크기를 줄여서 영주, 요하, 평양 부분이 잘 보이도록 활용하였다.

225) 『三國史記』卷第29 「年表」上 "海東有國家久矣, 自箕子受封於周室, 衛滿僭號於漢初, 年代綿邈, 文字踈略, 固莫得而詳焉."

위의 인용문처럼, 『삼국사기』의 편찬자들은 그들의 국가적 기원이 매우 오래되었는데, 대략 주(周)의 무왕(武王)이 봉(封)한 기자(箕子)로부터 그들의 국가가 시작되었다고 인식했다. 고려의 국가적 기원을 기자(箕子)와 연결시키는 서술은 『삼국사기』보다 21년 앞선 1124년에 작성된 『선화봉사고려도경(宣和奉使高麗圖經)』(이하 『고려도경』이라 약칭함)에도 보인다. 『고려도경』의 저자인 북송(北宋)의 서긍(徐兢, 1091~1153년)은 "고려의 선조는 대개 주(周)의 무왕이 조선에 봉한 기자(箕子) 서여(胥餘)이니, 성은 자(子)이다."라며,[226] 고려 이전의 역사를 기자조선으로부터 서술하고 있다. 물론 서긍의 이러한 관점은 북송의 입장이 반영된 것이다. 고려를 주(周)가 봉한 기자(箕子)와 연결시키는 이러한 역사기록은 당(唐) 말기에서 북송 초기에 이르는 기간에 형성되었다.[227] 물론 이러한 기록은 역사적 사실과 전혀 다르다. 북송의 입장에서 고려의 국가적 기원을 자신들과 연관시키고, 또 화이관(華夷觀)에 따라 고려가 역사적으로 그 기원에서부터 자신들에게 종속되어 있다는 주장을 하기 위해 조작한 말에 불과한 것이다.

그러나 『삼국사기』의 기자(箕子) 관련 기록은, 고려를 넘어서서 우리민족 고대사의 출발을 기자(箕子)와 연결시키는 역사 인식의 오류를 확대시키는 부정적인 작용을 했다. 그리고 『삼국사기』의 기자(箕子) 관련 기록의 오류에 의한 역사왜곡은 현재도 진행 중이다. 예를 들면 지금도 중국 산동성 하택시(荷澤市) 조현(曹縣)에 가면 기자(箕子)의 무덤이 있는데, 그 앞의 비석에 『삼국사기』를 인용하며 "조선의 『삼국사기』는 기씨(箕氏)조선을 첫 왕조로 설정했고, 고려 왕조로부터 기자

---

226) 『宣和奉使高麗圖經』卷第1 「建國」 始封 "高麗之先, 蓋周武王封箕子胥餘於朝鮮, 寔子姓也."

227) 韓永愚, 「高麗圖經에 나타난 徐兢의 韓國史體系」, 『奎章閣』7, 1983, 서울대학교 규장각 한국학연구원, 19~20쪽.

(箕子)는 선조(先祖)로 받들어지기 시작했다(비석의 관련 원문 : 朝鮮『三國史記』將箕氏朝鮮列爲第一個王朝自高麗朝始箕子被尊爲祖先)"라고 새겨놓았다([사진 2]의 기자(箕子) 관련 비석 참조). 이를 보면, 『삼국사기』의 기자(箕子) 관련 기록이 중국의 한국고대사 왜곡 특히 기자

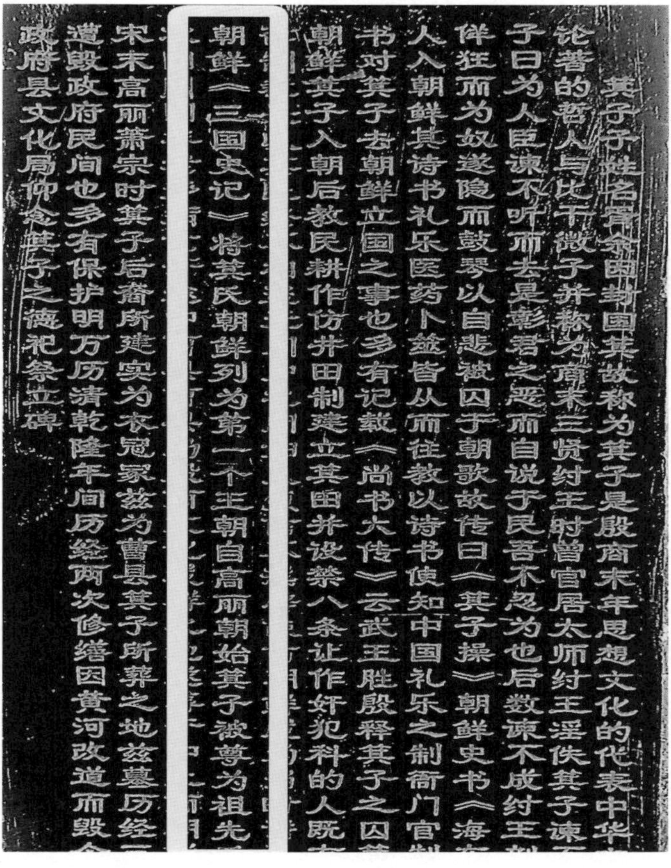

[사진 2] 기자(箕子) 무덤 앞 비석의 기자와 한국고대사 관련 서술(□ 표시 부분)[228]

228) 이 사진은 필자가 2019년 5월 5일 중국 산동성 하택시(荷澤市) 조현(曹縣) 정장향(鄭庄鄉) 왕승보촌(王勝普村)에 있는 기자 무덤을 방문하여 촬영한 것이다.

(箕子)를 통해 한국고대사의 사대성(事大性) 및 중국에의 예속(隷屬)을 강조하는 논리에 아직도 활용되고 있는 것이다.

아직도 한국의 역사학계는 기자조선으로부터 시작되어 위만조선으로 연결되고 또 한사군으로 연결되는, 또 기자조선 및 위만조선 그리고 한사군 중 낙랑군의 중심지가 현재의 북한 평양이었다는 왜곡된 역사논리를 완전히 벗어나지 못하고 있다. 이러한 한국고대사의 왜곡에 『삼국사기』의 기자(箕子) 관련 기록, 평양 관련 인식의 오류가 또한 크게 작용하고 있는 것이다.

4. 결론 : 평양 위치 왜곡 극복 방안

『삼국사기』의 평양 위치 인식 오류는 이후 한중일 3국의 고구려 역사 관련 서술 방향에 큰 영향을 미쳤다. 427년 장수왕이 천도한 고구려의 평양이 현재의 대동강 일대에 있었다는 인식 오류를 전제로 졸본, 국내성, 평양을 고구려의 중심으로 놓고 고구려 및 삼국의 역사를 서술하려다보니 아래 [지도 5]와 같은 역사지도가 한국사학계에서 작성될 수 있었다.

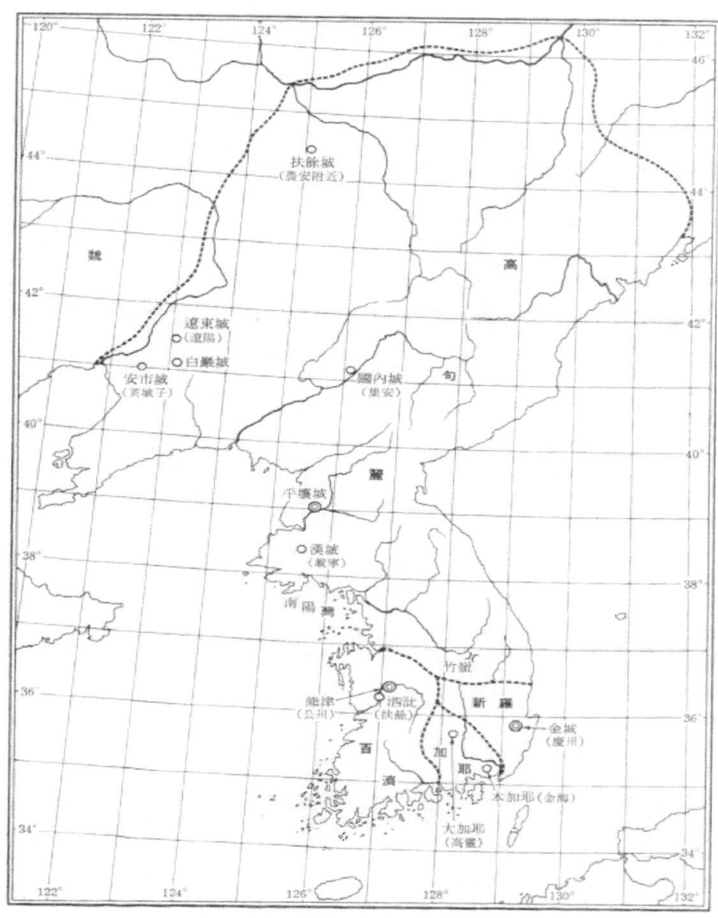

[지도 5] 이기백 [長壽王代 高句麗 疆域圖]의 평양성[229)]

김부식 등 『삼국사기』의 편찬자들은 고구려 첫 도읍인 졸본이 요하 서쪽 의무려산과 의주(지금의 義縣) 일대에 있었다고 그들의 저서에 분명하게 서술했지만, 다른 한편으로 『삼국사기』에 427년 천도한 평

229) 李基白, 『韓國史新論』, 一潮閣, 1994, 65쪽.

양이 당시의 대동강 가에 있었을 것이라고 서술하면서, 이후 한중일 3국의 역사학계에 위의 [지도 5]와 같은 역사지도의 작성이 가능할 수 있는 하나의 근거를 남겨놓았다. 그러나 위에서 검토했듯, 『삼국사기』의 평양 인식은 '추정'은 있지만 '실증'은 전혀 없는 하나의 오류에 불과한 것이다. 그러므로 [지도 5]와 같은 역사인식도 오류에 의한 것임이 분명하다.

분석해보면, [지도 5]의 작성은 한중(韓中) 고대사에 관한 몇 가지의 사실들을 전제로 가능하다. ① 우선 [지도 5]를 작성하려면, 사관(史觀)의 문제가 있다. 얼핏 보기에 [지도 5]가 간단해 보이지만, 실상은 그 안에 많은 역사적 함의(含意)를 품고 있다. [지도 5]의 작성이 가능하기 위해서는 기자조선의 존재는 인정하지 않더라도 그 이후 서기전 194년에 성립된 위만조선(衛滿朝鮮)이 현재의 평양 일대에 성립되었었음을 인정해야 한다. 조선시대의 사대사관과 일제강점기의 식민사관으로 왜곡되어온, (기자조선은 언급하지 않더라도) 위만조선은 현재의 북한 평양에 있었다는 관점을 수용해야 [지도 5]가 작성될 수 있는 것이다. ② 다음으로 서기전 108년 한(漢)의 무제(武帝)가 평양 일대의 위만조선을 멸망시키고 그 지역에 낙랑군을 세웠으며, 압록강 중류 일대에 현토군을 세웠음을 인정해야 한다. ③ 그 다음에 현토군이 세워지는 압록강 중상류 일대에 고구려의 선주민(先住民)들이 있었으며, 이들이 현토군과 투쟁 및 교류하는 과정에 고구려란 국가가 건국되고, 그 첫 도읍을 졸본에 세웠는데, 이곳이 현재의 중국 요녕성 환인(桓仁) 일대였음을 인정해야 한다. ④ 그리고 한(漢)이 요서에서 현재의 요하를 건넌 지점의 요동과 압록강 하류를 거쳐 현재 평양 일대의 낙랑과 그 아래의 대방(帶方)을 4세기까지 줄곧 지배하고 있었다고 인정해야 한다. ⑤ 427년 고구려가 현재 대동강 일대의 평양으로 천도했다고 인정해야 한다. 이러한 역사인식 등을 바탕으로 [지도 5]의 작성이 비로소 가능한 것이다.

물론 [지도 5]의 작성자도 그 지도가 인용된 그의 저서인 『韓國史新論』 39쪽에 위만조선이 현재의 평양 일대를 중심지로 하는 [衛滿朝鮮時代圖]를 제시하였다. 그의 저서 47쪽에는 고구려가 압록강 중류 일대의 국내성에 도읍하고, 현재의 평양 일대에는 낙랑군이 있으며, 그 남부에 삼한이 있는 [聯盟王國時代圖]를 첨부하였다. 또한 [衛滿朝鮮時代圖]와 [聯盟王國時代圖] 사이의 본문에서는 고구려가 압록강 중류 일대 창해군(滄海郡)의 옛 지역에서 현토군(玄菟郡)과 투쟁 및 교류하는 과정에 성립되고 발전되었음을 서술했고, 서기전 108년 이후 평양 일대에 설치된 낙랑군과 인근의 대방군이 한반도의 여러 국가와 투쟁 및 교류하는 과정도 서술했다. 그리고 427년 장수왕이 현재의 평양으로 천도한 [長壽王代 高句麗 疆域圖]를 65쪽에 실은 것이다.

그런데 국사편찬위원회 국정도서편찬위원회가 편찬한 중고등학교 국사 교과서도 위에 인용한 『韓國史新論』의 구성과 그 내용이 크게 다르지 않다. 비교해보면, 위의 본문에서 인용한 이병도의 [高句麗 全盛時代圖](앞의 [지도 4])에 드러난 역사 인식, 앞의 [지도 5]에 나타난 이기백의 [長壽王代 高句麗 疆域圖]에 나타난 역사 인식, 그리고 중고등학교 국정 국사 교과서에 담긴 역사 인식은 모두 같은 것이다. 아래에서 보듯, 역사 인식이 같기 때문에 그들이 각각 제시한 관련 지도도 같다.

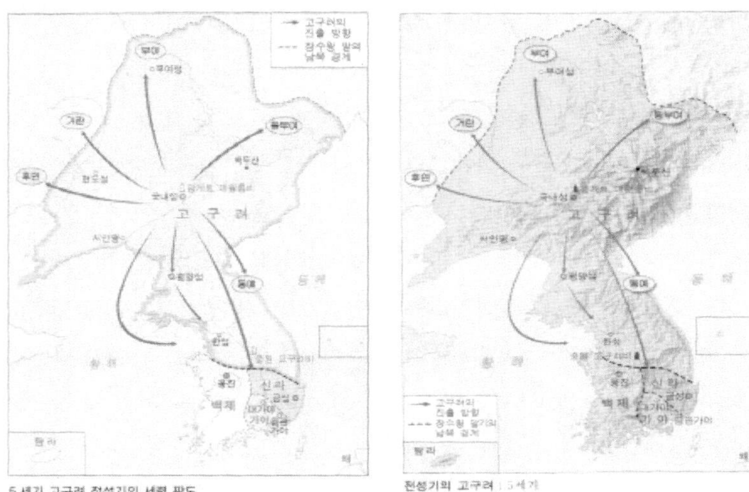

[자료 4] 『중학교 국사』230)(왼쪽)와 『고등학교 국사』231)(오른쪽) 고구려 전성기 지도

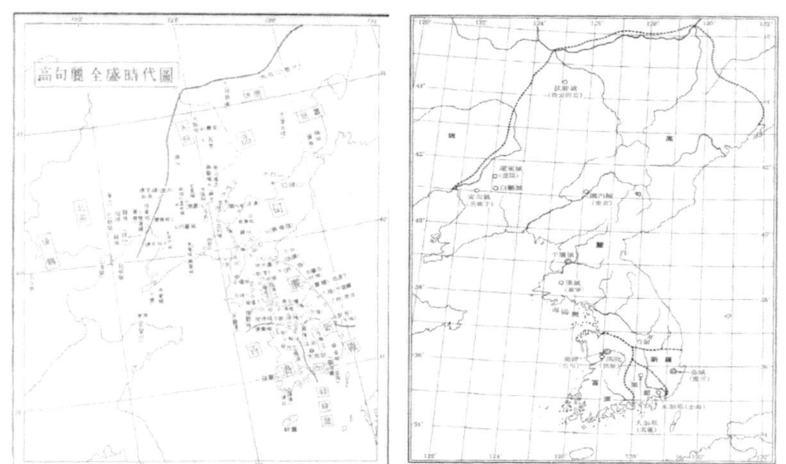

[자료 5] 이병도 『韓國史(古代編)』(왼쪽)232)과
이기백 『韓國史新論』233)(오른쪽)의 고구려 전성기 지도

---

230) 국사편찬위원회 국정도서편찬위원회, 『중학교 국사』, 교육과학기술부, 2002, 47쪽.

231) 국사편찬위원회 국정도서편찬위원회, 『고등학교 국사』, 교육과학기술부, 2002, 51쪽.

물론 이들의 역사 인식이 같다는 것은 문제가 되지 않는다. 문제는 이런 역사 인식이 오래도록 전승되고, 교육되고, 또 무비판적으로 확산되면서 점점 더 고착화되어 가는 점에 있다.

[자료 4]와 [자료 5]의 4권의 책에 공통되는 역사 인식 중 평양에 관한 것은, ① 서기전 194년에 위만조선이 한반도의 평양 일대에서 건국되었고, ② 서기전 108년에 한(漢)의 무제가 위만조선을 멸망시키고 평양 일대에 낙랑군을 설치했으며, ③ 427년에 장수왕이 고구려의 도읍을 그 평양으로 옮겼다는 것이다. 그런데 과연 ①, ②, ③의 평양에 관한 세 가지 관점이 모두 옳은 것인가? 평양 위치 인식의 오류 극복은 이 세 가지 관점의 극복으로부터 가능한 것이 아닐까?

평양에 관한 위의 역사 인식 중 ①과 ②는 위만조선에 대한 새롭고도 올바른 인식을 통해, 그 오류의 극복이 충분히 가능하다. 서기전 195년 현재 북경 일대의 서남쪽에 존재했던 연(燕)으로부터 무리 천여 명을 이끌고 동쪽으로 망명한 위만이 왜 하필 한반도의 평양 일대까지 왔을까? 그것이 상식적으로 정말 가능할까? 『사기』의 위만 관련 기록을 해석하면 "서기전 195년 양력 6월 1일(夏曆 4월 25일)에 한(漢)을 건국한 유방(劉邦)이 죽자, 현재의 북경 서남쪽 일대에 있던 연왕(燕王) 노관(盧綰)이 서북쪽으로 흉노에 망명하는 사건이 발생했다. 이때 위만도 동쪽으로 망명하였다. 노관은 궁인(宮人) 및 가속(家屬)과 수천 명의 기병을 이끌고 서북쪽의 흉노로 망명했다. 위만은 무리 천여 명을 모아 북상투에 오랑캐의 복장을 하고서 동쪽으로 도망하여 요새를 나와 패수를 건너 진(秦)의 옛 공지(空地)인 상하장(上下障)에 머물렀다. 노관은 흉노에 의해 동호노왕(東胡盧王)에 임명되었는데 서기전

---

232) 震檀學會, 『韓國史』古代編, 乙酉文化社, 1959, 416쪽.

233) 李基白, 『韓國史新論』, 一潮閣, 1994, 65쪽.

194년에 죽었다. 위만은 진번(真番)과 조선의 만이(蠻夷) 및 옛 연(燕)과 제(齊)의 망명자들을 점차 복속시켜 거느리고 왕이 되어, 서기전 194년에 왕험(王險)에 도읍하며 조선 즉 위만조선을 건국하였다."는 것이다.[234] 이러한 『사기』의 기록을 보며, 도대체 어떻게 위만이 서기전 194년에 현재의 평양 지역으로 도망하여 그곳에 위만조선을 세울 수 있었다고 주장할 수 있을까? 이제 사실 이 문제는 상식으로도 충분히 극복 가능한 문제가 아닐까? 이만열은 그의 연구에서, 기자 및 위만이 현재의 북한 평양 일대에 있던 조선으로 이주했다는 기록은 지리적으로 설명이 도저히 불가능하지만, 조선의 유교주의 사학과 식민주의 사학에 의해 그렇게 해석되었다고 분석했다. 즉 "사실 일제 관학자들에 의한 식민주의 사학의 한국 상고사 이해체계의 일단은 전통적인 유교 사학에다 근대적이라는 소위 그들의 합리성을 가미하여 단군 신화를 제거하는 데서 출발했던 것이며, 그 대신 중국으로부터의 이주자로 세전(世傳)되었던 기자·위만의 조선에로의 이주는 당시의 지리적 여건으로 보아 합리적으로 도저히 납득되지 않음에도 불구하고 아무런 비판없이 그대로 인정해버려, 사학연구에 있어서 소위 합리적 사고니 근대적 방법론이니 하는 그들의 학문적 방법론의 이중적 적용 혹은 편파성을 드러낸 것이다."라고 설명하였다[235]

③의 427년에 장수왕이 고구려의 도읍을 그 평양으로 옮겼다는 문제도, 사실 관련 문헌을 엄격하게 해석하여 그 오류를 분명히 밝혀낼 수 있다. 물론 잘못 형성되어 오래도록 유지되어온 인식의 오류를 밝혀내는 작업은 그리 쉽지 않다. 왜냐하면 관련 문헌사료와 고고학적 자료가 부족한 것만이 아니라. 『구당서』와 『신당서』 및 『삼국사기』에

234) 『史記』의 「韓信盧綰列傳」 및 「朝鮮列傳」 참조.

235) 李萬烈, 『丹齋 申采浩의 歷史學 硏究』, 文學과知性社, 1990, 233쪽.

서 비롯된 평양 위치 왜곡이, 그 이후 현재까지 천년 이상의 시간을 거치며 각종 문헌과 연구들을 통하여 그 왜곡을 더욱 심화시켜 왔기 때문이다. 『구당서』와 『신당서』 및 『삼국사기』에서 비롯된 왜곡은 그 왜곡을 합리화하고 심화시키는 또 다른 왜곡을 낳았고, 그렇게 천년 이상 누적된 왜곡들은 평양의 위치에 관한 진실을 철저하게 은폐시키기에 이미 충분하게 체계를 갖춘 것이다.

필자는 최근 [자료 4]와 [자료 5]의 4권의 책에 나타난 바와 같은 평양에 관한 인식이 전반적으로 잘못되었다고 비판하며, 또 그 오류를 극복하는 일련의 연구결과들을 발표하였다. ① 서기전 194년에 위만조선은 한반도의 평양 일대가 아닌 발해 연안의 어느 지점에서 건국되었고,[236] ② 당연히 서기전 108년에 한(漢)의 무제가 세운 낙랑군은 평양 일대에 설치될 수 없었으며,[237] ③ 427년에 장수왕이 천도한 평양은 대동강 가의 평양이 아니 요하 일대의 요양이라는 것을 밝힌 것이다.[238] 그리고 이러한 일련의 연구 과정에 조선시대와 일제강점기는 물론 현재까지도 평양 관련 인식의 오류가 계속 유지되며, 또 끊임없이 재생산되어 확산되는 원인과 그 유지의 기제(機制)도 파악해냈다. 필자가 최근 심각하게 고민하는, 왜 한국사회에 평양에 대한 위치 인식의 오류가 아직도 강하게 지속되는지, 그 이유를 파악하여 다음의 표로 작성해보았다.

---

236) 임찬경, 「조선 즉 위만조선과 창해군의 위치에 관현 연구」, 『국학연구』제22집, 국학연구소, 2018.

237) 임찬경, 「고려시대 한사군 인식에 대한 검토」, 『국학연구』제20집, 국학연구소, 2016.

238) 임찬경, 「『수경주』를 통한 고구려 평양의 위치 검토」, 『국학연구제』21집, 국학연구소, 2017.

[도표 1] 각 시대 평양 위치 인식 오류 유지의 목적과 그 계급관계

시기	조선시대	일제강점기	1945년 해방 이후 현재까지
관점	기자조선=평양 위만조선=평양 한사군 낙랑=평양	기자조선=평양 위만조선=평양 한사군 낙랑=평양	위만조선=평양 한사군 낙랑=평양
사관	사대사관	식민사관	변종(變種)된 식민사관
목적	사대주의 유지 소중화 논리 형성 봉건 지배 유지	한국사의 식민성 강조 식민지 지배 유지	'역사 바로세우기' 반대 친일・반민족・반민주 정권 유지 식민사학 통설(학문 권력) 유지
지배계급	사대적 유학집단	일제 친일매국집단	과거 기득권 유지 세력 (실체 복잡)

위의 [도표 1]에서 보듯, 조선시대와 일제강점기 그리고 해방 이후의 각 시대는 각각 그 시대에 맞는 평양 위치 인식의 오류를 필요로 했다. ① 조선시대는 기자(箕子)를 앞세워 중화(中華)를 잇는 소중화(小中華)로서의 정통성을 세우려 했다. 기자(箕子)를 실존인물로서 평양과 연결시킴으로서, 위만조선과 낙랑군도 평양에 연결시켜야만 했던 것이다. ② 일제는 한국사의 식민성을 강조하기 위해 평양을 악용했다. 조선시대의 사대사관에 의해 형성된 평양 인식의 오류를 식민사관으로 변용(變容)시켜 한국사의 식민성을 강조하는데 악용한 것이다. 한족(漢族)이 지배하는 기자조선과 위만조선 및 낙랑군을 평양에 위치시킴으로써, 한국사는 그 출발부터 외세의 식민지였고 "수 천 년 이래 한 번도 독립된 적이 없다."는 논리를 강화했고, 그 논리를 위해 평양 위치 인식의 오류를 악용했다. ③ 1945년 해방 이후 일제를 대신한 한국의 지배계급 다수는 사대와 식민의 잔재였다. 조선시대의 지배계급이 일제와 영합(迎合)하여 친일매국세력이 되었고, 해방 이후 친일매국세력이 다시 한국사회의 주요한 지배계급이 되었으며, 아직도 그 연장선에서 완전히 벗어나지 못하고 있다. 해방 이후에도 조선시대와 일

제 강점기를 거치면서 줄곧 누려온 기득권을 계속 유지하려는 지배계급에게 역사적 청산은 불필요한 것이었다. 지금의 역사학계는 물론 기득권층 다수가 평양 위치 인식의 오류를 인정하고 또 바로잡으려는 시도를 하지 못하게 하는 '시대'의 한계가 아직도 존재하는 것이다. 평양 위치 인식 오류의 유지 기제는 아직도 작동 중인 것이다.

[도표 1]에서 알 수 있듯, 한국역사학계의 평양 위치 인식 오류는 학술 영역만의 문제가 아니다. 오히려 학술 이외의 그 어떤 힘이 평양 위치 인식 오류에 더 크게 작용하고 있음이 분명하다. 예를 들면 위에 소개한 [자료 4]의 국정 『중학교 국사』와 『고등학교 국사』도 그 평양 위치 인식 오류를 확대 재생산하는 유지 기제의 하나일 수 있다. 이번에 필자가 참고자료로 활용한 국정 『중학교 국사』의 머리말에는 "역사 서술은 과거가 어둡다고 하여 숨기거나, 없는 것을 있다고 과장해서는 안 된다. 역사 서술은 치우침이 없고 엄격하여야 한다."고 써놓았다. 『고등학교 국사』의 첫 장을 넘기면 '국사교육의 성격'에 대해 "'국사'는 우리 민족의 정신과 생활의 실체를 밝혀주는 과목으로서, 우리 민족의 정체성을 함양시켜주는 구실을 한다."고 써놓았다. 그러나 지금껏 왜곡된 역사를 바로잡을 엄밀한 시도를 제대로 하지 않은 한국역사학계에서 여러 문제가 많은 국정교과서를 내놓으면서, "치우침 없이" 서술한 그 국사는 "민족의 실체를 밝혀주는 과목"이므로 이를 통해 "정체성을 함양"하라고 말하고 있는 것이다. 이것이 가능한 일인가? 이것이 바로 한국사회에 평양 위치 관련 인식의 오류가 아직도 유지되며 또 재생산되는 바탕이 아닐까?

이상의 논의를 종합하면, 평양 위치 인식의 오류를 극복할 방안은 우선 학술적으로 그 오류의 근원인 ① 서기전 194년에 위만조선이 한반도의 평양 일대에서 건국되었고, ② 서기전 108년에 한(漢)의 무제가 위만조선을 멸망시키고 평양 일대에 낙랑군을 설치했으며, ③ 427년에 장수왕이 고구려의 도읍을 그 평양으로 옮겼다는 것 등의 세 가지 문제에 대한 올바른 역사 해석을 내리는 것이다. 또한 학술 영역을 넘어, 한국사회 각계의 더 많은 관심과 참여에 의해 그 역사 인식 오류에 대한 사회적 극복의 계기가 반드시 만들어져야 한다. 더 이상 평양 위치 인식 오류가 필요하지 않는 한국사회를 만들려는 각계 다수의 의지와 참여가 바로 극복의 동력이 될 것이기 때문이다. 그렇게 역사는 올바르게, 다시 쓰여져야 하는 것이다.

부족한 점은 이후의 연구를 통해 보충 및 수정하고자 한다.

참고문헌

『史記』

『隋書』

『北史』

『通典』

『册府元龜』

『舊唐書』

『新唐書』

『宣和奉使高麗圖經』

『三國史記』

『高麗史』

『陽村集』

『海東繹史』

獨頭山熊 譯, 1903,『朝鮮史』, 點石齋書局, 光緒29年.

李丙燾, 1923,「朝鮮史開講」(六)『東亞日報』大正十二年十月四) 및「朝鮮史開講」(七),『東亞日報』大正十二年十月五日.

申采浩, 1925,「平壤浿水考」,『東亞日報』(1925. 1. 30).

震檀學會, 1956,『韓國史』古代編, 乙酉文化社,

서영대, 1981,「高句麗 平壤遷都의 動機」,『한국문화』2, 서울대학교 한국문화연구소.

徐榮株, 1982,「廣開土大王陵碑文의 征服記事 再檢討(上)」,『歷史學報』第96輯, 역사학회.

王绵厚, 1982,「大凌河水系历史地理考辨 - 蒹与张博泉同志商榷」,『社会科学战线』1982年第1期

韓永愚, 1983,「高麗圖經에 나타난 徐兢의 韓國史體系」,『奎章閣』7, 서울대학교 규장각 한국학연구원.

國史編纂委員會, 1986,『국역 中國正史朝鮮傳』, 國史編纂委員會.

弓因, 1986,「后燕平州曾改营州」,『社会科学辑刊』1986年第2期.

刘海峰, 1987,「两《唐书・地理志》户口资料系年 : 兼考《通典・州郡典》户

口之年代」,『厦门大学学报: 哲学社会科学版』1987年第3期.
徐榮株, 1988, 「廣開土大王陵碑文의 征服記事 再檢討(中)」, 『歷史學報』第119輯, 역사학회.
李萬烈, 1990, 『丹齋 申采浩의 歷史學 研究』, 文學과知性社.
吴慧, 1992, 「魏晋南北朝隋唐的度量衡」, 『中国社会经济史研究』1992年第3期
杜日新, 1994, 「隋代 "营州靺鞨"琐议」, 『社会科学战线』1994年第3期.
李基白, 1994, 『韓國史新論』, 一潮閣.
張傚晶, 2000, 「고구려왕의 平壤移居와 왕권강화」, 『實學思想研究』第15・16輯, 역사실학회.
張傚晶, 2002, 「『三國史記』 高句麗本紀 東川王 21年條 記事 檢討-平壤城의 位置 比定을 중심으로」, 『高句麗研究』第13輯, 고구려발해학회.
朴元吉, 2002, 「高句麗와 柔然・突厥의 關係」, 『고구려발해연구』14, 고구려발해학회.
공석구, 2003, 「4~5세기 고구려에 유입된 중국계 인물의 동향-문헌자료를 중심으로」, 『한국고대사연구』제32권, 한국고대사학회.
공석구, 2004, 「고구려의 영역과 평양천도 문제」, 『한국고대사연구』제33권, 한국고대사학회.
金榮官, 2005, 「高句麗 東明王陵에대한 認識變化와 東明王陵重修記」, 『高句麗渤海研究』20, 고구려발해학회.
金昌賢, 2005, 「고려시대 평양의 동명 숭배와 민간신앙」, 『역사학보』188, 역사학회.
이재성, 2005, 「6세기 후반 突厥의 南進과 高句麗와의 충돌」, 『동북아역사논총』5호,동북아역사재단.
여호규, 2005, 「高句麗 國內 遷都의 시기와 배경」, 『한국고대사연구』38, 한국고대사학회.
이병호, 2008, 「'東北工程' 前史」, 『동북아역사논총』20, 동북아역사재단.
余昊奎, 2009, 「4세기 高句麗의 樂浪・帶方 경영과 中國系 亡命人의 정체성 인식」, 『한국고대사연구』53, 한국고대사학회.
张士尊, 2009, 「辽泽: 影响东北南部历史的重要地理因素」, 『鞍山师范学院学报』2009年第1期.
肖忠纯, 2010, 「古代 "辽泽"地理范围的历史变迁」, 『中国边疆史地研究』2010年第1期.

장종진, 2011, 「5世紀 前後 國際情勢와 高句麗 平壤遷都의 배경」, 『한국고대사연구』61, 한국고대사학회.

張彰恩, 2011, 「6세기 중반 한강 유역 쟁탈전과 管山城 戰鬪」, 『진단학보』제111호, 진단학회.

정호섭, 2011, 「『三國史記』 高句麗本紀 4~5세기의 기록에 대한 검토」, 『新羅文化』第38輯, 동국대학교 신라문화연구소.

김병곤, 2011, 「고구려의 평양 천도 기획 시점과 남진」, 『高句麗渤海研究』第39輯, 고구려발해학회.

이정빈, 2011, 「6세기 후반~7세기 초반 고구려의 서방 변경지대와 그 변화-요서 지역 고구려의 라(邏)와 수의 진(鎭)·수(戍)를 중심으로-」, 『역사와현실』82, 한국역사연구회.

范恩实, 2011, 「论隋唐营州的靺鞨人」, 『中国边疆史地研究』2011年第1期.

閔賢九, 2012, 「斗溪 李丙燾의 修學과정과 초기 學術活動」, 『震檀學報』116, 진단학회.

전호태, 2012, 『고구려 고분벽화 연구 여행』, 푸른역사.

張彰恩, 2012, 「眞興王代 新羅의 北方進出과 對高句麗領域向方」, 『신라사학보』제24호, 신라사학회.

김영하, 2012, 「廣開土大王陵碑의 정복기사해석-신묘년기사의 재검토와 관련하여」, 『한국고대사연구』66, 한국고대사연구회.

노태돈, 2012, 「고구려 초기의 천도에 관한 약간의 논의」, 『한국고대사연구』68, 한국고대사연구회.

王禹浪/程功, 2013, 「大凌河流域隋唐时期营州历史与文化研究综述(一)」, 『大连大学学报』2013年第2期.

王禹浪/程功, 2013, 「大凌河流域隋唐时期营州历史与文化研究综述(二)」, 『大连大学学报』2013年第5期.

하야시 다이스케(林泰輔) 著/편무진·김현욱·이태훈 역, 2013, 『조선사』, 인문사.

임기환, 2013, 「고구려의 요동 진출과 영역」, 『高句麗渤海研究』第45輯, 고구려발해학회.

임찬경, 2014, 「이병도 한사군 인식의 형성과정에 대한 비판적 검토」, 『국학연구』제18집, 국학연구소.

윤경진, 2014, 「고려의 건국과 고구려계승의식」, 『한국문화』68, 서울대학교 규장각 한국학연구원.

苗霖霖, 2015,「鲜卑山地理位置考略」,『北华大学学报: 社会科学版』2015年第2期.

임찬경, 2015,「『고려도경』·『삼국사기』의 고구려 건국 연대와 첫 도읍 졸본」, 『국학연구』제19집, 국학연구소.

王绵厚,「辽西傍海道和大凌河古道的交通地理与相关史迹考察」,『渤海大学学报: 哲学社会科学版』2015年第2期

이정범, 2015,「5~6세기 고구려의 한강유역 지배형태」,『高句麗渤海研究』第51輯, 고구려발해학회.

임찬경, 2016,「고려시대 한사군 인식에 대한 검토」,『국학연구』제20집, 국학연구소.

공석구, 2016,「4세기 高句麗 땅에 살았던 중국계 移住民」,『고구려발해연구』56, 고구려발해학회.

임찬경, 2016,「고구려 첫 도읍 위치 비정에 관한 검토」,『仙道文化』제20권, 국제뇌교육종합대학원 국학연구원.

박시현, 2016,「중국학계의 고구려 도성 연구와 전망」,『인문과학연구』49, 강원대학교 인문과학연구소.

송영대, 2016,「高句麗와 唐의 箕子朝鮮 認識 檢討」,『역사와경계』제100집, 부산경남사학회.

박대재, 2016,「箕子朝鮮과 小中華」,『한국사학보』65, 고려사학회.

임평섭, 2016,「신라 진흥왕대 州의 廢置와 巡狩-眞興王巡狩碑를 통해 살펴본 순수의 전략적 의미-」,『新羅文化』第48輯, 동국대학교 신라문화연구소.

肖忠纯, 2016,「隋唐营州的民族融合、胡风与葬俗」,『渤海大学学报: 哲学社会科学版』2016年第1期.

임찬경, 2017,「고구려 평양 위치 인식 오류 형성 과정에 관한 검토」,『고구려의 평양과 그 여운』, 주류성.

임찬경, 2017,「『수경주』를 통한 고구려 평양의 위치 검토」,『국학연구제』21집, 국학연구소,

赵智滨, 2018,「百济北伐高句丽与北齐文宣帝营州之行」,『地域文化研究』2018年第2期.

임찬경, 2018,「조선 즉 위만조선과 창해군의 위치에 관현 연구」,『국학연구』제22집, 국학연구소.

권순홍, 2019,「'도성권'의 개념과 고구려 '도성권'의 등장」,『고구려발해연구』64, 고구려발해학회.

요양 영수사벽화묘의 고구려 관련성에 관한 두 편의 논문*

이 글은 2017년 8월에 발간된 『仙道文化』 제23권에 발표한 논문으로 인하대 연구교수인 박지영과 함께 작성하였다. 이 글을 볼 때면, 박지영 교수의 노고에 항상 감사한다.

1919년 5월 이후 중국 요녕성 요양(遼陽)의 영수사촌(迎水寺村)에서 벽화가 그려진 고분이 발견되었는데, 이를 영수사벽화묘(迎水寺壁畫墓)라 부른다. 이 벽화묘의 발굴과정에 참여한 야기 쇼자부로(八木奘三郎), 1919년 말 이후에 현지를 고찰한 쓰카모토 야스시(塚本靖)와 하마다 고사쿠(濱田耕作) 등 세 명의 일본학자 모두 1921년에 발표한 글들에서 그 벽화고분이 고구려의 것일 수 있다고 언급하였다.

이는 한국사학계의 고구려 벽화고분 연구뿐만 아니라, 고구려사의 전반 연구에 시사(示唆)하는 바가 크다고 할 수 있다. 특히 요양 일대는 고구려의 강역이 아니라는 편견 때문에 그 지역 벽화고분의 고구려 관련성을 단순하게 부인하는 한국의 벽화고분 연구자들에게, 이 논문에 대한 재검토를 권한다. 또한 고구려 강역에 대한 선입견 때문에 요양 지역의 고구려 관련성, 요양 지역이 고구려 평양일 수 있다는 필자 등의 주장을 무조건 부정하는 고구려 연구자들에게 영수사벽화묘에 대한 재검토를 권한다.

사실 영수사벽화묘는 한국사학계에서 전혀 주목하지 않던, 혹은 주목해서는 안되는 일종의 '은폐하고 싶은 사실'일 수 있었다. 이 글에서

* 이 논문은 2017년 정부(교육부)의 재원으로 한국학중앙연구원 한국학진흥사업단의 지원을 받아 수행된 연구이다(AKS-2014-KFR-1230006).

는 위에 소개한 세 편의 논문 중 두 편의 논문을 번역하여 싣고 그에 대한 해제를 붙였는데, 이는 고구려 혹은 벽화고분 관련 연구자들의 지속되고도 심층적인 논의의 활성화를 위한 기초자료를 제공하기 위함이다.

*** 자료소개**

八木奘三郎, 「遼陽發見の壁畫古墳」, 『東洋學報』第十一卷第一號, 1921.

塚本靖, 「遼陽太子河附近の壁畵する古墳」 『考古學雜誌』第11卷第7號, 1921

1. 해설

조선시대에 청(淸)으로 향했던 사신들의 연행(燕行) 기록을 보면, 다수의 사신들이 하룻밤 묵어가는 영수사(迎水寺)란 지명이 있다.[239] 조선의 사신들이 태자하(太子河)를 건너서 영수사에 도착했다고 기록했듯,[240] 영수사는 현재의 요양시(遼陽市) 태자하를 서쪽과 남쪽으로 끼고 그 북쪽에 위치해 있다. 1918년 8월 요양 일대에 폭우가 쏟아져 전답과 가옥이 물에 잠기는 홍수가 발생했다.[241] 영수사촌(迎水寺村)으로 불리던 그 지역도 큰 피해를 입었다. 1919년 5월 이후 제방을 복구하기 위해 땅을 파던 중 벽화가 그려진 고분이 발견되었는데, 이를 영수사벽화묘(迎水寺壁畫墓)라 부른다.

---

239) 영수사(永壽寺)로도 불렸다(『薊山紀程』第1卷 「灣渡」 慈航寺).

240) "40리를 가서 옥보대(玉寶臺)에서 점심을 먹고, 낮에 길을 떠나 30리를 가서 요동성(遼東城) 동문으로 들어갔다가 서문으로 나와 관제묘(關帝廟)를 거쳐 백탑(白塔)을 지났는데, 요동 또한 봉황성의 두어 배나 되었다. 또 10리를 가서 태자하(太子河)를 건너 영수사참(迎水寺站) 촌가에서 머물러 잤다."(『往還日記』 戊子年 5月 16日).

241) 辽阳县志编纂委员会办公室编, 「辽阳县志」, 1994, 29쪽.

영수사벽화묘의 발굴에 대해 리우웨이(刘未)는 그의 논문에서 "1918년 야기 쇼자부로(八木奘三郎)[242] 등이 요양 동북 교외의 영수사벽화묘를 발굴하였다. 이는 요양은 물론 중국에서 첫 번째로 발견된 한(漢)의 벽화묘이다."라고 서술했다.[243] 전호태는 그의 저서에서 "1920년 5월 요양시 동북쪽 영수사읍(迎水寺邑) 근처에서 태자하 제방공사를 진행하던 도중 발견되었다."고 서술했다.[244] 위의 두 서술에서 벽화의 발견 시점은 모두 틀린 것으로 볼 수 있다.

사실 야기 쇼자부로는 1921년 『동양학보(東洋學報)』에 관련 논문을 발표하면서, 그 논문의 끝에 "다이쇼(大正) 9년 7월 10일에 썼다."고 특별히 밝혀놓았다. 영수사벽화묘에 대한 논문은 1920년 7월에 쓰여진 것이다. 그리고 그 논문에서 "작년 5～6월 경에 장춘(長春)과 길림(吉林) 방면의 유적을 시찰하고 돌아오는 길에" 요양에서 벽화를 직접 확인하고 그 논문을 썼다고 밝혔다.[245] 그러므로 야기 쇼자부로가 벽화를 직접 확인한 시점은 1919년 6월 무렵인 것이다. 그 논문과 당시 요양에 대한 지방지(地方志)의 기록을 연관시켜 보면, 1918년 8월 요양 지역에 큰 홍수가 났고, 1919년 5월 이후 제방을 복구하는 작업이 진행되면서 그 과정에 한 기의 무덤이 발견되었다. 그리고 1919년 6월 무렵에 야기 쇼자부로가 현지에 가서 석곽의 윗부분만 노출된 상황을 보고, 토양을 걷어내고 들어가 석실(石室) 안의 구조와 벽화를 처음 확인하였으며, 1920년 7월에 관련 논문을 작성하여, 1921년 2월에 발행된 『동양학보』11권에 게재한 것이다.

---

242) 야기 쇼자부로(八木奘三郎, 1866～1942년) : 고고학자. 1892년 도쿄 제국대학 인류학 교실에서 연구를 시작하여 이후 조선 이왕직박물관, 여순박물관 등에서 근무했다. 저서에 『일본고고학(日本考古学)』(1907), 『고고학연구법(考古学研究法)』(1905) 등이 있다.

243) 刘未, 「辽阳汉魏晋壁画墓研究」『边疆考古研究』, 2003, 1쪽.

244) 전호태, 『중국 화상석과 고분벽화 연구』, 솔출판사, 2007, 311쪽.

245) 八木奘三郎, 「遼陽發見の壁畫古墳」, 『東洋學報』第十一卷第一號, 1921, 119쪽.

야기 쇼자부로는 이 논문에서 벽화 속 인물의 민족관계를 서술하면서, 벽화 속 인물이 "고구려족의 유형이라고 말하지 않을 수 없다."고 다음과 같이 분명하게 언급한다.

> 벽화에 보이는 부부상(夫婦像)은 예로부터 중국식 석벽화(石壁畵)에는 없는 것이다. 이는 부여족의 선조인 주몽(朱蒙) 부부를 기리는 상태와 매우 비슷한 바가 있고 또 그 계통은 조선의 고분벽화와 연관을 지니고 있기에 이를 고구려족(高句麗族)의 유형이라고 말하지 않을 수 없다.

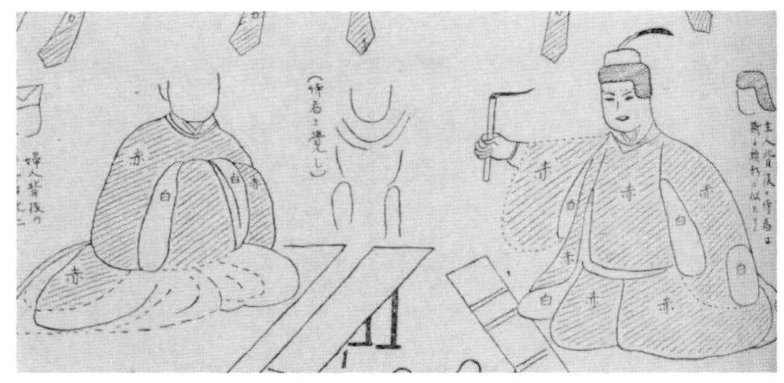

[도면] 八木奘三郎의 벽화 모사도 중 주인공 관련 부분

야기 쇼자부로가 보기에도, 벽화의 주인공은 고구려족 유형이 분명했던 것이다. 그러나 그는 "조선의 고분벽화는 그 예가 증가함에 따라 중국 고분의 석각화상(石刻畵像)과 일치하는 바가 많다. 따라서 중국 벽화의 실례가 향후 세상에 드러나게 되면 이러한 종류의 풍속을 나타내는 것이 없으리라고는 할 수 없다. 그리고 요양 벽화가 우연히 그 일단을 찾을 수 있는 실례가 될지도 모른다."는 '가정(假定)'으로 판단의 방향을 바꾸어 간다. 앞으로 있을지도 모를 "향후 세상에 드러나게 될 중국 벽화의 실례"에 그런 유형이 많을 수 있는 상황을 가정하여, 그 벽화고분의 고구려 관련성 규정을 회피하려 시도한 것이다.

야기 쇼자부로는 벽화에 그려진 종복(從僕)도 역시 한족(漢族)이 아닌 만주식(滿洲式) 인물임을 분명하게 인정하였다. 그러나 이에 대해서도 "그러나 이러한 종복만으로는 주인공의 민족론을 결정할 수 없다. 따라서 필자는 이를 중요시하지 않고, 그 전반을 관찰하여 이 벽화와 인물은 후한(後漢) 시대 혹은 삼국시대 초기를 지나지 않는 한족(漢族) 관계의 것으로, 특히 대관(大官)의 분묘에 속하는 것임을 주장하고자 한다."고 서술하였다.[246] 그 벽화 속 인물들의 고구려 관련성은 분명하게 인정하면서도, 벽화고분의 '전반'을 살펴서 한족(漢族)의 고분으로 주장한다는 것이다.

이에 앞선 시기인 1919년 말에 쓰카모토 야스시(塚本靖)[247]는 만철 건축부의 관계자로부터 요양의 태자하 유역에서 발견된 벽화고분을 보러오라는 제안을 받았고, 직접 현지에 가서 고찰하였다. 그 조사자료를 바탕으로 쓰카모토 야스시는 1920년 6월에 열린 고고학회 월례회에서 영수사벽화묘에 대한 강연을 진행하였고, 이 내용은 1921년 3월 5일에 발행된 『고고학잡지』11권7호에 실렸다.

쓰카모토 야스시는 1921년 3월의 그 논설에서 "고분의 연대에 대하여, 야기씨(八木氏)는 한대(漢代)의 것이라고 하고, 교토대학 모씨는 고구려 시대라고 했다고 전해 들었다. 야기씨가 가지고 돌아간 토기는

246) 八木奘三郎, 「遼陽發見の壁畫古墳」, 『東洋學報』第十一卷第一號, 1921, 143쪽.

247) 쓰카모토 야스시(塚本靖, 1869~1937년) : 건축가. 서양건축 전공. 1923~1924년 일본건축학회 회장 역임. 도쿄 제국대학 공학부 강당 및 교실(1919), 구 서울역(1925) 등을 설계했다. 건축 외에 미술, 공예에도 조예가 깊어 저서에 『중국건축(支那建築)』(1929, 関野貞와 공저), 『천목 다완고(天目茶碗考)』(1935) 등이 있다.

보지 않았으므로 모르겠지만, 발굴된 고전(古錢)은 사출오수(四出五銖), 반량(半兩), 화천(貨泉)이다. 사출오수는 동한의 영제(靈帝) 시대에 처음으로 만들어진 것이다. 고전(古錢)만으로 시대를 단정하는 것은 위험하다. 나는 오히려 벽화의 성질로 보아 고구려시대 것이라고 생각하는 것이 마땅할 것이라 여긴다."고 주장하였다.[248]

한편 1919년 후반 이후에 영수사벽화묘를 고찰한 하마다 고사쿠(濱田耕作)[249]도 1921년 7월에 그 벽화와 관련된 논문을 발표하였으며,[250] 이 논문은 뒤에 그의 저작집인 『동아고고학연구(東亞考古學研究)』(1930)에도 게재되었다. 이 논문에서 하마다 고사쿠는 영수사벽화묘에 대해 다음과 같이 서술하였다.

> 벽화의 성질은 조선의, 이른바 고구려의 고분과 유사한 점이 많기 때문에, 쓰카모토((塚本) 박사 및 나이토(內藤) 박사 등의 설(說)에 따라 고구려라고 해도 좋다고 본다. 후한(後漢)이건 고구려이건, 연대적으로 말하자면 모두 서기 1~2세기 무렵의 것으로 두 가지 설(說)이 같을 뿐만 아니라, 조선의 고분벽화도 물론 한대(漢代)의 영향을 받았기 때문에, 이것이 닮아 있다고 해도 직접적으로 고구려설이라 할 수는 없다. 그러나 요양 부근의 것은 기와무덤과 석관, 이렇게 두 가지 종류로서 전자는 중국 각지의 무덤과 비교했을 때 보통 한인(漢人)이라 하고, 후자는 조선의 고구려와 같은 석재로 하고 있기 때문에 고구려인으로 하는 것이 정설이다. 그리고 이 논리로 말하자면 고구려설이 옳다고 보인다. 그러나 다른 한편에서 보면, 이 기와무덤

248) 塚本靖, 「遼陽太子河附近の壁畫する古墳」 『考古學雜誌』第11卷第7號, 1921, 225쪽.

249) 하마다 고사쿠(濱田耕作, 1881~1938년) : 고고학자. 도쿄 제국대학에서 서양사학 및 미술사를 수업하고, 1916년 교토 제국대학에 일본 최초의 고고학강좌가 창설되며 교수가 되었다. 우메하라 스에지(梅原末治, 1893~1983), 스에나가 마사오(末永雅雄, 1897~1991), 고바야시 유키오(小林行雄, 1911~1989) 등이 그의 제자이다. 일본 고고학을 정립했다는 평가를 받고 있다. 『통론고고학(通論考古學』(1922) 등의 저서가 있다.

250) 濱田耕作, 「遼陽附近の壁畫古墳」 『民族と歷史』第6卷第1號, 1921.

이나 석관에서 발견되는 유물은 완전히 동일하여 그 차이를 전혀 구별할 수 없기 때문에, 기와를 사용했던 한인들도 이 적절한 석재가 많이 있었던 요양 부근에서는 석관을 만들었다고 해도 결코 불합리하지 않다. 그러한 점으로부터 생각해 보면, 이 문제는 오늘에 있어서도 거의 결정하기 어렵다고 할 수 밖에 없다. 단지 고구려설이 조금 더 온당하지 않을까하고 생각할 뿐이다.[251)]

위에서 살펴보았듯, 1919년에 요양에서 발견된 벽화고분인 영수사 벽화묘에 대해 직접 현지를 고찰한 세 명의 일본학자가 1921년에 남긴 관련 논문들에서 모두 고구려 관련성을 언급하였다. 이는 한국사학계의 고구려 벽화고분 연구뿐만 아니라, 고구려사의 전반 연구에 시사(示唆)하는 바가 크다고 할 수 있다.

이상으로 위에 소개한 세 편의 논문 중 두 편의 논문을 번역하여 실었는데, 이는 고구려 혹은 벽화고분 관련 연구자들의 지속되고도 심층적인 논의의 활성화를 위한 기초자료를 제공하기 위함이다.

2. 자료 번역 1:
요양 발견의 벽화고분(遼陽發見の壁畫古墳)

야기 쇼자부로(八木奘三郎), 『東洋學報』제11권제1호, 1921.2

요양(遼陽)은 남만주에서 가장 오래된 도성지(都城地)로, 진한(秦漢) 이래 중국 본토의 한족(漢族)이 대거 이곳으로 이주했다. 때문에 그 유적이 존재하는 것은 이상할 것이 없다. 다만 종래에는 몇몇 한대(漢代) 고분에 한하여 한 두 학자의 조사를 거쳤을 뿐, 다른 것은 암흑 속에

251) 濱田耕作, 「遼陽附近の壁畫古墳」 『東亞考古學硏究』, 岡書院, 1930, 425~426쪽.

묻혀있었다고 여겨진다. 필자는 작년[252] 5~6월에 장춘(長春)과 길림(吉林) 방면의 유적을 시찰하고 돌아오는 길에 요양에 들렀을 때 뜻하지 않게 벽화 고분 중 가장 큰 것을 직접 보고 그 전경(全景)을 도사(圖寫)하게 되었다. 동시에 주변 지역을 답사하며 고분 파괴의 가혹한 사정도 헤아릴 수 있었으므로 여기에 그 요점을 기술하여 조사 결과를 모든 동학(同學)과 나누고자 한다.

1) 벽화고분의 소재지

요양역에서 동쪽으로 수십 정(丁)[253]인 지역에 태자하가 있다. 그 청류(清流)는 멀리 본계호(本渓湖) 방면에서 흘러와서 북쪽으로 흐른다. 그리고 기차의 철교가 그 위에 놓여 있다. 이 철교를 지나 동쪽으로 약 10정(丁) 정도 더 가면, 예전에 러시아인이 경영했던 큰 제방이 있다. 이 제방은 지금의 선로에서 갈라져서 동쪽으로 뻗어나가 멀리 산기슭에 접하는 듯하다. 이 제방은 재작년 홍수에 붕괴되었고, 그 북쪽에 해당하는 현재의 선로도 파괴되었다. 이에 복구공사를 시작하였는데, 작년 5월 이래 제방 아래 북쪽으로 수십 간(間)[254]의 토양을 개굴(開掘)하다가 우연히 몇 개의 석실이 있는 고묘(古墓)를 발견했다. 그 중 제일 큰 것은 석곽의 구조가 뚜렷하여 놀라울 뿐만 아니라, 내부에 4개의 석관이 있고 또 둘레 벽에는 여러 종류의 풍속화가 있어 매우 진귀하고 이례적인 것이었다. 따라서 만주철도[満鉄] 사원은 협의 끝에 고고학에 조예가 깊은 옛 도서관장 시마무라 고사

252) 다이쇼(大正) 8년. 1919년이다.

253) '정(丁)'은 일본에서 사용하던 거리의 단위로서 약 109m이다.

254) '간(間)'은 일본에서 사용하던 거리 및 면적의 단위로서, 두 기둥 사이가 약 1.8m인 거리를 간(間)이라 하기도 하고, 가로와 세로가 각각 약 1.8m인 면적을 간(間)이라 하기도 한다.

부로(島村孝三郎)[255]씨에게 현장 조사를 요청했다고 한다. 당시 필자는 이 지방의 유적 상태에 대한 설명을 듣기 위해 그 사무소에 있었는데, 위의 사정을 알고 우선 실제로 보기 위해 안내를 받아 시찰하게 되었다.

석곽은 겨우 윗부분만 노출되었고, 벽화는 서남쪽 구석의 일각이 보이기 시작한 상태로 내부의 전모를 알 수는 없었다. 그리하여 담당자에게 청하여 우선 그 토양을 반출시키자 비로소 석실내의 구조와 벽화의 상태를 명확히 알 수 있었다. 대개 이 지방은 오래전부터 사원(寺院)이 존재하고 있었기 때문에 현재 영수사촌(迎水寺村)으로 불린다. 동쪽으로는 청초(清初) 시기의 능묘가 있어 동릉(東陵)이라고 하며, 또 남쪽으로는 동경성(東京城)이라 불리는 청 태조가 지은 신성(新城)이 있다. 이 신성과 러시아인이 축조한 큰 제방 사이에 하나의 촌락이 있어서 오른쪽을 영수사읍(迎水寺邑)이라고 부르는데, 그 근처는 사방이 뚫린 땅으로 동릉(東陵)과 신성 쪽 방면에 이르러 비로소 산지(山地)가 된다. 게다가 예로부터 수해의 걱정이 없었으므로 분묘를 축조했을 터인데, 현재 이 피해를 입은 것은 지형상의 변화 때문이 아니라, 필시 강의 수류(水流)가 변경된 결과인 듯하다. 이 사실은 뒤에 다시 기술하고자 한다.

---

255) 시마무라 고사부로(島村孝三郎) : 고고학자. 하마다 고사쿠(濱田耕作), 하라다 요시토(原田淑人) 등과 함께 동아고고학회(東亜考古学会)를 창립했다. 대련(大連) 도서관의 초대 관장을 역임했다.

요양에서 발견된 벽화고분

2) 벽화고분과 다른 유적과의 관계

앞서 말한 벽화고분의 근방에는 다른 고분도 매우 많이 있다. 그 내부 구조는 모두 석실이며, 인골 및 고전(古錢)과 와기(瓦器) 등의 유물이 존재하는 것이 있다. 하지만 규모가 대체로 협소하며 이러한 종류의 대석실(大石室)은 전무하다. 또한 고분이라고 칭하고 있지만 사실 그 상부에 아무런 융기가 없고, 현재의 지평선 아래 수 척(尺)에 이르는 지점에서 그 개석(蓋石)이 확인되는 것에 불과하다. 따라서 이번과 같이 흙을 파낼 일이 없었다면, 쉽게 이를 발견하지는 못했을 것이다. 개중에는 지표 위로 봉분이 드러난 종류도 있지만, 이들의 하부에 유체(遺體) 매장의 예가 있는지 여부는 조사에 착수하지 않으면 확인할 수 없다. 다년간 만철(滿鐵)에 근무한 인부로부터 듣건대, 지인인 도리이 류조(鳥居龍藏)가 1909년에 다수의 고묘를 발굴했었던 장소도 대부분 이 방면으로, 당시에는 전실(甎室) 구조의 종류가 있었던 모양이지만 이번에는 한 건도 그 예를 발견할 수 없었다. 또한 필자는 이 땅에서 석기시대의 유적과 유물을 발견했다. 이러한 실물로 볼 때 대부분의 유적이 혼란되어 있다는 것은 확실하며, 또 태고(太古) 이래 수해를 입지 않았음을 설명할 수 있다.

고분의 조사를 끝낸 후 다시 동경성 즉 요양 인사들이 말하는 신성에 도착하여 실제로 보니, 이곳에는 고분의 석관곽(石棺槨)을 파괴한 후 그 돌을 이용하여 축조한 흔적이 뚜렷함을 알 수 있었다. 이는 특히 성문 주변에 많았는데, 그리하여 축석의 종류가 다양하고 난잡한 것이 실로 놀라울 정도였다. 생각건대 새롭게 성을 축조할 때 근방의 고분을 파괴하여 그 돌을 이용한 예는 그 밖에도 자주 있었다. 실제로 조선의 경우 이조(李朝) 초에 평양성을 중수할 때, 당시의 성주가 고분 발굴에 열심이었기에 탄핵을 받은 적이 있었다. 물론 경제적으로 본다면 이는 편리하다고 할 수 있겠지만, 인도적 관점에서 본다면 그 난폭함은 허락될 수 없는 점이 있다. 그러나 그 가부와는 별도로 이러한 현상은 수많은 유적이 신성 축조의 결과로 소멸되었다는 점을 잘 알려주는 것이다.

3) 벽화 고분의 구조

태자하 동쪽의 석곽(石槨) 유형은 작년에 발견된 것이 10개 이상 되지만 그 형태는 모두 장방형의 상자 형태로, 단지 크고 작은 차이를 나타내는 것에 불과하다. 그런데 이 벽화고분의 석곽은 그 안에 4개의 부착 석관이 있어 구조가 매우 복잡하다. 또 그 북쪽에 입구가 있고 여기에도 하나의 작은 석실을 설치했는데, 이러한 예는 요양의 석곽 중에서는 아직 나타나지 않은 작품이다. 이러한 점으로 판단할 때 확실히 왕족의 무덤과 유사한 것으로 매우 흥미롭다. 따라서 연구상 가치가 크므로 아래에 그 자세한 사항을 기술한다.

이 벽화고분의 석관곽은 대개 [그림 1]에 나타난 바와 같이, 그 북쪽에 입구로도 볼 수 있는 소실(小室)이 있는데 크기는 동서 길이가 8척(尺) 5촌(寸), 남북 길이가 4척이다. 입구와 내실(奧室) 사이에는 3척 8촌 정도의 트임이 있는데 여기에는 별도로 호석(戶石)을 놓지 않은 것 같다. 이 경계선과 석관 사이에는 약 3척의 간격이 있다.

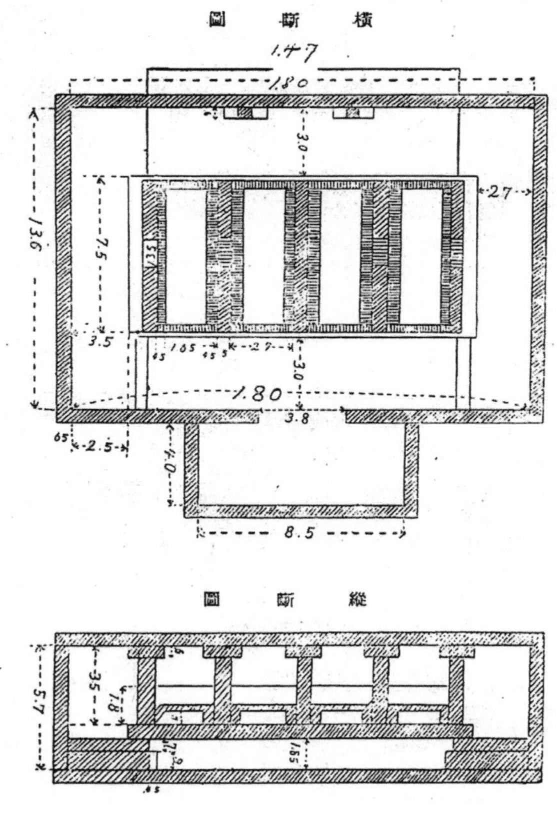

[그림 1] 횡단면과 종단면

또 내실의 내경(內徑)은 동서가 1장(丈) 8척, 남북은 1장 3척 5촌이므로, 폭이 3간(間), 안쪽 깊이가 2간 1척 5촌 되는 방으로, 6조 다다미방보다 약간 넓다는 것을 알 수 있다. 높이는 바닥에서 천장까지 6척 6촌이지만 그 위에 판석 2장을 겹쳐 깐 것이 약 1척 8촌이므로 총 높이는 8척 4촌이다. 그리고 중앙에 4개의 석관을 조합하여 남북으로 병설해 놓은 것이 [그림 2]와 같다. 그 구조의 복잡함은 [그림 2~4]에서 나타낸 바와 같다. 석관의 크기는 폭이 2척 안팎, 세로는 7척 5촌에 달한다. 관의 주위는 언뜻 보기에 회랑처럼 보이지만 남쪽 벽에는 무엇 때문인지 2개의 장출석(張出石)이 있다.

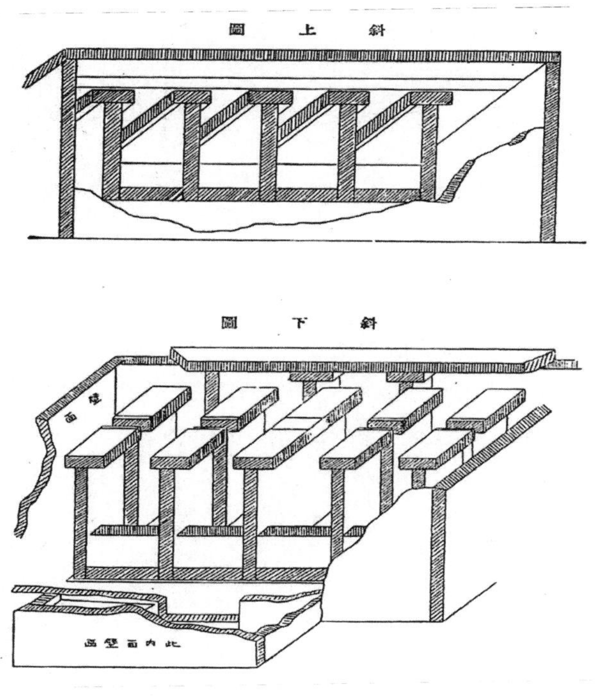

[그림 2] 석관의 내부 구조

또한 [그림 3]과 [그림 4]는 둘 다 내부의 축조 상태를 나타낸 것으로, 실제로는 천정에 개석(蓋石)이 있고 둘레 벽 또한 파괴되지 않았다. 석재는 청색의 점판암(粘版巖)으로 이 지방에서는 숫돌로 사용하는 풍습이 널리 퍼져 있다. 그 산지(産地)에 대해서는 확실하지 않지만 중국인들의 이야기로는 요양의 동남쪽, 약 16~17리(里; 일본 단위) 정도 되는 곳에 청석산(靑石山)이라는 것이 있다고 한다. 여기에서 채취하여 태자하를 내려오는 것이라고 하는데, 또 다른 설(說)로는 동쪽으로 5~6리인 수욕(水峪) 지역에서 나온 것이라고도 한다. 대개 이와 같은 종류의 돌은 요양 백탑(白塔) 아래의 옛 사원 터나 신성에도 다수 보이므로 예로부터 풍부했던 것 같다. 그러나 중국인들에 의하면 원래 이 돌은 국용(國用)에 한한 것이고 일반 인민의 발굴이나 사용을 금지했으므로 국석(國石)이라는 명칭이 있었다고 하니, 예전에는 상당히 중요시되었던 암석임을 알 수 있다. 다른 고분의 석곽은 대체로 이 돌과 다른 것이다.

4) 벽화의 현상

이 고분의 벽화는 처음에는 전체 벽에 있었겠지만 다년간 매몰된 결과 점차 벗겨져서 현재는 남쪽 벽 서단부터 서쪽 벽의 중간 및 동쪽 벽의 대부분과, 입구의 북쪽 벽에 남은 것에 불과하다. 게다가 매우 흐릿하여 조선 고분에서 볼 수 있는 바와 같이 뚜렷하지 않다.

[그림 3] 석관의 내부

이는 첫째 시대가 유구한 탓과, 또 회화의 안료가 두텁지 않았기 때문일 것이다. 처음 필자가 현장에 도착했을 무렵에는 복토가 이미 제거되어 있었지만 다른 예를 통해 추정컨대 천정석 위에서 지표까지는 약 4척이다. 개석은 가로세로 이중으로 놓여 있었지만 내부는 거의 다 점토로 가득하여 벽화는 그 위에 얼굴을 내밀었을 뿐이다. 그러나 이 진흙이 없는 부분의 그림은 의외로 명료하고 벗겨져 나가지 않았다. 따라서 다른 부분도 처음부터 진흙에 덮이지 않았었다면 그 그림은 오늘날과 같이 흐릿하지 않고 많은 연구상의 효과를 얻었을 것이다. 게다가 만주의 흙은 점착력(粘着力)이 매우 강하여 한 번 점토에 닿으면 그 흙을 떼어내려고 하는 순간 그 색채도 동시에 잃게 되니 마침내 이 오래된 그림의 대부분을 소멸시킨 것이 정말이지 천추의 한이다. 그래도 다행히 그 대략을 알 수 있으니 참고할 수 있도록 아래에 차례대로 게재한다.

[그림 3] 석관의 내외부

이 석곽 내의 벽화 가운데 남단 쪽의 서벽에는 무덤 안의 주인공으로 생각되는 부부의 좌상이 있다. 남자는 남쪽에, 여자는 북쪽에 면하여 마주보고 있으며 남자는 술이 달린 관을 쓰고 있다. 그 형태는 오사모(烏紗帽)와 같이 앞면에 단이 있고, 상부는 각이 졌으며 정수리 중앙에 검은 술이 붙어있다. 의복은 홍색의 소매 폭이 넓은 도포[袍]로 여겨지는 옷을 착용하였는데, 좌우의 소맷부리는 흰색이다. 그리고 부인도 홍색에 흰색 소매의 도포를 입고 팔을 모으고 있다. 하의는 하카마[256] 혹은 치마[裳]와 비슷한 것을 입었다. 의복의 깃[襟]은 오른 여밈인데, 상의는 히후[257]와 같이 겹쳐지는 깃으로 약간 앞으로 구부려 앉아있다.

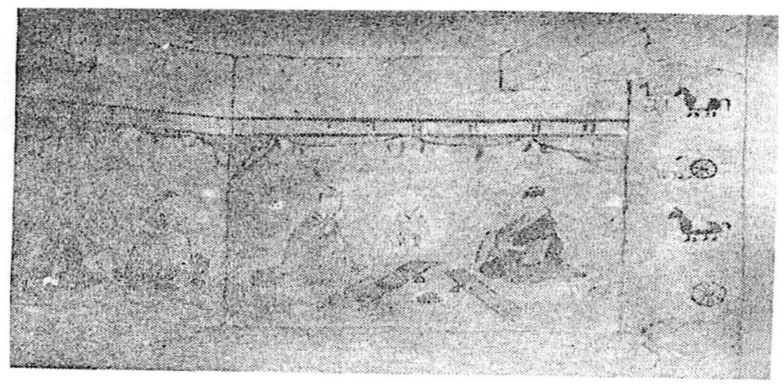

[그림 5] **부부상**

이 두 사람은 다리가 있는 단 위에 앉아 있는데, 그 사이 바닥에는

256) 하카마(袴) : 일본 전통 복식에서 겉에 입는 폭이 넓고 주름진 바지를 말한다.

257) 히후(被風) : 일본 전통 복식에서 두루마기처럼 방한용으로 겉에 입는 옷이다. 목둘레가 사각으로 파였고 양 옷깃이 깊숙이 겹쳐진다.

다리가 세 개인 원형의 상 위에 둥그런 손잡이 모양의 귀가 달린 탁발과 비슷한 용기를 놓았다. 이 두 물건 모두 안쪽은 붉고 바깥쪽은 검은 것이 그야말로 칠기를 표현한 듯하다. 또 앞서 말한 남자는 왼손을 무릎에 올리고, 오른손은 뻗어 막대 모양의 것을 잡고 있는데, 그 끝에는 붉은 털과 같은 종류를 붙여놓은 듯하다. 또 부부상의 가운데와 좌우의 배후에는 각각 시녀가 있다. 중앙에는 앉아 있고, 좌우에는 서 있는 것 같지만 채색이 벗겨져 상세한 사항은 알 수 없다. 또 이들 인물의 위에는 휘장을 묶어 올려 그 끈을 늘어뜨렸는데, 그 위에는 교창(交窓) 사이에 옆으로 긴 틈을 붙여 놓은 것이 있으며 색은 다갈색으로 나타냈다.

다음으로 이 벽화와 나란히 북쪽으로 연결되는 석벽 면에는 위쪽에 수염 난 인물이 말을 끌고 있다. 그 말은 붉고 다리는 검으며, 말다래가 크고 흰색인데 말안장은 분명하지 않다. 인물의 의복 또한 흰색인 듯하지만 뚜렷하지 않다. 이 마부는 왼손으로 말의 입을 잡고, 오른손에 붉은 깃발의 장대를 잡고 걷고 있는 듯하다. 또 그 아래에는 마차와 인물 등이 있는데, 말은 황색, 수레바퀴는 흑색을 나타내지만 인물의 유무는 분명하지 않다. 그 아래에도 황색 말이 있는데 다리가 검고 말다래는 또한 희고 크다. 수레는 보이지 않지만 예전에는 있었던 것 같다. 그 아래에 또 마차가 있는데 바퀴가 검고 채[轅]는 붉으며, 말도 역시 붉은색으로 보인다. 이와 같이 주인공의 배후에 4단으로 마차와 인물 등을 그렸는데, 돌의 이음새 부분으로 그림의 경계를 나타낸 듯하다. 이 부분에는 부부상에서 보이는 교창이나 휘장, 아랫부분의 가로띠 같은 모양은 없다.

[그림 6] 수레를 끄는 인물상

나아가 남벽의 서쪽 끝에는 앞서 기술한 부부상 쪽을 향하여 두 명의 남자상이 있다. 그 크기는 전자와 같고 함께 단상에 앉아 있는데 서쪽 인물은 넓은 소매의 검은 옷을, 그 옆은 같은 모양의 흰 옷을 입고 손을 모으고 있다. 둘 다 승모(僧帽)와 유사한 것을 쓰고 있지만, 그 형태가 확실하지 않다. 그리고 두 사람의 앞에는 원형의 쟁반과 같은 것이 놓여 있는데, 그 가장자리는 검정색 선이고 안쪽은 붉은 색이다. 앞서 기술한 부부상 앞에 있었던 용기와 마찬가지로 일종의 칠기를 표현한 것이 아닐까. 또 이 두 인물의 앞뒤에도 시종들이 서 있는 것처럼 보이지만 모호하여 확실히 말하기 어렵다. 그 배후의 벽면에는 회화 같은 것이 전혀 보이지 않는다. 다만 오른쪽 두 인물의 위아래로 휘장을 묶어 올린 것과 가로선을 그린 점은 부부상의 예와 동일하다.

다음으로 동벽의 남단에는 두 여자가 마주보고 앉은 형상이 있는데, 하나는 남쪽을 다른 하나는 북쪽을 향하고 있다. 둘 다 넓은 소매의 옷을 입고 두 손을 모으고 단상에 앉아있는 모습이 앞의 두 그림과 거의 유사하다. 두발은 둘 다 묶었고, 위에 9개씩 비녀를 꽂은 모습이 매우 진기하다. 두 여자의 중간(남향의 여자 앞에 더 가까움)에 거울 모양의 원형의 물건이 보이는 것은 역시 일종의 용기이지 않을까. 하지만 이 부분은 내면이 붉지 않고 오히려 황색에 가깝다. 또 두 여자의 배후에는 함께 거울을 받든 시녀가 있는데, 색이 벗겨져서 마치 해질녘 저 멀리 있는 사람을 보는 듯하다. 그러나 아래위로 교창의 틈과 휘장을 묶은 모양, 가로선은 확인할 수 있다.

이 여인상과 병행하는 동벽 북쪽의 벽화에는, 상부에 우차(牛車)를 끄는 두 인물이 남쪽을 향해 앞뒤로 나란히 걷고 있는 그림이 있다. 그들은 두상(頭上)에 전립(陣笠)과 같은 붉은 모자를 썼는데, 정수리에 검은 털을 달았다. 의복은 채색이 확실하지 않지만, 아마도 서쪽 벽의 마부를 나타낸 인물과 같은 좁은 통소매인 듯하다. 턱에는 앞쪽으로 튀어나온 수염 같은 것이 있는데 수염인지 삿갓 끈인지 명확하지 않다. 남쪽의 인물은 손에 채찍을 들었는데, 가슴 아래는 전부 우차에 가려져 확실치 않다. 마차는 덮개의 색은 분명하지 않지만 측면의 하부는 황색을 나타내고 상부는 둥근 ワ자[258] 모양이며 옆으로 길다. 소는 남쪽인 앞 부분은 황색이고, 다음 부분은 붉은 색인 듯하다. 단 수레 채를 소의 양 측에 묶는 형식은 지금과 같다. 이 우차 아래에도 2개의 어가(御駕)와 비슷한 것이 앞뒤로 서 있는 그림이 있는데 휘장은 모두 황색이고 상부는 궁륭(穹窿) 형태이다. 황색 소는 뒤쪽 수레의 배후에 누워있고, 인물은 그 두 수레 사이에서 쉬고 있다. 그 북쪽에도 어떤 그림이 있는 듯하나 확실치 않다. 또 이 우차의 하부에는 서벽과 같이 1~2단의 그림이 있었던 모양이지만, 이제는 그 흔적도 남아있지 않다.

다음으로 북쪽 입구의 소실(小室)인 북벽에는 상부에 조수와 어류를 가로로 배열하여 아래로 늘어뜨린 그림이 보이고, 또 그 아래에는 머

---

258) 일본 문자. 발음은 '와'이다.

리를 틀어올린 인물이 동쪽으로 앉아 있다. 그 앞의 반상에는 큰 물고기를 올려놓았고 또 그 앞에는 관인지 상자인지 모를 황색의 가로로 긴 물건이 있어 남편에게 올리고자 하는듯한 모습을 나타내고 있다. 그 아래에도 인물이 있는 것 같지만 모두 분명하지 않다.

이상은 벽화의 대략적인 내용으로, 그 중에는 추측을 더하여 판단한 부분도 있다. 그렇지만 대체로 틀리지는 않았다고 믿는다. 그리고 이들 그림은 모두 호분(胡粉)을 바탕으로 하여 그 위에 검정 선을 그린 다음 색을 입힌 듯하다. 물론 개중에는 검정 선이 보이지 않는 종류도 있고 혹은 몰골화(沒骨画) 종류도 섞여있는 것 같다. 또한 호분을 바탕으로 했기 때문에 현재 흰색으로 보이는 것은 그 바탕이 나온 것인지, 아니면 처음부터 흰색을 나타낸 것인지 명확하지 않은 부분이 있다. 남벽의 서쪽 끝 두 번째 인물과 같은 경우는 현재 흰옷을 입고 있는 것이 확실하지만, 또한 옛 색깔이 벗겨진 증거가 없다고 주장하는 것도 불가능하다. 색채의 종류는 황(黄), 녹(緑), 홍(紅), 흑(黑), 백(白)으로 다섯 종류이지만 특히 홍적색의 사용이 많이 보인다.

또한 우마 중에서 황색 소는 황소를 나타내고, 적마는 붉은 색으로 나타낸 것으로 보이는데 모두 그 형체가 작은 것은 주목할 만하다. 이는 한편으로 회화 기술이 유치한 점에서 기인된 바가 없다고 할 수 없는데, 사실상 만주 혹은 조선산 우마와 같은 소형의 풍속을 나타낸 것인가 하는 것도 현재는 판단하기 어렵다.

5) 석실 내에서 발견된 유물류

이 대석실의 고분은 곽내에 4개의 부착 석관이 설치되어 있다는 것을 앞에서 기술한 바와 같지만, 오랫동안 몇 회에 걸쳐 발굴된 것으로 보이며, 개석(蓋石)의 일부분이 파괴된 흔적이 있다. 관의 북쪽에는 모두 호석(戶石)을 놓았다고 여겨지는데, 석관 앞에 누워있는 것도 있었지만, 그 중 다수는 이미 남아 있지 않다. 또한 파괴된 탓에 옛 형태를 잃어버리고 조각나 있는 것도 있다. 이미 이러한 상태이므로 관 내부에는 아무 것도 없었을 뿐만 아니라, 곽내의 회랑도 그저 진흙만 가득하게 매몰되어 있었다. 그렇지만 다행히 남서쪽 구석의 부부상 앞쪽에서 고천(古泉) 수십 매와 토기편 10여 개를 발견하여 고증상의 단서를 얻었으므로 우선 그 종류를 기록하고 이어서 필자의 소견을 말하고자 한다.

(1) 반량(半兩) 1매
(2) 오수(五銖) 60여 매
(3) 화천(貨泉) 2매

반량(半兩) 1종은 전체 지름이 8푼(分), 구멍의 지름은 세로 2푼 6~7리(厘), 가로 2푼 5~6리이고 주위에 윤곽은 없다. 이를 진대(秦代) 이후의 반량과 비교하면, 전한(前漢) 문제(文帝)의 인자반량(人字半兩)이라고 불리는 것에 상당한다. 다음으로 화천(貨泉)에 대해 말하자면 이 고천이 왕망(王莽) 시대에 속한다는 것은 논할 필요도 없고, 이 천(泉)이 있으므로 그 이전의 고분이 아니라는 것도 대략 추찰(推察)할 수 있다. 오수천(五銖泉)은 수량이 비교적 많은데, 그 크기와 자체(字體)는 선제(宣帝) 오수 혹은 무제(武帝) 오수와 비슷하므로 아마도 그 시대에 속하는 것이 될 것이다. 그 밖에 사출오수(四出五銖)가 하나 있는데, 이는 후한(後漢)의 광무(光武) 시대에 해당하는 것과 동일하므로 그 무렵이라고 보아도 되지 않을까. 다음으로 무륜오수(無輪五銖)가

몇 매 있는데 둘레와 구멍 가장자리가 모두 윤곽이 없고 문자가 매우 흐릿하다. 전혀 안 보이는 것도 있지만 보이는 것으로 미루어 보건대, 대소 형태가 거의 동일하므로 처음부터 문양이 없는 동전으로서 세상에 나온 것이 아니라 작법이 불비한 탓에 우연히 이러한 현상이 생긴 듯하다. 이들 고천에 대해서는 다소의 논의가 있겠지만, 일찍이 나카가와 지카노리(中川近礼)[259]의 고증이 정곡을 찌른 바 있으므로 아래에 인용하여 참고로 삼고자 한다.

> 대개 이 작은 오수전(五銖銭)을 오흥(呉興)의 심충(沈充)에게 주조하게 한 것은 어째서인가. 『진서(晋書)』「식화지(食貨志)」에는 "오흥의 심충이 또 작은 돈을 주조했는데, 이를 심랑전(沈郎銭)이라 한다."라 하고, 그 전문(錢文)을 싣지 않았다. 홍준(洪遵)의 『천지(泉志)』에는 "구보(舊譜)에 이르기를, 혹은 오수(五銖)보다 작다고 하고, 문자와 경중(軽重)에 대해서는 아직 듣지 못했다."고 되어 있다. 또한 이효미(李孝美)가 말하기를 "이 돈을 보지 못했지만 이현(李賀)이 모아놓은 「잔사곡(残絲曲)」에 말하기를, 시드는 느릅나무 꼬투리는 얼마나 되는지, 심랑(沈郎)의 푸른 동전 성 아래 길을 가득 메웠다고 했다. 암암리에 옛 시인이 시로 읊었는데, 그 돈의 크기를 말하려 하지 않았던 것은 아니다. 한(漢)이 일어나서 돈을 느릅나무 꼬투리처럼 만든 것이 그렇게 많겠는가?"라고 했다. 후세에 중국의 고천가(古泉家)가 작은 오수(五銖)를 가지고 심랑전(沈郎銭)이라 한 것은 이효미의 억설(臆說)에 얽매인 것이다. 마땅히 역대의 통화를 고증함에 있어 한 시인의 대구(對句)에 의지한 것은 경솔함이 지나치다고 할 수 있다. 나루시마(成島)옹이 중국인은 문헌상의 고증에 능하고 실물의 감식에 소홀하다고 한 것은 실로 타당하다고 하겠다. 시험삼아 심랑오수(沈郎五銖)의 제작을 보라. 윤곽이든 문자든 천하(穿下)에 반성(半

259) 나카가와 지카노리(中川近礼) : 고전(古錢) 연구가. 『신선황조전보(新選皇朝錢譜)』(1899) 등을 편찬했다.

星)이 있는 것이든[(천상횡문(穿上橫文)인 것도 반드시 있을 것이다] 어느 것 하나라도 한(漢)의 제작에 따르지 않은 것이 없다. 그 형태는 극히 작지만, 두껍고 저속하지 않다. 하물며 그 천범(泉范)이 천상횡문(穿上橫文)이나 천하반성(穿下半星), 혹은 한의 연호를 뒤에 기입한 전한오수(前漢五銖)의 천범과 함께 서한(西漢)의 구도(舊都)였던 장안(長安)에서 발굴된 것임에랴, 운운.

이 논의는 계속 이어지지만 요컨대 오수의 크기가 작고 윤곽이 없으며 또한 문자를 반절한 듯한 것을 한대(漢代)의 제작이라 단정하고, 진대(晋代)의 심랑전이 아니라는 점을 밝힌 것은 나카가와의 탁견이다. 그리하여 요양에서 발견된 작은 오수는 실로 위의 부류에 해당하므로 역시 한대(漢代)로 보아도 불가하지 않을 것이다.

다음으로 곽내에서 발견된 토기 유형에 대해 말하자면 그 종류는 아래와 같다.

- 무형유공토기(無形有孔土器): 전체 형태를 확인할 수 있는 것이 하나이다. 하복부 주위에 세 개, 바닥에 하나의 구멍이 뚫려있고 상부에는 대롱 형태의 긴 주둥이가 붙어있다. 또 몸통과 주둥이가 별개의 파편으로 접속되지 않은 것이 6개 있는데, 그 중 큰 것은 바깥 면 주위에 2겹의 선으로 된 심문(沈紋)이 있으며, 색조는 전부 검정으로 마치 일본의 이마도야키(今戸焼)[260]를 보고 있는 것 같다. 그러므로 이와이베(祝部) 토기[261]와는 다르다. 단 몸통 부분

260) 이마도야키(今戸焼)는 도쿄의 이마도(今戸)와 하시바(橋場) 지역에서 제작되던 질그릇이나 도기를 말한다. 16세기 후반부터 생활용품, 차도구, 인형, 화로. 기와 등을 생산했다.

261) 일본에서 4세기 무렵부터 12세기까지 만들어진 스에키(須恵器)를 제사용 토기로 부를 때 사용한 명칭. 물레 성형 후 오름 가마에서 고온 소성한 비교적 경질의 회흑색 토기로, 주로 한반도로부터 건너간 이주민에 의해 제작되었다.

에는 모두 주위와 바닥에 원형의 구멍을 뚫은 것이 전자와 같아서 일견 신비한 느낌을 준다.

- 호형토기편(壺形土器片): 이것은 형상이 항(缸)이라고 칭하는 종류로, 상부의 입이 약간 밖으로 열려있는 듯한 모습에 색은 청회색이다. 이와이베 토기와 비슷하지만 질감은 매우 유연하다.
- 투조화병형호(透彫花瓶形壺): 몸통의 형태가 술병 혹은 화병과 유사한 것으로 주둥이 부분이 크고 그 가장자리가 밖으로 접혀져 있다. 색은 이와이베풍이고 토질은 유연하다.
- 완형토기편(椀形土器片): 파편이 여러 개이므로 완전한 형태의 개수를 알기는 어렵지만 아마도 한두 개가 될 것이다. 접힌 부분이 있는 파편은 주둥이 주변으로 보이고 밑 부분은 알 수 없다. 색은 이와이베풍이다.
- 가옥형토기편(家屋形土器片): 지붕의 일부 및 측면의 일부로 보이는 파편류로, 색은 이와이베풍이다.
- 비상(飛觴): 타원형의 상부 좌우에 돌출되게 소매와 비슷한 것을 달아 놓은 술잔의 한 종류이다. 안팎 모두 문양이 없고, 색조는 약간 이와이베풍에 가깝다. 완전한 것 두 개와 파편 한 개이며 완품은 비교적 큰 편이고, 파편은 작은 것이다.
- 구기(勺): 일본의 사기 숟가락과 같은 형태, 같은 크기인데 자루의 끝은 결손(缺損)되었다. 색은 이와이베풍이지만 지극히 취약하다.

위의 토기 유형 가운데 종래 세상에 많이 알려졌던 것은 비상(飛觴) 종류이고 구기(勺) 및 가옥형의 모조품이 그 다음이다. 무형(無形) 유공토기에 이르러서는 그 예가 지극히 적어서 오늘날에는 불과 노철산(老鐵山) 고분에서 채집한 완품이 한 개 있을 뿐이다. 이들 토기는 보통 이와이베야키의 연약한 종류이지만 이 밖에 일본의 이마도야키와 비슷한 작품도 왕왕 있다. 이러한 풍의 토기는 몽골 주변에서 발견된 적이 있고 또한 조선의 함경북도에서 나온 예도 있으므로 계통상 흥미로운 점이 있는데 이후에 기술하기로 하겠다. 덧붙여 토기 전반으로 말하자면 백토에 백색의 소성을 나타낸 것과 적색풍의 종류가 섞여있지만, 이 고분에 이런 종류는 없으므로 그와 관련된 기술은 제외한다.

6) 요양 고분과 관련된 고설(考說)

요양에서 발견된 벽화 고분의 구조 및 벽화, 유물의 종류 등은 이상에서 서술한 바와 같다. 그리하여 이를 어느 시기의 무덤으로 볼지, 또 어떤 민족이라고 판단해야 할지 이는 실물과 기록을 통해 판정하지 않으면 안 될 것이다. 필자는 만주에서 고분을 조사한 기간이 아직 일천하지만, 다른 기록과 현물(現物)을 견문(見聞)한 예는 비교적 많다. 따라서 이상의 내용을 고대의 문헌상에 비추어 추론한 것을 여기에 서술하고자 한다. 여러 가지를 함께 논하는 것은 혼잡의 우려가 있으므로 먼저 연대에 대해 서술하고 이어서 민족론으로 옮기도록 하겠다.

(1) 벽화고분의 연대론

이 벽화 고분의 연대를 논하기 위해서는 먼저 석관곽의 구조와 벽화의 풍속 상태, 그리고 유물에 대해 관찰해야 한다. 그리하여 이를 남만주 전체를 통해 살피자면, 석관곽의 고분은 원래 만주에 많이 존재하지 않고 대부분 연와총(煉瓦塚)이며 그 외는 패묘류(貝墓類)에 불과하다. 물론 석총은 여순(旅順)의 노철산에 있으며, 고인돌 석곽은 석목성(析木城) 및 양갑점(亮甲店) 등에 위치한다. 모두 고분으로 가장 오래된 유형으로서 대부분 석기시대에 속하는 것 같다. 그러나 이상을 제외하고 다른 예를 찾자면 이러한 종류의 유적은 요양 이외에는 하나도 존재하지 않는 것 같다. 따라서 비교가 어렵지만 다행히 중국 고분의 사정이 판명되었으므로 아래에 그 점에 대해서 한마디하고 만주 지역에 대해 논급하겠다.

중국의 한족(漢族)도 처음부터 고분 대총(大塚)을 만든 것은 아니지만, 춘추(春秋) 무렵부터 분묘가 굉장히 성대해지고, 진한(秦漢)에 이르면 극에 달한다. 그러나 지금 그 경로를 살펴보면 주진한(周秦漢)의 제릉(帝陵), 왕릉, 제후의 분묘 등은 대부분 그 내부에 석관곽을 설치했다. 물론 중국 본토와 만주 모두 확실히 한대(漢代)로 인정할 만한 연와총 종류가 존재하지만, 중국 본토의 왕후 귀인은 반드시 석실을 사용하였다. 따라서 이 석실 즉 석곽은 가장 오래된 유형인지는 명확하지 않지만 초기에 성행한 고식(古式) 유형임은 확실하다. 그리고 연와총은 제2기의 예라고 할 수 있다. 요양 땅은 진한(秦漢) 이후의 도성이었고 또 한족의 근거였으므로 그 분묘 역시 아마도 처음에는 석실 구조를 사용하였다가 이어서 경제적으로도 편리하며 공작도 용이한 연와총을 축조했을 것이다. 이렇게 중국 본토의 발달 순서로 미루어 생각해보면, 요양 근방의 석곽 고분은 한족(漢族)의 최초 시기이거나 혹은 왕후 또는 그 일족에 한하여 사용된 예로 볼 수밖에 없다. 그러나 그 수가 생각보다 많고 또 크기가 다양한 점을 보면 왕후 일가에 한한다고 하는 것도 확실치 않은 듯하고, 유품도 현격히 고식류(古式類)만 있는 것이 아니므로 최고설(最古說) 또한 의심스럽다. 하지만 작풍으로 생각하면 분명 고식(古式)이므로 대개 중국식 분묘로서 만주에 만들어진 부류는 우선 이러한 종류의 석실을 지니는 것으로 인정해도 불가하지 않을 것이다. 또 연와 고분은 후년(後年)은 별개로 하더라도 처음에는 죄인과 관련된 묘가 아니었을까하는 의구심도 든다. 단방(端方)의 저서 『도제장석기(陶齋臧石記)』를 보면, 그 부록 권1에 아래와 같이 기록되어 있다.

> 이에 죄인의 무덤 벽돌을 모아 살펴보았는데, 격식은 매우 간략하면서도 독특했다. 내가 「강후주발세가(絳侯周勃世家)」를 잘 읽어보았는데, 출세한 관리들 모두가 옥리(獄吏)를 무서워했고, 한(漢)의 법이 가혹하다는 생각이 들었다. 지금 '영평사하전문(永平巳下專文)'을 보니, 그 죄인이 죽은 뒤에, 매우 먼 뒷날을 계획하여, 봉역(封域)을 표시해두었다.

이어서

> 漢江原完城旦葬甎, 永平二年専
> 蜀郡江原完城旦(正面) □米代□□永平五年入月二日死(背面行)。

의 설명에 이르기를,

> 위의 벽돌 양면(兩面)은 서로 연관되어 문장을 이룬다, 『후한서(後漢書)』「군국지(郡國志)」의 촉군(蜀郡)에는 강원현(江原縣)이 있다. 이것은 곧 그 현의 죄인이 죽은 뒤의 무덤 벽돌이다. 『한서(漢書)』「형법지(刑法志)」에 승상(丞相) 장창(張蒼)과 어사대부(御史大夫) 마경(馮敬)이 글을 올려 율령(律令)을 정했는데, 모두 '완(完)'이 되었으며, '완(完)'은 성단용(城旦舂)이다. 그 주(注)에서 신찬(臣瓚)은 문제(文帝)가 육형(肉刑)을 없앴고, 때문에 '완(完)'으로 '곤(髡)'이 되게 했고, 이로서 마땅히 '곤(髡)'이란 '완(完)'이라 말할 수 있다고 했다. 『통전(通典)』은 『經』을 인용하여 평상의 여러 '수(鬚)'가 '완(完)'이며, 성단(城旦)이란 문의(文義)는 '순(順)'이며, 무릇 법(法)에 의해 고

처지는 것을 말한다고 한다.

한(漢) 시기에 성단용(城旦舂)은 두 등급이 있었는데, 중(重)한 자는 곤겸(髡鉗)이고 경(輕)한 자는 곤겸이 아니며 '완(完)'이라 했다. 이 벽돌에서 완성단(完城旦)이라 한 것이 바로 서로 부합된다. 『통전』의 주(注)에서 이르기를, 성단(城旦)은 성(城)을 쌓는 것에서 비롯되고, 용(舂)이란 부인이지만 절구질하여 쌀을 만드는 것이라 했다. 또한 『한서』에서 말하기를, 주(周)의 법에 여자는 들어가 절구질을 하고, 당시의 남자는 죄를 지으면 또한 모두 머리를 깎는다 했고, 성단(城旦)은 이에 의거하여 성단은 남자들의 형벌이고, 용(舂)은 여자들의 것으로서, 본래부터 두 가지 이름이 있었다. 다음 줄의 '미(米)'란 글자는 '용(舂)'이란 글자와 어울리며, 죄인의 성(姓)으로 볼 수 없다. 씨족략(氏族略)에 근거하면, 한(漢) 이전에는 '미(米)'란 성(姓)이 있을 수 없다. 혹은 '주(朱)'란 글자가 마멸되어 그렇게 보인 것인가.

이상의 기록과 같이, 한대에는 죄인이 죽은 후 오랫동안 그 봉역(封域)을 나타내기 위하여 전묘(甎墓)를 만들었다고 한다. 그 죄인은 성단용(城旦舂)[262]으로 2등급의 구별이 있는데, 죄가 무거운 자는 곤겸(髡鉗)에 처하고, 가벼운 자는 완(完)이라고 했다. 곤겸(髡鉗)은 머리를 삭발하고 목에 쇠로 된 칼을 씌우는 것이고, 완(完)은 여자로서 곤겸에 처하지 않는 경우라는 설은 맞는 것인지 알 수 없다. 게다가 이는 단방(端方)이 우연히 찾은 고전(古甎)에 대해서만 증명될 수 있으며, 그 외는 다를지도 모른다는 설이 없다고는 할 수 없다. 그러나 오늘날까지 세상에 알려진 연호가 들어간 묘전(墓甎)은 단방의 영평(永平) 2년[59년, 후한 명제(明帝)]으로 거슬러 올라가는 예가 없으며, 가령 있다고 하더라도 묘전(墓甎)인지 아닌지 명확하지 않은 것이 다반사이다. 따라서 묘전(墓甎)으로서 정확한 연호가 들어간 것을 기초로 삼아 생

262) 진한 시대 형벌의 하나. 성 쌓는 노역, 아침 일찍 일어나 절구질을 하는 노역이란 의미이다.

각하면, 처음에는 죄과를 받은 인물의 묘실로 제공되었다가 후세에 변하여 일반인들 사이에 행해졌다는 관점이 드러난다. 물론 당시에는 정치상, 군사상으로 인해 대관(大官)의 일족이 죄를 받은 예가 매우 많았으므로 죄인은 반드시 나쁜 짓을 저지른 자가 아니다. 이에 이 인물들이 정식의 석곽 구조를 꺼려서 특별히 전묘를 축조한 일이 없다고는 할 수 없다. 또한 이러한 전묘(甎墓)는 옛날의 장안(長安)이나 낙양(洛陽)과 같은 제도(帝都)에 존재했다는 얘기를 듣지 못했다. 그렇다면 이것이 존재하는 곳이 만주, 산동(山東), 절강(浙江)과 같은 변비(邊鄙)의 땅에 국한된다는 점 또한 앞의 가설의 결과와 유사하다. 그러나 시간이 지나 세상에 널리 행해지면서 사람들이 그다지 이를 싫어하지 않게 되었고, 오히려 경제적 면이나 축조 기간 등에서 간편하므로 일반인들도 자진해서 이를 사용했을 것이다. 이미 이 시기에 이르러서는 고풍의 상황을 알 수는 없지만, 아무튼 본래 기원이 앞에서 기술한 바와 같은 점에 있으므로, 요양에 한해 석실 구조의 무덤이 존재하고 또 연대가 비교적 오래된 이유도 자연스럽게 이해할 수 있을 것이다.

이어서 벽화의 풍속 상태를 논하자면, 세상에 이에 대한 기원이나 연혁을 기재한 사람 및 이를 알 수 있는 자가 매우 부족한 상태이므로 먼저 그 점을 설명해야 할 것이다. 중국의 벽화 기원은 언제인가? 이 문제는 지금껏 누구도 기록한 예가 없으며 또한 그 실물도 부족하기 때문에 지금도 확연하지 않다. 필자는 일찍이 동아시아 벽화의 기원을 이집트에서 발생했다고 논한 적이 있다(1910년 전후 『東京日日新聞』). 또 중국 벽화는 직접 이집트로부터 들어온 것이 아니라 인도를 경유했지만, 그 성행은 육조(六朝) 시대 불교의 감화(感化)에서 나오는 것이므로 고분 벽화는 아마도 그 말기일 것이라고 한 적이 있다(1934년 무렵 『京城日報』). 그러나 중국 벽화의 기원은 결국 명확히 말하지 않았다. 그 후 문헌을 통해 살펴보니 기원은 멀리 주대(周代)에 있었고 분묘 벽면에 그린 것은 진시황(秦始皇)의 대릉(大陵)에서 시작된 것을 알 수 있었다. 그 증좌(證左)를 다음에 언급한다.

> 형산지(衡山志)[(강희자전(康熙字典) 인용]에 이르길, "초(楚)의 영왕(靈王) 시기에 형산(衡山)이 무너지며 축융(祝融)의 무덤이 무너졌는데, 그 가운데에 영구(營丘)의 구두도(九頭圖)가 있었다(楚靈王之世, 衡山崩而祝融之墳壞, 中有營丘九頭圖.)"고 했다.

여기에 나오는 영왕(靈王)은 초나라의 강왕(康王) 다음이며, 주나라 경왕(景王) 시대 즉 춘추전국 무렵으로 공자와 시기를 같이 한다. 당시 형산(衡山)에 축융(祝融)의 분묘라는 것이 있었는지는 명확하지 않지만, 소위 전설적인 것이나 가정되는 것은 분명 존재했을 것이다. 왜냐하면 『문헌통고(文獻通考)』권123의 왕례(王禮)에는 태호(太皞)부터 은탕(殷湯)까지 10능(十陵)의 소재지가 기재되어 있다. 물론 이들이 적확하다고는 할 수 없지만, 다소 예로부터 내려오는 전설이 있어서 이렇게 가정했기 때문에 후세에 전해졌을 것이다. 따라서 축융의 분묘도 이러한 부류로 보아서 불가하지 않을 것이다. 그리고 구두도(九頭圖)라는 것이 어떤 것인가 하면, 『사기보(史記補)』「삼황본기(三皇本紀)」에 "인황(人皇) 9명이 영거(靈車)를 타고 육우(六羽)를 몰았으며 곡구(谷口)를 나와 형제 아홉이 구주(九州)를 나누어 다스렸다."고 되어 있다. 또 『춘추위(春秋緯)』에는 "개벽(開闢)에서 획린(獲麟)에 이르기까지 무릇 327만6천 년이며, 10기(紀)로 나누었다고 하는데, 그 첫 번째를 구두기(九頭紀)라 하며, 두 번째는 운운하였다."라 했다. 이는 중국의 개벽 신화를 가리킨다. 그 중 최고(最古)의 유형이지만, 위의 그림으로 생각되는 것은 후세 무량(武梁) 석벽의 그림 속에도 존재한다. 생각컨대 축융(祝融) 고분의 구두도(九頭圖) 역시 아마도 이러한 석벽 조각풍일 것이다. 또 이 벽화는 반드시 이집트 고분의 벽화와 어떠한 관계가 있을 것이다. 그것에 대한 여부는 여기에서 생략하고 논하지 않지만, 아무튼 중국 고분의 벽화가 주(周) 이전 혹은 주대(周代)에 다소 행해지고 있었던 사실은 앞의 문장을 통해 엿볼 수 있을 것이다. 그러나 다른 실례를 볼 때 벽면 조각이 처음부터 색채를 입혔는지에 대해서는 의문이다. 하지만 진시황릉의 벽화가 채색화 기법을 사용했을 것으로 여겨지는 점이 없는 것은 아니다. 따라서 먼저 그 문헌을 제시하겠다.

『문헌통고』권124 「왕례고(王禮考)」에 이르기를 다음과 같다.

> 진이세(秦二世)는 시황(始皇)을 여산(驪山)에 장사지냈다. 시황이 처음 즉위하여, 여산을 뚫고 공사를 벌였다. 천하를 통일하자, 천하에서 모아서 보내온 죄인 70여만명을 시켜서 삼천(三泉)을 파고 구리로서 틈새를 메워 곽(槨)을 짓고 궁관(宮觀), 백관(百官), 기기(奇器), 진괴(珍怪)들을 옮겨다가 그 안게 가득 채웠다. 장인(匠人)에게 명하여 노시(弩矢) 장치를 만들어놓고, 뚫고 접근하는 자가 있으면 그를 쏘게 하였다. 수은(水銀)으로 백천(百川), 강하(江河), 대해(大海)를 만들어 기계로 수은을 넣어 흘러가게 하였다. 위에는 천문(天文)을 갖추었고, 아래는 지리(地理)를 갖추었다. 도룡뇽의 기름으로 초를 만들었다,…

이 문헌은 『사기』에서 찾은 것으로 거의 동일하다. 그리고 오무라 세이가이(大村西崖)[263]가 기록한 글은 다음과 같다.

---

263) 오무라 세이가이(大村西崖) : 미술사가. 도쿄 미술학교 교수, 제실박물관 감사부 조각과 주임 등을 역임, 『중국미술사 조소편(支那美術史彫塑篇)』(1915) 등의 저서가 있다.

상산분(上山墳)을 높게 하여, 그 높이가 50여 장(丈), 둘레는 5여 리(里)(『수경주(水經注)』에는 30여 리)인데, 석곽[(일설에는 동곽(銅槨)]을 만들어 유관(游館)으로 삼고 위에 천문성숙(天文星宿)의 상(象)을 그리고 운운(云云).

이 글은 『사기』 외에 『전한서(前漢書)』, 『수경주』, 『왕자년습유기(王子年拾遺記)』, 『삼보고사(三輔故事)』, 『장안지(長安志)』 등을 취합한 것이므로 이들 중 어느 것에 의한 것으로 보인다. 따라서 『사기』 이후의 기술과 관련된 것이므로 그 가치가 떨어진다는 견해도 있지만 "위에 천문성숙(天文星宿)의 상을 그리고"라고 되어 있는 것은 단순히 "천문을 갖추었다(具天文)"고 기록한 옛 문헌을 개작한 것은 아니라 어딘가 근거하는 바가 있는 듯하다.

필자는 『사기』에 "위에 천문을 갖추고, 아래에 지리를 갖추었다(上具天文, 下具地理)"라고 기록된 것을 일종의 채화(彩畵)로 보고자 하는데, 그 소견에는 두 가지 이유가 있다. 그 중 하나는 「진시황본기(秦始皇本紀)」 27년의 "위수(渭水) 남쪽에 신궁(信宮)을 짓고, 그 뒤 다시 명령하여 신궁을 극묘(極廟)라 개명(改名)하여 천극(天極)을 상징했다."라는 기록과 「진시황본기」 35년에 "아방(阿房)으로부터 위수(渭水)를 건너 함양(咸陽)에 이르게 했는데, 천극(天極)과 각도(閣道)가 은하수를 건너 영실(營室)에 이름을 상징한 것이다."라고 한 것이다. 이는 모두 새로 지은 궁전의 각도(閣道)를 천극(天極)으로 나타낸 것으로, 선인(仙人)을 신앙한 진시황으로서는 본래 이러한 일이 가능했을 것이다. 천정 아래를 비롯하여 사방 벽면 등에 천극임을 나타내는 회화 종류는 없었지만, 필자는 이것이 존재했다고 생각한다. 두 번째 이유로 『습유기』에 따르면, 진시황 원년에 건소국(騫霄國)에서 각옥선화(刻玉善畫)의 명장(名匠)인 열예(烈裔)를 바친 일이 있다. 이 자는 최초로 유화풍의 그림을 그렸다고 하니 이집트 벽화와 비슷한 호분(胡粉) 바탕의 새로운 기법은 당시 중국에서 실시되지 않았을까. 대체로 벽화는 백악(白堊)인 경우 외에는 호분을 바탕으로 하지 않으면 유지될 것이 아니다. 그리하여 진시황릉에 그린 것이 만약 사실이라고 한다면 아마도 열예의 신식 기법에 의한 것이리라. 또한 조선 고분의 예를 보면, 위에 천문을 그린 벽화가 왕왕 존재하는데 이는 구두기(九頭紀)와 다른 계통으로 오로지 도가(道家)의 선인파(仙人派)와 관계가 있는 것일지도 모르겠다.

이상은 대략적 설명이지만, 중국의 고분 벽화는 최초에 조각으로 주(周) 이전 혹은 주대(周代)에 시작되었고, 채화(彩畫)는 진시황 시대에 실시되었을 것이라는 견해가 있음은 대략 앞의 문헌에서 설명한 바와 같다. 그러나 후세에 유품으로서 세인에게 인정받은 것은 대부분 한(漢) 이후로 육조(六朝) 시대가 비교적 많은 듯하다. 중국에서 벽화의 유래가 이미 이렇게 유구한 것이므로 이후에 만주로 들어가고 조선에 전해지는 것은 조금도 이상히 여길 것이 없지만, 필자가 조사한 요양 벽화는 과연 어느 시기의 것인지에 대해서는 깊이 생각해 볼 필요가 있다. 그 풍속을 보건대 주인공 부부 이하 대형으로 그려진 인물상은 모두 너른 소매의 의복 차림으로 명백히 중국풍과 비슷하다. 그러나 주인공의 관 위에 일종의 깃털을 그렸고, 종복(從僕)은 모두 만주풍을 나타낸다. 이는 시대 관계 외에 민족의 차이를 밝히는 것과 관련되는 것으로 이후에 설명하기로 하고 먼저 그 연대에 대해 살펴보자.

요양의 벽화 고분이 어느 시기 것인지에 대해 풍속 면에서 크고 작게 논하는 것은 너무 장황하므로 이미 세상에 알려진 유품을 대조하여 그 적부(的否)를 생각해야 한다. 예로부터 내려오는 고분 벽화에 비추어 보면 한(漢) 주유(朱鮪) 사당의 각화(刻畫)가 거의 이와 일치한다.

이는 이미 『중국미술사 조소편(支那美術史 彫塑編)』의 부록 제204도(圖)에 나타나 있는데 다음과 같이 기록하고 있다.

> 주유[자는 장서(長舒)]의 묘는 산동(山東) 금향현성(金鄉縣城)에서 서쪽으로 3리 (『금석지(金石志)』8, 『통지(通志)』20에는 5리)에 위치한다. 묘 앞에 석실이 있으며 3칸[間]으로 되어 있다. 벽에는 화상(畫像)을 전각(鐫刻)했다(『한석존목(漢石存目)』 하권에는 11석(石)). 이에 대해 기록한 것(『평진속비기(平津續碑記)』, 『금석췌편(金石萃編)』21)은 『산좌금석지(山左金石志)』8권이 가장 정통하다. 이르기를, "위의 화상(畫像)은 본래 모두 연속하여 탁본을 뜬 것으로 나눠서 25폭으로 되어 있다. 상층 12폭은 합쳐서 높이 1척 5촌이며, 하층 13폭을 합친 것이 높이 3척 5촌이다. 단, 가로 넓이의 척촌(尺寸)이 동일하지 않다. 각 폭에 장막과 병풍이 나열되었고, 그릇과 잔이 있다. 모두 연향(燕饗) 빈객(賓客)이다. 대체로 남자는 관단면(冠端冕) 차림인 자, 사모(紗帽)를 쓴 자, 승려와 같이 2층으로 된 자, 건자(巾子)와 같이 쌍량(雙梁)인 자가 있다. 이책(裹幘)을 앞을 향하게 맨 자가 있으며, 위를 향하도록 사발 모양으로 만든 자가 있다. 아래는 둥글고 위는 뾰족한 것이 종류가 여러 가지다. 옷깃과 소매는 모두 주름을 잡았고 테두리가 없다. 여인상은 머리를 틀어올렸는데 모양이 둥글고 편평하기도 하고 혹은 두 쪽이나 세 묶음으로 나누어 위에 비녀를 장식하거나 가닥 사이에 구슬을 엮은 자도 있다. (중략) 『제령주지(濟寧州志)』를 살펴보면, 한(漢)의 평적장군(平狄將軍)인 부구후(扶溝侯) 주유의 묘 석실의 화상(畫像)은 심존중(沈存中)이 『몽계필담(夢溪筆談)』에 넣음으로써 진정한 한제(漢制)로 삼았다고 한다. 탁본으로 이를 살펴보하건대 무씨사(武氏祠)의 여러 조각과는 전혀 다르며, 그 속의 인물과 의관이 소소(蕭疎)하고 생동감이 있어, 당송인(唐宋人)의 화법과 비슷하다. 어쩌면 이는 부구후(扶溝候)의 후인이 선대(先代)를 추숭(追崇)하여 만든 것일 뿐이리라. 따라서 한비(漢碑)의 말미에 덧붙인다(자세한 주석이 있으나 생략함).

위의 설명에 따르면 전부 25폭이므로 수가 매우 많지만 여기서 다룬 것은 2폭에 불과하다. 그러므로 그 설명 또한 부족한 부분이 있으므로 아래에 필자의 해설을 싣는다.

주유 사당의 각화(刻畵)는 상하 2단으로 나타나는데, 모두 모조풍(毛彫風)의 심조(沈彫)로 휘장 같은 것은 전혀 보이지 않고 오직 인물과 연향(宴饗) 도구만 표현했다. 상단 부분부터 그 작풍을 설명하면 다음과 같다.

상단 그림에는 장방형의 두텁고 넓적한 대(臺)가 건반처럼 나열되어 있고, 정면의 대 위에 좌측을 향한 여자 4명이 나란히 앉았다. 그 중 정면에서 우측 끝에 있는 여자는 손을 모으고 뒤쪽(오른쪽)을 보고 있고, 옆의 두 여자는 양 손을 벌려 타인을 맞이하는 듯하다. 그 옆의 한 여자 역시 같은 모습인 듯한데, 손 부분이 결손(缺損)되어 명확하지 않다. 가로로 향한 대 위에는 두 인물이 나란히 서있는데 아랫부분이 다소 불분명하다. 특히 좌측 끝의 한 명은 겨우 추측할 수 있는 정도에 불과하다. 그러나 앞의 인물은 분명히 손을 모으고 서 있다. 짐작컨대 이 두 사람은 내빈이고 다른 네 명은 주인측일 것이다. 다만 이 인물들은 모두 너른 소매 의복을 입고 별도로 하카마를 입지 않았다. 또, 머리 부분은 옛날 일본 유녀(遊女)의 묶어올린 트레머리 모양인데, 그 위에는 요양 고분의 두 여자와 비슷하게 비녀로 보이는 것을 8~9개 꽂았다. 대 아래에는 오른쪽 끝에 비녀를 꽂은 여자가 오른쪽을 향해 앉아있고, 그 뒤에 무형(蕪形)의 술병이 눕혀져 있다. 그 옆의 여자 또한 머리를 올리고 왼쪽을 향해 앉았는데, 왼손에 접시를 들고 오른손에는 작은 숟가락을 쥐고 항아리 속 음식을 나르고 있다. 그 앞에는 요양 고분의 벽화와 유품에서 본 것과 유사한 세 발 달린 대 위에 완형(椀形)의 그릇이 놓여 있고, 또 무형 술병이 있으며, 물건을 담은 쟁반이 있다. 그 외에 항아리 비슷한 방형의 심호(深壺)도 있다. 모두 연향도(宴饗圖)라는 것은 언뜻 보아도 의심의 여지가 없다.

하단의 그림에는 정면에서 보아 우측 끝에 소매 속으로 손을 모으고 있는 여자의 일부분이 있다. 그 옆에 왼쪽을 향하고 있는 부인은 두 손으로 서적을 들고 읽고 있는 듯 여겨진다. 그 옆에는 윗부분을 묶은 커다란 꾸러미가 있다. 이어서 약간 허리를 구부리고 손을 모은 여자가 있다. 그 옆은 똑바로 서서 손을 모으고 왼쪽을 향하고 있는 부인이다. 또 손을 모으고 우측을 향해 앉아있는 부인이 두 명 있다. 그 모은 손은 상하 두 그림 모두 너른 소매 속에 손을 넣은 자세이고, 두발은 전자와 동일하지만 그 대부분은 명확하지 않다. 이 인물들은 전자와 마찬가지로 하나의 대 위에 올라가 있는 듯한데 탁본에서는 뚜렷하지 않다. 이어서 오른쪽 인물의 우측 아래에는 오른쪽을 향해 앉아있는 여자 한 명이 있다. 그 앞의 우측 끝에 방형의 발이 달린 쟁반과 복부가 튀어나온 항아리가 한 개 있다. 그리고 이 인물 뒤에는 방형의 상과 같은 것이 있고, 그 위에 컵 모양의 기물 두 개가 나란히 놓여있다. 이 상의 좌측에 앉은 인물은 두발이 꽃모양 같지만 용모는 남자인 듯하다. 그 뒤에는 상단 그림과 마찬가지로 세 발 달린 대 위에 윤절형(輪切形) 완(椀)을 놓아둔 그림이 있다. 이어서 접시 위에 숟가락을 올린 그림이 있으며, 무형(蕪形) 술병이 있는데, 생각건대 이도 일종의 연향도인 듯하다.

이상의 설명은 조금 장황한 듯하지만, 그 풍속과 기물의 유사함이 너무나도 요양 고분의 벽화와 일치하므로 대조해보기 위해 여기에 인용했다. 이 주유의 각화에 대해 『조소편(彫塑篇)』의 저자는 당송(唐宋)의 화법과 유사하다고 하고 또 후대 사람의 추숭(追崇)에서 나왔다고 했지만, 이는 하나의 추측인데다가 그 본래의 각화 즉 최초의 것은 당송의 작품이 아니라 오히려 한(漢) 시기의 작품이다. 옛 그림이 훼손되려 했기 때문에 후대 사람이 모사했다고 하므로, 그 풍속을 한(漢)으로 본 것은 분명하다.

이상 언급한 바와 같이 요양의 벽화 고분은 석관곽의 구조이고, 발견유물의 종류, 특히 천화(泉貨)가 후한(後漢) 초기에 멈춘다는 점, 또 그 풍속화가 한대(漢代)에 속하는 주유의 각화와 일치하는 바가 있는 실례, 그 어떤 것을 보아도 한대(漢代) 이후의 고분으로는 인정할 수 없다. 그러나 붉은 옷을 입고 깃털이 달린 모자를 쓰며 부부가 마주보는 풍속이 중국의 고례(古例)에 존재했는지, 또 이 고분 속 인물을 과연 한족(漢族)으로 볼 수 있는지, 이러한 점들은 또한 깊게 생각할 필요가 있다. 고서(古書)에 따르면 붉은 옷을 윗옷으로 입는 풍습은 주대의 제후(諸侯) 사이에 있었다. 따라서 『시경(詩經)』 양수편(揚水篇)에 주박(朱襮), 주수(朱繡)라는 말이 있다. 이 박(襮)은 주(註)에 겉옷이라고 되어 있으므로 윗옷임은 분명하다. 또 『묵자(墨子)』 「명귀편(明鬼篇)」에 의하면, 주나라 선왕(宣王)의 신하 두백(杜伯)이 죄없이 살해되었는데 3년 후 선왕의 사냥 때에 백마에 흰 수레를 타고 주의관(朱衣冠) 차림에 주궁(朱弓)과 주시(朱矢)를 쥐고 혼령으로 나타나 선왕을 수레 위에서 쏘아 죽였다는 기록이 있다. 또 같은 책 「공맹편(公孟篇)」에는 옛날 초(楚) 장왕(莊王)은 화려한 관에 색실로 짠 관끈을 달고 진홍색 옷에 너른 포(袍)를 입고 그 나라를 다스렸다고 한다. 제후의 겉옷이 사철 홍적색 의복에 한하는 것은 아니겠지만, 그러한 종류가 많았다는 것은 위의 고서(古書) 기재를 통해 대략 추측할 수 있을 것이다. 또 한(漢)에 이르러서는 광무(光武)의 의병을 일으켰을 때 진홍색 홑옷에 붉은 모자를 썼다는 것이 『동관기(東觀記)』에 나타나고, 이후 붉은 옷의 풍습이 연속해서 행해진 예는 사전(史傳)에 많이 기록되어 있으므로 일

일이 열거할 필요가 없을 것이다. 이미 주한(周漢) 이후 상류사회에 붉은 옷이 성행한 결과는 이 벽화의 부부상에도 남아있는 바인데, 다만 그 주인공의 관상(冠上)에 깃털 장식이 있는 것은 다른 한족(漢族) 풍습에는 보이지 않는 예이다. 아마 만주의 고식(古式)이 아닐까 생각된다. 그러나 고서가 상세한 내용을 전하지 않고 벽화에도 마침 그 흔적이 남지 않았다고 할 수는 없다. 이 문제에 대해서는 훗날의 연구에 맡겨야 할 것이다. 다만 춘추시대 조(趙)의 무령왕(武靈王)이 호복(胡服) 차림으로 기사(騎射)를 즐긴 것은 유명한 이야기로, 따라서 '호광설(胡廣說)'에는 "구슬로 머리를 장식하고, 앞에 초미(貂尾)를 올린다."라 기재되어 있다. 이 초미(貂尾)의 위치는 투구의 앞면 장식 근처일 것인데, 여기에 새 깃털을 이용한 것은 조선의 대동강에서 가까운 진지동(眞池洞)의 고구려 고분으로 보이는 석곽 벽화에도 존재한다. 그러므로 관(冠) 위에 깃털을 장식한 것은 역시 그 부류인 동이(東夷)의 풍습에 가깝다고 말할 수 없는 것도 아니지만, 필자는 잠시 이 문제를 보류한다.

(2) 벽화에 나타난 인물과 민족론

벽화에 보이는 부부상은 예로부터 중국식 석벽화(石壁畵)에는 없는 것이다. 이는 부여족의 선조인 주몽(朱蒙) 부부를 기리는 상태와 매우 비슷한 바가 있고 또 그 계통은 조선의 고분 벽화와 연관을 지니고 있기에 이를 고구려족(高句麗族)의 유형이라고 말하지 않을 수 없다. 그러나 조선의 고분벽화는 그 예가 증가함에 따라 중국 고분의 석각 화상(石刻畵像)과 일치하는 바가 많다. 따라서 중국 벽화의 실례가 향후 세상에 드러나게 되면 이러한 종류의 풍속을 나타내는 것이 없으리라고는 할 수 없다. 그리고 요양 벽화가 우연히 그 일단을 찾을 수 있는 실례가 될지도 모른다. 특히 대체적 풍속이나, 기물, 천화(泉貨), 석관곽이 모두 중국식이 아닌 것이 없다. 단, 그 종복(從僕)의 풍속이 만주식(滿洲式)이라는 것에 불과하다. 그러나 이러한 종복만으로는 주인공의 민족론을 결정할 수 없다. 따라서 필자는 이를 중요시하지 않고 그 전반을 관찰하여 이 벽화와 인물은 후한(後漢) 시대 혹은 삼국시대 초기를 지나지 않는 한족(漢族) 관계의 것으로, 특히 대관(大官)의 분묘에 속하는 것임을 주장하고자 한다. 이 벽화 속에는 조선식 사신(四神)이 존재하지 않으며 일월(日月) 또한 없다. 오히려 한(漢) 시기의 석각화에 가까운 점이 있는데 생각건대 그 연대가 오래되었기 때문이 아닐까.

필자는 이러한 귀중한 자료를 만철의 선로 근방에서 발견하고 나아가 이를 조사할 수 있었던 사실을 기뻐하며 소견을 기록하여 동호(同好)의 여러분들께 보고한다. 부족한 점, 깨닫지 못한 점은 후일 다시 기술하겠다. 만약 독자가 아는 바가 있다면 부디 가르침을 바란다.(1920년 7월 10일 씀)

덧붙임 :

이상에서 설명한 것 외에, 유적상으로 본 태자하 유역의 변경(變更) 상태 즉 오래전 요양의 남서쪽을 흘러 바다로 유입되던 태자하가 지금과 같이 동쪽으로 변경된 실상을 논하려고 했으나 생략했다. 아울러 그 기원이 한식(漢式) 토기에 있는 몽고식 및 북한(北韓)식 토기가 이 고분에도 존재한다는 점에서 두 지역의 것이 어떠한 관계가 있는지 등도 논하려 했으나 너무 장편이 되므로 후일 별도로 기술하기로 했다. 대개 만주의 유적 조사는 단순히 그 땅의 사정을 아는데 그치지 않고 중국 본토 및 몽고, 조선 등의 사정을 해석할 수 있으므로 특별히 흥미가 있다는 사실을 알게 되었다. 세상의 학자들은 모쪼록 여기에 주의하여 널리 조사의 범위를 확장할 것을 청한다. (끝)

3. 자료 번역 2:

요양 태자하 부근의 벽화 고분(遼陽太子河附近の壁畵する古墳)

스카모토 야스시(塚本靖), 『考古學雜誌』제11권제7호, 1921.3

오늘 밤의 강연[264]은 충분히 연구한 보고는 아니고, 작년 말 만철(滿鐵)의 건축부 관계자로부터 요양의 태자하 부근에서 벽화가 있는 고분을 발견했는데 보러오지 않겠냐고 건축학교실[265]로 연락이 와서 가본 것이다.

고분을 보기에 앞서 야기 쇼자부로씨를 방문하여 여순박물관에서 이 태자하 고분의 벽화 모사를 보았다. 요양은 기록상으로 볼 때도 태자하의 범람으로 물에 잠긴 적이 종종 있었고, 재작년에는 철도 선로를 침수시켰으므로 만철에서는 선로 보호를 위해 제방을 쌓게 되어 그 부근의 흙을 파내었는데, 그 때 우연히 이 벽화가 있는 고분을 발견한 것이다. 만철 요양사무소 직원은 야기씨(八木氏)가 출토 유물을 모두 가지고 갔다고 했는데, 여순박물관에서는 시간이 없었으므로 다만 발굴된 고전(古錢)만 보았다. 사무소 직원의 이야기에 의하면 야기씨가 조사하고 있던 중에 소나기가 내려 눈앞에서 벽화가 떨어져 나가는 것을 보았다고 한다. 위와 같은 상황이므로 이 벽화는 오늘날 발굴된 당시와는 상당히 달라져 있으며 벽화의 운명이 실로 위태로운 상황에 직면해 있다.

264) 이 글은 고고학회 1920년 6월 월례회 강연에서 발표한 원고를 가필한 것이다.
265) 도쿄제국대학 건축학부를 말한다.

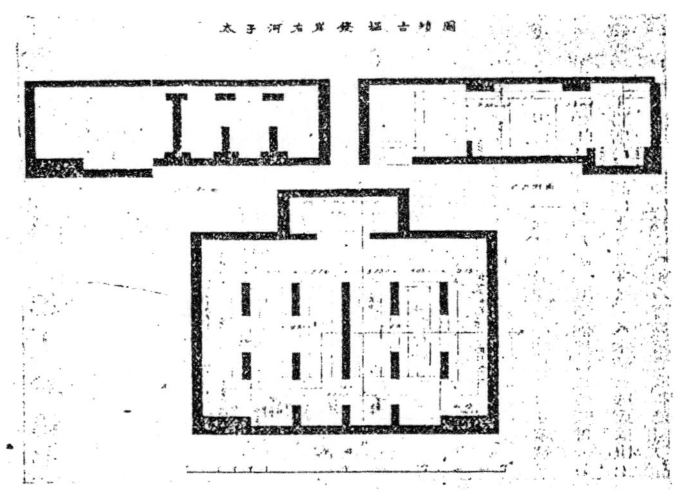

太子河右岸發掘古墳圖

고분의 넓이는 약 7평 정도로 그 형태는 대체적 구성이 장방형이며, 한 면 즉 북벽의 중앙에는 도코노마266)와 같이 들어간 곳이 있다. 장방형 묘실의 중앙에는 천정에 달하는 칸막이벽이 있고, 이에 병행하여 그 좌우에 각 2개의 벽이 있다. 이 벽은 그 중앙 3분의 1의 상반부를 개방한 형태로, 이들 벽으로 구획되는 부분에 시상(尸牀)을 설치했다(지금은 남아있지 않지만 그 흔적은 확인된다). 시상 아래에는 빈 공간이 존재하며 주위에는 통로가 있어 그 남측의 두 면만 낮게 되어 있다. 이 고분의 구조 재료는 모두 두께 4~5촌(寸) 정도의 점판암(粘板岩)을 사용했으며 편평한 곳은 깨진 그대로이고 마구리는 끌로 파내었다. 주위 네 벽에 벽화가 있고, 천정에도 간단한 색선으로 구획한 자국이 있다.

266) 도코노마(床の間) : 일본식 방의 상좌(上座)에 바닥을 한층 높게 만들어 장식물을 두는 곳.

이 벽화는 조선의 기양(岐陽) 고분처럼 석벽에 바로 안료로 그려져 있다. 주제를 보자면, 북면의 도코노마로 보이는 부분의 벽 상부에는 산동성 가상현(嘉祥縣) 무릉사(武陵祠)의 석각에 있듯이 집의 처마에 새 등을 매달아 둔 것 같은 것이 보인다. 아마 주방(廚房)의 형상인 듯하다. 왼쪽 즉 서벽은 중앙에서 왼쪽으로 세로선을 그어서 이를 이등분하여 그 오른쪽에 몇 단인가로 나누어 풍속화가 그려져 있다. 산 모양으로 3개의 돌기가 있는 모자를 쓴 마부가 안장을 얹고 붉은 천으로 장식한 검은 말을 끌고 있다. 또 조선의 고분벽화에서 보이는 것과 같은 우산 같은 지붕이 있는 마차의 형상이 있다. 이 마차 또한 말이 끌고 있다. 왼쪽 구역에는 작은 벽 모양의 형태가 있고, 그 아래에 막을 친 우산 같은 지붕이 있다. 그 아래에 부부가 마주보고 앉은 앞에는 선명하지 않지만 상 모양의 것을 두고 과일 같은 것을 갖추었고, 앞에는 탁자를 설치하여 사발을 두고 음식을 담았다. 남벽 왼쪽도 위에 장식[蒂]이 있고 그 아래 대형으로 두 사람, 소형으로 두 사람을 그렸다. 동벽은 서벽에 대칭되게 구획하여 그 오른쪽에는 머리에 서양 부인이 모자를 고정하는 비녀 같은 것을 많이 꽂고 있는 여자를 그렸고, 왼쪽 한 구역에는 이를 여러 단으로 나누어 풍속화를 그렸는데 우차(牛車), 소를 수레에서 풀어둔 모습, 소를 끄는 남자 등의 형상이 있다. 소를 따라가는 남자의 모자는 원추형으로, 정상에 붉은 색 털묶음을 달고 있다.

이상이 벽화의 대략으로 이에 사용된 안료(顔料)는 흑(黑), 주(朱), 백록(白綠), 주토(朱土), 백(白)의 5종이다. 대체적으로 보면 벽화는 남벽 및 동과 서벽의 남부 약 3분의 1부분은 그림체가 크고 다른 부분은 작다. 이렇게 크고 작은 그림체를 같은 벽 위에 드러내는 방법은 조선의 고분과 유사하다. 다만 그 구조에 있어서 이 고분이 조선 것과 다른 점은 이 고분에는 연도(羨道), 현실(玄室)의 형적이 없고 땅을 아래로 파내려간 듯 옆에서 출입하도록 만들어져 있지 않다는 점이다. 야기씨는 도코노마와 같이 되어 있는 부분이 입구 같다고 했다는 말도 있지만, 나는 오히려 남쪽이 정면이었지 않을까 생각한다. 또 중앙의 여러 구획의 석면에 남겨진 칠식(漆喰)의 상태로 생각하건대, 이 곳의 시상(屍床)과 전후 두 면에 석판을 놓고 시신을 넣은 후 위에 석개(石蓋)를 덮은 것으로 생각된다. 조선의 기양의 고분에는 조형(俎形)의 석재 관좌(棺座)가 있고, 프랑스의 옛 석관에는 바닥에 구멍이 내어 시신으로부터 나오는 액체가 아래로 빠지도록 장치를 한 것이 있으므로 이 관의 시상(屍床) 아래에 빈 공간이 있는 것은 아마 같은 식의 고안(考案)으로 만들어진 것으로 생각된다. 또 북벽에 있는 도코노마 부분은 주인공의 시신을 두는 장소이고, 전면의 4구역에는 주인공의 제1부인, 제2부인 등 그 처첩의 시신을 넣었다고 여겨진다. 이들 주인 및 처첩의 초상은 상기한 고분 전면의 벽화에 크게 표현되어 있었던 것이 아닐까? 중앙의 벽만을 일부러 천정까지 닿게 한 이유는 구조상 튼튼하게 하기 위한 것으로 보인다.

끝으로 고분의 연대에 대하여, 야기씨는 한대(漢代)의 것이라고 하고, 교토대학 모씨는 고구려시대라고 했다고 전해 들었다. 야기씨가 가지고 돌아간 토기는 보지 않았으므로 모르겠지만, 발굴된 고전(古錢)은 사출오수(四出五銖), 반량(半兩), 화천(貨泉)이다. 사출오수는 동한(東漢)의 영제(靈帝) 시대에 처음으로 만들어진 것이다. 고전(古錢)만으로 시대를 단정하는 것은 위험하다. 나는 오히려 벽화의 성질로 보아 고구려시대 것이라고 생각하는 것이 마땅할 것이라 여긴다(1920년 6월 월례회 강연). (끝)

4. 역자후기

본문에서 영수사벽화묘 발견 초기에 요양 현지를 직접 고찰한 세 명의 일본학자가 작성한 논문을 검토해보았으며, 그 중 두 편은 원문을 번역하여 자료로 실었다. 원래 세 편을 모두 번역하여 실을 생각이었지만, 나머지 한 편인 하마다 고사쿠의 논문은 별도의 논문으로 작성하기 위해 미루어두었다.

1921년 2월 야기 쇼자부로의 논문이, 3월에 쓰카모토 야스시의 논문이 학계에 발표된 뒤인 7월에 하마다 고사쿠의 논문이 발표되었다. 그러므로 하마다 코사쿠는 앞의 두 논문을 비교검토하는 기회를 가졌는데, 영수사벽화묘의 고구려 관련성에 대해서는 "그러한 점으로부터 생각해 보면, 이 문제는 오늘에 있어서도 거의 결정하기 어렵다고 할 수 밖에 없다. 단지 고구려설이 조금 더 온당하지 않을까하고 생각할 뿐이다."라고 결론짓고 있다.[267] 연구와 논쟁의 여지를 남겨두면서, 고구려 벽화고분으로서 더 검토해보자는 취지가 아니었던가? 앞으로 2년 뒤면 영수사벽화묘가 발견된 지 100년이 된다. 그때까지라도 그 벽화고분의 성격은 물론 그 고분이 있었던 현재 요양 일대의 우리 고대사에 대해 제대로 된 연구가 이루어져야 하지 않을까? 한국의 역사 연구자들은 한없이 바쁜 것이다.

번역한 논문을 통해 앞으로 다양하고 심층적인 방법으로 영수사벽화묘에 대한 연구 및 논의가 활발히 일어나기를 기대한다. 필자들의 연구능력 부족 등으로 검토가 미진한 부분은 앞으로 계속되는 연구를 통해 바로잡으려 한다.

---

267) 濱田耕作, 「遼陽附近の壁畵古墳」 『東亞考古學硏究』, 岡書院, 1930, 425~426쪽.

참고문헌

『史記』

『三國史記』

『薊山紀程』

『往還日記』

白鳥庫吉 監修, 『滿洲歷史地理』上卷, 南滿洲鐵道株式會社, 1913.

八木奘三郎, 「遼陽發見の壁畫古墳」, 『東洋學報』11(1), 1921.

塚本靖, 「遼陽太子河附近の壁畵する古墳」『考古學雜誌』11卷7號, 1921.

辽阳县志编纂委员会办公室编, 「辽阳县志』, 1994.

權五重, 「前漢時代의_遼東郡」『人文研究』17(1), 1995.

刘未, 「辽阳汉魏晋壁画墓研究」『边疆考古研究』, 2003.

전호태, 『고구려 고분벽화의 세계』, 서울대학교출판부, 2004.

王禹浪・王建国, 「古代辽阳城建制沿革初探」『大连大学学报』2005年第5期.

전호태, 『중국 화상석과 고분벽화 연구』, 솔풀판사, 2007.

梁志龙, 「关于高句丽建国初期王都的探讨」『2008년 한・중 고구려역사 연구 학술회의』, 동북아역사재단, 2008.

陈涴, 「"辽海"古称由来考实」『史学集刊』2008年第3期.

崔恩亨, 「遼陽은 옛 襄平이 아니다」『백산학보』제85호, 2009.

王禹浪・王文轶, 「"辽水"、"辽海"地名考」『哈尔滨学院学报』2010年第12期.

전호태, 『고구려 고분벽화 연구 여행』, 푸른역사, 2012.

王禹浪・王文轶, 「辽海"地名渊源考」『哈尔滨学院学报』2014年第12期.

임찬경, 「『고려도경』・『삼국사기』의 고구려 건국 연대와 첫 도읍 졸본」『국학연구』제19집, 2015.

임찬경, 「고려시대 한사군 인식에 대한 검토-『삼국사기』의 현토와 낙랑 인식을 중심으로」『국학연구』제20집, 2016.

임찬경, 「고구려 첫 도읍 위치 비정에 관한 검토」『선도문화』제20권, 2016.

임찬경, 「고구려 평양 위치 인식 오류 형성 과정에 관한 검토」『고구려의 평양과 그 여운』, 주류성, 2017.

田野・陈迪, 「基于辽海史源、地望与区位的考证」『辽宁师范大学学报』2016年第3期.

『수경주』를 통한 고구려 평양의 위치 검토*

이 글은 2017년 12월 말에 발간된 『국학연구』제21집에 발표한 논문이다. 고구려 평양의 위치를 올바로 탐색하는 것과 동시에 사대 및 식민사학을 유지하기 위해 한국사학계는 물론 사회전반이 저지르는 고대문헌 해석의 오류를 비판할 목적으로도 작성되었다.

이 글에서의 가장 큰 쟁점은 『수경주』 원문 중의 "其地今高句麗之國治, 余訪番使, 言城在浿水之陽"이란 부분을 어떻게 해석하는가의 문제이다. 사대 및 식민사학의 학자들과 그의 동류집단(同類集團) 및 아류(亞流)들은 위의 문장에서 고구려의 평양이 현재의 평양 일대에 있었다는 '놀라운' 해석을 이끌어낸다. "其地今高句麗之國治"를 "그 땅은 현재 고구려의 도읍인 평양"으로 해석하는 것이다. 그 문장에서 "國治"를 "도읍"으로 해석하는 오류와 함께, 『수경주』의 원문 전체에 한 번도 나오지 않는 평양이란 지명을 끌어들이는 점은 단순한 오류를 넘어선 견강부회(牽强附會)에 의한 왜곡 그 자체이다.

독자들이 이 글을 주의하여 읽으면, "역도원이 『수경주』를 쓸 당시에, 역도원이 억지를 부려 패수로 비정하려는 현재의 대동강 일대에는 고구려의 도읍인 평양이 절대 없었다. 그 때문에 역도원의 『수경주』 「패수」에 평양이란 지명이 전혀 언급되지 않는 것이다."란 사실을 분명하게 확인할 수 있다. 그렇다면, 역도원이 『수경주』를 쓸 당시에 고구려의 평양은 대동강 일대가 아닌 그 어디에 있었는가? 이번 글에서

* 이 논문은 2017년 정부(교육부)의 재원으로 한국학중앙연구원 한국학진흥사업단의 지원을 받아 수행된 연구이다(AKS-2014-KFR-1230006).

는 이 문제를 검토해보았다.

1. 서론

패수(浿水)는 사마천이 지은 『사기(史記)』 「조선열전」에 처음 기록된 물길의 명칭이다. 서기전 202년 한(漢)이 건국된 이후 연(燕) 지역과 조선의 경계로 정해진 것이 패수였다.[268] 패수는 조선의 역사 해석과 관련하여 중요한 지명임에도 불구하고, 관련 문헌의 기록이 적다. 『사기』 이후에 서한(西漢) 말기의 상흠(桑欽)이 그의 『수경(水經)』에 단지 18자로서 그 물길이 어느 지점에서 어느 방향으로 흐르다 바다로 들어간다고만 기록했다. 그리고 북위의 역도원(酈道元)은 『수경』의 패수가 바로 현재 한반도의 대동강이라고 『수경주(水經注)』 권14 「패수」에 간략하게 서술해 놓았다.

조선시대에 『수경주』는 문인들에 의해 여러 경우의 서술에 두루 활용되었다. 고대의 조선이나 낙랑과 관련한 서술에는 『수경주』의 인용을 빠뜨리지 않았다. 그런 과정에 비록 관점의 차이는 있지만, 패수가 한반도 서부 지역 어느 하나의 물길이라는 인식이 공유되어졌다. 역도원이 『수경주』에 언급한 패수가, 조선시대에 한반도 안의 어느 물길로 정착하는데 성공한 것이다. 그럼으로써 서기전 194년에 건국된 위만조선을 한반도의 대동강 아래에 위치시키는 유사 이래 최대의 한국사 왜곡이 완성된 것이다.

---

268) 『史記』卷115 「朝鮮列傳」第55 “漢興, 為其遠難守, 復修遼東故塞, 至浿水為界, 屬燕。”

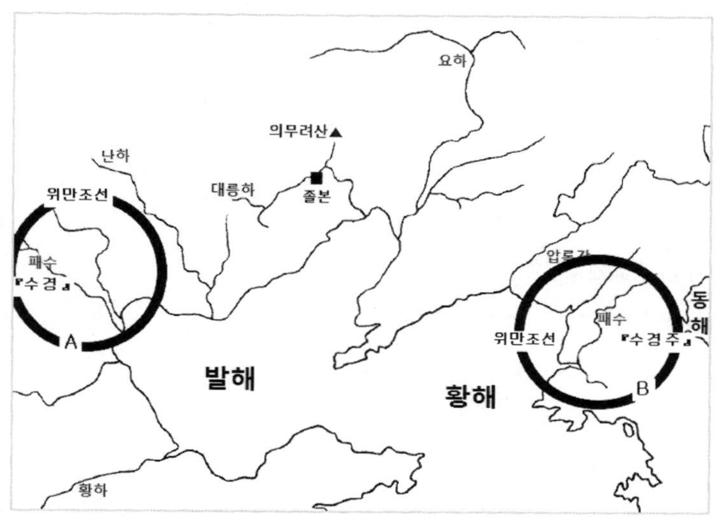

[지도 1] 『수경』 및 『수경주』의 패수 위치 비정에 따른 위만조선의 위치 비교

위 지도의 A는 『수경』에 기록된 패수의 위치와 그에 따른 위만조선의 위치를 표시한 것이다. B는 『수경주』에서 역도원이 패수를 한반도의 대동강으로 비정하면서, 그에 따라 위만조선이 한반도에서 건국된 것처럼 조작된 상황을 표시한 것이다. 위의 지도에서 보듯, 패수를 대동강으로 비정하면 "위만조선이 한반도 안에서 건국되었다."는 한국역사 최고의 역사왜곡이 가능해진다.

그러나 사실 필자는 여러 상황을 검토하여, 이미 오래전에 『수경주』의 패수는 한반도에 있을 수 없다고 결론 내렸다. 여러 문헌으로, 서기전 195년 위만이 망명하기 위해 건넜던 패수가 한반도 안에 있을 수 없다고 분명하게 입증할 수 있기 때문이다. 필자는 『수경주』의 패수는 역사사실로서 논할 문제가 아니라는 입장이다. 확실히 『수경』의 패수와 『수경주』의 패수는 완전히 다른 것이다.

이번 글에서는 이 『수경주』 원문 중의 “其地今高句麗之國治, 余訪番使, 言城在浿水之陽”이란 부분의 해석을 통해, 역도원 시기의 고구려 도읍인 평양이 어느 지역에 있을 수 있는지 그 가능성을 검토해보고자 한다.

분명히 『수경주』의 원문 전체에는 평양이란 지명이 전혀 나오지 않는다. 지리서에서는 고대의 어느 곳인지 잘 알지 못하던 지명을 탐색하여, 현재의 어느 지명에 비정(比定)하는 작업을 한다. 이런 작업을 통해, 독자들은 고대의 지리를 현재와 연관시켜 이해하는 것이다. 『수경주』의 전체에서도 그런 서술이 이루어졌다. 그렇다면 『수경주』의 원문 전체에 평양이란 지명이 없는 상황은 어떻게 이해해야 할까? 바로 역도원 당시의 지명인 평양으로 비정할 대상이 『수경주』에 없었기 때문이 아닐까? 만약 역도원이 비정하려던 패수가 고구려의 도읍인 평양 일대에 있었다면, 역도원의 『수경주』에 평양을 언급하지 않을 수 없는 것이다. 왜냐하면 고대의 지명을 현재의 지명으로 비정(比定)해 주어야, 고대를 현재와 연관시켜 이해하는 지리서로서 기능할 수 있기 때문이다.

앞의 서술을 종합해보면, 역도원이 『수경주』를 쓸 당시에, 역도원이 패수로 비정하려는 현재의 대동강 일대에는 고구려의 도읍인 평양이 절대 없었다. 그 때문에 역도원의 『수경주』 「패수」에 평양이란 지명이 언급되지 않는 것이다. 그렇다면, 역도원이 『수경주』를 쓸 당시에 고구려의 평양은 대동강 일대가 아닌 그 어디에 있었는가? 지금부터 이 문제를 검토해보고자 한다.

2. 『수경주』권14 「패수」 관련 기록의 원천적 오류

1) 『수경주』란 역사지리서의 기본적 오류

중국 고대 하천의 대략적인 흐름을 기록한 『수경』의 저자와 그 작성연대는 분명하게 전하지 않는다. 여기저기 전하는 설(說)을 종합하여, 일찍이 남송(南宋, 1127년~1279년)의 저명한 목록학가(目錄學家)[269]인 진진손(陳振孫)은 그의 저서에서 다음과 같이 정리하였다.

> 『수경』 3권은 상흠(桑欽)이 지었고, 『수경주』 40권은 후위(後魏)의 어사중위(御史中尉)인 범양(范陽)의 역도원(酈道元) 선장(善長)[270]이 주석(注釋)을 붙인 것이다. 상흠은 어느 곳 사람인지 알 수 없는데, 『한단서목(邯鄲書目)』에는 한인(漢人)이라 했고, 조공무(晁公武)[271]는 성제(成帝, 서기전 51~서기전 7년) 때의 사람이라 말했으니, 마땅히 근거가 있는 말일 것이다. 『당지(唐志)』[272]에서 주(注)를 달거나 혹은 말하기를 곽박이 지었다고 했다. 또 두우(杜佑, 735~812년)의 『통전(通典)』에 의하면, 『수경』은 진(晉)의 곽박(郭璞, 276~324년)이 주석했는데 2권이었고,[273] 후위의 역도원이 40권으로 주석하

---

269) 중국의 목록학은 서한(西漢) 무렵부터 성립되었다고 볼 수 있으며, 고대 중국에서 중요시하는 학문 분과 가운데 하나이다. 그 내용은 서지학(書誌學)과 도서관학을 포함한다. 자료로서 완비된 서적 목록을 작성하고, 그 자료를 활용하여 한 시대 또는 몇 시대에 걸친 학술 전승(傳承)의 계통을 정확히 밝히는 것을 목적으로 한다. 청(淸) 건가(乾嘉) 시기의 저명한 사학자이며 고거학가(考據學家)인 왕오성(王鳴盛)은 그의 저서인 『십칠사상각(十七史商榷)』에서 "목록학은 학문 중 가장 긴요(緊要)한 것이다. 반드시 이곳으로부터 길을 물어야, 비로소 문(門)을 얻을 수 있고 또 들어갈 수 있다(目錄之學, 學中第一緊要. 必能此問途, 方能得其門而入)." 라며 목록학의 학문적 중요성을 강조하였다(姚名达著, 『目录学』. 商务印书馆, 1934, 7쪽).

270) 선장(善長)은 역도원의 자(字)이다.

271) 조공무(1105~1180년)는 남송 시기의 저명한 목록학가이며 장서가이다.

272) 여기에서의 『당지』는 『신당서』의 「예문지」를 말한다(『新唐書』卷58 「志」第48 藝文2 "桑欽水經三卷一作郭璞撰. 樊文深中嶽潁州志五卷, 酈道元注 ≪水經≫四十卷."

273) 여기에서의 "2권"은 진진손이 잘못 기록한 것임이 분명하다. 『통전』의 원문에는 분명히 "진의 곽박이 3권으로 주석하였다."고 기록하였다(『通典』 「州郡」4 風俗 "按水經, 晉郭璞注三卷, 後魏酈道元注四十卷, 皆不詳所撰者名氏, 亦不知何代之書。").

였는데, 모두 지은 자의 이름이 상세하지 않고, 또한 어느 시기의 책인지도 알지 못한다.[274)]

역도원은 『수경』의 서술이 지닌 한계를 극복하고자 『수경주』를 작성하였다. 특히 『수경』의 서술이 거칠면서도 간략하고 또 누락된 부분이 심하다고 비판하고, 자신이 그를 보완하려 했다. 또한 『수경』을 포함한 지난 시기의 지리 관련 저서들의 오류를 바로잡으려는 목적으로 『수경주』를 작성하였다.[275)] 보완과 오류의 정정(訂正)이라는 편찬 동기에 맞게, 『수경』에서는 135개 하천의 물길을 서술했지만, 『수경주』에서는 3,000여 개의 하천이 서술되었다.[276)]

그에 따라 『수경』은 3권으로의 구성에 내용은 1만여 자에 불과하였지만, 『수경주』는 40권에 32만 자로 재구성되었으며, 당연히 인용한 문헌자료도 매우 풍부해졌다. 그러므로 후대의 학자들이 배송지(裴松之, 372~451년)의 『삼국지주(三國志注)』 및 유효표(劉孝標, 463~521년)의 『세설신어주(世說新語注)』와 함께 『수경주』를 3대 '주사(注史)'의 명작으로 부르게 되었다. 사실, 역도원의 주석은 단순히 주(注)를 덧붙이는 범주를 넘었으며, 자못 창의성을 갖춘 재창작의 수준이었다. 그러므로 『수경주』는 비록 전문적인 지리서(地理書)이지만, 그 작용과

274) 『直齋書錄解題』卷8 地理類 "『水經』 三卷, 『水經注』 四十卷, 桑欽撰. 後魏御史中尉范陽酈道元善長注. 桑欽, 不知何人. 『邯鄲書目』以爲漢人. 晁公武曰成帝時人, 當有所据. 案 『唐志』注或云郭璞撰. 又杜氏 『通典』案 『水經』, 晉郭璞注, 二卷. 後魏酈道元注, 四十卷. 皆不詳所撰者名氏, 亦不知何代之書."

275) 徐中原, 「酈道元撰著 ≪水经注≫之因探析」 『吉林师范大学学报: 人文社会科学版』2011年第4期, 42쪽.

276) 그간 『당육전(唐六典)』에 근거하여, 『수경주』에서 1,252개 하천의 물길을 분석했다고 서술하는 경향이 있었다. 그러나 여러 통계에 근거하여 호(湖), 정(淀), 택(澤), 천(泉), 거(渠), 지(池), 고독(故瀆) 등 모두 2,596개의 물길 관련 명칭이 『수경주』에서 언급되었다는 연구가 있다. 『수경주』의 원문은 북송(北宋) 시기에 5권이 유실되었는데, 뒤에 남은 35권을 다시 40권으로 재구성하였다. 그러므로 북송 때 5권이 유실되기 이전의 『수경주』에 기록된 물길은 대략 3천 개를 넘는 것으로 볼 수 있다(赵永复, 「≪水经注≫究竟记述多少条水」 『历史地理』第二辑, 1982, 115쪽).

가치는 지리학에 그치지 않고, 역사학 심지어 문학에서도 일정한 지위를 지니고 있어, 사람들에 의해 『수경주』는 "세상에 일찍이 없었던 기이한 서적[宇宙未有之奇書]"으로도 불리게 되었다.[277)]

그러나 『수경주』가 지리적, 역사적 혹은 문학적으로 높은 가치를 지닌 훌륭한 저작임은 분명하지만 한편으로 그에 못지않게 심각한 결함 또한 많이 지닌 저작임을 부정할 수 없다. 아마도 1천5백여 년 이전의 지리서로서, 서술하는 범위가 넓고, 언급한 자료가 방대하다보니, 크고 작은 서술의 오류들은 피할 수 없었을 것이다. 특히 역도원은 대량의 하천을 지리적으로 언급했는데, 단지 당시의 조건과 인식의 수준에 근거하여 서술할 수밖에 없었고, 이후 조건은 끊임없이 변화되고 또한 사람들의 지리환경에 대한 인식 수준 또한 높아지면서 후대의 학자들이 『수경주』의 오류를 발견 및 비판하는 것은 필연적이며 오히려 정상적인 것이다.[278)]

『수경주』에 대한 비판은 오래전부터 있어왔다. 801년에 완성된 『통전』에서는 황하의 발원지와 제수(濟水) 및 하수(菏水) 그리고 분수(汾水) 등에 대한 『수경주』의 오류를 지적하면서, "『수경주』에 적힌 것을 자세히 살펴보니, 매우 황당하고 전혀 근거가 없다."고 혹평하고 있다. 또한 『수경주』는 황하의 발원지에 대해 『산해경(山海經)』이나 『사기(史記)』 및 『한서(漢書)』 등의 기록을 비판 없이 그대로 수용한 측면이 있는데, 두우(杜佑)는 그 점에 대해서도 "역도원은 모두 자세히 살펴 바로잡지 못했다[酈道元都不詳正]."고 신랄하게 비판하였다.[279)]

『수경주』가 황하 이남의 하천에 대해 서술할 때 특히 많은 오류를

---

277) 古今, 「≪水经注≫简介」 『-历史教学问题』1986年第1期, 59쪽.

278) 陈桥驿, 「第十章 ≪水经注≫的错误和学者的批评」 『郦道元评传』, 南京大学出版社, 1997, 참조.

279) 『通典』 「州郡」4 風俗 "按水經云… 詳水經所作, 殊為詭誕, 全無憑據。"

보인다는 비판도 적지 않다. 일찍이 청(淸)의 지리학자인 유헌정(劉獻廷, 1648~1695년)은 『수경주』가 북방의 여러 하천을 서술할 때는 작은 사실도 빠뜨리지 않지만 남방의 장강(長江), 회수(淮水), 한수(漢水), 면수(沔水)에 대해서는 오류가 많다고 비판하였다. 역도원은 북방 사람이기 때문에 남방의 물길에 대해 눈으로 보지 못했고, 작은 것들이 개별적으로 어디 있는지 모르기 때문이며, 이러한 점을 잘 살펴가며 보아야 한다고 지적한 것이다.[280)]

그러나 위의 지적과는 달리, 실제로는 북방의 물길에 대한 『수경주』의 서술에서도 숱한 오류가 발견되기는 마찬가지다. 북방이란 범위가 매우 넓고, 하천도 몹시 많기 때문에, 자료수집과 역도원의 직간접적 체험 역시 한계가 있었기 때문이다. 예를 들면, 역도원은 『수경주』권14에서 유수(濡水)를 지금의 난하(灤河)로 비정하여 서술하고 있지만, 그 발원지에 대한 서술 부분에서부터 일종의 오류에 빠졌거나 혹은 지나치게 간략하다는 후대의 비판을 받고 있다. 즉 『수경주』에서 "유수는 어이진(禦夷鎭) 동남쪽에서 나온다. 그 물은 두 곳의 원천이 두 개의 물길이 되어, 산을 끼고 서북으로 흐르며, 산을 나와 합쳐서 하나의 하천을 이룬다."고 서술했는데,[281)] 이에 대해 대진(戴震, 1724~1777년)은 "역도원은 당시에 직접 그 곳을 가보지 않았기 때문에, 산을 끼고 모인 삼도하(三道河)를 난하의 발원지로 알았는데, 전혀 사실과 맞지 않는 것이다."라고 비판했고, 웅회정(熊會貞, 1859~1936년)은 독석구(獨石口) 동남쪽의 산 속에서 발원하는 삼도하가 하나로 모여 하나의 하천이 되는데 역도원은 단지 2개의 원천을 두 개의 물길로 불렀

---

280) 『廣陽雜記』卷4 "予嘗謂酈善長天人, 其注水經, 妙絶古今, 北方諸水, 毫發不失. 而江、淮、漢、沔之間, 便多紕繆。酈, 北人, 南方之水, 非其目及也。小别不知在何許, 更考之。"

281) 『水經注』卷14 濡水 "其水二源雙引, 夾山西北流, 出山, 合成一川 濡水出禦夷鎭東南, 其水二源雙引, 夾山西北流, 出山, 合成一川。"

으니 지나치게 간략했다고 비판했던 것이다.[282)]

위에 예로 든 『수경주』권14에서 역도원은 지리적 인식 오류와 함께 고대 문헌에 대한 이해의 오류를 동시에 드러내기도 했다. 즉 유수(濡水)를 설명하던 역도원은 『수경주』에서 제(齊)의 환공(桓公)이 고죽(孤竹)을 정벌하러가는 고사(故事)를 인용하며 "비이산(卑耳)의 계곡에 이르렀을 때 찬수(贊水)가 있었다."고 했고, 그 문장의 뒤에 "비이의 하천인 찬계(贊溪)라는 것 역시 그 위치를 알 수 없다."고 서술했다.[283)] 역도원은 『관자(管子)』에 나오는 "비이의 계곡에 이르렀을 때, 물을 건너게 도와주는 자가 있었다[至卑耳之谿, 有贊水者]."란 문구에서 '찬수(贊水)' 즉 "물을 건너게 도와주는 자"란 표현을 잘못 이해하여, '찬수(贊水)'란 물길이 비이의 계곡에 있었던 것으로 오해했다. 지리적 인식도 잘못 되었을 뿐만 아니라, 또한 『관자』란 문헌의 그 부분을 완전히 잘못 해석한 것이다.

---

282) 『水經註疏』卷14 濡水 "戴云, 按濡水即今灤河, 源出巴延屯圖古爾, 山名都爾本诺爾, 西北至茂罕和碩, 三道河始自東會之。道元當时未經親履其地, 遂以夹山来會之三道河为灤河正源, 殊屬失實。會貞按, 今上都河發源獨石口東南山中, 舊名三道河, 其水一出摩霍爾達巴罕, 一出伊克達巴罕, 一出楚庫爾蘇達巴罕, 各相距十餘里, 滙爲一河。道元但稱二源雙引, 猶略也。戴氏不知此爲滦河正源, 遂爲酈氏未親歷其地而駁之, 不知籌宜六鎮明見本傳, 何得謂未親歷其地耶?"

283) 『水經注』卷14 濡水 "又按管子, 齊桓公二十年, 征孤竹, …至卑耳之溪, 有贊水者, 從左方涉, 其深及冠; 右方涉, 其深至膝。已涉大濟, 桓公拜曰: 仲父之聖至此, 寡人之抵罪也久矣。今自孤竹南出, 則巨海矣, 而滄海之中, 山望多矣, 然卑耳之川若贊溪者, 亦不知所在也。"

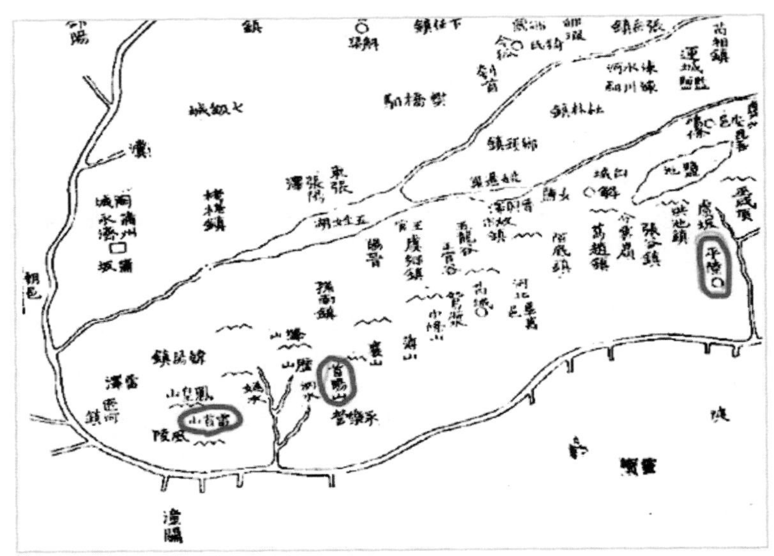

[지도 2] 『수경주도(水經注圖)』의 평륙현 및 뇌수산 고죽 유적 일대 지도(중국 산서성)

비이산이나 찬수(贊水)에 관련된 역도원의 인식 오류에 대해, 조일청(趙一淸, 1709~1764년)은 "『사기(史記)』 「제세가(齊世家)」에서 환공이 말하기를 자신은 남쪽으로 소릉(召陵)과 망웅산(望熊山)을 정벌하고, 북쪽으로 산융(山戎)과 이지(離枝) 및 고죽을 정벌했으며, 서쪽으로 대하(大夏)를 정벌하고 유사(流沙)를 건넜다. 말을 묶고 수레를 매달아, 태항산에 오르고, 비이산에 이르렀다가 돌아왔다. 『사기정의(史記正義)』에서 비(卑)의 음(音)은 벽(辟)이라 했는데, 이것이 옳다. 『사기색은(史記索隱)』에서 비이산은 하동(河東)의 태양현(太陽縣)에 있다고 했다. 『방여기요(方輿紀要)』에서 비이산은 산서(山西)의 평륙현(平陸縣) 동쪽에 있다고 했다([지도 2] 참조). 환공이 서쪽으로 정벌하며, 태항산과 비이산에 올랐는데, 마땅히 한(漢)의 태양현에 있다. 그러나 역도원은 산골짜기의 이름으로 인식하여 유수(濡水)에 기록했다. 『관자』의 구절을 인용했는데, 그것을 적은 것은 서로 맞지만, 두 지역은 완전히 다른 것이며, 그것을 잘 알지 못한 것이다."라고 비판했다.[284] 그런 지리적 인식의 오류와 함께 『관자』의 원문을 잘못 이해하여 난하 주위의 어느 곳에 비이의 계곡과 함께 '찬수(贊水)'가 있었다고 엉뚱하게 서술했던 것이다. 역도원의 유수(濡水)에 대한 기록은 전반적으로 오류가 많은 엉터리 기록이었던 것이다.

2) 『수경주』「패수」 관련 기록의 오류

역도원의 『수경주』권14「패수」 관련 기록의 원문은 다음과 같다.

> ❶ 浿水出樂浪鏤方縣, 東南過臨浿縣, 東入于海。
> ❷ 許慎云, 浿水出鏤方, 東入海。一曰出浿水縣。
> ❸ 十三州志曰, 浿水縣在樂浪東北, 鏤方縣在郡東。❹ 蓋出其縣南逕鏤方也。❺ 昔燕人衛滿自浿水西至朝鮮。❻ 朝鮮, 故箕子國也。箕子教民以義, 田織信厚, 約以八法, 而不知禁, 遂成禮俗。❼ 戰國時, 滿乃王之, 都王險城, 地方數千里, 至其孫右渠, 漢武帝元封二年, 遣樓船將軍楊僕、左將軍荀彘討右渠, 破渠于浿水, 遂滅之。❽ 若浿水東流, 無渡浿之理, 其地今高句麗之國治, ❾ 余訪番使, 言城在浿水之陽。其水西流逕故樂浪朝鮮縣, 即樂浪郡治, 漢武帝置, 而西北流。❿ 故地理志曰, 浿水西至增地縣入海。⓫ 又漢興, 以朝鮮為遠, 循遼東故塞至浿水為界。⓬ 考之今古, 於事差謬, 蓋經誤證也。

역도원은 『수경주』에서 패수(浿水)를 한반도에 있는 대동강에 비정

284) 『水經註疏』卷 濡水 "趙云, 按史記齊世家云, 桓公稱曰, 寡人南伐召陵、望熊山, 北伐山戎、離枝、孤竹, 西伐大夏, 涉流沙。束馬懸車, 登太行, 至卑耳山還。定義云, 卑音辟, 是也。索隱曰, 卑耳山在河東太陽縣。方輿紀要, 卑耳山在山西平陸縣東。桓公西伐登太行、卑耳, 宜在漢之太陽, 而道元以为溪名, 記于濡水, 是因管子之文, 相仍書之, 兩地懸殊, 未知熟是也。"

(比定)하려 시도했다. 즉 역도원은 고대의 대동강 일대에 기자(箕子)가 와서 교화(敎化)한 조선이 있었으며, 뒤에 위만이 이곳에서 왕이 되어 왕험성에 도읍했고, 한(漢)의 무제가 위만조선을 멸망시켜 낙랑군을 설치했는데, 왕험성이나 낙랑군의 군치(郡治)인 조선현이 모두 패수 일대에 있다는 것이다. 『사기(史記)』「조선열전」에 기록된 패수가 바로 현재의 대동강이라는 것이다.

역도원은 자신의 주장에 대한 근거로써 『사기』「조선열전」, 『수경』, 『한서』「지리지」, 『설문해자(說文解字)』, 『십삼주지(十三州志)』의 기록을 인용했다. 또한 고구려로부터 온 사신에게 물어 들은 대답도 자신의 주장을 합리화하는 근거로 제시했다. 그러나 역도원이 제시한 이들 근거 대부분은 오히려 패수가 현재의 대동강 일대에 있을 수 없음을 증명해주고 있다.

우선 위에 인용한 『수경주』권14「패수」의 원문에서 ❶부분은 『수경』의 기록인데, "패수는 낙랑 누방현(鏤方縣)을 나와, 동남쪽으로 임패현(臨浿縣)을 지나고, 동쪽으로 바다로 들어간다."고 분명하게 기록했다. 패수는 동쪽으로 흐르는 물길이었던 것이다. 그러므로 서쪽으로 바다에 흘러드는 한반도의 대동강을 패수와 연결시키려는 역도원의 시도는 출발부터 문헌기록과 맞지 않는 어려움을 겪게 되었다.

위 인용문의 ❷는 허신(許愼)의 『설문해자』에서 인용한 것이다. 100년에서 121년 사이에 씌어진 『설문해자』의 수부(水部)에 140여 개의 하천이 나열되었는데,[285] 그 중에서 패수에 대해 "(패수가) 낙랑 누방을 나와, 동쪽으로 바다에 들어간다. 수부(水部)이고 발음은 패(貝)이다. 혹은 패수현(浿水縣)에서 나온다고 말한다."고 기록했다.[286] 역시

285) 刘绪义, 「≪说文解字≫ "水部"的文化阐释」『语文学刊: 高等教育版』2006年第1期, 20쪽.

286) 『說文解字』卷12 「水部」 浿水 "出樂浪鏤方, 東入海。从水貝聲。一曰出浿水縣。"

『수경』과 마찬가지로 『설문해자』의 기록에 따르더라도, 역도원은 패수가 한반도 서부 일대에 있으며 또한 패수가 서쪽으로 바다에 들어간다는 주장을 할 수가 없었다.

그 다음에 역도원이 인용한 문헌은 ❸의 『십삼주지(十三州志)』이다, 그러나 『십삼주지』의 인용 또한 역도원의 주장을 위한 유용한 근거가 되기보다는, 오히려 역도원의 주장을 스스로 극적으로 반증(反證)하는 결과가 되고 말았다.

浿水縣在樂浪東北鏤方縣在朝鮮郡東水經注 太平御覽
澍按酈道元曰蓋出其縣南逕鏤方也許愼曰浿水出
鏤方東入海一曰出浿水縣又按浿水屬樂浪郡水西
至增地入海師古曰浿普大反
平舒城東九十里有廣平城水經注
澍按地理志祁夷水出平舒縣北至桑乾入㶟㶟一作
沽
廣平城東北百一十里有潘縣水經注
澍按路史引云潘在廣平城東北十里脫百字魏土地
記曰下洛城西南四十里有潘城城西北三里有歷山

[도표 1] 『십삼주지』의 패수 관련 기록

북위의 지리학자이면서 역도원보다 조금 앞선 시기의 학자인 감인(闞駰)의 『십삼주지』는 북송 시기에 이미 유실되어 전해지지 않고, 청(淸)의 학자인 장주(張澍) 등이 여러 문헌에 남겨진 기록을 근거로 집본(輯本)을 만들었다.[287] 그런데 『십삼주지』의 기록을 전반적으로 분석해보면, 『십삼주지』는 그 서술하는 지리범위가 북쪽으로는 황룡성(黃龍城)인 지금의 요녕성 조양(朝陽) 북쪽과 투수(渝水) 즉 지금의 대릉하 일대에 불과한 저술이었다. 즉 『십삼주지』는 고대의 중원과 중원의 서북 및 서남 그리고 강절(江浙) 즉 지금의 장강(長江) 하류 일대의 지리와 역사 및 민족 그리고 경제 및 문화와 민속을 중점적으로 서술한 문헌인 것이다.[288]

즉 『십삼주지』의 서술 범위가 북쪽으로 대릉하에 미치지 못할 수 있다는 것이다. 그러므로 『십삼주지』에 패수와 관련된 짧은 기록이 있지만, 여기서의 패수는 대릉하를 넘지 않는 지리범위에 존재하던 패수였던 것이다. 즉 『수경주』에서 『십삼주지』의 "패수현은 낙랑의 동북에 있고, 누방현은 낙랑군의 동쪽에 있다."라는 기록을 인용했지만,[289] 『십삼주지』의 저자인 감인은 여기서의 패수현과 낙랑 및 누방현이 모두 대릉하의 서쪽 어느 지점에 있었던 것으로 인식하고 서술했다는 것이다. 그러므로 역도원이 『십삼주지』를 인용하여, 패수의 위치를 대릉하를 동쪽으로 넘어서서 심지어 한반도의 서부 일대에 비정하려 했던 점은 그 자체가 일종의 오류에 불과했던 것이다.

---

287) 王昌波, 「≪十三州志≫辑本述论」 『图书与情报』1998年第2期, 참조.

288) 汪受宽・李春楼, 「关于 ≪十三州志≫的几个问题」 『敦煌学辑刊』1996年第2期, 83~85쪽. 물론 이 논문에서 『수경주』의 서술 범위가 대릉하 동쪽 지역은 다루지 못했음을 지적한 점은 옳은 관점으로 받아들여 이곳에 인용하지만, 황룡성을 지금의 조양(朝陽) 북쪽 일대로 보든가 혹은 투수(渝水)를 대릉하로 비정하는 등의 관점은 앞으로 더욱 검토가 필요한 부분으로서 그대로 인정할 수 없음을 분명하게 밝힌다.

289) 현재 전해지는 장주(張澍) 등의 『십삼주지』 집본에 의하면, 이 부분의 기록이 "浿水縣在樂浪東北, 鏤方縣在朝鮮郡東。"으로 되어 있다. 본문의 [도표 2] 참조.

이상에 언급한 여러 문헌은 역도원이 패수를 대동강에 비정(比定)하게 만드는 서술작업의 한계로 작용하였는데, 그럼에도 역도원은 여기에 끝내 굽히지 않았다. 결국 그에게 남은 입증방법이란 패수에 대한 기존의 서술을 부정하는, 극단적인 방법 이외에 달리 선택의 여지가 없었다. 그리고 마침내 역도원은 고구려 사신에게 패수에 대해 물어 얻은 답변과 함께, 그의 주장에 가장 적합한 『한서』「지리지」의 패수란 현(縣)의 명칭에 덧붙여진 "水西至增地入海"란 짧은 설명을 주요한 근거로 내세우며,[290] 패수의 상황을 처음 기록한 『수경』의 기록이 잘못되었다고 부정하였고, 그런 방식으로 패수가 대동강이란 관점을 형성하여 『수경주』에 담아놓았다.

이렇게 역도원이 『수경』의 패수 관련 기록을 "잘못된 것"이라 부정하면서까지, 패수를 굳이 한반도의 대동강에 비정(比定)하려한 이유는 그의 사관(史觀) 때문이다. 역도원은 470년 혹은 472년에 태어나 527년에 사망했는데,[291] 당시는 중국역사상 유례없이 전국이 여러 국가로 분열되어 서로 대치하던 남북조(南北朝, 420~589년) 시기였다. 물론 이러한 분열에 의해 한편으로는 민족의 융합이 촉진되던 시기이기도 하다. 그러나 역도원은 이러한 시대적 환경 속에서 국가의 분열, 국토의 피폐, 잦은 전쟁, 국민의 유리(流離) 상황 등을 겪을 수밖에 없었다.

290) 『한서』「지리지」에 서술되는 군현(郡縣)들에는 보통 일종의 짧은 설명이 덧붙여지는데, 그 설명을 작성한 사람의 이름을 밝히지 않은 경우는 모두 반고(班固)가 직접 작성한 원주(原註)로 볼 수 있다는 관점도 있다(张孟伦, 「汉书地理志在中国史学史上的价值」『兰州大学学报: 社会科学版』1983年第2期, 27쪽). 그러나 역도원이 패수가 서쪽으로 흐른다는 주장의 근거로 내세우는 유일한 문헌증거인 반고(班固)의 『한서』「지리지」 낙랑군 관련 기록들이 과연 반고가 직접 작성한 주석(注釋)에 해당하는지, 과연 그 기록들이 사실과 부합하는지는 더 검토해볼 필요가 있다.

291) 역도원의 출생시점에 대해서는 학계에 다양한 견해가 있다. 여기에서는 470년이란 관점과 함께(赵永复, 「郦道元生年考」『复旦学报: 社会科学版』1980年第1期. 张鹏飞, 「郦道元年谱拾遗补正」『甘肃社会科学』2012年第5期), 472년이란 견해도 수용한다(陈桥驿, 「爱国主义者郦道元与爱国主义著作 ≪水经注≫」『郑州大学学报: 哲学社会科学版』1984年第4期).

비록 역도원은 출생 이래 한번도 통일된 중국을 보지 못했지만, 그는 역사상 위대했던 어느 왕조의 강역을 그 서술범위로 하여, 이것으로써 어떻게 통일된 조국을 갈망하고 또 이룰 수 있을지를 설명해보려 했다. 이런 의도로 역도원은 자신이 역사상 가장 강성했다고 여기는 서한(西漢, 서기전 202～서기8년)의 판도(版圖)를 『수경주』의 서술 범위로 삼은 것으로 보인다.[292] 그리고 『수경』에서 서술된 범위를 『수경주』에서는 심지어 국외에까지 확대하여 과감하게 서술하였는데, 한반도의 패수는 그런 의도에서 조작된 것으로 볼 수 있다.

3. 『수경주』를 인용한 후대 학자들의 패수 및 평양 관련 서술의 오류

1) 조선시대에 나타난 패수와 평양 관련 사실의 왜곡

『고려사』에 의하면, 1091년 음력 6월 18일에 송(宋)에서 돌아온 사신 이자의(李資義) 등이 "(송의) 황제가 고려에 서적 선본(善本)이 많다는 말을 듣고, 관반(館伴)에게 명하여 구하고자 하는 책의 목록을 써 주면서 말하기를, 비록 권제(卷第)가 부족한 것이 있더라도 반드시 전사(傳寫)하여 보내오라고 했다."고 왕께 아뢰었다.[293] 『고려사』에는 또한 그 책의 목록을 상세하게 나열해 놓았는데, 그 중에는 『수경(水經)』 40권이 보인다. 40권이란 그 숫자로 보면, 바로 『수경주』를 말하는 것

292) 陈桥驿, 「≪水经注军事年表≫序」『浙江大学学报: 人文社会科学版』1988年第4期, 2～3쪽. 陈桥驿, 「爱国主义者郦道元与爱国主义著作 ≪水经注≫」『郑州大学学报: 哲学社会科学版』1984年第4期, 참조.

293) 『高麗史』卷10 「世家」卷第10 宣宗 8年 6月 "丙午, 李資義等還自宋, 奏云, 帝聞我國書籍多好本, 命館伴, 書所求書目錄, 授之乃曰, 雖有卷第不足者, 亦須傳寫附來."

이다.294) 이 기록을 통해, 『수경주』가 고려의 문인들에게 이미 읽히고 있었음을 알 수 있다.

검토해보면, 조선시대 이후의 문인들은 『수경주』의 기록을 폭넓게 글쓰기에 인용하고 있었다. 당연히 역사와 관련된 서술에도 『수경주』의 지리 인식이 활용되고 있었는데, 요수(遼水)와 패수의 위치를 『수경주』의 기록을 근거로 비정해보려는 몇몇 서술들을 예로 들 수 있다.

그 중 『수경주』의 패수와 관련된 조선시대의 해석들은 대체로 일정한 경향성을 띠고 있다. 즉 『수경』에 기록된 패수의 위치를 현재 북한 평양 인근의 대동강에 비정(比定)시키려 했던 『수경주』의 기록을 근거로, 위만조선의 도읍으로 알려진 왕험성(王險城) 또한 현재의 평양 일대에 있었다고 서술하고, 또한 평양 인근을 서쪽에서 동쪽으로 흐르는 현재의 대동강을 위만조선 시기의 패수로 규정하려는 경향이 주류(主流)를 형성하고 있었다. 이미 앞에서 역도원의 『수경주』가 지닌 지리 인식의 한계를 살펴보았듯, 이러한 경향 자체가 일종의 인위적 역사 조작이다.

특히 조선시대의 문인들은 『수경』에 기록된 패수를 현재의 대동강으로 조작하고, 나아가 『수경주』를 근거로 그 패수 인근에 위만조선의 도읍인 왕험성이 있었다고 주장하는 왜곡된 서술을 만들어낼 뿐만 아니라, 심지어는 역도원이 『수경주』를 집필하던 515년에서 527년 무렵에 고구려의 도읍인 평양성이 바로 그 패수 즉 현재의 대동강 인근에 있었다는 왜곡된 서술까지 조작해냈다.

그 왜곡의 대표적인 사례는 안정복(安鼎福, 1712~1791년)이 1778년에 완성한 『동사강목(東史綱目)』에서 확인할 수 있다. 『동사강목』「패

294) 『수경』은 원래 3권으로 구성되었는데, 역도원이 주석을 붙여 40권의 『수경주』로 편찬한 것이다.

수고」의 관련 부분을 인용하면 아래와 같다.

> 역도원의 『수경주』에 "위만(衛滿)이 패수로부터 조선에 이르렀다." 고 말했으니, 만일 패수가 동쪽으로 흐른다면 패수를 건넜을 리가 없다. 내가 고구려 사신에게 물었더니, "성(城) ①검토해보면 평양성(平壤城)을 가리킨다. 은 패수의 북쪽에 있다."고 말했다. 그 강은 서쪽으로 흘러 낙랑군 조선현(朝鮮縣)을 지난다. 그러므로 『지리지』에 "패수가 서쪽으로 증지현(增地縣)에 이르러 바다로 들어간다."고 말했으니, 『수경』이 착오다."라고 하였는데, ②이 주는 『수경』의 "패수가 동쪽으로 바다에 들어간다." 는 말을 착오라 하였는데, 이 주가 옳다. 이것은 대동강을 패수라고 칭한 하나의 증거이다.[295]

안정복은 위의 인용문에서 ②의 주석을 특별히 달아, "패수가 동쪽으로 바다에 들어간다."는 『수경』의 기록을 잘못 되었다고 비판한 『수경주』의 관점에 분명하게 동의하였다. 이러한 동의는, 안정복 역시 역도원과 마찬가지로 패수가 대동강이었다는 관점을 가졌기 때문이었다.

그리고 역도원이 고구려 사신에게 직접 물어보고 들은 대답 중의 '성(城)'을 '평양성(平壤城)'이라며, ①과 같이 "검토해보면 평양성을 가리킨다[按指平壤城]."는 주석을 특별히 붙여 놓았다(오른쪽의 [도표 2] 참조). 안정복은 그 "성"을 고구려의 "평양성"으로 본다는 것이다. 그럼으로써 역도원이 고구려 사신에게 패수의 위치를 물어보고 그 대답을 들어서 『수경주』에 기록하던 515년에서 527년 무렵에 고구려의 도읍인 평양성이 바로 현재 대동강 일대에 있었다는 사실을 조작해내려 했다.

---

295) 『東史綱目』 附卷下 「浿水考」

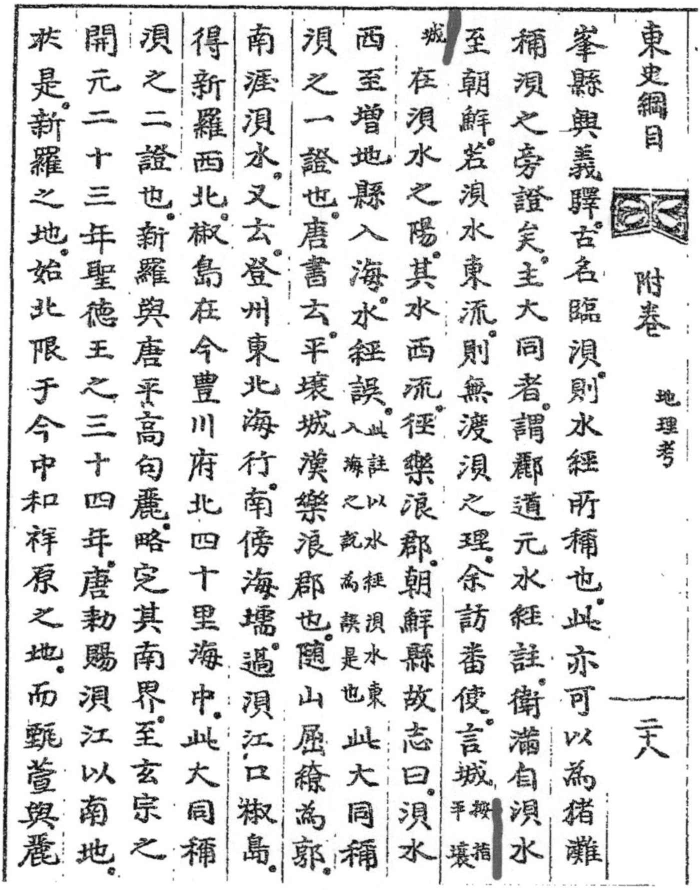

東史綱目 附卷 地理考 三八

峯縣與義驛古名臨浿則水經所稱也此亦可以爲猪灘
稱浿之旁證矣主大同者謂酈道元水經註衛滿自浿水
至朝鮮若浿水東流則無渡浿之理余訪畨使言城按指平壤
城在浿水之陽其水西流徑樂浪郡朝鮮縣故志曰浿水
西至增地縣入海水經誤此註以水經浿水東入海之說爲誤是也此大同稱
浿之一證也唐書云平壤城漢樂浪郡也隨山屈繚爲郛
南涯浿水又云登州東北海行南傍海壖過浿江口椒島
得新羅西北椒島在今豐川府北四十里海中此大同稱
浿之二證也新羅與唐平高句麗略定其南界至玄宗之
開元二十三年聖德王之三十四年唐勅賜浿江以南地
於是新羅之地始北限于今中和祥原之地而甄萱與麗

[도표 2] 성(왕험성)을 평양성으로 왜곡한 부분
(오른쪽에서 3번째 줄의 '按指平壤城')

그러나 『수경주』 「패수」의 원문을 검토하면, 여기서의 "성(城)"은 고구려의 평양성이 아닌 왕험성을 가리키고 있음을 분명하게 알 수 있다. 『수경주』 「패수」의 관련 부분은 다음과 같다

옛날에 연(燕)의 사람 위만(衛滿)이 패수 서쪽에서 조선으로 갔다. 조선은 옛 기자국(箕子國)이다. 기자(箕子)는 의(義)로써 백성을 가르쳤다. 먹는 것과 입는 것을 도탑게 하고, 여덟 가지 법조문을 지키게 하니, 금하는 것을 알지 못했지만, 마침내 예속이 이루어졌다. 전국시대(戰國時代)에 위만이 그 왕이 되어 왕험성(王險城)에 도읍하였는데[Ⓐ滿乃王之都王險城], 땅이 사방 수천 리였다[Ⓑ地方數千里]. 그 손자 우거(右渠)에 이르렀다. 한무제(漢武帝)가 원봉(元封) 2년(서기전 109년)에 누선장군(樓船將軍) 양복(楊僕)과 좌장군(左將軍) 순체(荀彘)를 보내 우거를 쳤다. 패수에서 우거를 쳐부수고, 마침내 조선을 멸망시켰다.

만약 패수가 동쪽으로 흐른다면 패수를 건널 까닭이 없다. 그 땅은 지금 고구려가 다스린다[Ⓒ其地今高句麗之國治]. 내가 고구려의 사신을 찾아가 물어보니, 성(城)은 패수의 북쪽에 있다고 말했다[Ⓓ言城在浿水之陽]. 그 물은 서쪽으로 흘러 옛 낙랑 조선현을 지나는데[Ⓔ其水西流逕故樂浪朝鮮縣], 즉 낙랑군의 치소(治所)이며[Ⓕ即樂浪郡治], 한무제가 설치한 것이다. 또한 서북쪽으로 흐른다.[296]

위의 인용문에서 Ⓐ "위만이 그 왕이 되어 왕험성(王險城)에 도읍하였는데[滿乃王之都王險城]"는 분명히 Ⓓ "성(城)은 패수의 북쪽에 있다고 말했다[言城在浿水之陽]"와 연결되는 서술이다. 즉 문장의 앞부분에서 위만이 왕이 되어 도읍한 왕험성을 설명하고, 고구려 사신에게 물어서 그 성(城)인 왕험성이 패수의 북쪽에 있었다는 대답을 들은 것이다. 역도원은 고구려 사신에게 왕험성과 패수의 위치를 물어본 것이며, 고구려 사신은 그에 대해 답한 것이다. 물론 고구려의 사신이 역도원의 질문을 받고, 당시의 정확한 지리인식을 전달해주었는지는 알 수

296) 『水經注』卷14 「浿水」 "昔燕人衛滿自浿水西至朝鮮。朝鮮, 故箕子國也。箕子教民以義, 田織信厚, 約以八法, 而不知禁, 遂成禮俗。戰國時, 滿乃王之, 都王險城, 地方數千里, 至其孫右渠, 漢武帝元封二年, 遣樓船將軍楊僕、左將軍荀彘討右渠, 破渠于浿水, 遂滅之。若浿水東流, 無渡浿之理, 其地今高句麗之國治, 余訪番使, 言城在浿水之陽。其水西流逕故樂浪朝鮮縣, 即樂浪郡治, 漢武帝置, 而西北流。"

없다. 단지 분명하게 확인할 수 있는 사실은, 『수경주』「패수」와 관련된 위의 인용문에서 Ⓐ에서 Ⓓ로 연결되는 서술구조를 통해 "성(城)은 패수의 북쪽에 있다고 말했다[言城在浿水之陽]"에서의 성(城)은 바로 왕험성이란 것이다.

그러므로 안정복이 『동사강목』「패수고」에서 역도원의 『수경주』「패수」에 나오는 "성(城)은 패수의 북쪽에 있다고 말했다[言城在浿水之陽]"라는 부분 중 "성(城)"에 "검토해보면 평양성을 가리킨다[按指平壤城]."란 주석을 특별히 덧붙인 것은, 안정복에 의한 일종의 의도적 사실조작 시도로 볼 수 있다. 사실 역도원은 『수경주』「패수」에서 평양성을 언급할 의도가 전혀 없었고, 단지 패수와 왕험성 그리고 낙랑군 조선현의 관계만을 서술하려 했었다.

만약 역도원이 『수경주』「패수」에서 고구려의 도읍인 평양을 언급할 의도가 있었고, 혹은 고구려 사신으로부터 그곳이 고구려 도읍인 평양이란 얘기를 분명하게 들었다면, 『수경주』「패수」에는 고구려 도읍인 평양에 대한 다른 얘기가 반드시 기록되었을 것이다. 『수경주』 연구자들 다수가 역도원이 기이(奇異)한 것을 좋아하고 또 지나치게 길게 인용하는 경향이 있음을 지적하고 있다.297) 만약 역도원이 자신이 패수로 비정하려는 현재의 대동강 일대에 고구려 도읍인 평양성이 있었음을 파악했다면, 그에 대한 다소 장황한 서술이 빠질 수 없는 것이다. 즉 당시 역도원이 파악하려는 패수 즉 현재의 대동강 일대에는 고구려 도읍인 평양성이 없었고, 이 때문에 『수경주』「패수」에는 평양 관련 언급이 전혀 없는 것이다.

안정복이 그의 『동사강목』「패수고」에서 『수경주』의 "성(城)"을 "평양성"이라고 특별히 주석을 달아 강조하는 이유는, 단지 패수의 위치

297) 陈桥驿, 「第十章 ≪水经注≫的错误和学者的批评」 『郦道元评传』, 南京大学出版社, 1997, 참조.

를 지리적으로 해석하는 서술이 아닌, 평양에 대한 그 자신의 해석을 더욱 부각시키려는 의도가 있었기 때문이다. 안정복에게는 평양이 기자(箕子), 위만, 고구려의 도읍지로서 중시되는 곳이었다. 그 평양에 대동강이 있으니, 위만이 와서 도읍한 왕험성도 그곳에 있어야 했고, 따라서 당연히 패수는 대동강이 되어야 하는 것이다. 또한 고구려의 도읍도 마땅히 그 평양에 있어야 했던 것이다. 아래의 『동사강목』「패수고」를 보면, 안정복의 그런 의도를 이해할 수 있다.

> 어떤 이가, "대동강을 패수라고 칭(稱)한 설(說)은 과연 어찌해서인가?" 하기에 나는,
>
> "『사기』와 『한서』의 문세(文勢)를 가지고 말하겠다. 그 말에 '조선(朝鮮)이 관리(官吏)를 두고 장새(障塞)를 쌓았는데, 진(秦)이 요동(遼東)의 변경에 소속시켰다.' 하고, 또 '노관(盧綰)이 연(燕)이 쌓은 요동 장새가 멀어서 지키기 어렵다 하여 다시 요동의 옛 변방 요새를 고쳐 쌓고, 패수에 이르러 경계를 삼았다.' 하고, 또 '위만(衛滿)이 옛 진(秦)의 공지(空地)인 상하장(上下障)을 구해 살았다.' 하였으니, 이것은 모두가 일반 문세이다. 그 '변경'이라느니 '연이 쌓은 장새는 멀어서 지키기 어렵다.'느니 '옛 진의 공지를 구해 살았다느니' 한 것은 모두 지금의 해서(海西) 지방인 것 같고, 그 중간을 비어둔 것은 지금 서북 두 나라의 경계와 같았던 것이다.
>
> 지금의 평양(平壤)은 기자(箕子)의 도읍지인데, 지금의 한양(漢陽)에도 평양이란 이름이 있다. 『삼국사기』「신라본기」에 '김헌창(金憲昌)의 아들이 자립하여 평양에 도읍하였다.' 하고, 『삼국사기』「지리지」에 '백제의 근초고왕(近肖古王)이 고구려 남쪽 평양을 취하여 도읍하였다.' 하였는데, 모두 지금의 한양을 가리킨 것이다. 한양을 또 평양이라고 칭한 것은 무엇 때문일까? 생각건대, 전국(戰國)의 말기에 기씨(箕氏)가 나라를 잃고 동쪽으로 지금의 한양에 옮기고서 옛이름을 그대로 칭한 것이리라. 그렇다면 위만이 도읍한 평양도 지금의 한양인 것이다. 만일 이와 같다면 패수가 지금의 대동강임이 틀림없다.

또 상고하건대, 『한서』 「지리지」는 모두가 당시 전벌(戰伐) 및 강역을 경계지을 때 편찬한 것이기 때문에 그 글이 모두 진실하고 답험(踏驗)한 말이요, 멀리서 잘못 전해들은 것이 아니다. …
전후 제유(諸儒) 중에 패수를 논한 것은 하나뿐이 아닌데, 누구나가 지금의 평안(平安) 한 도를 우리의 강역으로 보고 또는 지금의 평양을 위씨(衛氏)의 도읍지로 삼고서는, 별도로 패수를 찾으니, 이는 그 실지를 얻지 못하고 더욱 후인들의 의심을 자아내게 하는 것이다." 하였다.[298)]

안정복은 문장 첫 부분에 『사기』 「조선열전」의 '요동의 변경', '연(燕)이 쌓은 장새(障塞)', '진(秦)의 옛 공지(空地)'를 언급하며 이들 모두가 해서(海西) 즉 현재의 황해도에 있었다고 말한다. 과연 가능한 일인가? 그 다음 문장은 "평양은 기자(箕子)의 도읍지"라는 실증될 수 없는 허구(虛構)로 시작되는데, 평양의 이름에 대한 자신의 견해를 나열하다가, "그렇다면 위만이 도읍한 평양도 지금의 한양인 것이다. 만일 이와 같다면 패수가 지금의 대동강임이 틀림없다."는 확신에 찬 결론을 내린다. 이런 서술법은 논증이 아닌 오류와 억측 그 자체이다. 그 다음에 이어지는 "『한서』 「지리지」는 …그 글이 모두 진실하고 답험(踏驗)한 말이요, 멀리서 잘못 전해들은 것이 아니다."는 평가는 그저 안정복 개인의 관점이라 이해할 수도 있지만, 그 뒤의 "지금의 평안 한 도를 우리의 강역으로 보고 지금의 평양을 위만의 도읍지로 삼는" 그런 인식을 패수를 대동강에 비정하는 하나의 근거로도 제시하는 안정복의 사관(史觀)이 지닌 억측과 오류는 분명하게 비판하지 않을 수 없다.

정약용(丁若鏞, 1762~1836년)도 그의 『아방강역고(我邦疆域考)』 「패

298) 『東史綱目』 附卷下 「浿水考」(한국고전번역원 한국고전종합DB 참조)

수변(浿水辯)」에서 『수경주』의 기록을 인용하면서 패수가 평양의 대동강이라고 주장한다.

> 패수는 평양의 대동강이다. 상흠(桑欽)의 『수경』은 본래 오류가 없었다. 그러나 역도원이 쓸데없는 오해가 생기도록 만들었고, 뒷날의 사람들이 다른 곳에서 그 물길을 찾게 만들었다. 『수경』에서 패수는 낙랑 누방현 동쪽에서 나오고, 남쪽으로 임패현의 동쪽을 지나, 바다로 들어간다고 말했다. …○내가 보기에 『수경』의 문례(文例)에 의해 『수경』의 패수 기록이 오류가 없음을 알았다. …상흠이 어찌 패수가 동쪽으로 흐른다고 말했겠는가? 지금의 평양 대동강은 분명히 덕천현(德川縣) 동쪽을 나와, 남쪽으로 증산현(甑山縣)의 동쪽을 거쳐, 바다로 들어간다. 『한서』에서 말하는 "패수가 서쪽으로 증지에 이르러 바다로 들어간다."는 것이 이것이다.[299]

또한 정약용은 『대동수경』에서도 패수를 "평양의 물[平壤之水]" 즉 대동강이라 주장하고, 그 근거는 『수경』과 『한서』 「지리지」라고 밝혔다.[300] 정약용은 평양은 고대의 기자(箕子), 위만, 고구려의 도읍이었다는 사실에 어떠한 의문도 품지 않았기 때문에 패수의 위치를 탐색하는 고민은 조금도 하지 않았다. 정약용은 『수경』 자체가 원래 오류가 없었는데, 역도원과 후대 학자들이 그 문구를 잘못 해석하여 오류를 만들어냈다고 지적했다. 정약용은 『수경』의 원문을 "浿水出樂浪鏤方縣東", "南過於臨浿縣東", "入於海"의 세 부분으로 끊어 해석함으로써

---

299) 『我邦疆域考』其三 「浿水辯」 "浿水者, 平壤之大同江也。桑欽之經本無差謬, 而酈道元枉生疑惑, 使後人別求他水。『水經』云: "浿水出樂浪鏤方縣東, 南過於臨浿縣東, 入於海。" …鏞案 『水經』文例, 知浿水之經無誤也。…桑欽何嘗以浿水爲東流哉? 今平壤之大同江明出德川縣東, 南過於甑山縣東, 入于海。『漢書』所謂 '浿水西至增地入海'者, 此也。"

300) 『大東水經』其三 「浿水一」 "浿水者, 平壤之水也。…其一, 以大同河爲浿水, 桑氏 『水經』及班氏 「地志」所言, 是也。…諸書之中, 桑氏 『水經』最得其正, 故此經特云 '平壤之水'者, 從桑氏之經也。"

『수경』에 기록된 패수의 흐름이 대동강과 같다고 주장했다.

2) 한국 역사학계의 『수경주』를 통한 평양 인식 오류

이병도(李丙燾, 1896~1989년)는 1933년에 패수에 관한 논문을 발표하였는데,[301] 그는 패수를 청천강으로 비정(比定)하는 입장이다. 그러나 이병도 역시 『수경주』에 기록된 소위 고구려 사자가 말한 "성(城)"은 "평양성"이라 해석하였다. 그리고 고구려 사자가 평양성의 남쪽을 흐르는 강을 패수로 말한 것은 대동강의 옛 명칭인 열수(列水)를 망각하고, 패수로서 이를 '모칭(冒稱)' 즉 이름을 거짓으로 꾸며댄 것이라고 추정하였다.

『수경주』의 패수를 고구려의 평양성과 연관시킨 이병도의 서술은 다음과 같다.

> 북위의 석학으로, 저 한(漢)의 상흠의 저(著)라고 하는 『수경』에 주(註)를 내인 역도원이 일찍이 수경패수설(東入于海)에 큰 의문을 품고 있다가 마침 위(魏)에 파견된 고구려(문자왕 때인 듯)의 사자와 접견, 질의 끝에 드디어 경설(經說)의 잘못된 것을 알았다는 그의 주설(註說 즉 水經浿水註)에 다음과 같은 기사가 실려 있다.
> 余訪蕃使**(高句麗使者)**言城**(平壤城)**在浿水之陽**(北)**, 其水西流, 逕故樂浪朝鮮縣, 即樂浪郡治, 漢武帝置, 而西北流, (中略) 考之今古, 於事差謬, 蓋經誤證也.
> 여기에 이른바 패수는 지금의 평양 부근의 대동강을 가리켜 말한 것인데, 결국은 한대(漢代)의 패수(청천강)를 잘못 모칭한 것에 불과한 것이다. 당시 고구려의 지식인 사이에는 대동강의 구명(舊名)인 열수(列水)를 망각하고 사상(史上)에 저명한 패수로써 이를 모칭하였던

---

301) 李丙燾, 「浿水考」 『靑丘學叢』13, 1933.

> 모양이다. 그는 어떻든간에 낙랑군치(樂浪郡治)로서의 조선현이 지금 대동강의 북안인 평양이 아니라 도리어 그 남안이었다고 한 고구려 사자의 설을 직접 듣고 기록한 역씨의 주(註)는 신빙할 가치가 충분히 있다고 아니할 수 없다.[302)]

위의 인용문에서 보듯, 이병도는 『수경주』를 인용하면서 고구려 사신을 의미하는 '蕃使'의 뒤에 '高句麗使者'를, '城'의 뒤에 '平壤城'을, '陽'의 뒤에 '北'을 괄호로 덧붙였다. 여기서 괄호 안에 덧붙인 일종의 주(註)는 이 문장에 대한 이병도의 해석과 관련이 있다. 위에서 이미 서술했듯, 안정복이 그의 『동사강목』에 『수경주』를 인용하면서 역시 '城'에 '按指平壤城' 즉 "검토해보면 평양성을 가리킨다."고 주(註)를 특별히 덧붙인 것과 같은 경우이다.

즉 이병도가 『수경주』를 인용하면서 문장 중의 '城'을 특별히 '平壤城'으로 해석했다 혹은 해석해야 한다는 의견을 덧붙인 것이다. 그러므로 『수경주』의 "余訪蕃使言城在浿水之陽"이란 문장은 이병도에 의해 "내(역도원)가 고구려 사신에게 물어보니, 평양성은 패수의 북쪽에 있다고 말했다."로 해석된다. 물론 이병도는 대동강을 고대의 열수로 인식했기 때문에, 이병도 식으로 말하면 "평양성은 열수의 북쪽에 있다"고 고쳐야 한다, 하지만 패수든 열수든 그 위치비정의 차이를 떠나, 이병도도 『수경주』에 고구려의 평양성이 대동강 북쪽에 있었다는 서술이 담긴 것으로 이해하고 있었다.

노태돈의 논문에서도 『수경주』와 고구려의 수도를 연관시킨 서술이 보인다. 그 논문에서 『수경주』의 원문을 인용하며 "㉠言城在浿水之陽"과 "㉡其水西流逕故樂浪朝鮮縣"의 두 곳을 특별히 표시해놓았다. 그의

---

302) 李丙燾, 「樂浪郡考」『韓國古代史研究』, 博英社, 1976, 140쪽.

논문에서는 ㉠과 ㉡의 두 문구를 어떻게 이해해야 하는지에 대해 다음과 같이 서술하였다.

> 『수경주』의 편찬 동기는, 진·한 대 이래의 지리에 관한 지식이 오호십육국 시대를 거친 후 혼란해진 상태에서, 이를 재정립하기 위한 것이었다. 역도원은 강의 흐름에 대한 자연지리학적인 지식뿐 아니라, 그에 관계된 역사지리에 대해서도 진·한 대 이래의 수많은 각종 사서의 기록을 구사해 고증을 시도하였다. 패수조에서도 그는 기자 및 위만조선과 그리고 한군의 침공루트에 대한 서술을 하였다. 그러한 면들을 고려할 때, 역도원이 『수경』의 패수에 대한 기사에 의문을 품었을 때, 자연 강의 흐름을 낙랑군 조선현의 위치와도 연관해서 생각하였을 것임은 능히 추측되는 바이다. 그의 조상이 낙랑군과 어떤 관계가 있었던 것으로 여겨진다는 점에서 더욱 그러하다. 그럴 때 그가 모처럼 만난 고구려 사신에게 그 수도와 패수의 관계만을 질문하였을 것으로 여겨지지는 않는다. 이런 개연성뿐 아니라, 구체적으로 위의 (B)에서 ㉠에 이어 ㉡에서 "其水西流 (……) 而西北流"라 하였다. 이때 "서류"와 "서북류"는 고구려 도성 지역에서 서쪽으로 흘러, 낙랑군 조선현 자리를 지나 서쪽으로 흐른다는 뜻이다. 즉 고구려 도성과 옛 낙랑군 조선현 자리가 패수의 흐름의 방향을 기술하는 각각의 기준이 되었다. 역도원이 참조한 이전 시기의 문헌에서 패수의 흐름과 위의 두 지점과의 위치 관계를 기록한 것이 없는데도, 이렇듯 명기(明記)하였던 것은 고구려 사신과의 문답을 통한 지식에 의해서라고 보아야겠다.[303]

노태돈은 역도원이 고구려 사신을 만났을 때, 단순히 고구려의 도읍과 패수와의 관계만을 물어보아, "言城在浿水之陽"의 대답만을 듣지는 않았을 것으로 추정하였다. 『수경주』에 기록된 낙랑군 조선현과 패수

303) 盧泰敦, 「古朝鮮 중심지의 변천에 대한 연구」 『韓國史論』23, 1990, 6~7쪽.

의 흐름에 대한 정보인 "其水西流逕故樂浪朝鮮縣" 등도 역시 역도원이 고구려 사신과의 문답을 통해 얻어냈다는 것이다.

물론 역도원은 고구려의 사신을 만나, 우선은 자신의 큰 관심사인 패수에 관한 질문을 던졌을 것이고, 상황이 허락되는 범위에서 여러 대화를 나누었을 것임은 당연하다. 그럼에도 역도원은 고구려의 사자에게 물어 "言城在浿水之陽"이란 대답을 들었다고만 『수경주』에 기록했다. 물론 그 성(城)의 남쪽을 지나 "서류"하고 또 낙랑군 조선현을 지나 "서북류"하는 물길 상황도 고구려의 사신에게 물어 확인한 정보로 볼 수 있다. 그렇지만, 역도원이 『수경주』에 짧게 기록한 "言城在浿水之陽"이란 대답을 놓고, 노태돈은 어떻게 역도원이 "고구려의 사신에게 고구려의 도읍과 패수와의 관계 등을 물어" 그 대답을 들었다고 추정할 수 있었을까? 『수경주』의 전문(全文)에 고구려의 도읍이나 평양에 관한 언급이 단 한 차례도 없는데, "言城在浿水之陽"이란 문구에서 고구려의 도읍인 평양성을 어떻게 추론해낼 수 있었을까?

혹시 위에서 이미 언급했듯, 안정복이 『동사강목』에 『수경주』를 인용하면서 '城'에 '按指平壤城' 즉 "검토해보면 평양성을 가리킨다."고 특별히 주(註)를 미리 덧붙인 것과 같은 경우인가? 혹은 이병도가 『수경주』를 인용하면서 문장 중의 '城' 뒤에 괄호로 '平壤城'을 특별히 덧붙여 해석한 것과 같은 경우인가? 그렇다면 노태돈 역시 "言城在浿水之陽"에서 '城'에 이미 고구려 도읍이란 일종의 주석(注釋)을 달아놓고, 즉 그 문구에서의 '城'이 고구려 도읍이란 선입견(先入見)을 갖고 위와 같은 서술을 했던 것은 아닐까?

위에서 살펴본 내용을 종합하면, 한국의 역사학계에서 위만조선이나 패수의 위치를 설명하면서 『수경주』를 인용하는 경우에 "言城在浿水之陽"에서의 '城'을 평양성 혹은 고구려 도읍으로 해석하는 사례가 일부 나타남을 알 수 있다. 이런 경향에 대해 조법종은 그의 논문에서 다음과 같이 지적하고 있다.

> 왕험성을 낙랑군과 연결지으며 또 그 위치를 고구려 수도인 평양과 연결짓는 인식이 제기되어 있다. 이 견해를 대표한 존재는 5세기말 6세기초에 활동한 북위인 역도원으로서 『수경주』를 통해 평양=낙랑군 조선현 인식을 부각시켰다.304)

그러나 『수경주』의 “言城在浿水之陽”에서의 ‘城’에 대한 해석과 관련된 이러한 경향은 자칫 역사사실을 왜곡하는 오류로 나타날 수도 있다. 그러므로 근본적으로, 『수경주』의 패수를 대동강으로 비정하여 위만조선은 물론 초기의 낙랑군이 그곳에 존재했었다는 가설(假設)를 설정하고 또 교과서에 역사사실로 고정시켜 왔던 과거 우리 역사학계의 폐습(弊習)은 이제 극복되어야 한다. 또한 『수경주』의 저자인 역도원이 그 ‘城’을 평양성 혹은 고구려 도읍으로 해석하지 않았는데도, 마치 그 ‘城’을 평양성 혹은 고구려 도읍으로 기정사실화된 것처럼 서술하는 경향은 이제 지양(止揚)되어야 할 학술태도인 것이다. 특히 안정복, 정약용 등 조선시대 학자들에서 나타난 이러한 경향이 그 뒤 해방 이후의 역사학계에서 제대로 비판되지 못했을 뿐 아니라, 현재 혹은 미래의 후대 학자들에게도 나나타고 있는 현실은 우리 역사학계가 깊이 반성할 사안인 것이다.

304) 조법종, 『고조선 고구려사 연구』, 도서출판 신서원, 2006, 261쪽.

4. 『수경주』를 통한 고구려 평양의 위치 검토

1) 『수경주』권14 「패수」의 고구려 관련 사실 해석

원문을 잘 검토해보면, 역도원은 『수경주』 「패수」에 고구려와 관련된 기록을 남기려 하지 않았다. 단지 패수의 위치를 추적하는 과정에, 고구려의 사신으로부터 들은 패수와 관련된 상황만을 기록한 것이다. 그러므로 『수경주』에는 고구려와 관련된 매우 단편적인 사실만이 남아있지만, 사실은 그조차 어느 문헌 못지않은 소중한 자료라 할 수 있다. 아래의 『수경주』 「패수」의 관련 부분에 담긴 고구려 관련 사실을 파악해본다.

> 옛날에 연(燕)의 사람 위만(衛滿)이 패수 서쪽에서 조선으로 갔다. 조선은 옛 기자국(箕子國)이다. 기자(箕子)는 의(義)로써 백성을 가르쳤다. 먹는 것과 입는 것을 도탑게 하고, 여덟 가지 법조문을 지키게 하니, 금하는 것을 알지 못했지만, 마침내 예속이 이루어졌다. 전국시대(戰國時代)에 위만이 그 왕이 되어 왕험성(王險城)에 도읍하였는데[Ⓐ滿乃王之都王險城], 땅이 사방 수천 리였다[Ⓑ地方數千里]. 그 손자 우거(右渠)에 이르렀다. 한무제(漢武帝)가 원봉(元封) 2년(서기전 109년)에 누선장군(樓船將軍) 양복(楊僕)과 좌장군(左將軍) 순체(荀彘)를 보내 우거를 쳤다. 패수에서 우거를 쳐부수고, 마침내 조선을 멸망시켰다.
>
> 만약 패수가 동쪽으로 흐른다면 패수를 건널 까닭이 없다. 그 땅은 지금 고구려가 다스린다[Ⓒ其地今高句麗之國治]. 내가 고구려의 사신을 찾아가 물어보니, 성(城)은 패수의 북쪽에 있다고 말했다[Ⓓ言城在浿水之陽]. 그 물은 서쪽으로 흘러 옛 낙랑 조선현을 지나는데[Ⓔ其水西流逕故樂浪朝鮮縣], 즉 낙랑군의 치소(治所)이며[Ⓕ即樂浪郡治], 한무제가 설치한 것이다. 또한 서북쪽으로 흐른다.[305]

305) 『水經注』卷14 「浿水」 "昔燕人衛滿自浿水西至朝鮮。朝鮮, 故箕子國也。箕子教民以義, 田織信厚, 約以八法, 而不知禁, 遂成禮俗。戰國時, 滿乃王之, 都王險城, 地方數千里, 至其孫右渠, 漢

위의 인용문은 두 개의 문단으로 나누어 살펴볼 수 있다. 앞의 문단은 위만조선이 기자조선을 뒤이어 성립하고, 우거에 이르러 멸망하는 과정까지를 서술했다. 뒤의 문단은 앞에 설명한 위만조선과 관련된 역사사실과 함께 역도원이 고구려 사신으로부터 들은 정보를 토대로 패수의 위치를 서술하는 부분이다.

그러나 내용상 두 문단으로 나누어 볼 수 있지만, 그 안에 적힌 사실들은 앞뒤로 서로 긴밀하게 연관되는 서술구조이다. 그러므로 위의 인용문에서 고구려 관련 사실을 파악하게해주는 주요 문구들을 Ⓐ~Ⓕ까지 표시했는데, 이들 문구 사이의 연관 관계를 파악하면 역도원의 고구려 인식에 더 가까이 접근할 수 있다.

위에서 이미 언급했듯, Ⓐ의 "滿乃王之都王險城"은 Ⓓ의 "言城在浿水之陽"과 연관된다. 즉 "위만은 그 왕이 되어 왕험성에 도읍하였는데, (역도원이 고구려 사신에게 물어보니) 그 성은 패수의 북쪽에 있다고 말했다."는 내용이다. 역도원의 문맥에 따르면, Ⓓ의 '城'은 바로 앞 문장의 왕험성을 가리키는 것이다. 위에서 안정복, 정약용, 이병도, 노태돈 등은 Ⓓ의 '城'을 고구려의 도성(都城)인 평양성으로 해석했는데 이는 『수경주』 「패수」 원문에서의 문맥을 살피지 않은 자의적 해석으로 볼 수 있는 것이다.

Ⓑ의 "地方數千里"는 Ⓒ의 "其地今高句麗之國治"와 연결된다. 즉 "(왕험성에 도읍한 위만의) 땅은 사방 수천리였는데, 그 땅은 지금 고구려란 국가가 다스린다."는 해석이다. Ⓑ의 '地'와 Ⓒ의 '其地'가 서로 연관되는 것이다. 한 문단 안에서 앞선 '땅'과 그 뒤에 '그 땅'이 서로 연관되는 것이다. 그러나 위에 예로 든 안정복, 정약용, 이병도, 노태

武帝元封二年, 遣樓船將軍楊僕、左將軍荀彘討右渠, 破渠于浿水, 遂滅之。若浿水東流, 無渡浿之理, 其地今高句麗之國治, 余訪番使, 言城在浿水之陽。其水西流逕故樂浪朝鮮縣, 即樂浪郡治, 漢武帝置, 而西北流。"

돈의 경우처럼 Ⓓ의 '城'을 평양성으로 오해하여 Ⓒ의 "其地今高句麗之國治"를 "그 지역은 지금 고구려의 국성(國城)이다."라고 잘못 해석하는 경우도 매우 드물게 볼 수 있다.[306] 이런 해석의 오류는 Ⓑ와 Ⓒ를 연관지어 해석하지 못하는 문맥 파악의 오류에서 비롯된 것이다. 또한 한자 자구(字句)를 엄밀하게 따져보지 않은 결과이다. Ⓒ의 "其地今高句麗之國治"에서 '國治'를 국성(國城) 혹은 국도(國都)로 해석할 수는 없다. 고대의 한자에서 '治'의 쓰임은 분명하여, 주(州)나 군(郡)의 치소(治所)로 쓰이는 용어이며,[307] 한 국가의 도읍를 나타내는 '都'란 개념으로는 쓰이지 않기 때문이다.

그러므로 『수경주』「패수」에서 고구려 사신을 통해 파악한 정보로써 고구려와 관련된 다음과 같은 사실을 알 수 있다. 첫째, 『수경주』에서 역도원이 패수라고 비정하려는 대동강 일대는 당시 고구려가 통치하고 있었다는 사실이다[其地今高句麗之國治]. 둘째, 고구려 사신의 말에 의해, 당시 대동강의 북쪽에 하나의 성이 있었는데[言城在浿水之陽], 이것을 역도원은 왕험성이라고 파악했다. 셋째, 고구려 사신의 말대로 한 물길이 있어, 성(城)의 남쪽을 지나 '서류'하고 또 낙랑군 조선현을 지나 일시 '서북류'하는 물길은 현재 대동강의 흐름과 크게 다르지 않다고 볼 수 있다[其水西流逕故樂浪朝鮮縣…而西北流]. 넷째, 역도원이 자신의 꼼꼼한 저서인 『수경주』에 그 지역이 특별히 고구려 도읍인 평양성임

306) 한국고전번역원 한국고전종합DB 홈페이지(http://db.itkc.or.kr/)에서 『해동역사』속집 제14권 「지리고」14 산수(山水)2의 패수 관련 부분을 번역하면서 『수경주』의 "其地今高句麗之國治, 余訪番使, 言城在浿水之陽。"이란 부분을 "그 지역은 지금 고구려의 국성(國城)이다. 내가 그 나라에 사신으로 갔던 사람을 찾아가 물으니, 그가 말하기를, 평양성은 패수의 남쪽에 있다 하였다."고 번역해 놓았다(2017년 12월 1일 확인). '國治'를 해석하면서 고대 중국에서의 '治'의 용례(用例)를 잘못 적용해 번역한 결과로서의 오류이다. 또한 여기 소개한 번역에서는 "내가 그 나라에 사신으로 갔던 사람을 찾아가 물으니"라는 부분도 역시 번역의 오류일 수 있다. 『수경주』의 '番使'란 단어가 고대의 중국에서 쓰이는 용례(用例)를 꼼꼼하게 살피지 않은 결과일 것이다.

307) 『康熙字典』 '治' "又州郡所駐曰治, 如蜀刺史曰治成都, 揚刺史曰治會稽。"

을 기록하지 않은 점으로 미루어보면, 역도원이 고구려 사신을 만날 당시의 고구려 도읍인 평양은 대동강 일대에 없었다는 것이다.

2) 『수경주』권14 「패수」에 의한 고구려 평양성의 위치 검토

역도원은 25세가 되던 493년에 당시 북위의 수도였던 평성(平城)에서 관료가 되어, 494년에 낙양으로 천도한 이후 32세가 되던 500년까지 중앙의 관료로 근무했다. 501년 이후는 지방의 관료로서 여러 곳을 옮겨 다녔는데, 그의 관료 생활은 순탄하지 못했다. 이렇게 여러 지방을 옮겨다녀야 했던 그의 이력에 따른 견문, 그의 남다른 안목과 특정 관심에 따른 자료수집은 『수경주』 작성의 기초가 되었다. 역도원의 『수경주』가 작성된 시기는 515년에서 527년 사이로 추정하고 있다.[308] 실제로 그가 면직(免職)을 당해 글쓰기에 전념할 수 있었던 518년에서 523년에 이르는 6년 사이에 본격적인 집필이 이루어졌을 것이다.[309]

역도원이 관료 생활을 시작한 493년 이후 시기의 『삼국사기』를 보면 고구려의 사신이 거의 매년 북위를 방문하고 있다. 당시 고구려의 문자왕은 491년에 즉위하였으며, 광개토왕과 장수왕에 이은 고구려의 전성기를 유지하고 있었다. 그러므로 전성기의 고구려를 대하는 북위의 태도는 중원에 존재했던 역대의 그 어느 왕조보다도 우호적이었다. 북위의 관료였던 역도원 역시 당시의 국제정세 속에서 고구려의 위상을 잘 알고 있었을 것이며, 고구려와 관련한 다양한 정보도 이미 확보하고 있었을 것이다.

---

308) 『수경주』의 본문에 역도원 자신과 관련한 연대로서 가장 최후의 기록은 연창(延昌)4년 즉 515년이고, 역도원은 527년에 죽었다. 이를 통해 그 책의 작성 시기를 515년에서 527년 사이로 추정한다(陈桥驿, 「论郦学研究及学派的形成与发展」 『水经注研究二集』, 山西人民出版社, 1987, 참조).

309) 张鹏飞, 「郦道元年谱拾遗补正」 『甘肃社会科学』2012年第5期, 190쪽.

그럼에도 역도원은 자신이 패수로 비정(比定)하고 싶은 현재의 대동강 일대에 대해서는 아는 것이 별로 없었다. 여기서 역도원 개인이 잘 모른다는 것은, 한편으로 북위 사회 역시 잘 몰랐다는 표현일 수 있다. 『수경주』에 기록된 바와 같은 방대한 자료를 수집한 능력을 갖춘 역도원이 노력해도 수집할 수 없는 정보라면, 어쩌면 북위 사회에 존재하지 않는 정보였을 가능성이 큰 것이다. 그리고 그것이 지리서를 작성하려는 역도원이 정보를 수집하기 쉽지 않은 지역에 관한 것이라면, 그 지역은 다소 낙후하고 편벽한 곳이기 마련이다. 그렇다면 자신이 패수로 비정하려는 현재의 대동강은 역도원에게 아주 편벽한 곳으로 인식되었을 수 있다. 이와 같은 관점으로 접근하면, 역도원이 『수경주』 「패수」 관련 자료를 수집하던 당시의 대동강 일대는 역도원에게는 물론 고구려에게도 중심으로부터 거리가 있는 편벽한 지역이었을 가능성이 크다.

고구려의 여러 지역들 중 북위의 학자인 역도원에게 가장 잘 알려진 지역은 당시의 수도인 평양이었을 것이다. 장수왕은 427년에 평양에 천도했는데, 그 8년 뒤인 435년에 북위의 세조(世祖)가 원외산기시랑(員外散騎侍郎) 이오(李敖)를 사신으로 평양에 보냈다.[310] 그 때 이오가 고구려의 이곳저곳에서 목격한 바가 『위서(魏書)』 「고구려전」에 전해진다. 또한 사신의 왕래가 집중되는 곳은 그 나라의 도읍이기 때문에, 북위와 고구려의 두 나라 도읍은 서로에게 어느 정도 알려지게 되었을 것이다.

그러나 위에서 이미 밝혔듯, 『수경주』의 원문 전체에는 평양이란 지명이 전혀 나오지 않는다. 지리서에서는 고대의 어느 곳인지 잘 알지

310) 『三國史記』卷第80 「高句麗本紀」第六 長壽王 "二十三年, 夏六月, 王遣使入魏朝貢, 且請國諱. 世祖嘉其誠欵, 使録帝系及諱以與之, 遣員外散騎侍郎李敖, 拜王為都督遼海諸軍事・征東将軍・領護東夷中郎将・遼東郡開國公・高句麗王."

못하던 지명을 탐색하여, 현재의 어느 지명에 비정(比定)하는 작업을 한다. 이런 작업을 통해, 독자들은 고대의 지리를 현재와 연관시켜 이해하는 것이다. 『수경주』의 전체에서도 그런 서술이 이루어졌다. 그렇다면 『수경주』의 원문 전체에 평양이란 지명이 없는 상황은 어떻게 이해해야 할까? 바로 역도원 당시의 지명인 평양으로 비정할 대상이 『수경주』에 없었기 때문이다. 만약 역도원이 비정하려던 패수가 고구려의 도읍인 평양 일대에 있었다면, 역도원의 『수경주』에 평양을 언급하지 않을 수 없는 것이다. 왜냐하면 고대의 지명을 현재의 지명으로 비정(比定)해 주어야, 고대를 현재와 연관시켜 이해하는 지리서로서 기능할 수 있기 때문이다. 앞의 서술을 종합해보면, 역도원이 『수경주』를 쓸 당시에, 역도원이 패수로 비정하려는 현재의 대동강 일대에는 고구려의 도읍인 평양이 절대 없었다. 그 때문에 역도원의 『수경주』「패수」에 평양이란 지명이 언급되지 않는 것이다. 그렇다면, 역도원이 『수경주』를 쓸 당시에 고구려의 평양은 대동강 일대가 아닌 그 어디에 있었는가?

문헌과 유적으로 고구려의 평양을 찾아나설 때, 우선 주목되는 지점은 고구려 고분군(古墳群)이 집중되어 있는 몇몇 지역이다. 도성에 집중되는 지배계급들이 남긴 유적인 고분군은 고구려 특유의 장례문화를 담고 있어, 고구려 도성이 있던 지역의 지표가 될 수 있다. 그런데 지금까지 한국 역사학계에서 고구려 고분군이 집중된 지역으로 분류된 곳은 현재의 평양과 집안이다. 그러나 그 두 곳 모두 역도원 시기의 고구려 도읍인 평양이 아님은 위에서 확인하였다. 그러므로 지역범위를 더 넓혀, 다른 곳에서 고구려 고분군을 찾을 때 또한 주목되는 지점은 바로 요녕성 요양(遼陽)이다.

사실 요양은 고대 동북지역의 요충지(要衝地)에 있으며, "요양은 고대의 양평(襄平)"이라는 기존의 허구(虛構)를 극복하고 다시 살펴보면,

요양은 고구려 도읍인 평양으로서의 적지(適地)이다. 그러나 사대사관 및 식민사관에 의해, 요양은 고대의 연(燕) 및 한(漢)의 양평이라는 고정관념이 오랫동안 형성 및 유지되어 왔고, 심지어 한국 역사학계의 통설조차 아직 그 허구의 논리에 지배되고 있는 실정이다. 그러므로 요양을 역도원 시기의 평양으로 검토해보기 위해서는 요양=양평이라는 허구를 먼저 극복해야 한다.

앞에서 언급했지만, 고대의 양평이 현재의 요양 일대에 있었다는 허구의 역사는 애초에 극복할 대상으로서의 가치도 없는 것이다. 이미 권오중은 1995년에 쓴 그의 논문에서 전국시대의 연(燕)이나 전한(前漢) 초기에는 현재의 요양 일대에 요동군이나 양평을 설치할 수 없었다고 분명하게 해석했다. 전국시대의 연(燕)과 전한 초기의 요동군이나 양평은 현재의 하북성 천진시 계현(薊縣) 일대라는 것이다. 그 시기의 요동군이나 양평을 현재의 요양이 아닌 계현에 위치시키면, 여러 역사적 문제들이 비로소 해결된다는 것이다.[311]

최은형(崔恩亨)은 2009년의 논문에서 고대의 양평을 현재의 요양에 위치시키는 역사의 허구에 대해서 비판하면서, 동시에 양평의 위치 왜곡이 우리의 고대사를 심각하게 왜곡하는 출발점임을 지적하고 있다. 그는 "현재 중국에서는 요녕성 요양을 옛 양평으로 간주하고 있으나, 앞서 언급한대로 사실일 가능성은 희박하다. 『신당서』 등 일부 기록만을 그대로 믿고 아무런 고증도 없이 '요양=옛 양평'설을 계속 유지하는 것은 역사를 왜곡할 수 있는 중대한 문제다."라며, 요동군 양평은 현재 요양이 아니라 하북성 노룡현(盧龍縣) 부근이었다고 주장하였다.[312]

양평의 정확한 위치에 대해서는 앞으로 우리 학계가 더욱 깊은 토

311) 權五重, 「前漢時代의_遼東郡」 『人文硏究』17(1), 1995, 270~278쪽.

312) 崔恩亨, 「遼陽은 옛 襄平이 아니다」 『백산학보』제85호, 2009, 57~82쪽.

론을 거쳐야겠지만, 그 위치가 현재의 요양 일대가 아님은 분명하다. 이렇게 고대의 양평에 대한 올바른 인식이 전제된다면, 비로소 요양을 역도원 시기의 평양으로 검토 및 비정(批正)해보는 작업이 가능하다.

먼저 요양 지역 고분군의 고구려 관련성을 검토할 수 있다. 요양 지역에서는 평양이나 집안의 고분군과 유사한 형태의 고분들이 다수 출토되었고, 지금도 계속 출토되고 있다. 한국의 역사학계는 지금까지 요양 지역 고분들의 고구려 관련성을 검토해보려는 시도조차 하지 않았는데, 그 이유는 요양 일대가 우리 한국사 특히 고구려사의 지역범위가 아니기 때문이라고 말한다. 예를 들면 한국의 대표적인 고분벽화 전문가인 전호태도 압록강 중류와 평양 일대만을 고구려 문화권으로 설정하여 고구려 고분을 연구한다. 이러한 연구의 제한으로, 이미 발굴되거나 연구된 요양 지역 고분들의 고구려 관련성이 오히려 은폐되고 있는 실정이다. 그 대표적 사례 하나를 살피면, 다음과 같다.

조선시대에 청(淸)으로 향했던 사신들의 연행(燕行) 기록을 보면, 다수의 사신들이 하룻밤 묵어가는 영수사(迎水寺)란 지명이 있다.[313] 영수사는 현재의 요양시 태자하(太子河)를 서쪽과 남쪽으로 끼고 그 북쪽에 위치해 있다. 1918년 8월 요양 일대에 폭우가 쏟아져 전답과 가옥이 물에 잠기는 홍수가 발생했다.[314] 영수사촌으로 불리던 그 지역도 큰 피해를 입었다. 1919년 5월 이후 제방을 복구하기 위해 땅을 파던 중 벽화가 그려진 고분이 발견되었는데, 이를 영수사벽화묘라 부른다.

이 벽화의 발굴에 참여한 야기 쇼자부로(八木奘三郞)는 1921년 2월에 발표한 논문에서, 벽화 속 인물의 민족관계를 서술하면서, "벽화에 보이는 부부상(夫婦像)은 예로부터 중국식 석벽화(石壁畵)에는 없는

313) 영수사(永壽寺)로도 불렸다(『薊山紀程』第1卷 「灣渡」 慈航寺).

314) 辽阳县志编纂委员会办公室编, 「辽阳县志』, 1994, 29쪽.

것이다. 이는 부여족의 선조인 주몽(朱蒙) 부부를 기리는 상태와 매우 비슷한 바가 있고 또 그 계통은 조선의 고분벽화와 연관을 지니고 있기에 이를 고구려족(高句麗族)의 유형이라고 말하지 않을 수 없다."며 그 고구려 관련성을 분명하게 언급했다.[315)]

쓰카모토 야스시(塚本靖)도 1921년 3월에 발표한 논설에서 "고분의 연대에 대하여, 야기씨(八木氏)는 한대(漢代)의 것이라고 하고, 교토대학 모씨는 고구려시대라고 했다고 전해 들었다. 야기씨가 가지고 돌아간 토기는 보지 않았으므로 모르겠지만, 발굴된 고전(古錢)은 사출오수(四出五銖), 반량(半兩), 화천(貨泉)이다. 사출오수는 동한의 영제(靈帝) 시대에 처음으로 만들어진 것이다. 고전(古錢)만으로 시대를 단정하는 것은 위험하다. 나는 오히려 벽화의 성질로 보아 고구려시대 것이라고 생각하는 것이 마땅할 것이라 여긴다."고 주장하였다.[316)]

한편 하마다 고사쿠(濱田耕作)도 1921년 7월에 발표한 논문에서 그 벽화의 고구려 관련성에 대한 그의 입장을 분명하게 밝혔다.

> 벽화의 성질은 조선의, 이른바 고구려의 고분과 유사한 점이 많기 때문에, 쓰카모토((塚本) 박사 및 나이토(內藤) 박사 등의 설(說)에 따라 고구려라고 해도 좋다고 본다. 후한(後漢)이건 고구려이건, 연대적으로 말하자면 모두 서기 1~2세기 무렵의 것으로 두 가지 설(說)이 같을 뿐만 아니라, 조선의 고분벽화도 물론 한대(漢代)의 영향을 받았기 때문에, 이것이 닮아 있다고 해도 직접적으로 고구려설이라 할 수는 없다. 그러나 요양 부근의 것은 기와무덤과 석관, 이렇게 두 가지 종류로서 전자는 중국 각지의 무덤과 비교했을 때 보통 한인(漢人)이라 하고, 후자는 조선의 고구려와 같은 석재로 하고 있기 때문에 고구려인으로 하는 것이 정설이다. 그리고 이 논리로 말하자면

315) 八木奘三郞, 「遼陽發見の壁畫古墳」, 『東洋學報』第十一卷第一號, 1921, 143쪽.

316) 塚本靖, 「遼陽太子河附近の壁畵する古墳」 『考古學雜誌』第11卷第7號, 1921, 225쪽.

> 고구려설이 옳다고 보인다. 그러나 다른 한편에서 보면, 이 기와무덤이나 석관에서 발견되는 유물은 완전히 동일하여 그 차이를 전혀 구별할 수 없기 때문에, 기와를 사용했던 한인들도 이 적절한 석재가 많이 있었던 요양 부근에서는 석관을 만들었다고 해도 결코 불합리하지 않다. 그러한 점으로부터 생각해 보면, 이 문제는 오늘에 있어서도 거의 결정하기 어렵다고 할 수 밖에 없다. 단지 고구려설이 조금 더 온당하지 않을까하고 생각할 뿐이다.[317)]

위에서 살펴보았듯, 1919년에 요양에서 발견된 벽화고분인 영수사벽화묘에 대해 직접 현지를 고찰한 세 명의 일본학자가 1921년에 남긴 관련 논문들에서 모두 고구려 관련성을 언급하였다. 이는 한국사학계의 고구려 벽화고분 연구뿐만 아니라, 고구려사의 전반 연구에 시사(示唆)하는 바가 크다고 할 수 있다.[318)] 즉 우리가 요양 지역이 고대의 사서(史書)들에 기록된 양평이었다는 기존의 고정관념을 버리고, 새로운 시각으로 요양 지역의 고대사를 이해하고, 그러한 새로운 역사지리 인식에 근거하여 그 지역의 고분 전반에 대해 연구한다면, 그곳이 역도원 시기의 평양일 수 있는지 그 여부에 대한 더욱 명백한 검증도 비로소 가능해지는 것이다.

사실 고구려의 첫 도읍인 졸본의 위치를 고증해보면, 요양 지역은 고구려가 성립되는 시기부터 줄곧 고구려의 영역이었다. 즉 『삼국사기』 등에 따르면 고구려의 첫 도읍인 졸본은 현재의 요하 서쪽 의무려산 일대의 대릉하(大陵河) 연안에 위치했던 것으로 추정되고(아래의 [지도 3] 참조), 뒤에 도읍은 다른 곳에 옮겨졌지만 고구려는 그 첫 도읍 졸본을 줄곧 고구려의 영역으로 유지하였는데,[319)] 요양([지도 3]의 B

317) 濱田耕作, 「遼陽附近の壁畫古墳」 『東亞考古學硏究』, 岡書院, 1930, 425~426쪽.

318) 임찬경・박지영, 「요양 영수사벽화묘의 고구려 관련성에 관한 두편의 논문」 『선도문화』 제23권, 2017, 참조.

지점)은 졸본의 동쪽에 있었기에 줄곧 고구려의 영역이었다고 말할 수 있는 것이다.

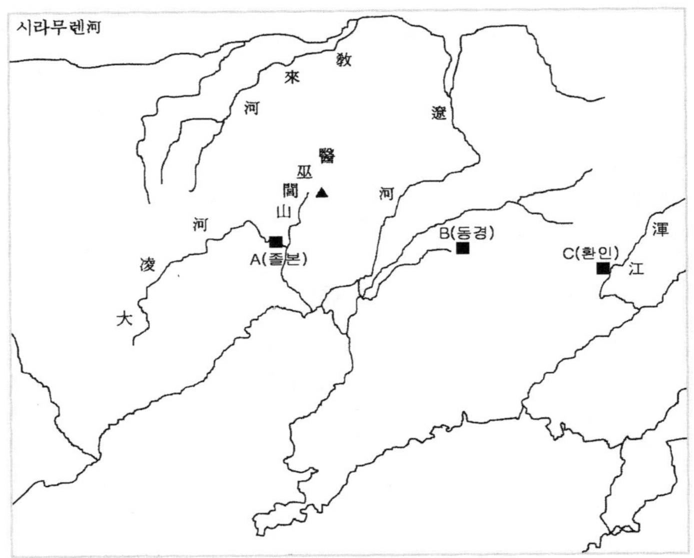

[지도 3] 『삼국사기』에 비정된 고구려 첫 도읍 졸본(흘승골성) 위치(A)[320]

한편 『삼국사기』에 의하면, 고구려는 대무신왕 3년인 20년 봄에 동명왕 사당을 졸본에 세웠다.[321] 그 뒤 167년, 179년, 228년, 260년, 332년, 521년, 560년, 619년에 졸본에 가서 시조묘에 제사한 기록이 있다. 그렇다면 이들 시기 모두에 졸본은 고구려에 의해 통치되는 지역 즉 강역 안에 있었다고 이해할 수 있다. 특히 167년, 332년, 521년,

319) 임찬경, 「고구려 첫 도읍 위치 비정에 관한 검토」 『선도문화』제20권, 2016, 참조.

320) 임찬경, 「고구려 첫 도읍 위치 비정에 관한 검토」 『선도문화』제20권, 2016, 310쪽.

321) 『三國史記』卷第14 「高句麗本紀」第2 大武神王 "三年, 春三月, 立東明王廟."

560년, 619년 등의 시기에는 고구려왕이 졸본에 한 달 정도 체류했다고 한다. 졸본이 안정적으로 확보된 고구려 강역 안의 지역이고, 또한 시조 사당의 제사에 종사 및 수행하는 다수의 인원들이 장기 체류할 수 있는 여건이 졸본에 갖추어졌다는 사실을 알게 해준다. 그런데 위와 같은 기록이 담긴 『삼국사기』에는 그 졸본이 현재의 요하 서쪽 의무려산 일대라고 분명하게 서술되어 있다. 이러한 제사 기록으로 보면, 고구려는 건국 이후 정치적으로 해체되는 668년 무렵까지 현재의 요하 서쪽 의무려산 일대의 졸본을 강역으로써 상당히 안정적으로 장악하고 있었음을 알 수 있는 것이다.

요양이 역도원 당시의 고구려 도성 즉 평양일 수 있는 가능성은, 북위가 고구려에 전달한 작위(爵位)에서도 엿볼 수 있다. 즉 역도원 시기의 고구려왕은 문자왕인데, 492년 문자왕이 즉위하자 북위의 효문제(孝文帝)는 사신을 보내어 문자왕에게 사지절도독 요해제군사 정동장군 영호동이중랑장 요동군개국공 고구려왕(使持節 都督遼海諸軍事 征東將軍 領護東夷中郎將 遼東郡開國公高句麗王)이란 작위를 전해온다. 물론 그 이전의 장수왕 시기에도 북위의 세조가 435년 사신 이오(李敖)를 보내 도독요해제군사 정동장군 영호동이중랑장 요동군개국공 고구려왕(都督遼海諸軍事 征東將軍 領護東夷中郎將 遼東郡開國公 高句麗王)이란 작위를 보내왔었다.

여기서 북위가 고구려의 전성기를 이룬 장수왕은 물론 문자왕에게 보낸 '도독요해제군사(都督遼海諸軍事)'라는 관작에 주목할 필요가 있다. 도독요해제군사는 요해(遼海)의 여러 군사집단에 관한 모든 것을 총괄하는 장관(長官)이란 의미를 지닌다. 여기서 중요한 함의(含意)를 지닌 단어는 바로 '요해(遼海)'이다. 장수왕과 문자왕은 '요해'의 모든 군사권을 장악하는 위치에 있는 것으로 인정받았기 때문에, '요해'가 어느 지역인지를 알면 장수왕과 문자왕의 정치적 위상은 물론 당시 고구려의 통치영역을 대략적으로 파악해볼 수 있는 것이다.

『위서』와 『주서』의 요해 관련 기록을 종합하면, 요해란 현재의 시라무렌하 상류 동쪽으로 요하와 그 남쪽의 대릉하 및 발해를 낀 해안과 요동반도 일대 및 그 이동 지역을 가리키는 것으로 파악할 수 있다. 북위의 세조가 고구려의 장수왕과 문자왕에게 도독요해제군사(都督遼海諸軍事)라는 직함을 부여한 것은, 바로 고구려가 현실적으로 이 요해 지역들을 군사와 정치 및 문화와 경제적으로 온전하게 통제하고 있었기 때문이다.

또한 고구려의 정치적 중심인 평양성이 그 요해란 지역의 중심에 위치하고 있었기 때문에, 더욱이 도독요해제군사(都督遼海諸軍事)란 직함의 부여가 가능했을 것이다. 만약 당시 고구려의 도읍인 평양성이 한때 한(漢)의 낙랑군 소재지였던 현재의 북한 평양 일대에 있었다면, 고구려가 그 평양을 중심으로 하고 그 북쪽으로 압록강 일대까지 차지한 그런 국가였다면, 북위가 그런 고구려에게 부여할 수 있는 정치적 직함은 낙랑왕(樂浪王) 혹은 낙랑군공(樂浪郡公) 정도가 아니었을까?

현대의 중국학자들도 고대 요해란 지역의 중심지가 현재의 요양이었음을 부인하지 않고 있다. 중국학자 천위안(陈涴)은 "요해란 개념은 늦어도 북위와 진(晉)의 시기에는 이미 지역의 명칭으로 사서에 나타났으며, 현재까지 약 2천년이 넘게 쓰이는 개념으로서, 그 지리적 함의는 좁은 의미로 볼 때 지금의 산해관(山海關) 동쪽으로부터 발해와 황해 사이의 공간 범위를 말한다. 넓은 의미로 해석하면 요해는 발해와 황해 이북 지역의 동북지역 전체를 모두 포함한다."고 해석한다.[322] 왕위랑(王禹浪)과 왕원이(王文轶)는 "현재 학술계에서는 요해란 지명

322) 陈涴, 「"辽海"古称由来考实」 『史学集刊』2008年第3期, 117～120쪽.

의 연원에 대해 일반적으로 『위서』에서 시작되었다고 인식하지만, 사실상 『후한서』와 『삼국지』의 주석(注釋) 중에 이미 요해와 관련한 기록이 나타났다. 요해란 말은 요지(遼地)를 상징한다고 말할 수 있다. 또한 요하와 황해 및 발해를 대표하며, 요녕 지구의 지역문화 및 유역문화(流域文化)와 해양문화의 다원화문명(多元化文明)을 표현해낼 수 있는 개념이라 할 수 있다."고 해석한다.323) 또 티엔이에(田野)와 천띠(陈迪)는 "역사상의 요해는 그 남쪽 경계는 발해와 황해 해역임이 분명하고, 그 북쪽은 대체로 전국시대 진한(秦漢)의 장성으로 형성된 경계이다. 대체적으로 고대의 요해 지역은 대체적으로 지금의 하북성 승덕시(承德市)와 내몽고의 적봉시(赤峰市) 그리고 요녕성 전역과 한반도 북부 일대를 포함한다."고 해석하였다.324)

바로 위에서 언급한 티엔이에(田野)와 천띠(陈迪)가 해석한 요해 지역을 고구려가 완전하게 장악하고 있었으므로, 북위가 장수왕은 물론 문자왕에게 도독요해제군사란 직함을 전달했을 것으로 판단된다. 물론 고구려의 정치적 중심인 평양성 또한 그 요해란 지역의 중심에 위치하고 있었을 가능성이 크다.

이러한 점에서 위의 [지도 3]과 같은 관점에서는, 장수왕이 427년에 천도한 평양을 현재의 요양 일대로 보게되는 것이다. 또한 역도원 당시의 고구려 도읍 또한 현재의 요양인 것이다. 『수경주』에서 현재의 대동강을 패수로 비정하려던 역도원이 평양을 한마디도 언급하지 않은 것은, 역도원 시기에 고구려 도읍은 대동강 일대에 있지 않았기 때문이다. 그 도읍은 현재의 요양에 있었다고 추정되는 것이다.

323) 王禹浪・王文轶, 「"辽水"、"辽海"地名考」 『哈尔滨学院学报』2010年第12期, 1~6쪽. 王禹浪・王文轶, 「"辽海"地名渊源考」 『哈尔滨学院学报』2014年第12期, 1~4쪽.

324) 田野・陈迪, 「基于辽海史源、地望与区位的考证」 『辽宁师范大学学报』2016年第3期, 133~138쪽.

5. 결론

본문에서 검토하였지만, 상흠 『수경』의 패수와 역도원 『수경주』의 패수는 완전히 다른 것이다. 상흠 『수경』의 패수는 위만이 건넌, 한(漢) 초기 연(燕)의 지역과 조선의 경계로 설정되었던 바로 그 패수이다. 사마천의 『사기』 「조선열전」에 기록된 바의 패수가 상흠 『수경』의 패수이다. 그에 비교하면 역도원 『수경주』의 패수는 조작된 패수이다. 『수경주』의 패수는 위만이 건넌 그 패수가 아닌 것이다.

본문에서 서술했듯, 조선시대의 안정복과 정약용은 『수경주』의 패수와 상흠 『수경』의 패수를 구별하지 못했다. 그 결과 한반도 안으로 패수를 끌어들였다. 위만이 건넌 패수가 한반도 안에 있게 됨으로써, 대동강 일대를 『사기』 「조선열전」의 연극 무대로 만들었다. 안정복과 정약용은, 위만이 건넌 패수가 대동강이었다는 그런 생각을 어떻게 해낼 수 있었을까? 기껏해야 현재 북경 서남 일대를 점거하고 있다가 가솔(家率)과 궁인(宮人) 및 친신(親臣) 모두 합쳐 천여 명을 이끌고 서기전 195년에 서북쪽 흉노의 지역으로 망명한 연왕(燕王) 노관(盧綰) 아래에 있던 위만, 그 위만이 무리 천여 명을 이끌고 패수를 건너와 곧 한반도 평양의 왕험성에 도읍했다는 그런 소설을 어떻게 만들어내 역사화할 수 있었을까? 『수경주』도 그 배후인가?

안정복과 정약용은 또한 위만조선 관련 사실을 왜곡했을 뿐만 아니라, 『수경주』를 해석하며 고구려의 도읍인 평양성도 왜곡했음을 위의 본문에서 밝혔다. 『수경주』의 "其地今高句麗之國治"와 "言城在浿水之陽"을 해석하며, 안정복의 『동사강목』은 '城'에 '按指平壤城' 즉 "검토해보면 평양성을 가리킨다."고 특별히 주(註)를 미리 덧붙였다. 그런 해석은 후대에도 계속되어졌다. 뒤의 이병도는 『수경주』를 인용하면서 문장 중의 '城' 뒤에 괄호로 '平壤城'을 특별히 덧붙여 놓았다. 또한 노태돈 역시 "言城在浿水之陽"에서 '城'을 고구려 도읍인 평양성으로 해석했다.

역도원이 『수경주』에서 조작한 패수는 안정복과 정약용 등에 의해 역사가 되었고, 때문에 우리 역사학계에는 아직도 『수경주』의 패수를 갖고 논쟁하는 경우가 종종 있다. 그러나 『수경주』의 조작이 아직 살아있다는 우리 역사학계의 현실은 실로 부끄러운 것이다. 최근에도 그 조작이 역사서술처럼 인용되는, 다음과 같은 경우를 볼 수 있었다.

> 중국 북위왕조 때의 학자인 역도원이 저술한 『수경주』에는 아래와 같은 기록이 나타난다. "그 땅(고조선 수도: 평양)은 지금 고구려국의 수도이다. 내가 고구려 사신(蕃使)에게 물어보니 말하길, '성은 패수(浿水)의 북쪽에 있다. 그 강은 서쪽으로 흘러 옛 낙랑 조선현을 지나는데, 곧 낙랑군의 치소이다. 한 무제(漢 武帝) 때 두었다'라고 하였다." 북위의 역도원은 5세기 말~6세기 초에 활동했던 인물이다. 당시는 고구려는 장수왕·문자명왕의 재위기였고, 수도는 대동강 이북의 대성산성 혹은 안학궁 일대로 비정된다. 이때 역도원과 만난 고구려의 사신은 패수(대동강)의 북쪽에 고구려 수도가 있으며, 이 강은 서쪽으로 흘러 옛 낙랑군의 중심치소였던 (남쪽의) 조선현 지역을 지난다고 언급했던 것이다.[325)]

위의 인용문에서, 『수경주』의 "其地今高句麗之國治"를 "그 땅은 지금 고구려국의 수도이다."라 해석하였다. 본문에서 이미 비판했듯, 이는 『수경주』의 저자 역도원의 생각과는 다른 해석이다. 위 글의 작성자는 "북위의 역도원은 5세기 말~6세기 초에 활동했던 인물이다. 당시는 고구려는 장수왕·문자명왕의 재위기였고, 수도는 대동강 이북

325) 안정준, 「오늘날의 낙랑군 연구」 『역사비평』114, 2016 봄,

의 대성산성 혹은 안학궁 일대로 비정된다."는 자신의 관점을 먼저 확실히 밝혀놓고, 그 다음에 "역도원과 만난 고구려의 사신은 패수(대동강)의 북쪽에 고구려 수도가 있다."고 말했다고 서술한다. 먼저 밝힌 자신의 관점에 맞게, 역도원 『수경주』를 해석한 것이다. 안정복 등이 『수경주』를 해석할 때 이미 사용한 방법이다. 안정복이 '城'에 미리 '按指平壤城' 즉 "검토해보면 평양성을 가리킨다."를 덧붙여놓았고, 이병도가 '城' 뒤에 괄호로 '平壤城'을 특별히 덧붙여 놓았으며, 또한 노태돈 역시 "言城在浿水之陽"에서 '城'을 고구려 도읍인 평양성으로 해석한 경우처럼 자신의 관점을 미리 밝히고, 그에 맞게 『수경주』를 해석한 것이다. 위 글의 필자는 이와 같은 해석에 "관련 연구는 노태돈, 「고조선 중심지 변천에 대한 연구」, 『단군과 고조선사』, 사계절, 2000, 43~46쪽을 참조"라는 주석을 특별히 달아놓았다. 『수경주』의 조작은 아직 살아 활동 중인 것이다.

그러나 분명한 점은, 『수경주』의 원문 전체에 평양이란 지명이 전혀 나오지 않는다는 것이다. 그 이유는 명확하다. 역도원이 패수에 비정하려던 대동강 일대에 고구려의 도읍인 평양성이 존재하지 않았기 때문이다. 본문에서 이미 검토했듯, 『수경주』의 원문을 문맥에 맞추어 해석하면, 그러함을 알 수 있다.

위와 같이, 역도원이 『수경주』를 작성할 당시에 고구려 사신에게 물어들은 답변 내용을 통해 당시 고구려 도읍인 평양성이 현재의 대동강 일대에 없었다는 사실을 확인했고, 그렇다면 그 평양성이 어디에 있을 수 있는지 그 가능성을 검토해보았다. 이번 글은 고구려 도읍인 평양성의 비정(批正)을 위한 문제제기로서의 성격을 지니고 있는데, 부족한 점은 이후 더 깊은 탐색을 곁들여 보충하고자 한다.

참고문헌

『史記』
『漢書』
『後漢書』
『水經』
『說文解字』
『十三州志』
『水經注』
『魏書』
『通典』,
『舊唐書』
『新唐書』
『三國史記』
『高麗史』
『東史綱目』
『我邦疆域考』
『大東水經』
『直齋書錄解題』
『廣陽雜記』
『水經註疏』
『康熙字典』
八木奘三郞, 「遼陽發見の壁畫古墳」, 『東洋學報』第十一卷第一號, 1921.
塚本靖, 「遼陽太子河附近の壁畵する古墳」『考古學雜誌』第11卷第7號, 1921.
濱田耕作, 「遼陽附近の壁畵古墳」『東亞考古學硏究』, 岡書院, 1930.
李丙燾, 「浿水考」『靑丘學叢』13, 1933.
姚名达著, 『目录学』. 商务印书馆, 1934.
李丙燾, 『韓國古代史硏究』, 博英社, 1976.
赵永复, 「郦道元生年考」『复旦学报: 社会科学版』1980年第1期.
赵永复, 「≪水经注≫究竟记述多少条水」『历史地理』第二辑, 1982.

张孟伦, 「汉书地理志在中国史学史上的价值」『兰州大学学报: 社会科学版』1983年第2期.
陈桥驿, 「爱国主义者郦道元与爱国主义著作 ≪水经注≫」『郑州大学学报: 哲学社会科学版』1984年第4期.
古今, 「≪水经注≫简介」『-历史教学问题』1986年第1期.
陈桥驿, 「≪水经注军事年表≫序」『浙江大学学报: 人文社会科学版』1988年第4期.
盧泰敦, 「古朝鮮 중심지의 변천에 대한 연구」『韓國史論』23, 1990.
辽阳县志编纂委员会办公室编, 「辽阳县志』, 1994.
權五重, 「前漢時代의_遼東郡」『人文硏究』17(1), 1995.
汪受宽・李春楼, 「关于 ≪十三州志≫的几个问题」『敦煌学辑刊』1996年第2期.
陈桥驿, 「第十章 ≪水经注≫的错误和学者的批评」『郦道元评传』, 南京大学出版社, 1997.
王昌波, 「≪十三州志≫辑本述论」『图书与情报』1998年第2期.
刘绪义, 「≪说文解字≫ "水部"的文化阐释」『语文学刊: 高等教育版』2006年第1期.
조법종, 『고조선 고구려사 연구』, 도서출판 신서원, 2006.
陈涴, 「"辽海"古称由来考实」『史学集刊』2008年第3期.
崔恩亨, 「遼陽은 옛 襄平이 아니다」『백산학보』제85호, 2009.
王禹浪・王文轶, 「"辽水"、"辽海"地名考」『哈尔滨学院学报』2010年第12期.
徐中原, 「郦道元撰著 ≪水经注≫之因探析」『吉林师范大学学报: 人文社会科学版』2011年第4期.
张鹏飞, 「郦道元年谱拾遗补正」『甘肃社会科学』2012年第5期.
王禹浪・王文轶, 「辽海"地名渊源考」『哈尔滨学院学报』2014年第12期.
임찬경, 「『고려도경』・『삼국사기』의 고구려 건국 연대와 첫 도읍 졸본」『국학연구』제19집, 2015.
임찬경, 「고구려 첫 도읍 위치 비정에 관한 검토」『선도문화』제20권, 2016.
안정준, 「오늘날의 낙랑군 연구」『역사비평』114, 2016 봄,
田野・陈迪, 「基于辽海史源、地望与区位的考证」『辽宁师范大学学报』2016年第3期.
임찬경, 「고려시대 한사군 인식에 대한 검토」『국학연구』제20집, 2016.
임찬경・박지영, 「요양 영수사벽화묘의 고구려 관련성에 관한 두편의 논문」『선도문화』제23권, 2017.

조선 즉 위만조선의 위치 문제

조선 즉 위만조선과 창해군의 위치에 관한 연구

이 글은 2018년 12월 말에 발간된 『국학연구』 제22집에 발표되었다. 그 해 8월에 필자가 소속된 국학연구소는 위만조선의 위치 문제 등을 탐색하는 '국학답사'를 진행하였다. 요동반도의 끝인 대련의 노철산(老鐵山)에서 출발하여 발해(渤海)를 끼고 산동반도 끝의 봉래(蓬萊)까지 "C"자 모양의 노선을 가며, 서기전 108년에 한무제(漢武帝)의 침략으로 멸망했다는 위만조선과 그에 인접했던 고구려의 초기 역사유적들을 살펴보는 기회를 가졌던 것이다. 이 논문에서는 그 답사를 통해 새롭게 찾아낸 위만조선과 창해군의 위치를 서술하였다.

서기전 195년 연왕(燕王) 노관(盧綰)이 서북쪽 흉노의 지역으로 망명하며 떠났던 연국(燕國)의 치소는 계성(薊城)이다. 그때 위만도 계성 일대를 떠나 동쪽으로 패수(浿水)를 건너 조선의 지역으로 망명하였고, 서기전 194년 위만조선을 건국하였다. 조선시대의 사대사학과 일제강점기의 식민사학은 위만이 위만조선을 건국한 곳이 현재의 한반도 평양 일대라고 주장한다. 명백한 역사왜곡이다.

지금도 발해 연안에는 위만조선의 건국을 전후한 시기에 형성된 여러 유적들이 남아있다. 노관과 위만이 망명하며 떠났던 계성은 발해로 흘러드는 영정하 일대에 있었다. 영정하 하류에는 연(燕)의 장성(長城) 유적도 있다. 서기전 110년 한무제가 순행하며 들른 갈석(碣石)과 무제대(武帝臺)도 발해 연안에 있다. 위만의 망명과 위만조선의 건국은 바로 발해 연안에서 이루어졌던 사건이며, 한반도와 연관되어 해석할 역사적 사건이 절대 아닌 것이다. 서기전 128년에 일시 세워졌던 창해군 역시 발해 연안에 있었던 것이 분명하다.

이 글에서는 여러 문헌 자료와 답사자료를 활용하여, 위만조선과 창해군의 위치를 새로이 밝혀냈다.

1. 서론

이 논문은 서기전 194년에 건국된 조선(朝鮮) 즉 위만조선(衛滿朝鮮)과 서기전 128년에 설치되었던 창해군(滄海郡)의 위치를 검토할 목적으로 작성되었다. 필자는 2018년 8월 요동반도의 끝 지점인 요녕성(遼寧省) 대련시(大連市) 여순구(旅順口)의 노철산(老鐵山)에서 출발해 발해를 끼고 'C' 자(字) 모양으로 이동하여 산동반도의 봉래(蓬萊)까지 가며, 그 발해 연안의 고대사 유적을 답사하였는데, 이 논문은 그 답사의 결과로서 작성되었다. 필자는 그 답사를 앞두고 조선 즉 위만조선과 창해군의 위치와 관련된 문헌자료를 정리해보았는데, 결론은 조선과 창해군이 모두 발해 연안에 있었다는 것이었고, 현지답사를 통해 그 지점들을 대충이나마 확인할 수 있었다.

이미 잘 알려졌듯, 소중화(小中華)를 자처하는 조선시대(朝鮮時代, 1392~1910년)의 학자들은 주(周)의 무왕(武王)이 기자(箕子)를 조선에 봉(封)하여 성립된 기자조선(箕子朝鮮)이 한반도의 대동강 유역인 평양에 도읍했었고, 서기전 194년 연(燕)으로부터 망명해온 위만(衛滿)이 역시 평양 지역을 차지하여 위만조선을 세웠으며, 한(漢)의 무제(武帝)가 서기전 108년에 그 위만조선을 멸망시키고 평양 일대에 낙랑군을 포함한 한사군(漢四郡)을 세웠다고 주장했다. 이는 사대주의(事大

主義), 사대사관(事大史觀)에 의한 역사 서술로서 사실이 아닌 허구(虛構)이다.

19세기 말부터 한반도를 침략하여 영구적인 식민지로 만들려는 일제(日帝) 역시 똑같은 서술을 되풀이 했다. 예를 들면 하야시 다이스케(林泰輔)는 1892년에 출간한 『조선사』에서 "옛날 은(殷)이 망함에 기자가 도망하여 와서 조선의 왕이 되었다. 9백년이 지난 준왕(準王) 때 연(燕)의 위만에게 쫓겨나고, 위씨(衛氏)가 대신 통치한 지 대략 80년 만에 한(漢)의 무제에게 멸망되었다. 무제가 그 땅을 나누어 사군(四郡)으로 삼고, 소제(昭帝) 때 이를 합하여 이부(二府)로 하였다. 결국 기자로부터 이에 이르기까지 1천여 년 동안 모두 중국인이 통치한 셈이 된다."라고 조선고대사를 요약하는데, 그 조선의 중심지가 바로 현재의 평양이라고 주장한다.[326] 식민사관으로 무장한 일제의 역사학자들은 "조선반도의 나라는 지나(支那, 즉 중국)의 동쪽에 있어, 그 존망(存亡)과 흥폐(興廢)가 항상 동아시아 강국과 밀접히 연관되어 있었다. 때문에 나라를 세운지 3천여 년 항상 동아시아 열강의 속박을 받아 하루도 독립한 적이 없다. 기자(箕子)가 봉(封)해진 때로부터 지나(支那)의 영역이 되었고, 그 뒤 한(漢)이 사군(四郡)을 설치했으며"라는 식으로 서술하여,[327] 출발부터 외세의 식민지였던 한국의 역사를 강조하고 있다. 이는 식민사관에 의한 역사 서술로서 역시 사실을 전혀 반영하지 못한 허구(虛構)이다.

조선시대와 일제강점기의 역사왜곡을 깨고, 조선 즉 위만조선의 위치를 올바로 밝히기 위한 학술적 탐색은 그 동안 끊임없이 지속되어 왔다. 적지 않은 성과가 있지만, 아직은 더 검토할 문제가 많이 남아있

---

326) 하야시 다이스케(林泰輔) 著/편무진・김현욱・이태훈 역, 『조선사』, 인문사, 2013, 51~52쪽.
327) 獨頭山熊 譯, 『朝鮮史』, 點石齋書局, 光緖29年, 朝鮮史敍.

다. 그러나 분명한 점은 서기전 194년에 건국된 위만조선은 절대로 한반도의 어느 지점에 있지 않았다는 것이다. 이 논문에서 그 위치 문제를 검토하려 한다.

조선시대와 일제강점기의 학자들은 창해군의 위치도 한반도 주위에서 찾았다. 창해군이 함경북도에 있었다든가, 혹은 현재 요녕성 환인(桓仁) 일대를 흐르는 혼강(渾江) 혹은 압록강 중류 일대에 있었다고 주장하는 것이다. 이도 물론 역사적 사실과 거리가 먼 허구(虛構)이다. 창해군을 설치하자, 연(燕)과 제(齊)의 사이 지역이 일시에 소란스러웠다는 문헌기록을 보면, 창해군은 한반도 일대에 있지 않았음이 분명한 것이다. 이에 역시 창해군과 관련된 허구를 극복하기 위한 학술적 노력도 계속되었고 그 성과 또한 적지 않은데, 그 대표적인 것으로 권오중의 관련 연구를 들 수 있다. 권오중은 2000년에 작성된 그의 논문에서 창해군이 요동반도의 대련시 보란점구(普蘭店區)의 장점촌(張店村) 일대에 있었다고 해석하였다. 중국학계의 왕우랑(王禹浪)도 2016년 및 2017년에 보란점구의 장점(張店) 일대가 창해군이 설치되었던 지역이라고 발표하였다. 이에 뒤이어 위국충(魏國忠)도 2017년에 발표한 그의 논문에서 창해군의 위치가 보란점구의 장점(張店) 일대라고 논증하고 있다. 권오중의 설(說)은 창해군의 위치를 새로 해석하는 중요한 시도이며, 창해군과 관련된 그 동안의 허구(虛構)를 깨는 계기를 열어주었다.

최근의 연구동향이나 관련 성과들을 검토하면, 이제 조선 즉 위만조선과 창해군의 위치에 대한 그 동안의 여러 오류들이 완전히 극복될 시점이 다가온 것 같다. 이에 이 논문에서는 고대의 문헌에 기록한 사실(史實) 그대로를 해석하여, 조선 즉 위만조선과 창해군의 위치에 대한 새로운 해석을 시도해보고자 한다.

2. 예(濊)와 조선의 위치

조선의 위치를 찾기 위해 우선 파악해야 할 것이 바로 예(濊)의 위치이다. 사서에서 처음으로 조선을 기록한 『사기(史記)』가 조선을 예(濊)와 연관지어 서술하고 있기 때문이다. 『사기』 이전의 문헌인 『여씨춘추(呂氏春秋)』와 『회남자(淮南子)』를 분석하면, 조선과 예(濊)의 관련성이 더욱 분명하게 파악되며, 특히 먼저 형성되었던 예(濊)에서 조선으로 변화해간 상황도 파악된다. 즉 『여씨춘추』에서는 예(穢) 즉 예(濊)만 나타나고 조선은 전혀 보이지 않지만, 『회남자(淮南子)』에서는 예(濊)는 전혀 보이지 않고 조선만 나타난다. 그런데 두 문헌에서 예(濊)와 조선은 발해를 끼고 있는 지역 일대에 있었던 것으로 파악되어, 예(濊)와 조선의 관련성은 분명히 파악될 수 있는 것이다.

1) 『여씨춘추』에 기록된 예(濊)의 위치

서기전 241년 무렵 여불위(呂不韋, 서기전 292～서기전 235년) 등이 편찬한 것으로 알려진 『여씨춘추』를 보면,[328] 조선이란 지명 혹은 국호는 아직 사용되지 않고 있다. 『여씨춘추』의 원문 전체를 분석하면, 『여씨춘추』를 편집한 여불위 등 당시의 학자들에게 조선에 대한 인식은 전혀 없었던 것임을 분명하게 알 수 있다.

이미 널리 알려진 것처럼, 『여씨춘추』는 전국시대(戰國時代) 말기 진(秦)의 최고 권력자였던 여불위가 당시의 뛰어난 학자들을 시켜서 작성한 글들을 모은 일종의 백과전서(百科全書)이다. 여불위가 스스로

328) 『여씨춘추』의 편찬 년대에 대해서는 몇 가지 다른 관점들이 존재한다. 여러 상황을 종합하여 판단하면, 서기전 241년 무렵에 편찬했다고 볼 수 있다(牟钟鉴, 『≪呂氏春秋≫与 ≪淮南子≫ 思想研究』, 齐鲁书社, 1987, 2～11쪽 참조).

“예로부터 지금까지 천지(天地) 만물(萬物)에 대한 사리(事理)를 포괄(包括)하고 있는” 책으로 평가한 『여씨춘추』의 편찬 과정과 그 책의 특성에 대해서 사마천(司馬遷, 서기전 145～서기전 90년)은 다음과 같이 기록하였다.

> 장양왕(莊襄王, 서기전 281～서기전 247년)은 즉위한 지 삼 년 만에 죽고, 태자(太子) 정(政, 서기전 259～서기전 210년)이 왕이 되었다. (왕은) 여불위를 존중하여 상국(相國)으로 삼았으며 중보(仲父)라고 불렀다. 진왕(秦王)은 아직 어렸고, 태후(太后)는 때때로 여불위와 몰래 간통(姦通)하였다. 여불위의 집에는 만 명의 하인이 있었다. 그 시기에 위(魏)에는 신릉군(信陵君)이 있었고, 초(楚)에는 춘신군(春申君)이 있었으며, 조(趙)에는 평원군(平原君)이 있었고, 제(齊)에는 맹상군(孟嘗君)이 있었는데, 모두 선비를 문객(門客)으로 맞는 일을 좋아하여 그로써 경쟁하였다. 여불위는 진(秦)이 강(强)하면서도 그렇게 하지 못함을 부끄러워하여, 역시 선비를 널리 모집하여 우대(優待)하였는데 식객(食客)이 삼천 명이나 되었다. 그때 제후국(諸侯國)에는 변사(辯士)가 많았는데, 순경(荀卿, 서기전 313～서기전 238년)과 같은 무리들은 글을 써서 천하에 널리 전했다. 이에 여불위도 그의 식객들에게 그들이 알고 있는 것을 쓰게 하였고, 논저(論著)들을 팔람(八覽)과 육론(六論) 및 십이기(十二紀)로 묶었는데 이십여 만 자(字)가 되었다. 천지만물(天地萬物)에 관한 고금(古今)의 일을 모두 갖춘 책으로 여겼고, 『여씨춘추』로 불렀다. 그 책을 함양(咸陽)의 시장(市場) 출입문에 펴고, 천금(千金)을 그 위에 걸어놓고, 제후국의 유사(游士)나 빈객(賓客) 중 한 글자를 더하거나 뺄 수 있는 자에게 천금을 주겠다고 알렸다.329)

329) 『史記』卷85 「呂不韋列傳」第25 “莊襄王即位三年薨, 太子政立為王, 尊呂不韋為相國, 號稱仲父。秦王年少, 太后時時竊私通呂不韋。不韋家僮萬人。當是時, 魏有信陵君, 楚有春申君, 趙有平原君, 齊有孟嘗君, 皆下士喜賓客以相傾。呂不韋以秦之彊, 羞不如, 亦招致士, 厚遇之, 至食客三千人。是時諸侯多辯士, 如荀卿之徒, 著書布天下。呂不韋乃使其客人人著所聞, 集論以為八覽、六論、十二紀, 二十餘萬言。以為備天地萬物古今之事, 號曰呂氏春秋。布咸陽市門, 懸千金其上, 延諸侯游士賓客有能增損一字者予千金。”.

위의 인용문에서 알 수 있듯, 『여씨춘추』에는 서기전 241년 편찬 당시에 존재했던 수많은 학자들의 '천지만물'에 대한 종합적 인식이 담겨있다고 볼 수 있다. 당연히 『여씨춘추』에는 당시 진(秦)의 수도였던 함양(咸陽)을 중심에 두고 천하(天下)를 사방으로 나누어 설명하는 지리인식도 담겨있다. 이러한 『여씨춘추』에서 조선이란 명칭이 지명 혹은 국명으로 전혀 언급되지 않았다는 것은 어떻게 해석해야 할까? 혹시 『여씨춘추』가 편찬될 당시 조선이란 지명이 아직 형성되지 않았던 것은 아닐까?

바로 위에 제기(提起)한 의문과 관련하여 『여씨춘추』에서 특히 주목해야 할 부분이 있다. 비록 『여씨춘추』에 조선이란 명칭이 기록되지 않았지만, 한중(韓中) 고대사의 지리개념 형성에서 매우 중요한 작용을 하는 한 가지 개념은 분명히 기록되어 있다. 바로 예(穢)가 그것이다.

아래의 인용문은 예(穢)에 대해 언급한 『여씨춘추』 「시군람(恃君覽)」의 일부분인데, 그 내용은 중국의 전통적 화이관(華夷觀)에 따른 서술이다. 즉 문화가 발달한 진(秦) 등의 중원 국가들을 중심에 놓고 사방(四方)의 종족은 문화 및 정치적 발달 수준이 미개(未開)하다는 관점에서 서술된 것이다.

> 비빈(非濱)의 동쪽은 이(夷)와 예(穢)의 터전인데 대해(大解), 능어(陵魚), 기(其), 녹야(鹿野), 요산(搖山), 양도(揚島), 대인(大人)이 거주하는 곳으로서 대부분 군주(君主)가 없다. 양주(揚州)와 한수(漢水)의 남쪽은 백월(百越)의 지역인데 폐개제(敝凱諸), 부풍(夫風), 여미(餘靡)의 땅과 박루(縛婁), 양우(陽禺), 환두(驩兜)의 나라들도 대부분 군주가 없다. 저(氐), 강(羌), 호당(呼唐), 이수(離水)의 서쪽은 북인(僰人), 야인(野人), 편착(篇笮)의 하천 일대로서 주인(舟人), 송룡(送龍), 돌인(突人)의 터전인데 대부분 군주가 없다. 안문(鴈門)의 북쪽에 응

준(鷹隼), 소지(所鷙), 수규(須窺)의 나라들과 도철(饕餮), 궁기(窮奇)의 땅 및 숙역(叔逆)의 영역이 있고 담이(儋耳)가 거주하는데 대부분 군주가 없다. 이들 사방(四方)은 군주가 없다. 그 백성들은 노루나 사슴 같은 짐승과 같아, 젊은 사람이 나이든 사람을 부리고, 나이든 사람은 건장한 사람을 두려워한다. 힘 있는 자를 현자(賢者)로 여기고, 난폭하고 오만(傲慢)한 자를 존대한다. 밤낮 서로 해치며, 잠시도 멈출 틈이 없어, 동족(同族)의 씨를 말린다.[330]

위의 인용문 첫 부분의 원문은 "非濱之東, 夷穢之鄉"인데, 이 부분에 대해서는 서로 다른 해석이 존재한다.

하나는 "非濱"의 "非"는 마땅히 "渭"자로 바꾸어 해석해야 한다는 관점이다.[331] 여기서 위(渭)는 감숙성(甘肅省)에서 발원(發源)하여 섬서성(陝西省) 서안시(西安市) 고릉현(高陵縣)에서 경하(涇河)와 만나서 황하로 흘러드는 위하(渭河)를 의미한다. 당시 진(秦)의 수도인 함양(咸陽)은 바로 위하를 끼고 있다. 그러므로 위빈(渭濱)은 위하의 강변 즉 『여씨춘추』가 편찬되던 당시의 함양을 중심으로 한 진(秦)의 중심지를 의미한다. 이 경우 "非濱之東, 夷穢之鄉"은 "渭濱之東, 夷穢之鄉"이 되어 "위빈(渭濱) 즉 진(秦)의 중심지 동쪽은 이(夷)와 예(穢)의 터전인데"라고 해석된다.

다른 하나는 "非濱"의 "非"는 마땅히 "北"자로 바꾸어 해석해야 한다는 관점이다.[332] 이 관점은 청(淸)의 학자인 필원(畢沅, 서기1730~

330) 『呂氏春秋』 「恃君覽」恃君 "非濱之東, 夷穢之鄉, 大解、陵魚、其、鹿野、搖山、揚島、大人之居, 多無君；揚、漢之南, 百越之際, 敝凱諸、夫風、餘靡之地, 縛婁、陽禺、驩兜之國, 多無君；氐、羌、呼唐、離水之西, 僰人、野人、篇笮之川, 舟人、送龍、突人之鄉, 多無君；鴈門之北, 鷹隼、所鷙、須窺之國, 饕餮、窮奇之地, 叔逆之所, 儋耳之居, 多無君；此四方之無君者也。其民麋鹿禽獸, 少者使長, 長者畏壯, 有力者賢, 暴傲者尊, 日夜相殘, 無時休息, 以盡其類。".

331) "非"는 음(音)이 유사한 "渭"를 잘못 기재한 것이므로 원문 자체를 "渭"로 바꾸어 해석해야 문맥에 맞는다는 관점이다(关贤柱 等 译注, 『呂氏春秋全译』, 贵州人民出版社, 1997, 743쪽 참조).

332) "非"는 "北"자를 잘못 기재한 것이므로 원문 자체를 "北"으로 바꾸어 해석해야 문맥에 맞는다는 관점이다(张双棣 等, 『吕氏春秋译注(修订版)』, 北京大学出版社, 2000, 687~688쪽).

1797년)의 설(說)을 근거로 한 것이다. 이 설(說)에 따를 경우 "非濱之東, 夷穢之鄕"은 "北濱之東, 夷穢之鄕"이 되어, "북해(北海) 바닷가의 동쪽은 이(夷)와 예(穢)의 터전인데"라고 해석된다.

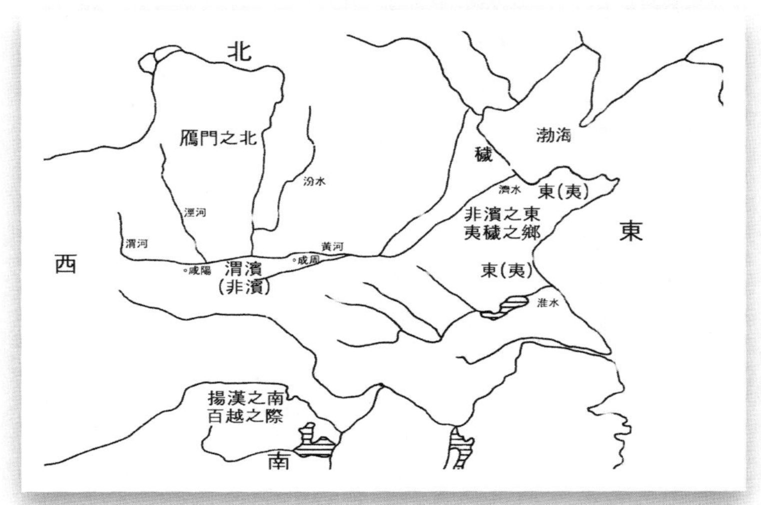

[지도1] 『여씨춘추』의 수도 함양을 중심으로 한 사방의 이민족 개념 표시

바로 위에 소개한 두 가지 관점 중 "非濱之東, 夷穢之鄕"을 "渭濱之東, 夷穢之鄕"으로 해석하는 방식이 위의 인용문 전체 문맥에 적합하다.

위의 인용문은 진(秦)의 수도인 함양을 중심에 놓고 동, 서, 남, 북 즉 사방을 둘러싼 이민족 국가의 군주조차 없는 미개한 정치 수준을 서술한 것이다. 그러므로 만약 "北濱之東, 夷穢之鄕"으로 해석하면, 그 방향이 "북해(北海) 즉 발해(渤海) 북쪽 해변의 동쪽"이 되어 진(秦)을 중심에 놓고 사방의 이민족 국가의 정치 수준을 얘기하는 인용문의 전체 문맥에 전혀 어울리지 않게 된다. 특히 『여씨춘추』가 편찬되던 전국시대 말기인 서기전 241년 당시의 진(秦)의 동쪽 개념은 발해 북쪽 해변에 절대로 이를 수가 없는 것이다.

명확한 것은, 위의 인용문에 "非濱之東"이란 표현을 쓴 편찬자의 의도는 진(秦)의 중심에서 정동(正東) 쪽 지역의 위[北]에서 아래[南]로 존재하던 동방 이민족의 상태를 서술하기 위한 것이었다. 때문에 "非濱之東"을 어떻게 해석하더라도 전체 문맥에 맞으려면, "진(秦)의 동쪽"이란 의미가 되도록 해석해야 합당한 것이다.

한편 위 인용문의 "非濱之東, 夷穢之鄕"을 "北濱之東, 夷穢之鄕"으로 해석했을 때는 또 다른 오류(誤謬)가 발생한다. 즉 해석이 "북해(北海) 즉 발해 북쪽 해변의 동쪽은 이(夷)와 예(穢)의 터전인데"로 될 경우에 『여씨춘추』의 전체 원문에 나타난 이(夷)의 지리개념과 전혀 맞지 않게 되는 것이다.

『여씨춘추』의 전체 원문에서 지리 혹은 민족 개념으로 "夷"자가 사용된 대부분의 사례를 [도표]로 작성하면 아래와 같다.

[도표 1] 『여씨춘추』 중 지리 혹은 민족 개념으로 쓰인 '夷' 관련 기록 분석

구분(편명)		원문	'夷'의 내용/지역	년대
仲春紀	功名	정치를 잘하는 군주에게 만이(蠻'夷')가 언어가 다르고 풍속과 습관이 다르면서도 모두 복종하는 것은 덕(德)이 두텁기 때문이다.333)	이민족 범칭(泛稱)/지역 구분 없음	구분 없음
仲夏紀	古樂	성왕(成王)이 즉위하자 은(殷)의 백성들이 반란을 일으켰고, 왕은 주공(周公)에게 명령을 내려 토벌하였다. 상(商)의 사람들은 코끼리를 부려 동이(東 '夷')를 해쳤는데, 주공이 이에 군대로서 그들을 쫓아내 장강 이남으로 가게 했다.334)	동이족 족칭(族稱)/산동성 일대	주(周) 성왕(成王) 시기

구분(편명)		원문	'夷'의 내용/지역	년대
孝行覽	首時	시운(時運)은 쉽게 얻을 수 없다. 태공망(太公望)은 동이(東'夷')의 사(士)로서 한 세상을 안정시키고 싶었지만 주군(主君)을 만나지 못했다. 문왕(文王)이 어질다는 말을 듣고, 위하(渭河)에서 낚시를 함으로써 그를 만났다.[335]	동이족 족칭(族稱) /산동성 일대	주(周) 문왕(文王) 시기
先識覽	察微	그러므로 지사(智士)와 현자(賢者)는 우려하고 또 우려하며 다스림에 노력하지만, 그럼에도 불구하고 관숙(管叔)과 채숙(蔡叔)의 사건과 동이(東'夷') 8국의 명을 어기는 모의가 있었다. 그러므로 치란(治亂)과 존망(存亡)은 그 시작은 추호(秋毫)와 같은데, 그를 잘 살핀다면 큰일에 과오가 없을 것이다.[336]	동이 8국 /산동성 일대	주(周) 성왕(成王) 시기
不苟論	不苟	진(秦)이 그 나라가 편벽하고 누차한 융족(戎族) 오랑캐['夷']의 땅에 있어서,[337]	이민족 범칭(泛稱) /섬서성 보계(寶鷄) 일대	진(秦) 목공(穆公) 시기

위의 [도표1]을 검토하면, 『여씨춘추』에 기록된 '夷'는 두 가지 의미로 사용되고 있음을 분명히 알 수 있다. 첫째, 진(秦) 등 주(周)의 제후국이었던 여러 중원 국가들을 둘러싼 사방(四方) 이민족의 범칭(泛稱)으로 '夷'가 사용된 경우이다. 이 경우는 진(秦)의 문화에 비교하여 상대적으로 낙후한 이민족을 다소 비하(卑下)하는 표현인 "오랑캐" 정도로 해석된다. 둘째, '夷'가 동쪽에 있는 하나의 특정한 민족집단인 동

333) 『呂氏春秋』「仲春紀」功名 "善為君者, 蠻夷反舌殊俗異習皆服之, 德厚也。".

334) 『呂氏春秋』「仲夏紀」古樂 "成王立, 殷民反, 王命周公踐伐之。商人服象, 為虐于東夷, 周公遂以師逐之, 至于江南。".

335) 『呂氏春秋』「孝行覽」首時 "時固不易得。太公望, 東夷之士也, 欲定一世而無其主, 聞文王賢, 故釣於渭以觀之。".

336) 『呂氏春秋』「先識覽」察微 "故智士賢者相與積心愁慮以求之, 猶尚有管叔、蔡叔之事與東夷八國不聽之謀。故治亂存亡, 其始若秋毫。察其秋毫, 則大物不過矣。".

337) 『呂氏春秋』「不苟論」不苟 "秦國僻陋戎夷,".

이(東夷)로 사용되는 경우이다. 동쪽 지역의 정치세력 혹은 이민족 집단을 표현하는 동이의 지역은 대체로 현재의 산동성 일대를 중심으로 하는 것으로 『여씨춘추』에 기록되어 있다.

그러므로 위의 인용문 중 "非濱之東, 夷穢之鄉"의 '夷'는 위의 [도표]에서 사용된 '夷'의 사용 사례 중 "동이(東夷)" 즉 진(秦)의 동쪽인 현재의 산동성 일대 및 그 남부에 있었던 특정한 민족집단을 지칭(指稱)하고 있음이 틀림없다. 『여씨춘추』의 편찬자들에게 동쪽의 '夷'를 의미하는 고유명사인 동이란 산동성 및 그 남부 일대의 이민족 집단만을 표현하는 용어였던 것이다.

그렇다면 "非濱之東, 夷穢之鄉"에서 '夷'의 다음에 나오는 '穢'는 그 위치를 어디로 비정(比定)할 수 있을까?

그런데 "非濱之東"으로 시작하는 위의 인용문은 동-남-서-북 방향의 순서대로 서술되어 있음을 알 수 있다. 즉 "非濱之東, 夷穢之鄉"(동), "揚、漢之南, 百越之際"(남), "氐、羌、呼唐、離水之西"(서), "鴈門之北, 鷹隼、所鷙、須窺之國"(북)으로 방향에 따라 일정한 순서로 서술된 것이다. 또한 동쪽에 대한 서술은 위 즉 동북쪽으로부터 아래 즉 동남쪽으로 그곳에 소재(所在)한 지역들이 나열되었으며, 동쪽 다음에 서술되는 남쪽의 지역들은 동남쪽에서부터 서남쪽으로 그 소재(所在)하는 지역들이 순서대로 나열되었음을 알 수 있다.

고대의 중국인들이 국가의 영역을 사방과 중심으로 나누어 그 지역들을 설명할 때는 일정한 순서가 있었다. 예를 들면 『산해경(山海經)』은 그 설명 순서가 대부분 남-서-북-동으로 되어 있다.338) 『회남자(淮南子)』「지형훈(墬形訓)」에서 해외의 35국을 설명할 때는 그 순서가

338) 『산해경』의 「산경(山經)」, 「해경(海經)」의 해외경(海外經)과 해내경(海內經)은 그 설명 순서가 남-서-북-동으로 되어 있다. 예외로서 대황경(大荒經)은 동-남-서-북의 순서대로 서술되고 있다.

서-남-동-북으로 되어 있다.339) 이와 비교하면, 『여씨춘추』「시군람」에서 진(秦)을 중심으로 사방을 설명할 때 그 순서는 동-남-서-북이었던 것이다.

그러므로 “非濱之東”으로 시작하는 위의 인용문 중 동쪽과 남쪽의 이민족 배열을 그 방향 순서에 따라 [도표2]로 작성하면 아래와 같다.

[도표 2] 『여씨춘추』「시군람」의 진(秦)을 중심에 둔 사방의 이민족 배열도

<table>
<tr><th>西北</th><th colspan="6">北</th><th colspan="4">東北</th></tr>
<tr><td rowspan="7">西</td><td colspan="6" rowspan="2"></td><td rowspan="7">東
:
非濱
之東</td><td rowspan="7">夷穢
之鄉</td><td rowspan="7">穢
/
夷</td><td>大解</td></tr>
<tr><td>陵魚</td></tr>
<tr><td rowspan="2"></td><td colspan="2" rowspan="2">非濱(渭濱)
즉 秦의 중심</td><td colspan="3" rowspan="5"></td><td>其</td></tr>
<tr><td>鹿野</td></tr>
<tr><td colspan="3" rowspan="3"></td><td>搖山</td></tr>
<tr><td>揚島</td></tr>
<tr><td>大人</td></tr>
<tr><td rowspan="3">西南</td><td colspan="6">南 : 揚(揚州)漢(漢水)之南</td><td colspan="4" rowspan="3">東南</td></tr>
<tr><td colspan="6">百越之際</td></tr>
<tr><td>驩兜</td><td>陽禺</td><td>縛婁</td><td>餘靡</td><td>夫風</td><td>敝凱
諸</td></tr>
</table>

물론 위의 [도표2]에 나타난 지역 혹은 종족 명칭은 대부분 신화적 요소가 짙어 해석하기 어렵다. 단지 위의 [도표]를 통해, 『여씨춘추』의 편찬자들이 예(穢)의 위치를 어떻게 인식하고 있었는지에 대한 분명한 파악은 가능하다. 즉 『여씨춘추』의 편찬자들은 현재의 산동성의 북쪽에 위치한 발해의 서쪽 연안에 바다를 끼고 있는 예(穢)가 그 남쪽의

339) 『淮南子』「墜形訓」 “凡海外三十五國, 自西北至西南方, 有修股民、天民、肅愼民、白民、沃民、女子民、丈夫民、奇股民、一臂民、三身民；自西南至東南方, 結胸民、羽民、歡頭國民、裸國民、三苗民、交股民、不死民、穿胸民、反舌民、豕喙民、鑿齒民、三頭民、修臂民；自東南至東北方, 有大人國、君子國、黑齒民、玄股民、毛民、勞民；自東北至西北方, 有跂踵民、句嬰民、深目民、無腸民、柔利民、一目民、無繼民。”.

동이와 이웃하고 있었다고 인식했었던 것이다. 중요한 점은, 『여씨춘추』의 편찬자들이 진(秦)의 중심지인 위하 유역에서 멀리 떨어진 동쪽 방향 즉 현재의 산동성 북부의 발해 연안 일대에 예(穢)라는 이민족 집단이 있었다는 인식을 분명히 갖고 있었다는 것이다.

현재 중국의 역사학계에서는 예(穢)와 음(音)과 뜻이 유사한 고대 문헌의 예(濊)를 같은 종족으로 추정하며, 그 위치를 비정(比定)하고 있다. 그러한 예(穢)의 위치에 대한 관점은 크게 두 가지로 나뉘고 있다. 하나는 예(穢)가 동북 변경 혹은 송눈평원(松嫩平原) 송화강(松花江) 일대에 처음부터 거주했었다고 보는 관점인데,[340] 사실 이러한 관점은 위에서 살펴본 『여씨춘추』 등의 고대 문헌 기록과는 전혀 부합(符合)되지 않는 점이 있다. 다른 하나는 산동성 북부와 그 북쪽의 하북성 발해 연안 일대가 예(穢)의 터전이었다고 보는 관점인데, 이러한 관점은 유의당(劉義棠, 1926~1998년)과 허헌범(許憲範) 등의 연구에서 확인된다.

유의당은 발해 연안에 흩어져 있던 예(穢)가 뒤에 중원 여러 나라의 개척에 밀려서 동북으로 쫓겨갔다고 설명한다.[341] 허헌범은 『수경주(水經注)』의 예(濊) 및 예읍(濊邑) 관련 기록을 예(穢)의 위치와 연결시키고 있다. 『수경주』에 기록된 장무(章武) 서쪽에 예읍이 있는데, 이 예읍이 바로 예(濊)가 중심적으로 거주하던 터전이라고 본다.[342] 이덕산(李德山)과 란범(欒凡)은 그의 공동저서에서 "예(穢)의 초기 거주지

---

340) 진반(陳槃, 1905년~1999년)은 예(濊)의 초기 거주지가 동북 변경이었을 것으로 추정한다(陈槃 著, 『不见于春秋大事表之春秋方国稿』, 中央研究院历史语言研究所, 1982, 68쪽). 동동(佟冬, 1905년~1996년) 등은 문헌 및 고고학 자료를 통해 볼 때 예인(濊人)이 원래부터 송눈평원의 송화강이 크게 꺾이는 부분에 거주했다고 설명한다. 동동 등은 문헌 기록으로 보면, 이 일대에 일찍이 예인(濊人)에 속하는 고리국(槀離國)과 예국(濊國)이 존재했다고 설명한다(佟冬 主编, 『中国东北史』第1卷, 吉林文史出版社, 1987, 172쪽).

341) 劉義棠, 中國邊疆民族史, 臺灣中華書局, 1982, 78~81쪽.

342) 许宪范, 「濊貊迁徙考」『民族研究』1985年第4期, 36쪽.

는 마땅히 지금의 산동성 경계에 있는 발해 연안 지역이다, 뒤에 중원 여러 나라의 계속되는 핍박(逼迫)을 받아 종족 전체가 동북으로 옮기면서 지금의 하북성 창현(滄縣) 등의 지역을 거쳐 최종적으로 동북에 거주하게 되었다."고 설명한다.[343)]

이렇듯 유의당, 허헌범, 이덕산, 란범 등의 연구에 의하여 추정된 예(穢)의 위치는 현재의 하북성 발해 연안 일대로서 아래의 [지도2]와 같다. 아래의 [지도2]에서 둥근 원으로 표시된 지역이 예(濊)의 존재 지역 범위로 추정되는 것이다.

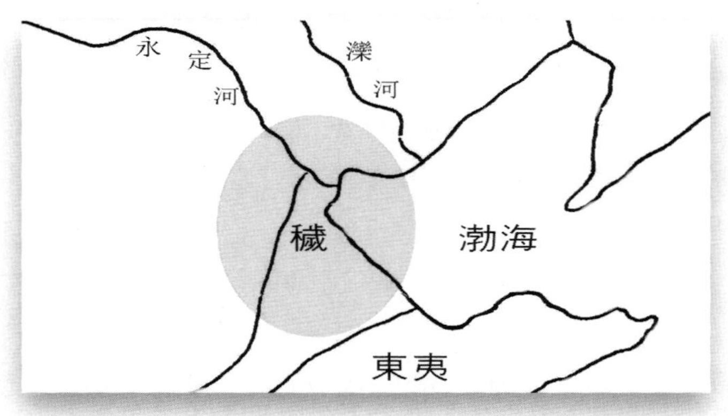

[지도2] 예(穢)의 위치

지금까지 『여씨춘추』에 기록된 진(秦)의 동북방 거주 종족인 예(穢)에 대해 살펴보았다. 『여씨춘추』에는 조선의 명칭은 전혀 사용되지 않고, 진(秦)의 동북방 발해 연안에서 아래쪽으로 동이(東夷)와 이웃하고 있던 예(穢)만이 기록되어 있다. 서기전 241년 무렵 『여씨춘추』를 편

---

343) 李德山/栾凡 著, 『中国东北古民族发展史』, 中国社会科学出版社, 2003, 85쪽.

찬하던 당시의 학자들이 예(穢)는 기록했으면서 왜 조선은 기록하지 않았을까? 조선은 이 시기까지 지명 혹은 국명으로서 아직 성립되지 않았던 것이 분명하다.

기존의 조선 관련 연구들에서 『관자(管子)』 「규도(揆度)」와 「경중갑(輕重甲)」편의 "발조선(發朝鮮)의 문피(文皮)"란 기록을 근거로 제시하며, 그 책의 저자인 관중(管仲, 서기전 719～서기전 648년)의 시기에 이미 조선이란 국가가 있었으며, 당시의 조선이 제(齊) 등의 중원 국가와 문물을 교류하였다고 주장하기도 한다.[344]

그러나 고증해보면, 『관자』 「경중갑」편 등의 문헌은 작성 시기가 서한(西漢)의 무제(武帝, 서기전 156～서기전 87년) 시기로 추정될 수 있다.[345] 그러므로 『관자』 「경중갑」편 등의 기록을 근거로, 조선이란 국가가 서기전 7세기 무렵에 중원 국가들과 교류하고 있었다고 말하기 어려운 것이다.

혹은 『산해경(山海經)』 등의 기록을 예로 들어 조선이란 지명 혹은 국명이 오래되었음을 주장하기도 하지만, 고증해보면, 이런 서적들의 작성 시기도 역시 후대(後代)로 추정되는 것이다. 이런 유형의 서적들을 참고하여 조선이란 명칭이 처음 나타난 시기 등을 추정한다면, 대체로 위와 같은 오류를 피할 수 없을 것이다.

또한 기존에 기자와 조선을 연결시키는 기록이 복생(伏生)[346]이 편찬한 『상서대전(尚書大典)』에 처음 나타났다고 서술하는 경향도 있다. 문헌을 철저하게 고증하지 않았기 때문에, 이러한 오류가 생겨난 것이

---

344) 李鍾旭, 『古朝鮮史硏究』, 一潮閣, 1993, 111～123쪽. 송호정, 『한국 고대사 속의 고조선사』, 푸른역사, 2003, 92～96쪽.

345) 叶世昌, 「≪管子・轻重≫非战国作品」 『社会科学战线丛刊』1980年第2期, 13～17쪽.

346) 복생(伏生)의 생졸년(生卒年)은 정확하게 파악되지 않는다. 단지 전국시대 말기에서 서기전 170년 무렵까지 생존한 것으로 추정되고 있을 뿐이다(谷颖, 「秦博士伏生事略考」 『东北师大学报: 哲学社会科学版』2015年第6期, 참조).

다. 일찍이 남송(南宋, 1127년~1279년)의 저명한 목록학가(目錄學家)[347]인 진진손(陳振孫)은 『상서대전』에 대해 "마땅히 그('복생'을 말함)의 무리인 구양(歐陽)과 장생(張生)의 무리가 들은 바를 뒤섞어 기록한 것이다. 그러므로 또한 반드시 당시의 본서(本書)가 아니다."라며,[348] 그 책의 작자 및 저작 년대와 내용에 대해 의문을 제기했었다. 『사기』가 한(漢)의 무제 시기인 서기전 91년에 완성되었는데, 『상서대전』은 복생과 그의 제자인 장생(張生) 및 구양생(歐陽生)으로부터 배운 여러 제자들이 성제(成帝) 재위 시기인 서기전 33년에서 서기전 7년 사이에 완성하였던 것으로 볼 수 있다.[349]

2) 『회남자』에 기록된 조선의 위치

『회남자』는 회남왕(淮南王)인 유안(劉安, 서기전 179~서기전 122년)이 주도하여 서기전 139년 무렵에 편찬한 것으로 추정된다.[350] 이 책은 유안의 단독 저서가 아닌 다수의 학자들이 참여하여 편찬한 백과전서 유형의 문헌으로서, 그 내용도 도가(道家)와 유가(儒家) 및 법가(法家) 등 제가(諸家)의 설(說)을 모두 포함하고 있으며, 세상 만물(萬

347) 중국의 목록학은 서한(西漢) 무렵부터 성립되었다고 볼 수 있으며, 고대 중국에서 중요시하는 학문 분과 가운데 하나이다. 그 내용은 서지학(書誌學)과 도서관학을 포함한다. 자료로서 완비된 서적 목록을 작성하고 그 자료를 활용하여 한 시대 또는 몇 시대에 걸친 학술 전승(傳承)의 계통을 정확히 밝히는 것을 목적으로 한다. 청(淸) 건가(乾嘉) 시기의 저명한 사학자이며 고거학가(考據學家)인 왕오성(王鳴盛)은 그의 저서인 『십칠사상각(十七史商榷)』에서 "목록학은 학문 중 가장 긴요한 것이다. 반드시 이곳으로부터 길을 물어야, 비로소 문(門)을 얻을 수 있고 또 들어갈 수 있다(目錄之學, 學中第一緊要. 必能此問途, 方能得其門而入)."라며 목록학의 학문적 중요성을 강조하였다(姚名达著, 『目录学』. 商务印书馆, 1934, 7쪽).

348) 『直齋書錄解題』 "當是其徒歐陽張生之徒雜記所聞, 然亦未必當時本書也.".

349) Griet Vankeerberghen(方丽特)/Fan Lin(林凡), 「≪尚书大传≫的成书、流传及其社会历史意义」『北京大学中国古文献研究中心集刊』第11辑-中国典籍与文化国际学术研讨会专辑, 北京大学出版社, 2011, 142~143쪽. 여러 사람에 의해 책이 완성된 뒤 복생(伏生)의 이름을 가탁(假託)하였기에, 현재까지 『상서대전』이 마치 복생의 저작인 것처럼 설명하는 인식의 오류도 나타나게 되었다.

350) 牟钟鉴著, 『≪吕氏春秋≫与 ≪淮南子≫思想研究』, 齐鲁书社, 1987, 156~161쪽.

物)과 만사(萬事)를 두루 언급하고 있다.

그런데 이미 앞에서 소개한 『여씨춘추』와 그 내용을 서로 비교해보면, 『회남자』 중에는 예(穢) 및 조선(朝鮮)과 관련하여 『여씨춘추』와는 색다르면서도 의미있는 기록들이 담겨 있다. 이미 위에서 살펴보았듯, 서기전 241년 무렵 편찬된 『여씨춘추』에는 지역이나 종족을 나타내는 예(穢)라는 명칭이 기록되었으며 조선이란 명칭은 전혀 없었다. 이에 비하여, 서기전 139년 무렵 편찬된 『회남자』에는 지역이나 종족을 나타내는 예(穢) 혹은 예(濊)라는 명칭은 전혀 기록되지 않았고, 대신 조선(朝鮮)이 일정한 지역을 의미하는 지명 혹은 국명으로 기록되어 있다.

그렇다면 『여씨춘추』가 작성된 서기전 241년과 『회남자』가 작성된 서기전 139년이란 100여년의 시간 차이에서 예(穢) 및 조선(朝鮮)과 관련된 어떠한 변화가 일어난 것일까? 예(穢)가 새로운 명칭인 조선으로 불리게 되면서 단순한 지명이 아닌 국명으로까지 쓰이게 된 것은 아닐까? 아니면, 예(穢)는 역사무대에서 일시적으로 사라지고 그와는 전혀 다른 새로운 조선이 등장한 것일까?

『회남자』의 다음 기록을 통해서 먼저 서기전 139년 무렵에 존재했던 조선의 위치를 대략적으로 파악할 수 있다.

> 동방(東方)의 극(極)은 갈석산(碣石山)으로부터 조선을 벗어나 대인국(大人國)을 거쳐 동쪽으로 해가 뜨는 곳에 이른다. 부목(榑木)의 땅, 청토수목(青土樹木)의 들로서 태호(太皞)와 구망(句芒)이 다스리던 곳으로 1만2천리이다.[351]

위의 인용문에서 특히 주목되는 것은 조선과 함께 사용된 갈석산이

351) 『淮南子』 「時則訓」 "東方之極, 自碣石山過朝鮮, 貫大人之國, 東至日出之次, 木之地, 青土樹木之野, 太皞、句芒之所司者, 萬二千里。".

란 지명이다. 문헌을 엄밀하게 고증해보면, 갈석(碣石) 혹은 갈석산이란 지명이 사용되기 시작한 시기와 그 지리 위치를 대략적으로 파악할 수 있다.

일반적으로 중국의 역사학계에서 갈석이란 지명은『상서(尙書)』「하서(夏書)」우공(禹貢)에서 처음 문헌 속에 기록된 것으로 이해하고 있다. 즉『상서』「하서」우공의 다음과 같은 기록이 바로 갈석에 관한 최초의 기록이라는 관점이 지배적이다.

> 도이(島夷)의 피복(皮服), 오른쪽으로 갈석(碣石)을 끼고 황하로 들어온다. …태항(太行), 항산(恆山), 갈석(碣石)에 이르러 바다로 들어간다.[352]

그런데『상서』「하서」우공의 작성 년대에 대해서는 다양한 관점들이 제출되어 논쟁 중이며 아직 정설(定說)이 없다. 굴만리(屈萬里, 1907년~1979년)는 그의 저서에서,『상서』「하서」우공에는 양주(梁州)의 지리가 자세히 묘사되어 있는데, 이러한 묘사는 진(秦)의 목공(穆公) 이후에나 가능했을 것으로 보았다. 또『상서』「하서」우공은 양주(梁州)에서 철(鐵)을 바쳤다고 서술했는데, 이런 서술로 미루어『상서』「하서」우공은 철기(鐵器)의 사용이 대량으로 이루어진 이후에야 작성된 것으로 보았다. 그러한 이유들 때문에 굴만리는『상서』「하서」우공이 춘추시대 말기에 작성된 것으로 추정하고 있다.[353] 위취현(衛聚賢, 1899년~1989년)은『상서』「하서」우공에 묘사된 여러 상황으로 미루어 그 기록은 전국시대 말기에 진(秦)의 누군가에 의해 작성된 것으로

352)『尙書』「夏書」禹貢 "島夷皮服, 夾右碣石入于河。…太行、恆山至于碣石, 入于海。".

353) 屈万里,『先秦文史资料考辨』, 联经出版公司, 1983, 321쪽.

설명하고 있다.354) 고힐강(顧頡剛, 1893년~1980년)은 1923년에 호적(胡適, 1891년~1962년) 등에게 보낸 편지에서 『상서』 「하서」 우공을 전국시대에서 진한(秦漢) 사이에 작성된 위작(僞作)으로 보고 있다.355)

지질학자이며 역사학자인 정문강(丁文江, 1887년~1936년)도 1924년에 고힐강에게 보낸 편지에서 우(禹)가 치수(治水)를 했다는 말은 절대로 믿을 수 없으며, 실제로 장강(長江)이나 황하(黃河) 모두에서 인공적으로 물길을 이끌어낸 흔적을 찾을 수 없었다고 밝혀냈다. 정문강은 『상서』 「하서」 우공에서 철(鐵)을 바쳤다는 기록을 한 것에 의해서도 『상서』 「하서」 우공은 전국시대에 작성되었음을 의심할 바 없다고 지적하고 있다.356)

위에서 여러 중국학자들이 지적해낸 것처럼 사실 『상서』 「하서」 우공은 고대의 중국인들이 대략 전국시대까지의 정치경험을 토대로 상상(想像)해낸, 즉 실제로 존재하지 않았던 상상(想像) 속의 '천하(天下)'일 뿐 하(夏) 이전 시기의 사실(史實)을 반영한 서술은 결코 아니다. 여러 사료들을 비교하며 검토해보면, 『상서』 「하서」 우공은 전국시대 말기에서 전한(前漢) 초기에 이르는 어느 시점에 작성된 것임이 분명하다.

그런데 이미 위에서 분석해 본 『여씨춘추』의 전체 원문에서도 갈석(碣石)이란 지명은 전혀 나타나지 않는다. 전국시대 말기인 서기전 241년 무렵에 편찬된 일종의 백과전서인 『여씨춘추』에 갈석 혹은 갈석산이란 지명이 기록되지 않은 이유는 이때까지도 『상서』 「하서」 우공이 아직 작성되지 않았기 때문임이 틀림없다. 그런데 서기전 139년

354) 衛聚賢, 『十三經概論』, 開明書店, 1935, 93쪽.

355) 顧頡剛, 「論今文尙書著作時代考」, 『古史辨』第1冊, 1923.

356) 丁文江, 「論禹治水說不可信」, 『古史辨』第1冊, 1924.

무렵에 작성된 『회남자』에는 갈석 혹은 갈석산이라는 지명이 나타난다. 그러므로 지금까지의 서술을 통하여 분명하게 확인할 수 있는 사실은 『상서』「하서」우공은 서기전 241년 이후 서기전 139년 이전의 어느 시기에 작성되었다는 것이다.

위에서 『상서』「하서」우공의 작성 년대와 갈석이란 지명의 형성 등에 대해서 언급한 이유는 갈석이 조선과 관련된 여러 사실을 해석하는 하나의 중요하고도 유용한 개념이기 때문이다. 특히 갈석의 위치를 어떻게 해석하느냐에 따라 조선의 지리 위치에 대한 인식이 달라지게 되는 것이다.

그런데 위에서 『여씨춘추』의 지리 인식을 살펴보았듯, 서기전 241년 무렵 진(秦)의 동북방 발해 연안에는 분명히 예(穢)가 있었다. 그러나 『여씨춘추』에는 조선이란 지명 혹은 국명은 아직 존재하지 않았다. 그리고 『여씨춘추』보다 후대에 작성된 『상서』「하서」우공에도 조선이란 지명 혹은 국명은 나타나지 않는다. 『상서』「하서」우공에는 예(穢) 혹은 예(濊)라는 지명도 나타나지 않는다. 그런데 『여씨춘추』보다 후대에 작성된 『상서』「하서」우공에는 갈석 혹은 갈석산이란 지명이 새로 나타난다.

『상서』「하서」우공의 작성 년대에 관한 정설(定說)이 없듯, 『상서』「하서」우공에 기록된 갈석의 위치에 관한 정설(定說)도 없다. 지금까지 중국의 역사학계에서 갈석의 위치로 추정되어 거론된 지역들은 대체로 9곳이다. 중국 학자들이 갈석이 있었다고 추정하는 그 지역들의 위치를 표시하면 아래의 [지도3]과 같다.

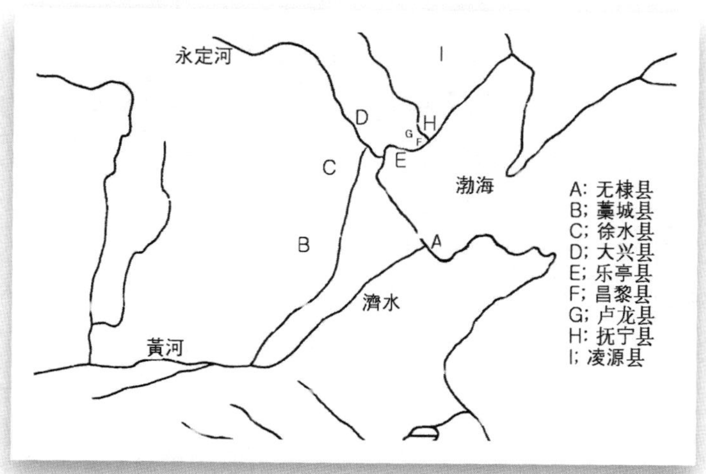

[지도 3] 중국 역사학계의 갈석(碣石) 논쟁 위치도357)

위의 [지도3]처럼 갈석의 위치에 대한 다양한 의견이 있는데, 서기전 139년 무렵 작성된 『회남자』에는 갈석산이라는 지명이 조선과 인접(隣接)하여 있었던 것으로 기록되고 있다. 즉 위에 인용한 『회남자』의 조선 관련 부분인 "동방(東方)의 극(極)은 갈석산(碣石山)으로부터 조선을 벗어나 대인국(大人國)을 거쳐 동쪽으로 해가 뜨는 곳에 이른다(東方之極, 自碣石山過朝鮮, 貫大人之國, 東至日出之次)."에서 갈석산이 조선과 바로 인접하였을 가능성을 알 수 있는 것이다.

그런데 위의 인용문을 "갈석산에서 조선을 거쳐 대인국을 통과하여 동쪽으로 해가 뜨는 곳에 이른다(東方之極, 自碣石山過朝鮮, 貫大人之

357) 徐景江, 「名山碣石考」『禹贡碣石山』, 济南出版社, 2002, 248~249쪽. 서경강의 글을 참고하여 지도를 작성하였다. 서경강은 그의 글에서 문헌에 갈석이 있는 곳으로 기록된 낙랑군 수성현(遂城縣)을 현재의 조선민주주의인민공화국 경내에 있었던 것처럼 해석하였으나, 이런 해석은 분명히 잘못된 것이다. 그러므로 지도를 작성하면서 수성현을 현재의 하북성 서수현(徐水縣)으로 비정(批正)하였을 뿐, 그 나머지 지명은 서경강의 서술을 따랐다.

國, 東至日出之次).”라고 해석하면서, 또한 여기에서의 조선이 마치 현재의 한반도에 있었던 것처럼 해석하는 학자들도 있다. 그러나 이런 해석은 명백한 오류이다. 『회남자』를 편찬한 당시의 학자들이 그들의 책에 남긴 조선과 갈석산 및 대인국에 대한 그 시대의 인식을 전혀 고려하지 않고, 후대의 지리개념으로 『회남자』의 조선 및 갈석산과 관련된 위의 문장을 해석하려 했기 때문에 생긴 오류인 것이다.

그러므로 위의 인용문에 담긴 조선과 갈석산의 관계를 제대로 이해하기 위해서는 『회남자』의 원문 전체에서 갈석산, 조선, 대인국의 지리 위치가 어떻게 연관되어 인식되고 있었는지 먼저 검토할 필요가 있다. 『회남자』에는 서기전 139년 무렵의 학자들이 중원을 중심에 놓고 사방의 변방에 있던 이민족(異民族)들에 대해 서술한 다음과 같은 기록이 있다.

> 대체로 해외(海外)에는 35국이 있다. 서북으로부터 서남방에 이르기까지는 수고민(修股民), 천민(天民), 숙신민(肅愼民), 백민(白民), 옥민(沃民), 여자민(女子民), 장부민(丈夫民), 기고민(奇股民), 일비민(一臂民), 삼신민(三身民)이 있다. 서남에서 동남방에 이르기까지는 결흉민(結胸民), 우민(羽民), 환두국민(歡頭國民), 나국민(裸國民), 삼묘민(三苗民), 교고민(交股民), 불사민(不死民), 천흉민(穿胸民), 반설민(反舌民), 시훼민(豕喙民), 착치민(鑿齒民), 삼두민(三頭民), 수비민(修臂民)이 있다. 동남으로부터 동북방에 이르기까지는 대인국(大人國), 군자국(君子國), 흑치민(黑齒民), 현고민(玄股民), 모민(毛民), 노민(勞民)이 있다. 동북으로부터 서북방에 이르기까지는 기종민(跂踵民), 구영민(句嬰民), 심목민(深目民), 무장민(無腸民), 유리민(柔利民), 일목민(一目民), 무계민(無繼民)이 있다.[358]

358) 『淮南子』「墬形訓」“凡海外三十五國, 自西北至西南方, 有修股民、天民、肅愼民、白民、沃民、女子民、丈夫民、奇股民、一臂民、三身民；自西南至東南方, 結胸民、羽民、歡頭國民、裸國民、三苗民、交股民、不死民、穿胸民、反舌民、豕喙民、鑿齒民、三頭民、修臂民；自東

위의 기록은 “서북으로부터 서남방에 이르기까지”(서북-서남), “서남에서 동남방에 이르기까지”(서남-동남), “동남으로부터 동북방에 이르기까지”(동남-동북), “동북으로부터 서북방에 이르기까지”(동북-서북) 등의 방향 순서대로 사방의 이민족을 설명하고 있다. 위의 기록에 나타난 방위에 따라, 각 이민족의 위치를 알기 쉽게 [도표]로 작성하면 다음과 같다.

[도표 3] 『회남자』 작성 당시인의 사방 이민족에 대한 인식

<table>
<tr><td>西北</td><td colspan="2">無繼民</td><td colspan="2">一目民</td><td colspan="2">柔利民</td><td colspan="2">無腸民</td><td colspan="2">深目民</td><td colspan="2">句嬰民</td><td>跂踵民</td><td>東北</td></tr>
<tr><td>修股民
天民
肅愼民
白民
沃民
女子民
丈夫民
奇股民
一臂民
三身民</td><td colspan="13">中</td><td>勞民
毛民
玄股民
黑齒民
君子國
大人國</td></tr>
<tr><td>西南</td><td>結胸民</td><td>羽民</td><td>歡頭國民</td><td>裸國民</td><td>三苗民</td><td>交股民</td><td>不死民</td><td>穿胸民</td><td>反舌民</td><td>豕喙民</td><td>鑿齒民</td><td>三頭民</td><td>修臂民</td><td>東南</td></tr>
</table>

위의 [도표3]에서 알 수 있듯, 대인국은 동남방의 모서리에 위치하고 있다.

南至東北方, 有大人國、君子國、黑齒民、玄股民、毛民、勞民；自東北至西北方, 有跂踵民、句嬰民、深目民、無腸民、柔利民、一目民、無繼民。”.

그러므로 『회남자』의 조선과 갈석산 및 대인국의 위치 관계는 중원에서 볼 때 조선이 제일 동북쪽에 위치하였고, 다음에 아래쪽 즉 남쪽으로 갈석산이 조선과 경계를 이루고 있으며, 가장 남쪽 즉 중원에서 볼 때의 동남쪽 끝에 대인국이 위치하고 있다. 즉 위의 조선과 관련된 인용문은 동북쪽에서 동남쪽으로 방향을 이동해가면서 다시 그 동쪽으로 이동하여 동방의 극(極)을 설명한 것이다. 당연히 해석은 "동방(東方)의 극(極)은 갈석산(碣石山)으로부터 조선을 벗어나, 대인국(大人國)을 거쳐 동쪽으로 해가 뜨는 곳에 이른다(東方之極, 自碣石山過朝鮮, 貫大人之國, 東至日出之次)."의 형태가 되어야 적합하다.

그런데 『회남자』의 갈석에 관한 또 다른 기록을 살펴보면, 그 지리 위치가 좀 더 분명하게 드러난다.

> 중앙(中央)의 극(極)은 곤륜(昆侖)으로부터 동쪽으로 양항산(兩恒山)을 넘는다. 해와 달이 지나가는 길이며, 양자강(揚子江)과 한수(漢水)가 나오는 곳, 여러 백성들의 들, 오곡(五穀)이 자라기에 적당한 땅이다. 용문(龍門), 황하, 제수(濟水)가 서로 꿰뚫고 식양(息壤)으로 홍수를 막은 주(州)로서 동쪽으로 갈석(碣石)에 이른다. 황제(黃帝)와 후토(後土)가 다스리던 곳으로 1만2천리이다.[359)]

위의 인용문에는 고대 중국인의 전설과 신화(神話) 관념이 담겨있다. 물론 식양(息壤) 즉 "스스로 자라나는 흙"을 하늘에서 훔쳐와 제방을 완성하며 치수(治水) 사업을 벌였던 곤(鯀)의 전설은 후대의 꾸며진 이야기일 뿐이다. 이들 중앙 지역을 황제(黃帝)와 후토(后土)라는 전설적 인물이 다스렸다는 것도 역시 꾸며진 이야기임이 틀림없다. 그러나

359) 『淮南子』「時則訓」"中央之極, 自昆侖東絕兩恒山, 日月之所道, 江漢之所出, 眾民之野, 五穀之所宜, 龍門、河、濟相貫, 以息壤堙洪水之州, 東至碣石, 黃帝、後土之所司者, 萬二千里。".

이러한 고대 중국인의 전설과 신화 관념에 의한 기록에서도 그들이 살던 시대에 존재했던 지리 개념은 어느 정도 파악할 수 있다.

위의 인용문은 서쪽의 곤륜에서부터 동쪽으로 방향을 이동해가며 중앙 즉 중원 중심 지역을 설명하고 있다. 여기서 갈석은 중앙 즉 용문(龍門), 황하, 제수(濟水)가 꿰뚫고 흐르는 땅의 동쪽에 위치한다. 주목할 점은 식양(息壤) 즉 "스스로 자라나는 흙"으로 홍수를 막은 주(州)의 동쪽으로 갈석에 이른다는 것이다. 『회남자』가 편찬된 서기전 139년 무렵인 전한(前漢) 시기의 중앙은 장안(長安) 즉 현재의 서안(西安)으로서 이곳에서 위하(渭河)가 동쪽으로 흐르다가 황하와 만나 다시 동쪽으로 흐르다가 다시 제수(濟水)를 만나 바다로 흘러든다. 바로 황하 및 제수(濟水)가 흐르는 땅의 동쪽에 갈석이 위치하는 것이다.

그러므로 『회남자』에 기록된 갈석은 그 위치가 황하와 제수의 동쪽, 즉 현재의 산동성 일대에 위치한 것으로 볼 수밖에 없다. 위에 이미 제시한 갈석 관련 위치 관련 [지도3] 중 A 즉 산동성 무체현(無棣縣)이 『회남자』에 기록된 갈석에 가장 부합(符合)하는 것이다.

『회남자』가 작성될 당시의 학자들에게 갈석은 지금의 산동성 무체현에 있는 갈석산으로 인식되었음이 틀림없다. 『회남자』의 기록에 의하면, 이 갈석산을 경계로 위 즉 북쪽에는 조선이란 지명 혹은 국명이 존재했다. 그런데 갈석산의 위 즉 북쪽은 『여씨춘추』에 예(穢)가 거주하던 지역으로 기록되었는데, 그렇다면 예(穢)와 조선의 관계는 어떻게 설명할 수 있는가?

위에서 검토한 『여씨춘추』와 『회남자』의 예(穢) 및 조선 관련 기록에 의하면, 서기전 241년에 작성된 『여씨춘추』에 기록된 예(穢)와 서기전 139년에 작성된 『회남자』에 기록된 조선은 계승성을 지닌 것으로 볼 수밖에 없다. 즉 예(穢)가 조선으로 바뀌면서, 하나의 지역 혹은 종족 개념으로서의 예(穢)에서 국가 혹은 지역 개념으로서의 조선으로 변화한 것이다. 즉 국가 혹은 지역 개념으로서의 조선이란 명칭은 서기전 241년 이후 서기전 139년 이전의 어느 시점에 비로소 형성된 것이며, 서기전 241년 전후에 예(穢)로 불리던 지역 혹은 종족이 서기전 139년 이전의 어느 시점에 조선이란 국가 혹은 지역 개념으로 변화된 것임을 알 수 있다. 『여씨춘추』와 『회남자』로부터 얻을 수 있는 이러한 지리 인식은 서기전 194년 위만조선의 위치가 발해를 끼고 있는 산동성 무체현 이북으로부터 현재의 천진(天津) 일대에 이르는 어느 지역에 위치했음을, 즉 예전 예(濊)가 있었던 발해 연안의 인근 지역에 조선이 형성되었을 가능성을 분명히 알게 해준다.

3. 창해군의 설치와 그 위치

창해군의 설치 과정 및 그 위치를 올바로 이해하기 위해서는 우선 조선 즉 위만조선의 건국과 그 위치부터 이해해야 한다.

서기전 241년에 작성된 『여씨춘추』에 기록된 예(穢)와 서기전 139년에 작성된 『회남자』에 기록된 조선의 관계에 대해서는 『사기(史記)』를 통해 더욱 자세히 설명할 수 있다. 『사기』의 서기전 241년으로부터 서기전 139년까지 혹은 그 이후의 창해군(滄海郡)이 나타난 서기전 128년까지의 예(穢) 및 조선 관련 사실(史實)들을 살펴보면, 서기전 241년의 기록에 나타난 예(穢)가 서기전 139년의 기록에 나타난 조선과 같은 실체임을 알 수 있는 것이다. 즉 『여씨춘추』에 기록된 예(穢)가 『회남자』에 기록된 조선으로 변화된 것이다.

그렇다면 예(穢)는 어떤 과정 속에서 조선으로 변화했던 것일까?

『여씨춘추』에서는 "이예지향(夷穢之鄕)"으로 기록되어 동이의 북쪽 발해 연안에 이웃한 종족의 범칭으로 표현된 예(穢)가 『회남자』에서는 조선으로 기록되었는데, 그 변화는 어떤 과정을 거치며 일어난 것일까?

1) 『사기』에 기록된 조선 국가의 형성 과정과 그 위치

『여씨춘추』가 작성되던 시기의 시대상황은 역사적으로 하나의 크나큰 전환기였다. 서기전 475년에 시작된 전국시대가 진(秦)에 의해 하나로 통일되는 국면으로 들어선 것이다. 여불위(呂不韋, 서기전 292년~서기전 235년)는 이러한 통일 국면을 대비하는 시대정신(時代精神)을 『여씨춘추』에 담아냈었다.

실로 『여씨춘추』는 선진(先秦) 시기의 마지막 이론(理論) 저작의 하나이며,[360] 선진(先秦) 문화의 마지막 결정체의 하나이다. 『여씨춘추』는 제자백가(諸子百家)의 학설에 대해 그 이전에 없었던 대규모의 종합정리 작업을 진행하여, 이후의 통일된 봉건제국을 창조해내는 상당히 체계적인 이론체계가 되었다. 『여씨춘추』의 출현은 전국시대 백가쟁명(百家爭鳴)의 끝맺음과 함께 통일된 봉건문화의 시작을 의미하는 획기적인 의의가 있었다. 『여씨춘추』의 사회관(社會觀) 및 정치관(政治觀)을 주의하여 살펴보면, 『여씨춘추』가 미래를 여는데 공헌했으며, 『여씨춘추』가 바로 이후 달성될 통일된 봉건왕조의 청사진(靑寫眞)이었음을 알 수 있다.[361]

그런데 춘추전국시대를 끝맺는 중국고대사를 고찰하면 자연스레 하

---

360) 선진(先秦) : 진(秦)의 시황제(始皇帝)가 중국을 통일하여 제국(帝國)으로서의 진(秦)을 세운 기원전 221년 이전의 시기를 선진(先秦) 시기라고 부른다. 춘추전국(春秋戰國) 시기를 의미한다.

361) 牟钟鉴著, 『≪吕氏春秋≫与 ≪淮南子≫思想研究』, 齐鲁书社, 1987, 101~1021쪽.

나의 의문이 생긴다. 진(秦)은 서쪽 변방의 이민족 틈 속에서 건국하여 초기에 상대적으로 낙후한 정치문화를 지녔었음이 분명한데,[362] 어떻게 빠르게 성장하여 마침내 전국시대를 종결시키고 통일을 이룰 수 있었을까?

범문란(范文瀾)은 진시황에 의해 통일되기 이전의 진(秦)과 산동육국(山東六國)을 비교하면서,[363] 진(秦) 초기의 낙후함이 오히려 통일의 원동력이 될 수 있었다고 설명했다. 낙후했기 때문에 진(秦)에는 지나치게 향락을 탐하는 타락한 세력이 비교적 미약했고, 그러므로 새로운 제도가 효과적으로 실시되기 쉬웠다는 설명이다. 그러므로 진(秦)은 산동의 다른 국가들과는 차별화된 빠른 성장을 이루었고, 마침내 중원을 통일할 역량을 가질 수 있었다고 본 것이다.

그러므로 범문란은 통일 직전의 진(秦)이 산동육국(山東六國)보다 강역(疆域), 경제력, 정치풍속, 제도의 진보(進步) 정도, 국가에 대한 인민의 신뢰도(信賴度) 등의 측면에서 모두 우월하게 성숙해 있었다고 설명했다. 즉 진(秦)은 전국을 통일할 능력을 갖춘 국가로 성장해 있었다는 것이다. 범문란은 이와 함께 진(秦)의 통일을 위한 유리한 조건이 전국적으로 성숙되어 있었다고 설명했다. 전국시대의 숱한 대내외적 전쟁에 지친 7국의 인민들은 당연히 더 이상의 전쟁을 원치 않았고, 누가 중국을 통일할 수 있다면, 인민들은 그를 따라 평화를 얻으려고 희망했는데, 당시 진(秦)이 통일한 능력을 갖춘 국가가 되어 있었으므로, 때문에 인민들은 희망을 진(秦)에 기탁(寄託)하였고, 이러한 전국

---

362) 『呂氏春秋』「不苟論」不苟 "秦國僻陋戎夷。".

363) 산동과 산동육국 : 지리구역의 명칭으로서의 산동(山東)은 전국시대에 나타난 개념이다. 전국시대의 진(秦)은 효산(崤山)과 함곡관(函谷關)의 동쪽 지역을 산동으로 불렀다. 그러므로 전국칠웅(戰國七雄) 중 진(秦)을 제외한 나머지인 한(韓), 조(趙), 위(魏), 제(齊), 초(楚), 연(燕)이 모두 효산과 함곡관의 동쪽에 있으므로 이들 6개의 국가들을 '산동육국(山東六國)'이라 불렀다.

인민의 진(秦)에 대한 희망은 진(秦)의 역량증대를 더욱 촉진하여 마침내 진(秦)은 전국을 통일하는 역사적 임무를 실현할 수 있었다는 것이다.[364]

나아가 범문란은 진(秦)에 의한 통일 직전 산동 각 국의 정치사회적 상태와 그에 따른 통일의 당위성(當爲性)을 다음과 같이 비판적으로 분석하고 있다.

> 산동(山東) 각 국은 서로 시기(猜忌)하여 '합종(合縱)'은 불가능하면서도 식객(食客)을 먹여 살리며 재화(財貨)를 낭비하였는데, 이것은 멸망의 원인이 되었다. 하지만 멸망의 주요한 원인은 하층 인민에 있었다. 수심화열(水深火熱) 즉 도탄에 빠진 경우에 생활은 해나가기 어렵다. 한(韓), 조(趙), 위(魏)의 3국을 간단히 말하자면 진(秦)에 의해 몇 백 만이 살해되었다. 산동 각 국 사이의 전쟁에서 사망한 숫자도 더 적지 않다. 노동력을 갖춘 장년(壯年)이 대량 사망하여 생산력은 파괴되었다. 또한 거기에 더하여 터무니없이 무거운 세금이 징수되고, 토지는 점점 줄어들며, 세금 부과는 더욱 가혹해져서, 인민의 부담은 상상하기 불가능할 정도로 무거워졌다. 제(齊)의 수도인 임치(臨淄), 조(趙)의 수도인 한단(邯鄲)의 주민 생활은 특히 타락하였으며 다른 도시들도 대체로 비슷했다. 이렇게 생산하지 않고 기생(寄生)하는 자들도 자연스럽게 간접적으로 고된 인민을 착취하는 것이다. 인민은 가난해지고 재정은 바닥이 나서 유지할 수 없는 때에 이르면 국가가 멸망하는 것은 피할 수 없다. 산동육국(山東六國)은 더 이상 그들의 통치를 유지할 수 없고, 진(秦)의 병력과 경제력 및 정치적 영향력은 육국(六國)을 크게 앞질렀는데, 이러한 추세가 형성되

364) 양관(楊寬)은 전국시대 말기에 사회적 및 경제적 발전 수준이 이미 하나의 통일국가 건설을 요구하고 있었으며, 연이은 대규모의 잔혹한 겸병(兼併) 전쟁에 의해 살해 및 약탈 혹은 파산된 인민들도 통일을 절박하게 요구하고 있었다고 보았다. 양관은 진시황이 이른바 육국(六國)을 통일하는 역사적 임무를 완성할 수 있었던 이유는 무엇보다도 당시에 국가의 통일이 다수 인민군중 공통의 희망이었기 때문이었다고 설명했다(杨宽著,『战国史』. 上海人民出版社, 1998, 434~444쪽).

지 않았다면 통일제국은 불가능했던 것이다.365)

중원의 이런 상황에 바로 주목할 점이 있다. 비록 진(秦)은 중원 서쪽의 관중(關中)을 차지하여 오히려 전국시대에 횡행한 전쟁의 피해를 상대적으로 적게 받으면서 한편으로는 농업 생산을 늘려 사회를 안정시키고 또 그에 따라 증가한 인구를 통해 강병(强兵)을 형성하는 등 그 국가의 지리적 장점을 최대한 살려 통일의 역량을 충분히 갖추기도 했지만,366) 진(秦)의 통일을 더욱 실현 가능하게 했던 것은 병합(倂合)할 상대인 한(韓), 조(趙), 위(魏), 제(齊), 초(楚), 연(燕) 등 6국이 모두 그 내부적으로 취약(脆弱)해져 있었다는 것이다. 특히 민심을 잃은 육국(六國)이 진(秦)에 의해 병합되는 것은 당시의 시대상황으로서는 오히려 필연이라는 것이다.367)

이러한 시대상황의 연장선에서, 서기전 194년의 위만에 의한 조선 건국이 가능했다고 볼 수 있다. 서기전 230년에 한(韓)을 병합하며 시작한 진시황의 전쟁은 마지막으로 서기전 221년에 제(齊)를 멸망시켜 마침내 육국(六國)을 통일하며 끝났는데, 그 이후 진시황의 통치는 오래가지 못했다. 진시황은 서기전 210년에 객지에서 병사(病死)하였고, 진시황의 유서를 조작하여 집권한 이세황제(二世皇帝) 호해(胡亥)는 서기전 207년에 조고(趙高)에 의해 죽임을 당했다. 그 뒤의 내전을 거치며 서기전 202년에 한(漢)이 세워졌다. 진시황이 죽은 서기전 210년 이후 한(漢)이 건국된 서기전 202년까지는 물론, 그 이후도 중원은 내전(內戰)의 소용돌이에 휩싸여 있었다. 그 혼란 속에 한(漢)을 세운 유

365) 范文澜著,『中国通史简编』上下, 河北教育出版社, 2000, 84~87쪽.

366) 李娟娟,「秦统一六国中的地理因素再论」『保定学院学报』2016年第5期, 38~43쪽.

367) 孙斌来,「秦统一六国原因的再探讨」『人文杂志』2003年第1期, 76~85쪽.

방(劉邦)은 서기전 195년에 죽었는데, 그 해에 위만이 동쪽 조선의 지역으로 망명했고, 그 이듬해에 조선 즉 위만조선이 건국되었다. 조선의 건국은 이러한 시대상황에서 비로소 가능했던 것이다.

서기전 195년 양력 6월 1일(夏曆 4월 25일)에 한(漢)을 건국한 유방(劉邦)이 죽자, 현재의 북경 서남쪽 일대에 있던 연왕(燕王) 노관(盧綰)이 서북쪽으로 흉노에 망명하는 사건이 발생했다. 이때 위만(衛滿)도 동쪽으로 망명하였다. 노관은 궁인(宮人) 및 가속(家屬)과 수천 명의 기병을 이끌고 서북쪽의 흉노로 망명했다. 위만은 무리 천여 명을 모아 북상투에 오랑캐의 복장을 하고서 동쪽으로 도망하여 요새를 나와 패수를 건너 진(秦)의 옛 공지(空地)인 상하장(上下障)에 머물렀다. 노관은 흉노에 의해 동호노왕(東胡盧王)에 임명되었는데 서기전 194년에 죽었다. 위만은 진번(眞番)과 조선의 만이(蠻夷) 및 옛 연(燕) 과 제(齊)의 망명자들을 점차 복속시켜 거느리고 왕이 되어, 서기전 194년에 왕험(王險)에 도읍하며 조선 즉 위만조선을 건국하였다.[368)]

서기전 194년 위만에 의한 조선의 건국은 당시 중원의 상황, 한(漢) 고조(高祖) 유방의 죽음, 노관의 흉노 망명 등의 사건과 연관되어 이루어진 역사적 사건임이 분명하다. 그러므로 여러 사건들의 연관성 속에서 분석되어야 하는 것이다.

위만의 조선이 건국되던 그 당시, 현재 북경 일대의 상황은 그 어느 시기보다 특이(特異)하였다. 노관이 흉노로 망명하는 과정에 그 지역은 주발(周勃)에 의해 평정된다. 망명 이전에 노관은 주발의 군대와 현재의 북경 서북쪽 일대의 상란(上蘭)과 저양(沮陽)에서 전투를 치루었고, 장성 아래까지 쫓겨갔지만, 바로 흉노로 망명하지 않고 장성 안쪽에 일시 머물렀다. 당시 유방은 병중(病中)에 있어, 노관은 유방의 병

368) 『史記』의 「韓信盧綰列傳」 및 「朝鮮列傳」 참조.

이 나으면 직접 찾아가 그 동안 자신이 흉노와 관계를 가지며 유방을 반역(反逆)했던 일 등을 사죄(謝罪)하려 했던 것이다. 이렇듯 노관이 장성 아래에서 기회를 넘보는 시기에 유방은 연(燕)의 지역에서 노관의 반란에 참여했던 관리와 백성들을 사면하고, 여덟째 아들인 유건(劉建)을 연왕(燕王)에 임명했다.[369] 그러나 노관의 기대와 달리 유방이 곧 죽게 되자, 노관은 장성을 넘어 흉노로 망명했던 것이다. 이러한 노관의 망명 과정에 주발은 당시 그 일대 상곡(上谷)의 12개 현(縣), 우북평(右北平)의 16개 현, 요서와 요동의 29개 현, 어양(漁陽)의 22개 현을 평정하였다.[370]

여기서 서기전 195년에 주발이 평정한 상곡, 우북평, 요서, 요동, 어양의 5개 군(郡)은 당시 연왕 노관이 지배하던 영역이었다. 당시 연왕이 도읍(都邑)했던 곳은 현재의 북경시 서남쪽에 있던 계(薊)인데,[371] 그 주위를 5개의 군이 둘러싸고 있었다. 실제로 당시 주발이 평정한 계(薊)와 5개 군(郡)은 모두 현재의 조백하(潮白河) 동쪽 일대에 있었다. 당시 평정한 지역을 대체적으로 표시하면 아래의 [지도4]와 같다.

369) 『史記』卷8 「高祖本紀」第8 “二月, 使樊噲、周勃將兵擊燕王綰, 赦燕吏民與反者。立皇子建為燕王。”

370) 『史記』卷57 「絳侯周勃世家」第27 “燕王盧綰反, 勃以相國代樊噲將, 擊下薊, 得綰大將抵、丞相偃、守陘、太尉弱、御史大夫施, 屠渾都。破綰軍上蘭, 復擊破綰軍沮陽。追至長城, 定上谷十二縣, 右北平十六縣, 遼西、遼東二十九縣, 漁陽二十二縣。最從高帝得相國一人, 丞相二人, 將軍、二千石各三人 ; 別破軍二, 下城三, 定郡五, 縣七十九, 得丞相、大將各一人。”

371) 靳宝, 「燕王臧荼与汉初政局」『文史知识』2010年第7期, 52쪽.

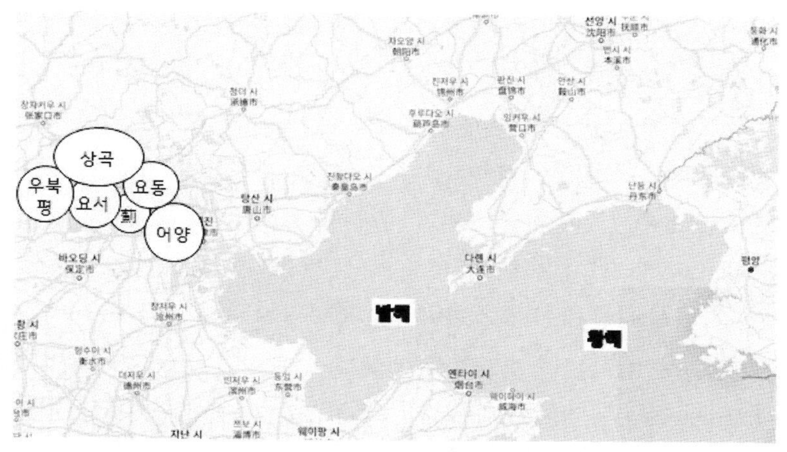

[지도 4] 서기전 195년 주발이 평정한 계(薊)와 연오군(燕五郡)

사마천의 『사기』 「조선열전」에 의하면, 서기전 202년에 한(漢)이 건국된 이후 현재 북경의 동쪽 일대조차 지키기 어려워 요동의 옛 요새를 수리하고 패수(浿水)에 이르는 곳을 경계로 하여 연왕(燕王)의 통치범위에 속하게 하였다.372) 이 기록에서 패수를 한반도에 있는 대동강 혹은 청천강으로 설정하여, 조선 즉 위만조선이 대동강 일대인 평양에 건국되었다는 주장도 있었다. 그러나 이는 역사적 사실과는 거리가 먼 허구(虛構) 그 자체이다.

서기전 195년의 연왕(燕王)이 통치하던 연국(燕國)은 현재의 북경 서남쪽의 계(薊)에 도읍한 제후국(諸侯國)이었다. 일찍이 서기전 209년 진승(陳勝) 등에 의한 반란이 일어나자, 한광(韓廣)은 스스로 연왕(燕王)이 되어 현재의 북경 일대를 차지했었다. 서기전 206년에 항우(項羽)는 한광의 부하였던 장도(臧荼)를 연왕에 봉(封)하고, 한광을 요

372) 『史記』卷115 「朝鮮列傳」第55 "漢興, 為其遠難守, 復修遼東故塞, 至浿水為界, 屬燕。".

동왕에 봉했다. 한광이 이에 불만을 가져 요동으로 가지 않자, 장도는 한광을 죽여버렸다. 여기서 한광이 봉(封)해지려던 요동왕의 도읍은 무종(無終)이었는데,[373] 현재의 하북성 계현(薊縣) 일대였다.[374] 한광이 요동으로 가지 않으려던 이유는, 그 지역이 한(漢)의 변방이었기 때문이다. 항우는 연왕의 통치지역 중에서 동쪽의 변방인 요동을 연국(燕國)으로부터 "나누어[分]" 요동왕의 봉지(封識)로 주려했던 것이다.[375] 아래의 [지도5]에서 확인되듯, 한광에게 주려했던 요동국왕의 지역은 무종(無終) 즉 현재의 계현(薊縣)을 중심으로 한 작은 곳이었다. 이에 한광은 거부했고, 끝내 죽임을 당했던 것이다.

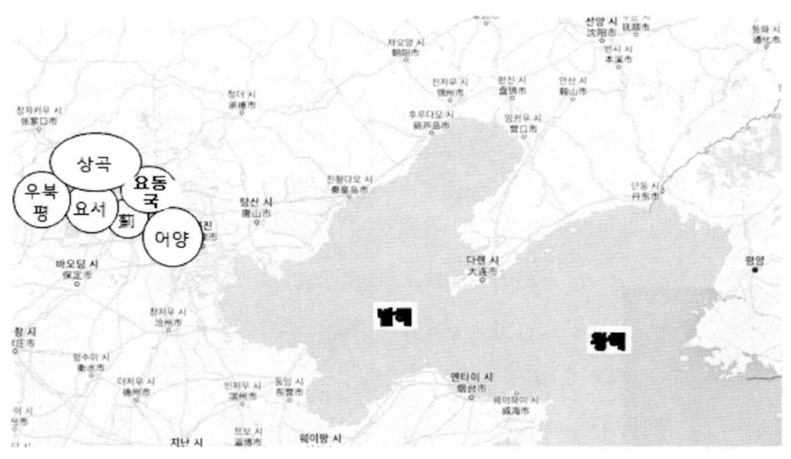

[지도 5] 서기전 206년 한광이 요동왕으로 봉해졌던 요동국 위치

서기전 206년 한광을 죽인 장도는 요동국으로 봉해졌던 지역까지

373) 『史記』卷16 「秦楚之際月表」第4 "三十二。都無終。"

374) 王朋飞, 「春秋时期无终部落迁徙路线考」『河北北方学院学报: 社会科学版2』2018年第5期, 참조.

375) 『史記』卷16 「秦楚之際月表」第4 "二十九。臧荼從入, 分燕為二國。" "分為遼東。"

차지하여 연왕이 되었다. 이후 서기전 202년 장도가 반란을 일으키자, 유방은 그를 대신하여 노관을 연왕에 봉했다.[376] 한(漢)의 건국 초기에 봉해진 제후 중 규모가 큰 경우는 5～6개의 군(郡)을 지녔는데,[377] 노관도 위의 [지도4]에서처럼 5개의 군을 갖고 있었다. 한(漢) 초에 설치된 연국(燕國)과 대국(代國)의 강역 범위는 "안문(雁門)과 태원(太原)의 동쪽으로 요양(遼陽)에 이르기까지"이다.[378] 그런데 여기서의 요양을 지금 요녕성 요양 지역으로 해석하여, 마치 한(漢) 초의 연국(燕國)이 오늘의 요하 동쪽 요녕성 일대는 물론 압록강 이북 지역까지 지배했던 큰 제국(帝國)처럼 잘못 서술하는 경향도 있었다. 그러나 이 또한 명백한 허구(虛構)이다.

위에서 연국의 범위로 기록한 요양(遼陽)은 연(燕)이 쌓았다는 두 개의 장성 중 북쪽에 있던 것의 남단(南端) 지역이다. 현재의 요녕성 요양이 절대 아닌 것이다. 연(燕)은 일찍이 장성을 쌓았는데, 조양(造陽)에서부터 양평(襄平)에 이르며, 이 범위 안에 5개의 군을 설치했다.[379] 일부의 역사학자는 여기서의 양평(襄平)을 현재의 요녕성 요양 지역으로 보아, 연(燕) 장성이 그곳까지 이어졌다고 역사를 왜곡하기도 했다. 그러나 이 또한 분명한 허구(虛構)이다.

실제로 연(燕)의 장성이 이어진 양평(襄平)은 연(燕)이 설치한 요동군의 치소(治所)가 있던 곳으로서, 지금까지의 연구에 따르면, 연(燕) 시기의 양평은 현재 하북성 계현(薊縣) 일대였음이 틀림없다.[380] 또한

---

376) 『史記』卷8 「高祖本紀」第8 "十月, 燕王臧荼反, 攻下代地。高祖自將擊之, 得燕王臧荼。即立太尉盧綰為燕王。".

377) 『史記』卷17 「漢興以來諸侯王年表」第5 "大者或五六郡".

378) 『史記』卷17 「漢興以來諸侯王年表」第5 "自雁門、太原以東至遼陽, 為燕代國。".

379) 『史記』卷110 「匈奴列傳」第50 "燕亦筑長城, 自造陽至襄平。置上谷、漁陽、右北平、遼西、遼東郡以拒胡。".

380) 權五重, 「前漢時代의 遼東郡」 『인문연구』17(1), 1995.8, 270～276쪽.

사마천이 연국의 범위로 기록한 "안문과 태원의 동쪽으로 요양에 이르기까지"[381]에서의 요양(遼陽)은 양평 즉 현재의 계현(薊縣)에서 멀지 않은, 그 남쪽에 있었던 고대도시인 옹양(雍陽)으로 볼 수 있다. 사마천이 『사기』에 단 한차례 기록한 요양(遼陽)은 고대의 옹양인 것이다. 옹양은 사서에 옹노(雍奴)로 기록되었는데, 그 지역은 현재 북경시 동남쪽의 무청구(武淸區) 일대였다. 이 일대의 옹양 즉 옹노에는 연(燕)이 쌓은 장성의 유적이 아직도 남아있다. 『무청현지(武淸县志)』에 의하면, 이 장성은 현재의 무청구 두장장향(豆張庄鄕) 청타촌(靑坨村)에서 북쪽으로 수백리 뻗어있다.[382] 이 장성이 바로 진개(秦開) 이후에 쌓았고, 진시황이 몽염(蒙恬)을 시켜 연결시켰던 소위 만리장성의 동쪽 끝이다.

그런데 서기전 195년 노관이 흉노로 망명하자, 그 일대의 상황은 또 다시 크게 바뀌었다. 노관의 흉노 망명 이후에는 위의 [지도4]에 나타난 연왕의 통치 범위가 크게 위축될 수밖에 없었던 것이다. 이런 상황을 『사기』「흉노열전」은 "연왕 노관이 반란을 일으켜, 그의 무리 수천을 이끌고 흉노에 항복했고, 상곡(上谷)으로부터 그 동쪽 지역을 오가며 괴롭혔다."라고 기록했다.[383]

위와 같은 상황을 종합하면, 서기전 195년 노관의 흉노 망명 이후 상곡과 요동 및 어양 일대는 흉노와 그 이외의 북방민족에 의해 자주 짓밟히면서 연국이 통제하기 어려운 지역이 되었다. "흉노는 나날이 강성해져, 해마다 변경에 들어왔고, 백성을 죽이고 가축과 재산을 약탈함이 매우 심하고 많았는데, 운중(雲中)과 요동이 가장 심했다."는

381) 『史記』卷17 「漢興以來諸侯王年表」第5 "自雁門、太原以東至遼陽, 為燕代國。".

382) 天津市武清县地方史志编纂委员会编著, 『武清县志』, 天津社会科学院出版社, 1991, 596 및 600쪽.

383) 『史記』卷110 「匈奴列傳」第50 "後燕王盧綰反, 率其黨數千人降匈奴, 往來苦上谷以東。"

사서의 기록을 보면,[384] 북경 일대는 흉노에 의해 심하게 유린(蹂躪)당하고 있었다. 이런 상황은 한(漢)의 무제(武帝) 시기까지도 계속되었다. 서기전 129년에는 흉노가 어양을 심하게 약탈하였으며, 창해군이 설치되던 서기전 128년에는 흉노가 요서(遼西)의 태수(太守)를 죽이고 2천여 명을 약탈하기도 했다. 창해군이 설치된 이듬해인 서기전 127년에는 상곡군의 치소(治所)인 조양(造陽)을 흉노에 내줄 정도였다.[385]

위의 『사기』 기록에서 서기전 128년에 흉노가 약탈한 요서(遼西)가 어디였을까? 서기전 195년에서 서기전 128년에 이르는 기간의 역사 기록을 종합하면, 서기전 128년 흉노가 공격한 요서(遼西)는 위의 [지도4]에서 확인하듯, 현재의 북경 인근 일대에 있었음이 틀림없다. 한국과 중국의 사대사관과 식민사관에 젖은 학자들은 이 요서를 현재의 대릉하(大陵河)에서 난하(灤河) 사이의 너른 지역에 위치시키기도 하는데, 이는 상상(想像) 속의 역사로서 사실(史實)과 전혀 관계없는 허구(虛構)임이 명백하다. 『사기』의 다음 기록에서 분명히 알 수 있다.

> (흉노의) 좌방(左方)의 왕과 여러 장수(將帥)들은 동쪽 방향에 머물렀는데, 상곡(上谷)과 그 동쪽 지역을 담당했으며, 동쪽으로 예맥(穢貉) 및 조선과 접하고 있었다.[386]

384) 『史記』卷110 「匈奴列傳」第50 "匈奴日已驕, 歲入邊, 殺略人民畜產甚多, 雲中、遼東最甚, 至代郡萬餘人。".

385) 『史記』卷110 「匈奴列傳」第50 "自馬邑軍後五年之秋, 漢使四將軍各萬騎擊胡關市下。將軍衛青出上谷, 至蘢城, 得胡首虜七百人。公孫賀出雲中, 無所得。公孫敖出代郡, 為胡所敗七千餘人。李廣出鴈門, 為胡所敗, 而匈奴生得廣, 廣后得亡歸。漢囚敖、廣, 敖、廣贖為庶人。其冬, 匈奴數入盜邊, 漁陽尤甚。漢使將軍韓安國屯漁陽備胡。其明年秋, 匈奴二萬騎入漢, 殺遼西太守, 略二千餘人。胡又入敗漁陽太守軍千餘人, 圍漢將軍安國, 安國時千餘騎亦且盡, 會燕救至, 匈奴乃去。匈奴又入鴈門, 殺略千餘人。於是漢使將軍衛青將三萬騎出鴈門, 李息出代郡, 擊胡。得首虜數千人。其明年, 衛青復出雲中以西至隴西, 擊胡之樓煩、白羊王於河南, 得胡首虜數千, 牛羊百餘萬。於是漢遂取河南地, 筑朔方, 復繕故秦時蒙恬所為塞, 因河為固。漢亦棄上谷之什辟縣造陽地以予胡。是歲, 漢之元朔二年也。".

386) 『史記』卷110 「匈奴列傳」第50 "諸左方王將居東方, 直上谷以往者, 東接穢貉、朝鮮".

사마천은 흉노가 동쪽으로 예맥 및 조선과 접하고 있었다고 서술했다. 아래의 [지도6]을 보면, 서한(西漢) 시기에 흉노의 동쪽에 오환(烏桓)이 위치하고 있다. 서기전 209년에 부친을 죽이고 선우(單于)가 된 묵돌(冒頓)은 서기전 206년에 동쪽에 이웃한 동호(東胡)를 오환산(烏桓山) 일대로 쫓아냈다. 여기서 동호로부터 그 명칭을 바꾼 오환이란 정치집단이 형성되어, 서쪽의 흉노와 이웃하게 된 것이다. 그런데 사마천은 그의 『사기』에 흉노가 동쪽으로 예맥 및 조선과 접하고 있었다고 서술했다. 그러므로 아래의 [지도6]은 잘못 그려진 것으로 볼 수 있다. 아래의 [지도6]은 흉노가 동쪽으로 예맥 및 조선과 접하도록 수정되어야 맞는 것이 된다.

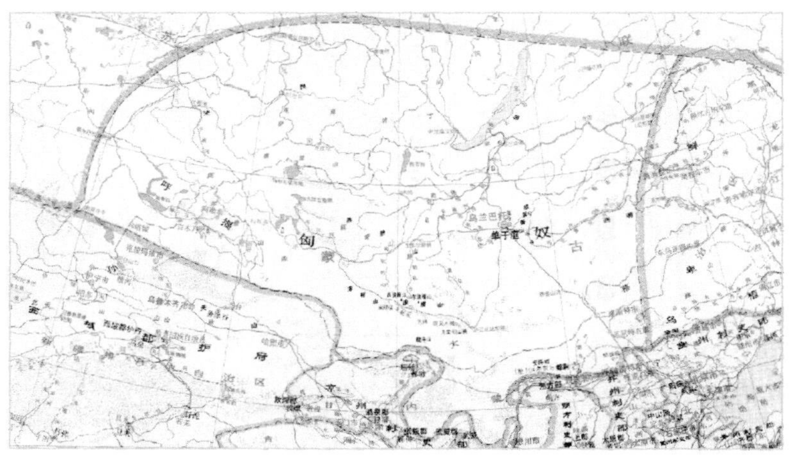

[지도6] 서한 시기의 흉노와 그 주변[387)]

위의 [지도6]은 중국의 역사지리학자인 담기양(譚其驤, 1911~1992

387) 谭其骧主编, 『中国历史地图集』, 中国地图出版社, 1996, 39쪽.

년)이 작성한 것인데, 서한 시기의 흉노에 관한 지도이다. [지도6]에 나타난 흉노의 지역 범위는 고고학적 발굴자료에 의해 역사적 사실을 제대로 반영한 것임을 알 수 있다. 아래의 [지도7]은 흉노의 무덤 분포도인데, 이를 통해 담기양이 작성한 흉노의 강역이 역사사실을 반영한 것임을 확인할 수 있다. 존재의 가장 확실한 증거인 무덤을 통해, 흉노의 활동 범위가 파악되는 것이다. 그러나 [지도6]이 『사기』의 기록처럼 흉노가 동쪽으로 예맥 및 조선과 접하고 있다는 사실을 표시하지 못한 것은 큰 오류로 지적하지 않을 수 없다.

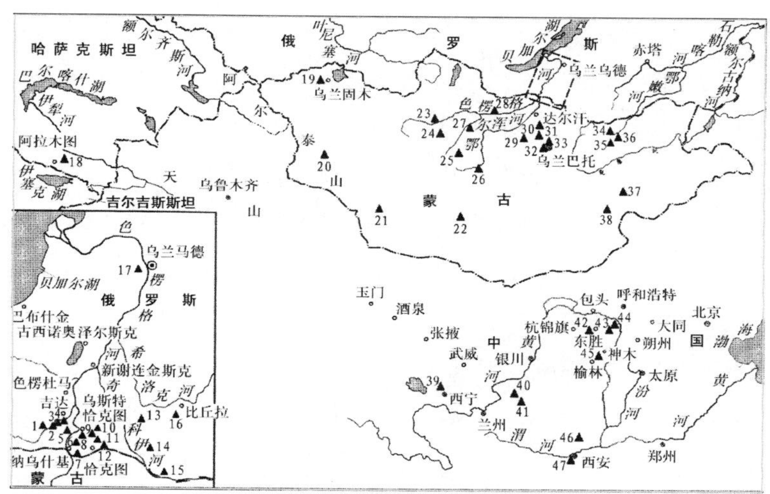

[지도 7] 흉노의 무덤 분포도[388]

사마천은 서기전 91년에 『사기』를 완성했다.[389] 서기전 145년에 태어난 사마천은 서기전 91년에 『사기』를 완성하고 그 이듬해에 죽었다.

388) 单月英, 「匈奴墓葬研究」 『考古学报』2009年第1期, 39쪽.

389) 袁传璋, 『太史公生平著作考论』, 安徽人民出版社, 2005, 12~15쪽.

사마천의 생존 시기 내내 대다수 한인(漢人)들의 가장 큰 관심거리는 흉노였을 것이다. 위의 [지도6]에서 보듯, 한(漢)의 북쪽에 위치한 흉노는 수시로 전쟁을 치루어야 하는 대상이었다. 여러 직접적인 체험을 통해, 역사를 기록하는 사관(史官)의 입장에서, 사마천은 흉노와의 전쟁을 자신의 저서인 『사기』에 생생하게 담아낼 수 있었다. 특히 사마천은 「흉노열전」에 한(漢)의 무제(武帝)가 즉위한 서기전 141년을 "지금의 황제가 즉위하자(今帝卽位)"라고 표현하고, 그 뒤에 서기전 91년까지 흉노와 이루어진 여러 사건들을 자세히 기록하고 있다. 자신의 생존 기간에 일어났던 사건 다수를 생생하게 기록한 「흉노열전」에 사마천은 "(흉노가)동쪽으로 예맥(穢貉) 및 조선과 접하고 있었다."고 분명하게 서술했다. 사마천 시기의 조선 즉 위만조선이 한반도에 있지 않았기 때문에 가능했던 서술인 것이다.

지금까지 위의 본문에서 진시황의 죽음(서기전 210년), 진(秦) 몰락의 계기가 된 진승(陳勝)과 오광(吳廣)의 난(서기전 209년), 진시황의 유서를 조작하여 집권한 이세황제(二世皇帝) 호해(胡亥)의 죽음(서기전 207년), 그 뒤의 내전을 거쳐 한(漢)의 건국(서기전 202년), 유방(劉邦)의 죽음과 노관(盧綰)의 흉노 망명(서기전 195년), 위만이 동쪽 조선의 지역으로 망명(서기전 195년) 등의 상황 속에서 서기전 194년의 조선 즉 위만조선 건국이 가능했다고 서술했다. 그리고 사마천은 이렇게 성립된 조선 즉 위만조선이 흉노의 동쪽에 인접해 있었다고 서술했다. 그러므로 조선의 위치를 아래의 [지도8]처럼 표시할 수 있다.

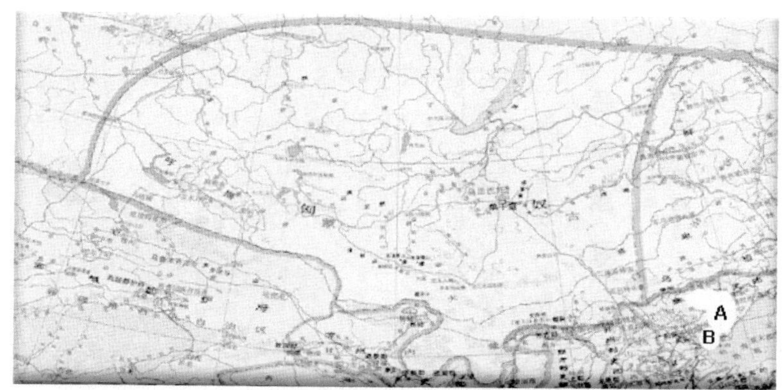

[지도 8] 조선 즉 위만조선의 지역 범위인 A 및 B

위의 [지도8]의 A 및 B처럼, 서기전 194년에 건국된 조선 즉 위만조선은 현재의 북경 동쪽 발해 연안에 있었다. 이미 위에서 위만이 동쪽으로 조선의 지역에 망명하던 서기전 195년을 전후한 시기의 현재 북경 일대 상황은 충분히 설명하였다. 노관이 흉노로 망명하던 서기전 195년에 유방(劉邦)도 죽었는데, 죽기 전에 자신의 여덟째 아들인 유건(劉建)을 연왕(燕王)에 봉했었다. 그 연왕의 치소(治所)는 현재 북경 서남쪽에 있는 계(薊)였다. 『사기』「조선열전」에서 "한(漢)이 일어나서는 그곳이 멀어 지키기 어려웠기 때문에, 다시 요동의 옛 요새를 수리하고, 패수(浿水)에 이르는 곳을 경계로 하여 연(燕)에 속하게 했다."고 했는데, 이 기록에서의 연(燕)이 바로 연왕의 통치하던 연국(燕國)을 말한다. 그리고 위에서 이미 분명히 밝혔지만, 연국과 관련된 요동은 한(漢)의 건국 초기인 서기전 206년에 한광(韓廣)이 봉해졌던 요동왕의 도읍인 무종(無終) 즉 현재의 하북성 계현(薊縣) 일대까지였지만, 한광이 요동으로 옮겨가기를 거부하다 죽임을 당한 이후 그곳조차 멀고 지키기 어려워 "요동의 옛 요새를 수리하고, 패수(浿

水)에 이르는 곳을 경계로 하여 연(燕)에 속하게 했는데", 이러한 상황을 현재의 지리와 결부시켜 검토하면, 그 패수(浿水)는 북경 동쪽에서 남쪽으로 흘러 발해로 들어가는 조백하(潮白河)가 가장 적당하다. 서기전 202년에 건국된 한(漢)에 의해 수리 및 정비된 요동의 옛 요새들은 현재의 영정하(永定河)와 조백하 사이에 있었던 것이다. 즉 서기전 194년에 건국된 위만조선은 패수 즉 조백하를 경계로 연(燕)과 이웃하고 있었던 것이다.

조백하와 조선의 관계는 이미 여러 학자들에 의해 언급되었었다. 조선의 '朝' 자는 조백하에서 취했고, '鮮' 자는 용선수(龍鮮水)에서 취했다는 것이다. 즉 조백하와 용선수가 흐르는 지역에 조선이 건국되어, 그 물길에서 조선이란 지명 혹은 국명이 생겼다는 것이다.[390] 5세기에 배인(裴駰)이 작성한 『사기집해(史記集解)』에는 장안(张晏)의 말을 인용하며 "조선에는 습수(濕水)와 열수(洌水) 산수(汕水)가 있고, 삼수(三水)가 합하여 열수(洌水)가 되니, 혹시 낙랑과 조선의 명칭은 그것에서 나온 듯하다."고 해석했다.[391] 『수경주(水經注)』를 보면, 습수(濕水)는 현재의 영정하임이 분명하다. 그리고 습수와 열수와 산수가 합하여 열수가 되었다는 표현을 보면, 세 물길이 합쳐지는 그 일대에 조선이 위치했던 것이다. 고대의 습수인 영정하와 합쳐져 현재의 천진(天津)에서 발해로 흘러드는 물길은 조백하와 용선수였다. 그러므로 고대의 습수, 열수, 산수(汕水)의 세 물길은 현재의 영정하, 조백하, 용선수(龍鮮水)를 말한다.

390) 常征, 「召公封燕及燕都考」『北京史论文集』, 1980, 6쪽.

391) 【集解】 張晏曰: 「朝鮮有濕水、洌水、汕水, 三水合為洌水, 疑樂浪、朝鮮取名於此也。」

2) 『사기』에 기록된 창해군의 위치

1783년에 완성한 『동사강목(東史綱目)』에서 안정복은 창해군이 동해안의 강릉 일대에 있었던 것으로 판단하였다. 그 이후 조선시대와 일제강점기의 한일(韓日) 학자들은 대체로 동해안과 압록강 중류 일대에서 창해군의 위치를 찾았다. 안정복은 서기전 218년 박랑사(博浪沙)에서 진시황을 저격한 사건에 등장하는 창해군(倉海君)의 '창해(倉海)'가 창해군(滄海郡)의 지명 유래와 관련되었다는 다음과 같은 인식의 오류조차 지니고 있었다.

> 『사기』에 "장량(張良)이 한(韓)을 위해 원수를 갚으려고, 동쪽으로 와서 창해군(滄海君)을 만나고, 역사(力士)를 얻었다."하고, 그 주(註)에 "창해군은 동이(東夷)의 군장(君長)이다."라고 하였으니, 창해라는 이름이 생긴 지 이미 오래다. 한무제(漢武帝) 원삭(元朔) 원년에 예(濊)의 임금 남려(南閭)가 항복하자, 그 땅을 창해군으로 삼았으니, 아마 옛이름을 그대로 따른 것이리라.392)

장량(張良, 서기전 250~서기전 186년)이 만난 어느 '현자(賢者)'의 호(號)에 불과한 창해군(倉海君)에서 창해란 지명을 유추해내는 안정복의 그러한 유형의 인식오류는 시간의 지남에 따라, 다른 연구자들에 의해 계속 확대되었다. 예를 들면 1913년에 일제의 식민사학자인 시라토리 구라키치(白鳥庫吉)는 "창해군은 예맥의 일종이었던 고구려의 터전에 설치했던 것으로 지금의 압록강 상류 유역 및 동가강(佟家江) 유역에 있었던 것"이라 서술했고, 이 창해군을 다시 진번(真番)과 연결시켜서 최종적으로는 "한(漢)의 창해군은 지금의 압록강 상류 지

392) 『東史綱目』附卷 「地理考」 滄海郡考.

역 및 동가강의 전류(全流) 지역을 포괄하는 지역에 위치했다고 생각되며, 위씨(衛氏)가 다스리던 진번국은 이 지역을 제외한 다른 데서 구할만한 곳이 없으며, 무제의 창해군은 대개 조선의 진번국에 설치된 것"으로 추정했었다.[393] 이러한 시라토리의 추정은 한반도와 그 이북의 압록강 중류 유역에 창해군 및 한사군의 사군(四郡)을 모두 비정해 넣으려는 과정에 나온 일종의 오류로 볼 수 있다. 이병도 역시 시라토리(白鳥)의 관점을 이어, 창해군이 압록강 중류 일대와 그 위의 혼강(渾江) 유역에 있었으며, 예군남려(薉君南閭)는 그 일대의 사회를 지배하던 최고의 맹주(盟主)였다고 추정했다.[394] 중국의 학자들 다수도 창해군이 한반도 동해 연안에 있었다는 연구를 연이어 발표했다.[395]

그러나 창해군을 설치하자, 연(燕)과 제(齊)의 사이 지역이 일시에 소란스러웠다는 문헌기록을 보면, 창해군은 한반도 일대에 있지 않았음이 분명한 것이다. 이에 역시 창해군과 관련된 기존의 허구(虛構)를 극복하기 위한 학술적 노력도 계속되었고 그 성과 또한 적지 않은데, 그 대표적인 것으로 권오중의 관련 연구를 들 수 있다.

권오중은 2000년에 작성된 그의 논문에서 창해군이 요동반도의 대련시 보란점구(普蘭店區) 장점촌(張店村) 일대에 있었다고 해석하였다. 권오중은 우선 창해군이 함경도와 압록강 중류 일대 및 혼강 유역에 있었다는 여러 설(說)에 대해, 이런 지역들은 한(漢)이 군(郡)을 설치하기에 거리도 멀고 입지도 지나치게 열악하다고 비판했다. 권오중은 한

---

393) 김지영・위가야, 「『武帝 始建의 4郡』(白鳥庫吉・箭內亘) 譯註」 『만주연구』12, 2011, 287～296쪽.

394) 震檀學會, 『韓國史』古代編, 乙酉文化社, 1959, 126～127쪽. 李丙燾, 『韓國古代史研究』, 博英社, 1976, 84～93쪽.

395) 刘子敏・房国凤, 「苍海郡研究」 『东疆学刊』1999年第2期. 赵红梅, 「苍海郡考述」 『社会科学战线』2017年第8期. 杨军, 「濊人与苍海郡考」 『地域文化研究』2018年第4期.

(漢)의 무제가 이런 지역들에 창해군을 설치할 필요와 가치가 없었을 것이라고 판단했다. 권오중은 창해군의 '창해'가 발해의 북부 해역(요동반도의 서쪽을 포함하는)을 표시하는 지리개념이었다고 해석했고, 사마천이 창해군이란 용어보다 '滄海之郡'이란 표현을 써서 특별히 '창해'에 있는 군(郡)임을 나타내려 했다고 보았다. 그런데 발해의 북부 해역 및 요동반도의 서쪽 해역에 위치한 요동반도 남부의 보란점구 장점촌에서 "임예승인(臨穢丞印)"이란 글이 새겨진 봉니(封泥)가 1972년에 발견된 적이 있었다. 이 지역에서는 석개묘(石蓋墓) 및 석관묘(石棺墓)와 적석총(積石塚) 등이 발견되고, 한족(漢族)과 달리 예족(濊族)의 것으로 판단할 수 있는 여러 문물도 출토되었다. 또한 이 일대에서 크고 작은 두 개의 성터가 발견되었다. 이러한 여러 상황을 근거로 권오중은 장점촌의 성터가 바로 창해군의 치소(治所)였을 것으로 판단하였다.396)

위에 소개한 권오중의 연구는 창해군의 위치를 한반도 동해 연안이나 압록강 중류 일대에서 찾던 기존의 관점을 전반적으로 극복하게 해주는 것이었다. 대련시가 위치한 요동반도의 남쪽에 창해군을 위치시키는 것만으로도, 한중(韓中)이 기존에 서술했던 고대사는 일부 수정되어야 하는 것이다.

396) 權五重, 「滄海郡과 遼東東部都尉」 『歷史學報』第168輯, 2000.12.

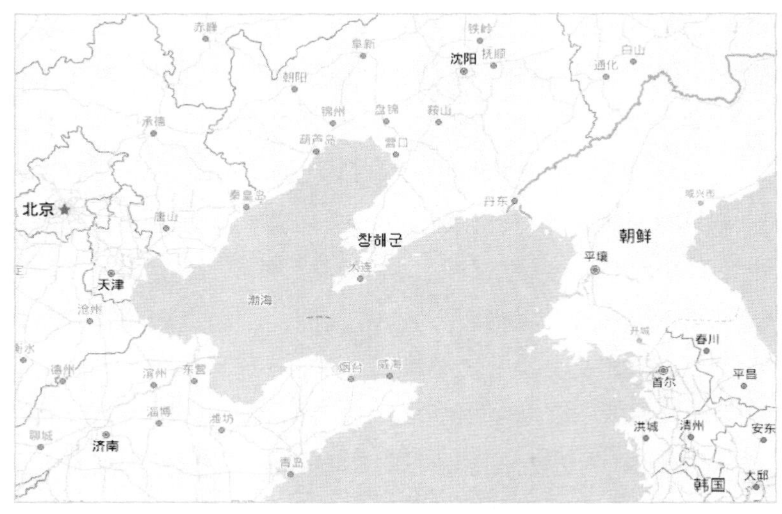

[지도 9] 권오중의 연구(2000년)에 의한 창해군의 위치

최근 중국학계에서는 위의 [지도9]와 같은 지점인 장점촌이 창해군이었다는 관점을 지지하는 입장이 늘어나고 있다.

중국학자 왕우랑(王禹浪)은 2017년 6월의 한 학술회의에서 "한・창해군지리위치고(汉・沧海郡地理位置考——以普兰店张店古城为中心)"란 글을 발표하였고, 이 글에서 대련시의 장점촌에 있는 고성(古城)이 바로 창해군의 치소(治所)라고 입증하였으며, 이는 합리적이고 또한 과학적인 결론이란 평가를 받으며 언론에 여러 차례 크게 보도되어 주목받았고, 각계 여론의 지지를 받아, 중국인터넷 검색망인 '百度(baidu.com)'에서 창해군을 검색하면 장점고성이란 왕우랑의 관점을 그대로 소개할 정도가 되었다. 중국학계의 소위 '통설'로 자리잡아가고 있는 것이다. 그에 앞서 왕우랑은 2016년에 이미 관련논문을 발표했었다. 이 논문에서 왕우랑은 예족(濊族)이 원래 지금의 길림시(吉林市)를 중심으로 한 송화강 상류에서 활동하고 있었는데, 서한 초기에 그 북쪽에 있던 눈강(嫩江) 유역의 색리인(索離人)이 남하하여 예(濊)의 지역에 부여국을 건립하였고, 이는 원래 예족의 수령이었던 '예군남려(薉君南閭)'가 그 무리를 이끌고 요동으로 남하하도록 만들었으며, 한무제는 그를 위해 창해군을 설치하여 관할하였다고 설명하였다. 왕우랑은 한무제가 설치했던 창해군은 대련시 보란점의 장점(張店)에 있는 고성(古城)이며, '임예승인(臨穢丞印)'이란 봉니가 발견된 곳은 임예현(臨穢縣)으로 이곳이 바로 창해군의 치소(治所)였다고 설명했다.[397] 왕우랑은 장점의 고성이 창해군의 치소라는 사실을 여섯 가지의 관련사실로서 입증했는데, 문헌 기록과 고고학적 유물 및 '창해'의 의미 해석 등 여섯 가지 관련사실은 위에 검토한 권오중의 논문에 언급된 내용들과 크게 다르지 않다.

중국학자 위국충(魏国忠)은 2017년의 논문에서 왕우랑의 관점이나 고증에 전적으로 동의하는 입장을 밝혔다. 위국충은 왕우랑이 창해군의 위치로 설정한 장점(張店)의 고성이 그 지리위치는 물론 자연환경으로 보거나, 고성 및 그 주변의 무덤에서 출토된 수준높은 유물과 '임예승인(臨穢丞印)'이란 봉니로 볼 때, 이 고성이 한무제가 예족(濊族)을 안치(安置)하기 위해 설치했던 창해군의 고성임이 틀림없다고 주장했다.[398]

물론 권오중과 왕우랑 등이 창해군의 위치를 요동반도의 대련시 일대로 비정한 것은 그 나름대로 기존의 창해군 관련 허구(虛構)를 극복하는 중요한 의미가 있다. 조선시대의 사대사학(事大史學)이나 일제강점기 이후의 식민사학에서 창해군을 한반도 동해안이나 압록강 중류

397) 王天姿・王禹浪, 「西汉 "南闾秽君"、苍海郡与临秽县考」『黑龙江民族丛刊』2016年第01期.

398) 魏国忠, 「汉苍海郡治所的地理考察」『大连干部学刊』2017年第9期.

일대에 비정하였고, 그 잘못된 비정을 근거로 또 다른 사실(史實)을 왜곡해왔다는 점을 고려하면, 권오중과 왕우랑 등의 비정은 한중(韓中)의 관련 고대사를 조금이나마 올바로 수정하게 해주는 계기로 작용할 수 있다는 점에서 크나큰 의미가 있다.

그러나 필자가 이 글의 앞부분에서 밝혔듯, 고대문헌에 나타난 예(濊)의 초기 위치는 왕우랑 등이 주장한 것처럼 현재의 길림성 길림시 일대의 송화강 상류가 아니다. 서기전 241년에 작성된 백과전서인『여씨춘추』에 이미 예(濊)가 예(穢)라는 명칭으로 나타나는데, 그 예(濊)의 위치는 현재의 발해 서쪽 연안의 무체현(無棣縣)에 있는 갈석(碣石)의 윗부분에서 천진(天津) 및 당산(唐山) 일대에까지 미치는 지역이다. 이 점은 다수의 중국학자들도 인정하고 있음을 위에서 밝혔다.[399]『여씨춘추』에서는 산동반도 일대에 있던 동이(東夷)의 '夷'와 '穢' 즉 예(濊)가 그 일대의 발해 연안에 이웃하고 있는 상태를 '非濱之東, 夷穢之鄕'으로 표현했던 것이다. 그런데 이미 앞에서 밝혔듯, 서기전 139년에 작성된 백과전서인『회남자』에는 예(濊)가 보이지 않고, 예(濊)가 있던 발해 연안 지역에 조선이란 지명 혹은 국명이 나타났다. 그래서 필자는 고대문헌의 예(濊)가 어느 시기에 조선으로 변화하여 기록되었다고 판단했던 것이다.

서기전 241년의『여씨춘추』에 나타나고, 서기전 139년의『회남자』에서는 사라졌던 예(濊)가 다시 문헌에 나타난 것은 서기전 91년에 완성된『사기』였다.『사기』의 예(濊)에 관한 기록은 다음과 같다.

최근 남이(南夷)를 불러들이려 하며, 야랑(夜郎)을 조회(朝會)시키고,

399) 劉義棠, 中國邊疆民族史, 臺灣中華書局, 1982, 78~81쪽. 许宪范,「濊貊迁徙考」『民族研究』1985年第4期, 36쪽. 李德山/栾凡 著,『中国东北古民族发展史』, 中国社会科学出版社, 2003, 85쪽.

강(羌)과 북(僰)을 항복시키며, 예주(濊州)를 빼앗아 성읍(城邑)을 세우고, 흉노에 깊이 들어가 그 롱성(蘢城)을 불태웠는데, 여러 사람들이 이를 옳다고 말합니다.[400]

위의 인용문은 엄안(嚴安, 서기전 156~서기전 78년)이 무제에게 상소한 내용인데, 혹자는 이 상소가 원광(元光) 원년 즉 서기전 134년의 일이라고 주장한다.[401] 그러나 위의 인용문에 나오는 위청(衛靑)이 흉노를 공격하여 롱성을 불태운 사건은 서기전 129년에서 서기전 128년 사이에 일어난 일이다.[402] 즉 위의 상소는 서기전 128년 이후의 어느 시기에 이루어졌고, 위 인용문의 "예주(濊州)를 빼앗아 성읍을 세우고"는 당시 일어났던 창해군의 설치를 말한 것으로 볼 수 있다.

여기서 예주(濊州)란 표현에 담긴 함의(含意)는 적지 않은 것으로 보인다. 진(秦) 시기에 주(州)란 행정단위는 없었다. 주(州)란 행정개념이 쓰인 것은 무제가 십삼주(十三州)를 설치한 서기전 106년 이후이다.[403] 물론 무제가 설치한 십삼주에도 예주는 없다. 그러므로 인용문 중의 예주는 예(濊)와 관련된 일정 지역을 지칭한 것일 뿐이다. 그런데 예주와 관련하여 '略' 자를 사용하고 있다. 이 인용문에 나타난 여러 지명들이 한(漢)의 변경에서 중국으로 병합(倂合)되는 지역이거나, 혹은 서로 맞서고 있는 지역이다. 그러므로 예주와 관련하여 쓰인 '略' 자도 한(漢)의 강역에 포함되지 않았던 지역을 '빼앗거나' 새로 '다스리게 되었다'는 의미로 해석되어야 한다. 인용문의 전체 맥락으로 볼

---

400) 『史記』卷112 「平津侯主父列傳」第52 "今欲招南夷, 朝夜郎, 降羌僰, 略濊州, 建城邑, 深入匈奴, 燔其蘢城, 議者美之。".

401) 申采浩, 『朝鮮史(29)』「第四編 列國 爭雄時代(6) 第二章 列國의 分立」(『朝鮮日報』1931.7.14).

402) 『史記』卷110 「匈奴列傳」第50 "自馬邑軍後五年之秋, 漢使四將軍各萬騎擊胡關市下。將軍衛青出上谷, 至蘢城, 得胡首虜七百人。".

403) 周振鶴, 「汉武帝十三刺史部所属郡国考」『复旦学报: 社会科学版』1993年第5期, 86쪽.

때, 서기전 128년 이전에는 한(漢)의 강역에 포함되지 않았지만, 새로 한(漢)이 성읍을 건설했던 지역이 예주인데, 과연 그 지역은 어디일까?

여기서 예(濊) 및 예주(濊州)의 위치를 올바로 찾기 위해, 우선 고려해야 할 점은 "우리가 역사연구 중에 사용하는 지역 혹은 종족의 명칭 등은 시기에 따라 그 내용이 크게 변화된다."는 사실이다. 필자는 2008년부터 2년 동안 교육부의 재정지원을 받아 동이(東夷)에 관한 전문연구를 진행한 적이 있다. 그 연구를 통하여, 필자는 『사기』에 기록된 동이는 『삼국지』 및 『후한서』에 기록된 동이와 완전히 다른 것임을 알 수 있었다. 문헌을 검토해보면 알겠지만, 『사기』에 기록된 조선과 『삼국지』 및 『후한서』에 기록된 조선도 완전히 다른 것이다. 『사기』에 기록된 조선은 서기전 194년에 건국되어 서기전 108년에 멸망한 위만조선이다. 그 위치도 한반도에 있지 않았다. 그러나 후대의 학자들은 『삼국지』 및 『후한서』 등의 기록을 근거로 위만조선이 마치 한반도에 있었던 국가인 것처럼 왜곡했다. 이와 마찬가지의 경우로서, 『사기』에 기록된 예(濊)와 『삼국지』 및 『후한서』에 기록된 예(濊)도 완전히 다른 것이다. 『사기』에 기록된 예(濊)는 발해의 서쪽 연안에 있었고, 그 예(濊)의 지역에 서기전 128년 창해군이 설치된 적이 있었다. 그러나 후대의 학자들은 『삼국지』 및 『후한서』에 기록된 예(濊)를 근거로 창해군이 한반도 등에 있었던 것처럼 조작했다. 창해군의 위치를 한반도 동해 연안이나 압록강 중류 일대, 혹은 요동반도 남쪽에서 찾는 학자들은 모두 『삼국지』 및 『후한서』에 기록된 예(濊)를 문헌근거로 제시한다. 그러나 『사기』에 기록된 조선과 예(濊)를 올바로 이해하면, 그 어느 누구도 창해군의 위치를 발해 연안 이외에서 찾지 못할 것이다.

필자는 2018년 8월 17일 중국의 무제대(武帝臺)를 방문하였다. 무제대는 하북성 창주시(滄州市)에 있는데, 서기전 110년 이곳을 방문한 한(漢)의 무제(武帝)와 관련된 유적이다. 지금은 내륙에 있지만, 진시황이나 한무제의 시기에 그곳은 바닷가였다. 그곳을 직접 방문했을 때, 지금도 그곳의 지표에서는 오래된 조개껍질의 잔해를 쉽게 확인할 수 있었다.

[2018년 8월 17일, 무제대에서의 필자]

『사기』의 기록을 검토하면, 무제가 태산(泰山)에서의 봉선을 마치고, 바다를 따라 북쪽으로 올라가며, 갈석(碣石)을 지나고, 그곳에 도착하여 현재의 무제대를 만든 시점은 원봉(元封) 원년 즉 서기전 110년 4월경이다. 『사기』의 관련 기록은 다음과 같다.

무제가 태산에서 봉선(封禪)을 이미 마치자, 비바람으로 인한 재해가 없었는데, 방사(方士)들이 다시 봉래의 여러 신선들을 찾을 수 있을 것처럼 말하자, 무제는 기뻐하며 신선을 만날 수 있다고 기대하게 되어, 다시 동쪽으로 해상에 이르러 바라보며, 봉래를 만나기를 갈망했다. 봉거도위(奉車都尉) 곽자후(霍子侯)가 갑자기 병에 걸려, 그 날로 죽었다. 무제는 마침내 떠나, 해안을 따라, 북쪽으로 갈석(碣石)에 이르렀고, 요서(遼西)로부터 순시하며 북변(北邊)을 거쳐 구원(九原)에 이르렀다. 5월, 감천(甘泉)에 돌아왔다.[404]

[지도 10] 서기전 110년 한무제의 순행 노선(갈석-무제대-요서)

서기전 110년 무제의 발해 연안 순행 경로에서 주목할 점은 "갈석에 이르렀다가, 요서로부터 순시하여 구원(九原)에 이른다."는 그 노선이다. 여기서 발해 연안에 있었던 갈석을 현재의 진황도(秦皇島) 일대에 있었던 것처럼 오해하면, 위의 기록은 앞뒤가 전혀 서로 맞지 않는다. 더구나 무제대는 세워지지도 못했다. 갈석이 무제대의 남쪽 인근인 산동성 무체현(無棣縣)에 있었기에, 태산에서 4월에 시작된 일정이

---

404) 『史記』卷12 「孝武本紀」第12 "天子既已封禪泰山, 無風雨菑, 而方士更言蓬萊諸神山若將可得, 於是上欣然庶幾遇之, 乃復東至海上望, 冀遇蓬萊焉。奉車子侯暴病, 一日死。上乃遂去, 并海上, 北至碣石, 巡自遼西, 歷北邊至九原。五月, 返至甘泉。".

갈석을 거쳐 그 북쪽 해안에 무제대를 쌓고 또 요서를 거쳐 구원까지 이르렀다가 5월에 감천궁 환궁(還宮)으로 마무리될 수 있었다.

역도원(酈道元, 472~527년)은 그의 저서에서 옛 예(濊) 및 예주(濊州)의 지역에 세워졌던 무제대를 아래와 같이 기록하였다.

> 청하(淸河)는 다시 동북으로 흘러 예읍(濊邑) 북쪽을 지나는데, 여기서 예수(濊水)가 나온다. 다시 동북으로 향읍(鄕邑) 남쪽을 지나고, 청하는 다시 동쪽으로 흘러, 두 물길로 나뉘어 지진(枝津) 오른쪽으로 나간다. 동쪽으로 한무제(漢武帝)의 옛 대(臺) 북쪽을 지난다. ≪위토지기(魏土地記)≫에 "장무현(章武縣) 동쪽 100리에 무제대가 있는데, 남북으로 두 곳의 대(臺)가 있으며, 그 거리가 60리이고, 터의 높이가 60장(丈)이다. 사람들이 한무제가 동쪽으로 해상을 순시하며 쌓은 것"이라고 기록했다. 다시 동쪽으로 바다로 들어간다.[405)]

서기전 110년 무제는 이곳에 이르러 대(臺)를 쌓고, 그 위에서 동쪽의 발해 및 그 북쪽 옛 창해군의 지역을 바라볼 수 있었다. 서기전 110년 당시의 무제대 이북은 한무제가 가볼 수 없는 '금단(禁斷)'의 영역이었다. 무제대 이북은 한무제가 가 볼 수 없는, 한(漢)의 강역 밖에 있는, 위만조선의 영역이었기 때문이다. 한무제는 서기전 128년에서 서기전 126년까지 무제대 이북 지역에 창해군을 세우려 시도해보았으나, 유지하기 힘들어 결국 포기하고 만 땅이었다. 무제는 서기전 110년 이곳 무제대에 올라 북쪽 위만조선의 땅을 바라보며, 여러 생각에 잠겼을 것이다.

---

405) 『水經注』卷9 「淇水」 "淸河又東北過濊邑北, 濊水出焉。又東北過鄕邑南, 淸河又東, 分為二水, 枝津右出焉。東逕漢武帝故臺北, ≪魏土地記≫曰: 章武縣東百里有武帝臺, 南北有二臺, 相去六十里, 基高六十丈, 俗云: 漢武帝東巡海上所築。又東注于海。".

그리고 한무제는 무제대를 세운 그 이듬해 즉 서기전 109년 가을에 위만조선에 대한 전쟁을 시작한다. 연(燕)과 대(代) 지역에서 모은 죄수 등 5만여 명을 순체(荀彘)가 이끄는 요동의 병사로 삼아 출동시키고, 제(齊)의 지역에서 모은 죄수 등 7천여 명을 수군(水軍)으로 삼아 누선장군(樓船將軍)의 배로 발해를 건너 조선 즉 위만조선을 공격하는 것이다. 여기서 사마천은 양복(楊僕)이 제(齊)의 지역으로부터 발해를 건너 위만조선을 공격하는 상황을 특별히 "從齊浮渤海"라고 서술했다. 누선장군 양복의 군대는 분명히 발해를 건넌 것이다. 즉 발해를 건너, 발해 연안의 조선 즉 위만조선을 공격하러 간 것이다. 사마천은 발해를 직접 와서 보고, 또 『사기』에 그 기록을 남겼었다. 이러한 사마천이 발해를 건너 위만조선을 공격하러 갔다고 서술한 것은, 위만조선이 위의 [지도10]처럼 발해 연안에 있었기 때문이다. 위만조선이 지금의 한반도에 있었다면, 사마천은 발해를 건너 그 위만조선을 치러갔다고 표현하지 못했을 것이다.

4. 결론

이상의 내용으로 위의 [지도10]에 나타난 바와 같이 위만조선과 창해군의 위치를 고증해보았다. 위만조선과 창해군에 대한 올바른 위치 비정(批正)은 한국사를 근본부터 바로잡는, 한국사의 근본적인 왜곡을 바로잡는 첫걸음이다.

그러나 심지어 현재 한국의 국정교과서에서조차 위만조선이 한반도의 평양 일대에 세워졌다는 식의 서술이 아직도 남아 있지만, 이는 사실(史實)이 아닌 허구(虛構)에 불과함을 알 만한 사람들은 이미 모두 알고 있을 것이다. 그렇다면, 역사에 관심이 있는 다수 국민들이 비판하고 있음에도 불구하고, 위만조선에 관한 명백한 허구(虛構)가 아직도 우리 한국사회의 국사(國史) 교과서에까지 실려 있는 현실은 어떻게 해석되어야 하는가? 이 질문에 대한 답은 명확하다. 위만조선이 한반도에 위치했었다는 역사 논리를 한국사회에 유지시켜야 하는, 그 논리로 그들의 정치적 혹은 학술적 기득권을 유지시키려는 집단이 아직도 한국사회를 장악하고 있기 때문이 아닐까? 조선시대의 사대사관과 일제강점기의 식민사관이 완전하게 청산되지 않고, 아직도 이 사회의 역사서술에 강한 영향을 미치고 있는 현실 때문인 것이다. 즉 사관의 문제인 것이다.

[도표 4] 사관과 역사서술의 관계

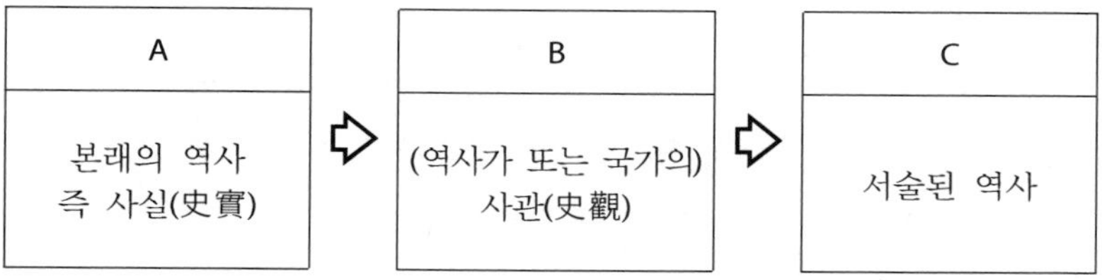

A		B		C
본래의 역사 즉 사실(史實)	⇨	(역사가 또는 국가의) 사관(史觀)	⇨	서술된 역사

위의 [도표4]에서 보듯, 본래의 역사 즉 사실(史實)은 사관(史觀)을 통해 국민들이 접하는 역사로 서술된다. 그 경우 국가는 그 국가의 지배이데올로기로서의 사관(史觀)을 통해, 지배집단의 지배를 유리하게 할 내용의 역사를 만들어내게 된다. 조선시대에는 사대사관으로써 역사를 서술하여, 그 역사로써 백성에 대한 지배를 가능하게 했다. 일제는 강점 이후 한반도에 대한 영구지배를 목적으로 식민사관을 형성하였고, 이 식민사관으로써 한반도 침략과 영구지배의 논리를 확산시켜왔다. 현재 대한민국의 역사서술도 모종의 사관(史觀)에 의한 결과이다.

조선 즉 위만조선이 한반도의 대동강 일대에 세워졌다는, 허구(虛構)가 처음 조작되고 또 지금까지 계속 유지되는 과정을 사관(史觀)과의 관련 속에서 분석해보면 아래의 [도표5]와 같다.

[도표 5] 위만조선을 한반도에 위치시키는 사관과 그 목적 및 계급관계

시기	조선시대	일제강점기	1945년 해방 이후 현재까지
관점	기자조선=평양 위만조선=평양 한사군 낙랑=평양	기자조선=평양 위만조선=평양 한사군 낙랑=평양	위만조선=평양 한사군 낙랑=평양
사관	사대사관	식민사관	식민사관
목적	사대주의 유지 소중화 논리 형성 봉건 지배 유지	한국사의 식민성 강조 식민지 지배 유지	'역사 바로세우기' 반대 친일·반민족·반민주 정권 유지 식민사학 통설(학문 권력) 유지
지배계급	사대적 유학집단	일제 친일매국집단	과거 기득권 유지 세력 (실체 복잡)

위의 [도표5]에서 보듯, 조선시대에는 기자조선 및 위만조선을 처음부터 평양에 세워졌던 국가로 설정할 필요가 있었다. 조선시대의 사대사관이란 그 논리적 출발이 기자(箕子)에 있었다. 기자로부터 중화(中華)를 이어받는 소중화(小中華)의 정당성을 확보할 수 있었다. 일제는 조선시대의 사대사관을 변용(變容)시켜 짧은 시간에 식민사관을 형성했다. 식민사관의 핵심은 기자조선, 위만조선, 한사군 중의 낙랑이 모두 평양에 있었다는 역사서술을 통해 조선이란 국가는 그 역사적 출발부터 외세(外勢)의 식민지였다는 사실을 강조하는 것이었다. 1945년 이후 비록 정치적으로 해방되었지만, 역사적 청산은 전혀 이루어지지 못했다. 조선시대의 지배계급이 일제와 영합(迎合)하여 친일매국세력이 되었고, 해방 이후 친일매국세력이 다시 한국사회의 주요한 지배계급이 되었으며, 아직도 그 연장선에서 완전히 벗어나지 못하고 있다. 해방 이

후에도 조선시대와 일제 강점기를 거치면서 줄곧 누려온 기득권을 계속 유지하려는 지배계급에게 역사적 청산은 불필요한 것이었다.

위와 같은 인식을 전제로 하면, 우리사회에서 잘못 서술된 역사를 바로잡는다는 것은 단지 역사 영역의 문제에 그치지 않는다. 역사를 바로잡으면, 그 잘못된 역사에 기생하며 유지가 가능했던 지배의 문제도 역시 바뀌어야 하는 것이다. 그러므로 우리사회에서 '과거사 청산'을 외치든가 혹은 잘못 서술된 역사를 바로잡으려는 시도는 극히 위험한 것이며, 때로 목숨까지 잃는 경우에 해당한다. 아직도 한국사회에서 친일 청산의 문제, 그것에 기생하고 있는 대한민국 지배계층의 정통성의 문제, 그것이 만들어내는 왜곡된 의식의 문제를 제기하면 위험하다. 그것들은 실타래처럼 얽혀서 이념 문제가 되고 남북 문제가 되어 우리사회의 발목을 꼼짝달싹 못하도록 만들어 왔다. 그것은 우리사회 모두가 쉬쉬하는 침묵의 카르텔로 아직도 남아있다.[406] 이런 우리사회의 속성 때문에, 조선 즉 위만조선이 한반도에 없었다는 사실이 논리적 및 학술적으로 분명히 밝혀질 수 있음에도 불구하고, 아직도 국정교과서에 위만조선에 관한 사대적이고 식민적인 그런 서술이 남아있을 수 있는 것이다.

그러나 위만조선은 분명히 한반도에 없었다. 서기전 195년 현재 북경 일대의 서남쪽에 존재했던 연(燕)으로부터 무리 천여 명을 이끌고 동쪽으로 망명한 위만이 왜 하필 한반도의 평양 일대까지 왔을까? 그것이 상식적으로 정말 가능할까? 사실 이것은 복잡한 학술이 아닌 상식으로도 쉽게 파악이 가능한 문제이다.[407] 그러므로 한국의 역사학계

---

406) 김미선(국제신문 수석 논설위원), 「불편한 진실과 노무현」 『국제신문』칼럼, 2007년 12월 28일,

407) 이만열은 그의 연구에서, 기자 및 위만이 현재의 북한 평양 일대에 있던 조선으로 이주했다는 기록은 지리적으로 설명이 도저히 불가능하지만, 조선의 유교주의 사학과 식민주의 사학에 의해 그렇게 해석되었다고 분석했다. 즉 "사실 일제 관학자들에 의한 식민주의 사학의 한

는, 우선 상식이라도 제대로 통하는 수준으로나마 개선(改善)되기를 희망해본다. 그리고 그를 넘어선 개혁과 올바른 역사의 정립(正立)은 역사학계가 아닌, 이 사회 다수 집단지성(集團知性)의 몫이다. 지금은 이 사회의 집단지성이 나서서, 역사학계의 적폐를 철저히 청산하고 또 올바른 역사를 서술하여 확산시킬 때이다. 여기서 위만조선이 한반도에 있었다는 허구(虛構)는 첫 번째로 깨야할 역사학계의 가장 심각한 적폐이다.

본고의 부족한 점은 이후의 연구를 통해 보충 및 수정하고자 한다.

국 상고사 이해체계의 일단은 전통적인 유교 사학에다 근대적이라는 소위 그들의 합리성을 가미하여 단군 신화를 제거하는 데서 출발했던 것이며, 그 대신 중국으로부터의 이주자로 세전(世傳)되었던 기자·위만의 조선에로의 이주는 당시의 지리적 여건으로 보아 합리적으로 도저히 납득되지 않음에도 불구하고 아무런 비판없이 그대로 인정해버려, 사학연구에 있어서 소위 합리적 사고니 근대적 방법론이니 하는 그들의 학문적 방법론의 이중적 적용 혹은 편파성을 드러낸 것이다."라고 설명하였다(李萬烈, 『丹齋 申采浩의 歷史學 研究』, 文學과知性社, 1990, 233쪽).

참고문헌

『呂氏春秋』

『淮南子』

『史記』

『尚書』

『水經注』

『東史綱目』

『直齋書錄解題』

獨頭山熊 譯, 『朝鮮史』, 點石齋書局, 光緖29年, 朝鮮史敍.

顧頡剛, 「論今文尙書著作時代考」, 『古史辨』第1冊, 1923.

丁文江, 「論禹治水說不可信」, 『古史辨』第1冊, 1924.

申采浩, 『朝鮮史(29)』「第四編 列國 爭雄時代(6) 第二章 列國의 分立」(『朝鮮日報』1931.7.14).

姚名达著, 『目录学』. 商务印书馆, 1934.

衛聚賢, 『十三經槪論』, 開明書店, 1935.

震檀學會, 『韓國史』古代編, 乙酉文化社, 1959, 126～127쪽.

李丙燾, 『韓國古代史研究』, 博英社, 1976.

叶世昌, 「≪管子·轻重≫非战国作品」『社会科学战线丛刊』1980年第2期.

常征, 「召公封燕及燕都考」『北京史论文集』, 1980.

陈槃 著, 『不见于春秋大事表之春秋方国稿』, 中央研究院历史语言研究所, 1982.

劉義棠, 中國邊疆民族史, 臺灣中華書局, 1982.

屈万里, 『先秦文史资料考辨』, 联经出版公司, 1983.

许明纲, 「辽宁新金县花儿山张店出土马蹄金」『考古』1984年第2期.

许宪范, 「濊貊迁徙考」『民族研究』1985年第4期.

姚登宇, 「两汉十三州部刺史述论」『南京师大学报: 社会科学版』1986年第3期.

佟冬 主编, 『中国东北史』第1卷, 吉林文史出版社, 1987.

牟钟鉴, 『≪吕氏春秋≫与 ≪淮南子≫思想研究』, 齐鲁书社, 1987.

李萬烈, 『丹齋 申采浩의 歷史學 研究』, 文學과知性社, 1990.

天津市武清县地方史志编纂委员会编著, 『武清县志』, 天津社会科学院出版社, 1991.

周振鹤, 「汉武帝十三刺史部所属郡国考」『复旦学报: 社会科学版』1993年第5期.
李鍾旭, 『古朝鮮史硏究』, 一潮閣, 1993.
權五重, 「前漢時代의 遼東郡」『人文硏究』17(1), 1995.
谭其骧主编, 『中国历史地图集』, 中国地图出版社, 1996.
关贤柱 等 译注, 『吕氏春秋全译』, 贵州人民出版社, 1997.
杨宽著, 『战国史』. 上海人民出版社, 1998.
刘子敏・房国凤, 「苍海郡研究」『东疆学刊』1999年第2期.
汪清, 「汉武帝初置刺史部十三州辨析」『史学月刊』2000年第3期.
张双棣 等, 『吕氏春秋译注(修订版)』, 北京大学出版社, 2000.
范文澜著, 『中国通史简编』上下, 河北教育出版社, 2000.
權五重, 「滄海郡과 遼東東部都尉」『歷史學報』第168輯, 2000.12.
徐景江, 「名山碣石考」『禹贡碣石山』, 济南出版社, 2002.
孙斌来, 「秦统一六国原因的再探讨」『人文杂志』2003年第1期.
李德山/栾凡 著, 『中国东北古民族发展史』, 中国社会科学出版社, 2003.
송호정, 『한국 고대사 속의 고조선사』, 푸른역사, 2003.
宋协毅・王禹浪, 「大连城史纪元的新思考」『大连大学学报』2004年第3期.
王禹浪・王建国, 「古代辽阳城建制沿革初探」『大连大学学报』2005年第5期.
袁传璋, 『太史公生平著作考论』, 安徽人民出版社, 2005.
김미선(국제신문 수석 논설위원), 「불편한 진실과 노무현」『국제신문』칼럼, 2007년 12월 28일,
单月英, 「匈奴墓葬研究」『考古学报』2009年第1期.
崔恩亨, 「遼陽은 옛 襄平이 아니다」『백산학보』제85호, 2009.
靳宝, 「燕王臧荼与汉初政局」『文史知识』2010年第7期.
王禹浪・王文轶, 「"辽水"、"辽海"地名考」『哈尔滨学院学报』2010年第12期.
Griet Vankeerberghen(方丽特)/Fan Lin(林凡), 「≪尚书大传≫的成书、流传及其社会历史意义」『北京大学中国古文献研究中心集刊』第11辑-中国典籍与文化国际学术研讨会专辑, 北京大学出版社, 2011.
하야시 다이스케(林泰輔) 著/편무진・김현욱・이태훈 역, 『조선사』, 인문사, 2013.
谷颖, 「秦博士伏生事略考」『东北师大学报: 哲学社会科学版』2015年第6期.
임찬경, 「『고려도경』・『삼국사기』의 고구려 건국 연대와 첫 도읍 졸본」『국학연구』제19집, 2015.

임찬경, 「고구려 첫 도읍 위치 비정에 관한 검토」 『선도문화』 제20권, 2016.1.
王天姿・王禹浪, 「西汉 "南闾秽君"、苍海郡与临秽县考」 『黑龙江民族丛刊』 2016年第01期.
王天姿, 「秽王、秽侯、秽城、夫租秽君合考」 『黑龙江民族丛刊』 2016年第02期.
李娟娟, 「秦统一六国中的地理因素再论」 『保定学院学报』 2016年第5期.
임찬경, 「고려시대 한사군 인식에 대한 검토- 『삼국사기』의 현토와 낙랑 인식을 중심으로」 『국학연구』 제20집, 2016.
임찬경, 「고구려 평양 위치 인식 오류 형성 과정에 관한 검토」 『고구려의 평양과 그 여운』, 주류성, 2017.
赵红梅, 「苍海郡考述」 『社会科学战线』 2017年第8期.
魏国忠, 「汉苍海郡治所的地理考察」 『大连干部学刊』 2017年第9期.
임찬경, 「『수경주』를 통한 고구려 평양의 위치 검토」 『국학연구』 제21집, 2017.
杨军, 「濊人与苍海郡考」 『地域文化研究』 2018年第4期.
王朋飞, 「春秋时期无终部落迁徙路线考」 『河北北方学院学报: 社会科学版2』 2018年第5期.

결론

『고구려와 위만조선의 경계』에서 '경계(經界)'란 용어는 "사물의 옳고 그름이 분간되는 한계"라는 의미로 사용하였다. 그러므로 이 책의 제목은 "고구려의 옳고 그름이 분간되는 한계"와 "위만조선의 옳고 그름이 분간되는 한계"를 따져본다는 의미를 지니고 있다.

위의 논문들에서 확인하였듯, 한중일(韓中日) 3국의 역사학에서 고구려와 위만조선에 관한 역사서술은 말 그대로 '엉망'이다. 또한 인위적 조작에 의한 왜곡도 분명하게 드러난다. 살펴보면, 고구려 및 위만조선에 관한 이러한 역사왜곡은 그 위치 문제에서 시작한다. 위만조선이 서기전 194년에 현재의 평양 일대에서 건국되었다는, 고구려가 서기전 37년에 압록강 중류 일대의 졸본(卒本)에서 건국되었다는, 427년 고구려 장수왕이 천도한 평양이 지금의 북한 평양이라는 이러한 역사왜곡에서 시작하여 한국사는 전반적으로 '엉망'이 될 수밖에 없었던 것이다.

1990년대에 중국에 유학하여 고구려 관련 연구로 역사학박사 학위를 받은 필자는 최근 몇 년 고구려의 도읍인 졸본, 427년 장수왕이 천도했다는 평양의 위치 문제를 연구해왔다. 고구려의 졸본과 평양의 위치 문제를 연구하다보니, 위만조선의 위치 문제도 새로운 시각으로 보게 되었다. 그리고 몇 년의 연구를 통해 고구려 도읍인 졸본과 평양의 위치를 새로이 찾아냈다. 또한 위만조선의 위치도 한반도가 아닌 발해 연안에서 새로이 찾아냈다. 위만조선이 한반도의 평양 일대에서 건국되었다는, 고구려의 도읍인 졸본이 압록강 중류 일대에 있었다는, 427년 장수왕이 천도한 평양이 지금의 북한 평양이라는 그런 역사왜곡의 실체를 분명히 파악할 수 있었다.

최근 필자는 한국고대사의 왜곡이 언제, 어떻게, 누구에 의해, 왜 이루어졌는지도 분명하게 이해했다. 또한 한국고대사의 왜곡이 왜 현재도 계속 유지되고 있는지, 그 이유도 이해했다.

역사 서술은 사람의 몫이며, 따라서 역사왜곡도 결국 사람에 의해 이루어진다. 위의 본문에서 분명하게 밝혔지만, 그 역사를 서술하던 그 시대 지배계급의 사관(史觀)으로 역사는 서술되었고, 그 사관에 의한 역사왜곡이 이루어졌었다. 조선시대는 조선시대 지배계급인 사대(事大) 및 봉건적 유학(儒學)의 입장에서 한국고대사가 왜곡되었다. 일제강점기에는 일제(日帝)와 그에 기생하는 친일(親日)과 반민족 세력에 의한 한반도의 영구적 식민지화를 위해 한국고대사 왜곡이 이루어졌다. 또한 해방 이후 청산되지 못한 사대(事大)와 식민(植民)의 잔재들이 한국사회의 지배계급으로 재편되면서, 조선시대와 일제강점기의 역사왜곡은 청산되지 않고 오히려 그대로 유지 및 강화될 수밖에 없었다. 우리사회가 오늘 지니고 있는 한국고대사의 왜곡은 말 그대로 '역사적 산물'인 것이다.

필자는 이 책을 통해, 한국고대사의 기존 역사왜곡을 깨는 가장 근본적인 방법을 제안하고 있다. 한국고대사의 왜곡은 위만조선의 위치, 고구려 건국 연대와 첫 도읍의 위치, 427년에 장수왕이 천도한 고구려 평양의 위치에 대한 왜곡으로부터 비롯되었다. 그러므로 한국고대사의 왜곡을 깨려면, 위만조선과 졸본 및 평양의 위치를 바로잡으면 된다.

이 책에서는 기존의 역사왜곡을 극복하려는 목적으로, 위만조선과 졸본 및 평양의 위치를 새롭게 해석하여 제시하였다. 이 책의 출판 이후 한국사회에서, 위만조선이 서기전 194년 현재의 평양 일대에서 건국되었었다는 "상식 이하의" 그런 왜곡된 서술이 더 이상 보이지 않게 되기를 희망해본다. 마찬가지로, 고구려 건국 연대는 물론 고구려 도읍인 졸본과 평양의 위치에 대한 "명백한" 왜곡도 빠른 시일 안에 바로잡아지기를 기대해본다.

임찬경

인하대학교 연구교수, 국학연구소 연구원 등을 역임하였다. 1990년대에 중국에 유학하여 고구려 연구로 역사학석사 및 역사학박사 학위를 취득했다. 고구려는 물론 우리 민족사와 깊은 관련이 있는 흉노・선비・오환・거란・발해・여진 등과 관련한 북방민족의 기원과 발전 등에 깊은 관심을 갖고, 이들 지역에 대한 문헌수집과 현지답사로 연구활동을 진행해왔다. 최근 우리사회의 오래고 뿌리 깊은 역사왜곡 즉 '역적(역사적폐)' 청산 작업을 준비 및 시도하고 있다.

주요 연구 논문

「중국 東北史의 肅愼 認識에 대한 비판적 검토」(2010)
「女神像을 통한 紅山文化 건설 主體 批正」(2011)
「延邊長城의 現況과 性格」(2012), 「대종교 성지 청파호 연구」(2013)
「이병도 한사군 인식의 형성과정에 대한 비판적 검토」(2014)
「『고려도경』-『삼국사기』의 고구려 건국 연대와 첫 도읍 졸본」(2015)
「고구려 첫 도읍 위치 비정에 관한 검토」(2016)
「고려시대 한사군 인식에 대한 검토」(2016)
「요양 영수사벽화묘의 고구려 관련성에 관한 두 편의 논문」(2017)
「『수경주』를 통한 고구려 평양의 위치 검토」(2017)
「독립운동가의 고대사 인식 : 그 계승을 통한 한국 역사학계 적폐청산 과제와 방법」(2018)
「조선 즉 위만조선과 창해군의 위치에 관한 연구」(2018)
「영수사벽화묘의 고구려 관련성에 대한 하마다 고사쿠의 논문」(2019)
「고구려 평양 위치 왜곡과 그 극복 방안」(2019) 등

저서 및 역서

『중국 원주촌 연구』(2007, 공저)
『중국 원주촌 자료집』(2007, 공저)
『중국의 고구려 학자와 연구 종합서술』(2007, 공역)
『고구려의 평양과 그 여운』(2017, 공저) 등

고구려와
위만조선의 경계

초판인쇄 2019년 11월 8일
초판발행 2019년 11월 8일

지은이 임찬경
펴낸이 채종준
펴낸곳 한국학술정보㈜
주소 경기도 파주시 회동길 230(문발동)
전화 031) 908-3181(대표)
팩스 031) 908-3189
홈페이지 http://ebook.kstudy.com
전자우편 출판사업부 publish@kstudy.com
등록 제일산-115호(2000. 6. 19)

ISBN 978-89-268-9705-8 93910